财政部2011年会计重点课题

政府会计相关问题研究

主　编　王惠平
副主编　姚志伟　方周文　刘微芳

中国财政经济出版社

图书在版编目（CIP）数据

政府会计相关问题研究／王惠平主编．—北京：中国财政经济出版社，2012.9
财政部2011年会计重点课题
ISBN 978-7-5095-3793-0

Ⅰ.①政…　Ⅱ.①王…　Ⅲ.①预算会计-研究-中国　Ⅳ.①F812.3

中国版本图书馆CIP数据核字(2012)第164162号

责任编辑：吕小军　　　　责任校对：胡永立
封面设计：郁　佳　　　　版式设计：董生平

中国财政经济出版社出版

URL：http：//www.cfeph.cn

E-mail：cfeph@cfeph.cn

社址：北京市海淀区阜成路甲28号　邮政编码：100142

营销中心电话：88190406　北京财经书店电话：64033436　84041336

北京财经印刷厂印刷　　各地新华书店经销

787×960毫米　16开　31.5印张　375 000字

2012年9月第1版　2012年9月北京第1次印刷

定价：68.00元

ISBN 978-7-5095-3793-0/F·3106

（图书出现印装问题，本社负责调换）

本社质量投诉电话：010-88190744

序

我国现行预算会计制度体系是应财政预算管理的要求建立和逐步发展起来的，为财政资金的运行管理和宏观经济决策发挥了重要的基础性作用。然而，随着我国社会主义市场经济和公共财政体制的建立和完善，现行预算会计制度在核算范围、核算基础、财务报告设计等方面的缺陷逐渐显现，难以适应新形势的需要。2006年，“十一五”规划提出要“推进政府会计改革”。“十二五”规划再次要求“进一步推进政府会计改革，逐步建立政府财务报告制度”。2008年开始实施的《政府信息公开条例》也要求“行政机关应当及时、准确地公开政府信息”。因此，研究建立新的政府会计标准体系，依法及时准确地公开政府的资产、负债、收入、费用以及预算执行等信息，具有深远的现实意义，也成为一项较为紧迫的任务。

财政部对推进政府会计改革工作十分重视。多年来，在政府会计理论研究、国际经验交流、人才培养、试点改革等方面开展了一系列工作，形成了一系列理论研究成果，并在实践上以发布新的《医院会计制度》为标志，拉开了新一轮公共部门会计改革的序幕。《政府会计相关问题研究》一书是财政部2011年会计重点研究课题成果之一，具有以下两方面特点：一是该书体现了集体智慧的结晶。该课题由财政部会计司指导，海南省财政厅牵头，会同地方财政部门的同行，与中直有关部门、学术界倾力合作，共同完成，体现了集体智慧，很好地发挥了集体研究的合力。二是研究内容具有系统性和创新性，研究结论具有实践指导意义。该书系统、深入地研究了我国政府会计改革的动因、政府会计目标、政府会计主体、政府会计原则、政府会计要素、政府财务报告等重大问题，特别是能在上述问题形成基本观点的基础上，总结海南省政府会计改革试点的经验，针对当前政府会计改革中存在的问题，提出了进一步推进我国政府会计改革的若干建议，对我国未来的政府会计改革具有较好的参考价值，为我国政府会计标准的制定提供了有益的启迪。

“十二五”时期，我国经济社会发展仍处于重要的战略机遇期。会计工作既面临难得的历史机遇，也面临诸多风险挑战，推进会计改革与发展的任务艰巨而繁重。政府会计方面，一方面，行政体制改革的不断深入、政务公开的持续推进、公共服务型政府的建设等有利于建立新型的政府会计标准；另一方面，政府会计改革不仅涉及行政体制改革和公共财政体制的建立完善等体制问题，而且需要研究确定政府会计的目标、主体、原则、会计要素的确认、计量和披露等诸多技术性问题，从而使政府会计改革面临巨大挑战。在机遇与挑战并存、困难与希望同在的关键历史时期，我们要增强机遇意识和忧患意识，科学把握规律，主动适应形势变化，进一步深化政府会计改革与发展，全面提升政府及行政事业单位的会计管理水平。

中国会计学会会长 金莲淑

2012年4月

序　二

会计工作是经济工作的基石。政府会计是我国会计制度体系的重要组成部分。2010 年，党的十七届五中全会通过的《中共中央关于制定国民经济和社会发展第十二个五年规划的建议》明确指出要“进一步推进政府会计改革，逐步建立政府财务报告制度”。

海南省财政厅高度重视政府会计改革工作。2009 年 6 月，海南省在全国率先启动了行政事业单位会计改革试点工作，随着 2010 年底财政部会同卫生部推出新的《医院会计制度》，拉开我国公共部门会计改革的序幕，海南省又积极从理论和实践两个方面参与推动政府会计改革工作。理论上，2011 年海南省财政厅成立以财政厅总会计师王惠平同志牵头的课题组，积极承担了财政部 2011 年会计重点研究课题“政府会计相关问题研究”工作；实践中，又积极参加财政部组织的 11 个省市开展的试编政府综合财务报告工作。

《政府会计相关问题研究》一书，是在财政部 2011 年会计重点研究课题“政府会计相关问题研究”的成果基础上扩展而成。该书做到了理论和实践相结合。随着社会主义公共财政体制的确立，财政的公共性、公益性和公平性特点越来越明显，财政越来越贴近民生，领导和老百姓都希望能看懂财政报表，读懂财政报告，该书结合社会需求和财政实际，将财务会计的“权责发生制”原理有针对性地引入到财政预算会计实践中去，基本形成了政府会计的基本框架，力求政府财务报告能满足社会对政府收入、“三公支出”、政府债务、民生等财政热点问题关切的需要，从而使该书既具有较强的理论学术性，又具有较强的实践操作性，这种理论上大胆改革探索的精神，是值得肯定和鼓励的。由王惠平同志牵头的课题组开展的“政府会计相关问题研究”也顺利通过财政部鉴定，得到了财政部的肯定和好评，认为对今后政府会计改革、政府会计标准的制定有较好的参考价值。

当然，建立既与国际接轨、又具有中国特色的政府会计体系是一个长期而艰巨的任务，本书也可能存在一些不足，希望在今后的理论和实践中不断地探索和完善。

海南省财政厅厅长、党组书记 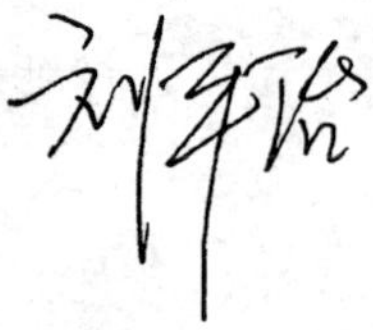

2012年4月

前　言

政府会计改革是20世纪末西方发达国家最为成功的改革之一，也是新公共管理运动最核心的内容之一。政府会计改革的目的主要在于全面系统地提供政府及其部门的财务状况和预算执行信息，为公共财政决策提供科学的依据，为考核政府及其部门公共治理效能提供准确的绩效数据，从而帮助社会公众评估政府履责情况。相比之下，我国政府会计还存在不少缺陷，难以提供完整、公允的会计信息。为建立现代服务型政府和公共财政，我国的政府会计改革已经是历史必然、迫在眉睫。

为此，根据财政部办公厅《关于开展2011年会计重点课题研究的通知》（财办会［2011］4号）的文件要求，我们组成了课题组，立足我国政府会计的现状、特点和所处环境，在比较、借鉴国外政府会计及我国改革试点做法和经验的基础上，系统地研究了我国政府会计改革的动因、政府会计目标、政府会计主体、政府会计原则、政府会计要素、政府财务报告以及改革的路径选择等核心问题，其中也包含了海南省在行政事业单位实施政府会计改革试点的做法和经验的总结。希望能够拓展研究视野，为构建我国的政府会计标准体系框架提供些理论支撑和实证启示。本课题报告分为八章：

第一章指出本课题研究的背景和意义，以及基本理论和实践借鉴。当前我国政府会计体系存在着主要满足预算管理需要，不能充分揭示风险，不能反映政府整体的资产负债情况等问题，为建设完善的社会主义市场经济，适应财政改革的需要，迫切需要推进我国政府会计改革；本课题主要依据的基本理论是公共受托责任和新公共管理运动理论，主要西方发达国家政府会计改革的模式和途径是可供我们借鉴的实践活动。

第二章指出我国政府会计目标定位。当前会计理论和实务界普遍支持“目标导向”原则，即研究会计理论或者制定会计规范，应当先定位目标，然后围绕着如何实现目标，来选择基础、定义要素和设计报表，从而构建会计体系。我国政府会计目标是定位于公共受托责任理论的基础上，根据我国政府会计环境的实际情况，弥补现行政府会计目标主要定位于满足预算管理需要的不足，我们提出政府会计目标应更关注于外部信息使用者的需要，应当在为内部信息使用者加强内部管理提供有用信息的同时，满足外部信息使用者评价政府公共受托责任和作出决策的需要。

第三章着重于政府会计主体研究。由于我国政府公共受托责任关系的复杂性，特别是事业单位成分的复杂性，决定了判断一些单位是否纳入政府会计主体范围具有相当的难度。为此，我们借鉴西方发达国家会计主体界定标准，结合我国实际，提出了界定我国政府会计主体的标准。为充分反映政府公共受托责任的情况，我们提出单位主体和基金主体并存的“双元主体”模式，其中，一级政府是基本的会计主体（主要是报告主体），其所属的行政事业单位，符合标准的也都是单位主体；当前基金会计主体处于理论探讨阶段，在社保基金、住房公积金等领域可以开展基金会计试点工作。

第四章探讨了政府会计原则。习惯上理解，政府会计原则包括一般原则和会计信息质量特征，一般原则的重点是会计基础的选择。为满足评价政府公共受托责任的目标，应当引入权责发生制基础，以便确认并报告政府的财务状况和运营成果，充分揭示风险和评价绩效。但是由于完全的权责发生制基础实施难度大、成本高，结合各国政府会计实践，我们认为应当采用修正的权责发生制。在会计信息质量特征方面，借鉴企业会计准则和西方国家政府部门会计准则有关规定，根据会计目标的要求，我们提出了可靠性和相关性并重的观点。

第五章对会计要素进行了研究。根据引入政府财务会计的要求，对新的预算会计和财务会计的要素进行定义，分别提出了预算会计和财务会计的会计恒等式，设计了相关会计科目，列举了若干会计分录。计量方面，主要采用历史成本模式，对部分科目采用公允价值模式进行了探讨。

第六章主要探讨会计报表的设计问题。会计报表是财务报告的重要组成部分，为实现政府会计目标，分别设计了基于新的预算会计和财务会计的报表体系，包括政府预算执行情况表、财政周转金收支情况表、财政周转金投放情况表、财政周转基金变动情况表、资产负债表、运营成果表和现金流量表等。

第七章是海南省政府会计改革试点实践和成果总结。海南省根据修正的权责发生制建立了政府财务会计系统，编制了资产负债表、收入支出表等报表，理论联系实际，以实践验证了理论的合理性。

第八章是推进政府会计改革的政策建议。我们建议重构现行的预算会计、逐步引入权责发生制和政府财务会计、编制政府层面的财务报告，鉴于当前推进政府会计改革还存在现有会计系统整合困难、事业单位分类改革尚未完成、信息管理系统和会计人员素质跟不上、改革成本高等问题，我们结合实际提出两条改革途径：一是从重构政府会计体系出发，在各政府会计单位主体建立预算会计和财务会计两套系统，编制政府层面的会计报表；二是不重构政府会计体系，而只是基于现行政府会计系统，通过数据调整，得到我们所需要的权责发生制基础的会计报表。我们支持第一条途径。在步骤上我们建议先行试点、循序渐进。

目　录

第一章　绪　　论

第一节　政府会计改革的背景和意义

2010 年 12 月底，财政部发布了新的《医院会计制度》，拉开了我国政府会计改革的序幕。我国目前的政府会计体系是以预算会计的形式存在，包括了财政总预算会计、行政单位会计、事业单位会计和国有建设单位会计，以及参与预算执行的国库会计和收入征解会计等。现行的政府会计体系在 1998 年实施了较大改革后沿用至今，为搞好我国的财政管理发挥了较为积极的作用。但随着我国政府职能的转变和财政管理的改革，以及各层次利益相关者对政府会计信息的需求等政府会计环境的变化，现行的政府会计体系已经越来越不能适应我国建立社会主义市场经济公共财政框架的要求，政府会计改革势在必行。

一、现行政府会计体系存在的问题和不足

（一）主体定位不尽合理

在 1997～1998 年政府会计改革之前，我国的政府会计体系由财政机关总预算会计和行政事业单位预算会计两部分组成，改革后，行政事业单位预算会计拆分为行政单位会计和事业单位会计，原因在于随着市场经济制度的建立，行政

单位和事业单位在单位性质、经济业务内容、财务管理要求和对市场的依赖程度等方面表现出了较大的差异，各自的会计政策和核算方法需要区别对待。但是，随着市场经济体制改革的深化和市场经济制度的不断完善，不少事业单位日益走向市场，在资金上与财政逐渐脱钩，实行自负盈亏，在经费上出现了财政补助事业单位和经费自理事业单位的区别；另外，随着事业单位改革的开展，在职能上，有的事业单位是公共功能较强的准政府单位，有的事业单位不以营利为目的向社会提供公共服务，有的事业单位则已成为进入市场竞争领域的经营性单位，仍然将所有的事业单位都作为政府会计主体纳入政府会计体系进行规范不尽合理。

（二）会计目标定位单一，无法满足多方信息使用者的需求

根据财政部1998年《财政总预算会计制度》的规定，财政总预算会计的目标："总预算会计信息，应当符合〈预算法〉的要求，适应国家宏观经济管理和上级财政部门及本级政府对财政管理的需要。"《行政单位会计制度》规定行政单位会计的目标："会计信息应当符合国家宏观经济管理的要求，适应预算管理和有关方面了解行政单位财务状况及收支结果的需要，有利于单位加强内部财务管理。"《事业单位会计准则（试行）》规定事业单位会计的目标是："会计信息应当符合国家宏观经济管理的要求，适应预算管理和有关方面了解事业单位财务状况及收支情况的需要，并有利于事业单位加强内部经营管理。"可见，总预算会计主要是为国家宏观经济管理服务，适合当时预算管理的需要，行政、事业单位会计是以满足国家预算管理和单位内部管理的需要为目标。随着我国经济市场化程度的提高和公共财政体制改革的深入，当前的总预算会计、行政单位会计、事业单位会计不能完全满足政府财政管理和绩效管理的需要，只是作为国家宏观经济管理的一种手段，缺失现金流量信息，不能反映政府受托责任的履行情况，难以提供政府绩效评价所需的信息。而且，预算会计信息的使用者主要限定于人大、财政部门和各单位的内部管理者，忽视了我国审计部门、政府的投资人、债权人以及社会公众等利用会计信息对政府进行有效监督和评价的需要。

（三）核算范围较窄

目前我国现行的预算会计涵盖的内容狭窄，预算会计核算内容只包括

政府预算资金的收支活动，并未将政府活动引起的资金运动都纳入核算范围，以致一些政府资金运动未能得到全面反映。一是资产核算不完整。首先，现行预算会计对固定资产的核算由行政单位会计记录，各级政府的财政总决算并不予以反映，这就意味着购置固定资产的财政资金一旦支出后就退出了政府与公众的视野，信息使用者无法了解政府管理资产的全貌。其次，行政单位虽然记录了固定资产，但并未对其计提折旧，这样既不能完整反映行政单位提供公共服务的成本耗费情况，又造成了固定资产账面价值虚增，使固定资产的账面价值和实际价值相背离。再次，现行预算会计没有对国有股权进行确认、计量和报告，无法真实地反映政府这部分资产的状况，也难以实现对国有资产所有权和收益权的管理。二是债务核算不完整。首先，直接显性债务和直接隐性债务的核算与报告不完整。直接显性债务指地方政府应承担的法定的应支未支支出，主要包括欠发工资、地方政府应承担的法定公务员养老金及未弥补政策性亏损等。我国地方政府的直接隐性债务主要包括当地的公共投资项目未来的资本性和经常性支出、非法定的未来社会保障等。通常情况下，这类支出未来的发生比较确定，是将来地方政府要承担的责任。一般情况下，这部分债务能够确定金额的应予以计量，不能确定数额的应予以披露。其次，未披露或有显性债务和或有隐性债务。一般情况下至少应披露或有显性债务规模、内容等，我国地方政府或有显性债务的主要内容是地方政府提供的各种贷款担保，包括国外贷款担保、国内贷款担保，但现行预算会计对这些担保信息却未给予确认和披露。由于或有隐性债务产生的事件是不确定的，政府承担的支出责任也难以预计，如地方金融机构出现危机地方政府被迫提供援助；或者因维护被污染环境而需要发生的支出等。这部分政府承担的支出责任难以预计，一般也不便于确认，但或有负债却潜藏着巨大风险。所以，现行的预算会计对政府债务反映得不够充分，不能全面地反映政府的资产、负债、净资产的整个财务状况，越来越不适应政府职能转变的需要。

（四）主要是以收付实现制为核算基础，存在一定局限性

收付实现制的核算基础越来越不适应市场经济体制和财政管理制度改革的需要。长期以来，我国的政府会计都实行收付实现制（事业单位经营性业务除外），这种核算基础主要用来计量主体在某个期间收到现金与付出现金之间的差额，有利于客观地反映和监督政府财政预算收支执行情况。随着政府职能的扩展，其预算管理体制转为公共财政管理体制，它所固有的缺陷日益明显。一是不能满足政府资产信息质量要求。对固定资产的计量，按收付实现制对固定资产不计提折旧，行政事业单位编制的资产负债表是按照账面原价来反映的，实际上虚增了资产的价值。另外，由于不计提折旧，行政单位和事业单位要进行内部成本核算、成本管理，加强绩效预算时，其费用就缺失折旧费用，不利于加强管理，而且对无形资产、股权等长期资产也缺乏相应的计量。二是不能满足政府负债信息质量要求。在收付实现制下，财政支出只包括以现金支付的部分，对当期已经发生，但尚未用现金支付的借款利息、政府债券、社会保障基金缺口等不作为负债核算确认，导致信息失真。同时忽视隐性负债，如政府担保形成的或有负债等，隐藏了政府的财政风险。三是收付实现制的实施造成在同一会计期间权力和责任的不匹配，即本届政府偿还的可能是以前各届政府举借的债务，而这些债务又可能转嫁给以后各届政府偿还，从而不能客观、公正、全面地考核各届政府的实际政绩。四是存在因跨年度支出而出现结余不实的问题。如上级财政应拨付下级政府的补助，由于种种原因，县级资金未及时全部下达乡镇，就会出现上级欠下级的问题；如果乡镇对上级应拨的补助作为增加补助收入，对应支出而实际未支出的款项不作为一般预算支出列支，那么必然会造成“预算结余”，这部分未支出的预算项目并入当年的结余，这显然是不合理的。

（五）对会计要素的定义不科学

会计要素划分为资产、负债、净资产、收入、支出五大类，其中：资产定义为主体可控制的经济资源，没有明确资产带来的未来经济利益或服务潜力，虽然强调了经济资源要能以货币计量，但没有强调经济资源成本或价值计量的可靠性；负债定义为主体所承担的能以货币计量，需以资产偿付的债务，没有体现负债的基本特征，即会导致未来经济利益的流出，没有强调货币计量的可靠性；净资产定义为资产减去负债的差额，只是一个数量概念，没有揭示净资产的实质，即主体拥有或控制的净公共资源；收入定义为非偿还性资金，只是从使用权角度强调了收入的非交易性，没有揭示收入的经济本质，即经济利益的流入；支出定义为财政资金的再分配或资金的耗费及损失，只是从表现形式上对支出进行了阐述，没有揭示支出的经济实质，即经济利益的流出。另外，现行政府会计制度没有单独设置结余会计要素，结余是净资产的一个组成部分，不能专门反映当期政府运用资金的结果。

（六）缺乏政府层面的财务报告，报告信息不完整

首先，如果把政府作为一个核算主体，或者报告主体来看待，没有一个有机的报告主体来反映政府应有的资产、负债或者财务状况，以及政府的整个业绩情况。财政总决算和单位财务决算只能反映当年财政收支的部分信息，不能真实、完整地反映政府的财务状况，不能提供合并的政府层面财务报告。其次，对资产、负债和或有负债的报告不充分。由于强调预算会计是为预算管理服务的，导致了一些重要会计信息最终被忽视和遗漏。对于财政资金所形成的庞大的固定资产及其使用情况、预算资金的使用效果等缺乏有关的信息披露；缺乏国有资产产权及收益权、社保基金运营的会计信息；没有披露投资经营的国有资本的安全、养老金、失业金等的使用和安全以及各级政府在其他财务方面的受托责任的信息等。对政府负债的确认和报告，难以全面反映政府未来所承担的支出责任。只确认和报告当期实际收到现金的直接显性负债，财政支出中也只能反映当年实际用现金偿付的利息数，而无法对当期已经发生但尚未用现金偿付的直接隐性负债，以及未来可能引起现金支出增加的或有负债进行确认和报告，致使对财政风险控制具有重大意义的并已经造成大量积累的直接隐性负债和或有负债游离于政府会计核算体系之外，进而造成现行财政总预算会计报表反映的政府负债规模远远低于实际存在的政府负债规模。再次，会计报表项目列示不科学，影响会计信息真实性。目前行政、事业单位的资产负债表中，包括资产、负债、净资产、收入类和支出类项目，在现行报表结构下，收入类和支出类项目既在资产负债表中反映，又在收入支出表中反映，造成毫无意义的重复列示。另外，无法提供绩效信息。政府及其利益相关者都有披露绩效信息的需求。现行的预算会计只提供支出使用情况，而不能提供财政绩效分析所必需的各种会计信息，从而造成财政内部管理者难以对政府财务状况进行系统的分析，使财政政策的选择和预算编制缺乏充分的依据。对外部管理来说，会造成政府财务状况透明度不高，不利于立法机关和公众对政府资金分配、运行的监督和管理。

（七）缺乏规范、统一的政府会计准则体系

政府会计准则体系的目的在于规范政府会计工作，使政府会计信息具有更高的可比性和有用性，从而提高财务报告的质量，满足政府财务会计信息使用者的要求。我国现行政府会计规范实行制度模式，由财政部制定颁布，具有指令性和强制性，侧重于具体业务的会计处理，几种制度之间没有必然的联系，缺乏统一性（比如会计核算基础不同），因此预算会计无法提供反映政府全面财务收支情况的财务报表。而且我国政府会计规范是阶段性的制定和发布的，缺乏连续性和完整性。由于缺乏统一的政府会计准则体系和制度体系，多年来的管理实践表明，现行政府会计体系的各个部分之间存在相互交叉，甚至相互矛盾的地方，不能很好地反映所有政府单位财务状况的全貌，也难以完整、准确、及时地核算反映政府性资金和资源的运行状况。这样往往容易造成政府性资金和资源使用管理监督不严、效益不高，还容易产生政府资金和资源使用中的不规范行为，滋生腐败现象。

二、推进政府会计改革的紧迫性和必要性

政府会计改革不仅是个技术层面的问题，更是政治层面的问题。政府会计改革与政府职能转变、公共财政的改革等一系列公共领域的制度变革因素密切相关。财政预算管理的相关制度，如国库集中收付制度、政府采购制度、政府收支分类标准、部门预算、财政分权等公共财政制度的改革，以及公共领域的其他政府治理措施等政府会计环境的变化，都会对我国政府会计改革的系统设计、政府会计体系的构建、会计记账制度的选择、财务报告披露的内容与范围等产生重大影响，也是推动政府会计改革的动力。具体而言，当前推进我国政府会计改革的动因主要表现在以下方面：

（一）转变政府职能，加强政府透明度的要求

胡锦涛总书记在主持中共中央政治局第四次集体学习时指出：“建设

服务型政府，首先要创新行政管理体制。要着力转变职能、理顺关系、优化结构、提高效能，把政府主要职能转变到经济调节、市场监管、社会管理、公共服务上来，把公共服务和社会管理放在更加重要的位置，努力为人民群众提供方便、快捷、优质、高效的公共服务。”简而言之，转变政府职能的核心就是要建立服务型政府。

我国要构建服务型政府，就要实现透明型政府，提高政府透明度。政府透明度是政府向公众公开政府的结构和职能，财政政策的目标、公共部门账户的收账及管理绩效，以及财政预测等信息的程度。IMF 在其最新的《财政透明度手册》（IMF，2007）中，对财政透明度提出了四个方面的基本要求：一是政府应当明确其作用和责任；二是预算程序应当公开；三是政府应当向公众提供全面的财政信息；四是政府应当保证财政信息的真实性。财政透明度的核心是政府必须及时、完整、可靠地提供其关于财政政策、活动及其结果的信息，从而使外部公众了解和评价政府的公开受托责任，了解其财政层面并作出相关的评价和决策（刘笑霞、李建发，2008）。这就要求政府会计提供的信息系统一方面有助于全面反映政府的各项活动，评价其业绩；另一方面也可以对政府形成一种有效的制约和监督，从而解脱政府的公共受托责任。为此，目前不少地方政府已经开始推行政府信息公开制度，国务院也正在草拟《政府信息公开条例》，信息将成为沟通政府与人民之间的重要桥梁。

（二）改革公共财政，全面反映预算收支，加强预算控制的需要

近年来，我国财政体制发生了较大变化。部门预算、国库集中支付、“收支两条线”、预算外资金纳入预算管理、政府采购、绩效评价等重大改革措施相继出台，对我国的政府会计改革提出了要求。

1. 部门预算改革对政府会计改革的影响

首先，部门预算改革，将财政性资金和非财政性资金，预算内、预算外资金都纳入了部门预算的范畴进行管理，使政府预算更加细化和透明，不再存在体制外的收入和支出。部门预算改革提高了政府预算的科学性与合理性，也对政府会计为预算管理提供全面、有效的信息支持提出了要求。其次，部门预算不但有利于改善支出部门的预算管理观念，提高部门的支出责任，还有利于立法机构对政府预算进行全面的监督和审查。然

而，随着部门预算推进的不断深化，现行预算会计系统越来越难以满足部门预算的信息需求。我国现行的财政总预算会计仅以财政性资金的收支活动为核算对象，与部门预算的全口径收支理念不相适应。最后，部门支出预算开始引入“零基预算”等先进的预算方法，这就必须依靠及时、准确、可靠的基础数据，这也需要政府会计能够提供充足的信息支持。

2. 国库集中支付制度对政府会计改革的影响

国库集中支付制度包括了国库集中支付制度和收入收缴管理制度，财政收入通过国库单一账户体系，直接缴入国库；财政支出通过国库单一账户体系，以财政直接支付和财政授权支付的方式，将资金支付到商品和劳务供应者或用款单位。该制度强化了财政预算的执行，真实反映了财政资金的实际支出数，有效防止了预算单位对财政资金的挤占、挪用和截留。同时，该制度的实施一定程度上解决了现行的财政总预算会计系统与行政（事业）单位会计系统缺乏有效对接的问题，也使得财政部门代表一级政府核算并报告本级财政性资金的收支执行情况成为可能。但是，国库集中收付制度在往纵深实施时，必然会遇到众多问题。例如，国库集中支付的科目名称与行政事业单位的科目名称存在差异，核算口径不一致；事业单位类型多样，资金来源渠道和性质多元，国库集中支付制度无法全面覆盖和监控单位财务资金的来源和运用，甚至无法有效监控财政资金是否被合理有效使用。这就要求改革现行的行政事业单位会计制度，使之一方面能更好地完成与财政总预算会计的有效对接；另一方面能更好地满足行政事业单位财务管理的需要。

3. 政府收支分类改革对政府会计改革的影响

我国政府收支分类改革借鉴了国际通行做法，由政府收入分类、支出功能分类以及支出经济分类三个方面共同构成了一个全面、明晰地反映政府收支活动的分类体系。首先是对政府收入进行统一分类。具体变化主要体现在三个方面：一是扩大了范围；二是体系上做了调整；三是科目层次更为细化。新的收入分类可以清晰地反映政府各项收入的具体来源。其次是建立新的政府支出功能分类体系。这是政府收支分类改革中科目改革的核心，改变了过去支出总体上按经费性质分类的，抽象的状况，使政府各项支出能直接从科目上体现出来。最后，建立了新型的支出经济分类体系，以清晰反映每一项支出的具体用途。全面、明细的支出经济分类为加强政府预算管理、部门财务管理以及政府统计分析提供了重要工具和手段。

统一的政府收支分类科目体系有力地推进了部门预算改革，并成为预算单位执行预算的具体依据。政府收支分类改革将对我国现行的预算会计系统产生重大影响。目前，财政总预算会计相关支出科目偏向于按照支出功能分类进行核算，而行政事业单位的预算会计则偏向于按照支出经济分类进行核算。实施政府收支分类改革后，现行财政总预算会计系统、行政（事业）单位会计系统中纯粹意义上的预算会计部分，就需要参照政府收支分类科目设置会计核算科目。这将使得单位预算会计报表项目更便于横向比较，在使用计算机信息系统的基础上，统一的科目体系还能较大程度地简化一级政府预算执行报告的编制程序。

4. 政府采购制度对政府会计改革的影响

我国2003年颁布了《中华人民共和国政府采购法》，确立了我国的政府采购制度，政府采购的政策、程序、过程和方法以及监督得以用法律的形式加以确立。政府采购制度的实施，对节约财政支出、降低行政成本、增加行政透明度、提高财政资金的使用效率起到了积极作用。但是，政府采购制度要更好地发挥其制度性功能，需要与之相匹配的政府会计制度的支持，而我国现行的总预算会计制度和行政单位会计制度并不能满足其信息支持的要求，而且在某种程度上还阻碍了政府采购制度的有效运作。具体表现在：目前总预算会计及其行政事业单位会计的会计科目设置、会计核算基础等并不能满足政府采购制度所产生的经济业务核算的需要；不能提供足以支持各部门、单位科学编制采购预算所需要的明细翔实的基础数据的需要；不能满足各部门、单位如实反映债务状况，进行风险控制的需要。因此，只有改革政府会计制度，才能支持科学、合理的政府采购预算的编制，才能及时、全面、准确地核算和监督政府采购行为，才能有效实现政府采购成本的控制，提高政府采购效益。

可见，我国公共财政体制的改革，使政府对财政资金的管理由过去的“切蛋糕”、重分配向事先的部门预算、事中的政府采购和国库集中支付以及事后的监督管理与绩效评价转变，极大地促进了预算收支的全面反映，加强了预算控制，提升了预算管理，从而对政府会计信息系统提出了变革的要求。

（三）强化受托责任，评价政府绩效，加强政府治理的需要

政府绩效评价作为公共管理的重要的一环，是建设民主型政府的要求，也是评价政府公共受托责任的需要。财政部会计准则委员会（2005）认为开展政府绩效评价对改进政府管理、提高政府工作效率、促进依法行政和国家政治文明的发展具有重要作用。而且，对政府绩效进行评价不仅是政府自身进行管理体制创新、提升政府服务质量的手段，也是对社会公众参与公共治理的回应。政府绩效评价的内容既包括对政府职能的综合绩效评价，也包括对政府各部门履行职能的经济性、效率性、效益性和公平性的评估，因此需要一套完善的政府会计信息体系为其提供相应的信息支持。阳讯、陈靓（2008）认为，政府绩效评价的目标与政府会计目标具有对应性，政府绩效评价内容与政府会计内容具有互补性，并且政府绩效评价制度建设与政府会计改革可以相互促进。

随着我国政府开始推行问责制和公共财政体制要求对财政资金的使用进行追踪问责，我国财政部门以及其他有关部门开始建立政府绩效评价体系，设计政府绩效评价标准，以对政府部门及人员进行有效监督和制约。但是要建立科学、合理的政府绩效评价体系，切实提高政府部门提高公共管理效率与效益，提升政府治理水平，依靠现行的预算会计、行政事业部门的单位会计所提供的信息显然无法满足需要，应建立完善的政府会计信息系统。该信息系统不仅应当包括能反映政府预算管理状况的预算会计信息，还应包括能反映公共部门对公共资金运营管理效率和效益的财务会计信息和管理会计信息。而我国目前建立在收付实现制基础上的以预算会计为主体的单一政府会计体系，还不是真正意义上的政府会计，还无法提供有效、充分的政府财务信息，更乏论关于产出及成本控制方面的管理信息。

（四）防范政府债务风险、加强财务控制的需要

2008 年，冰岛作为第一个受全球金融海啸所累陷入破产边缘的主权国家，之后希腊的债务危机、美国的国家主权信用首次被标普由 AAA 降为 AA + 等一系列事件，使国家债务风险成为经济学家们重新审视政府公共财务管理问题中的重点问题。与此同时，我国政府为了应对 2008 年的

全球金融海啸，推出了4万亿元的救市计划，与之对应的地方融资平台的数量和融资规模也随之飞速发展，地方政府投融资平台的负债规模也在急剧膨胀。据统计，截至2010年年底，我国全国地方政府性债务余额107174.91亿元，含担保责任负债在内的债务率高达70.45%。[①] 我国地方政府的债务及其风险问题已经成为经济的一个重大隐忧。如何防范政府债务风险，如何评价政府的资金管理绩效，提升政府的财务管理效率，已成为当前迫在眉睫的问题。从西方国家的政府会计改革经验看，政府会计改革正是顺应了政府内部财务管理改革的需要。政府会计系统的改革与完善在防范政府主体债务风险、加强政府的财务控制、提升政府内部财务管理水平等方面发挥着重要作用。

由此可见，随着我国社会主义市场经济的逐步发展和财政改革的科学化、精细化，加强政府内部管理、防范债务风险的要求不断提高。为了全面反映我国中央政府与地方政府整体的财务状况和财政运营绩效，为利益相关者提供政府偿债能力和资产质量方面的信息，就必须将现行的以披露预算收支执行情况为单一目标的预算会计系统转化为以反映政府财务状况、运营绩效与预算收支执行情况等多重目标的，预算会计与财务会计并存的政府会计体系。

第二节 政府会计改革的理论基础和经验借鉴

一、政府会计改革的理论基础

（一）公共受托责任理论

公共受托责任是受托责任在公共部门的具体表现，受托责任被认为是政府会计最重要的理论基础之一，是政府会计的基石。美国著名政府会计

① 引自“四问地方债”，《光明日报》2011年8月11日，http://news.xinhuanet.com/2011-08/11/c_131042348.htm。

学者 Jame L. Chan（2003）认为，政府会计在全球的兴起，主要源于民主制度和市场经济对受托责任的巨大需求。美国现任的政府会计准则制定机构之一的美国政府会计准则委员会（GASB）在 1987 年发布的第 1 号概念公告《财务报告的目标》中，明确指出受托责任是政府所有财务报告的基石，并将政府财务报告的首要目标确定为：提供信息帮助使用者评价受托责任。对于政府受托责任的具体内容，GASB 引用了美国会计学会（AAA）对公共部门受托责任的分类，认为政府的受托责任包括了：（1）财务资源；（2）遵守法律要求和行政政策；（3）业务活动的效率性和经济性；（4）政府计划和活动结果。同时，GASB 还引用了政府受托责任五层次梯形理论（Stewart，1984），该理论认为政府的受托责任包括：（1）政策受托责任；（2）项目受托责任；（3）业绩受托责任；（4）过程受托责任；（5）正直与合法性受托责任。良好的公共管理的最终目标就是以最低的成本，更有效地向社会公众提供公共产品和服务，从而更有效地履行对委托人的受托责任。政府会计可以通过对政府及其政府部门的管理者提供决策支持，帮助他们有效履行政府的公共受托责任。

我国的公共受托责任与西方国家相比，在受托责任关系上更为复杂。一方面，在纵向关系上，我国各级政府在行政管理及资金管理上都具有控制与被控制的关系，既是上级政府的受托方，又是下级政府的委托方，因此该级政府在纵向行政系统内部既承担着对上级政府的信息披露义务，又拥有对下级政府的信息要求权。另一方面，在横向关系上，各级人民政府是各级人民代表大会的执行机构，各级人民政府需要对同级人民代表大会负责并报告工作，同时对同级立法机构也承担着信息披露义务。可见，我国政府的公共受托责任关系具有多重性、交叉性、复杂性等特点。相应于这种复杂的受托责任关系及其前面所述受托责任的内涵，我国的政府会计体系所提供的财务信息不仅应当能真实地反映各级政府的预算收支情况、还应当能全面反映政府整体的财务状况和运营情况，包括资本保全程度、财务管理绩效等。

（二）新公共管理理论

公共管理理论产生于 20 世纪，是从传统的行政管理衍化而来的一个概念。而“新公共管理”则是 20 世纪七八十年代以来在西方国家出现的关于行政管理改革的力量和实践模式，强调商业管理的理论、方法、技术及模式在公共管理中的应用。国内学者陈振明在《评西方的“新公共管理”范式》一文中，将“新公共管理”或“管理主义”的研究纲领或范式特征归纳为以下八个方面：（1）强调职业化管理；（2）明确的绩效标准和绩效评估；（3）项目预算与战略管理；（4）提供回应性的服务；（5）公共服务机构的分散化和小型化；（6）竞争机制的引入；（7）采用私人部门的管理方式；（8）管理者与政治家、公众关系的改变。可以说，新公共管理的核心思想就是：把私人部门的管理手段和市场激励引入公共部门和公共服务中，其目标不只是在公共行政部门内部做技术上的专业努力，也不只是对公共部门进行改革，而是让公共部门从转换机制入手，从根本上改变政府与社会的关系，最终以新的公共管理模式取代传统的官僚制模式（赵成根，2007）。因此，新公共管理具有公共性、绩效性和透明性的特征（彭海颖，2005）。

新公共管理从理论到实践都强调建设高效率的政府、民主的政府以及公开的政府，强调政府的绩效。对政府绩效的评价既包括政府内部的自我评价、上级政府对下级政府的评价，同时也包括社会公众对政府绩效的外部评价。政府绩效评价是对政府整体运营效果的综合评价，这就对政府会计系统所提供的财务信息提出了要求。可以说，“新公共管理”在信息支持方面，要求政府会计能提供一套既能支持政府完成高效决策、又能支持各利益相关群体客观评价政府绩效的信息系统。这使政府会计改革成为公共财政改革的核心内容之一，及时、有效、完整的信息系统是新公共管理机制建立的保证（彭海颖，2005）。

二、西方主要国家政府会计改革的实践及评析

Chan（2002）按照政府会计与传统的公共预算之间的关系不同，将政府会计模式分为两大类：一是英美模式；二是欧洲大陆模式。英美模式强调外部信息使用者的利益，而德法模式则更加强调政府会计服务于国家预算管理的需要。但是，尽管不同国家的政府会计改革各有侧重，但都在朝着更加全面地反映政府的公共受托责任，以及满足新公共管理理论对政府职能变革和政府会计信息需求的方向进行改革。

（一）主要西方国家的政府会计改革实践

1. 美国的政府会计——基金会计

美国是一个典型的联邦制国家，州政府和联邦政府之间有明确的权利划分，保持相对独立，这样的政治体制和政府结构决定了美国没有统一的政府会计，而是有两大层次的政府会计构成——联邦政府会计和州与地方政府会计。联邦政府与州和地方政府分别由不同机构负责制定自己的政府会计准则。

联邦政府会计包括了政府预算会计和政府财务会计。政府预算会计的会计主体是美国国会对联邦政府机构的拨款及其他预算授权，政府财务会计的主体则是各个联邦政府机构，两者之间保持相对的独立性，各自拥有一套自相平衡的账号和报表体系。政府预算会计由美国预算管理办公室（OMB）制定，政府财务会计准则则由联邦政府会计准则咨询委员会（FASAB）制定，二者的协调是通过美国财政部制定和发布的，包括财务会计账户和预算会计账号在内的标准账户制度来实现。

美国的州与地方政府会计的典型特征在于将预算会计与财务会计通过基金会计模式有机地结合在一起。为了确保特定金额的公共资金用于特定的政府活动，实现其资金的特定目标，并保证资金的运用符合特定制度、限制或约束，美国的地方政府会计对公共资金的管理与使用采用基金制的管理模式。所谓基金，是一组具有特定用途，要求专款专用、专项核算和报告的财务资源。在基金政府会计系统中，政府的运营活动被分为政务类、商务类和信托类，政府会计的主体即为相应设置的各类型的基金。美国政府会计准则委员会（GASB）将基金分为政府基金、权益基金和信托基金。其中，政府基金关注法定拨款或法定授权的支出与可用于筹措支出的收入相配合，其核算目的是确定收取多少在当期可支用的税收，实现“收支平衡，略有节余”。权益基金关注确定使用收费对成本的补偿，信托基金中的可支用信托基金类似于政府基金，信托基金中的不可支用信托基金则类似于权益基金。基金不是一个法律实体，也不等同于银行账户余额，它包含了各种资产、负债以及基金余额，是政府为了达成特定目的或从事特定活动，按照法律法规及其他限定分开设立、自求平衡的一组财务资源及其相关的负债和剩余权益。由某个基金记录的资产，在实物上并不一定与其他基金所记录的资产分开。设置基金有利于保证公共财政资源或其他资源用于限定的用途，政府应根据国家法律、法规、行政法令、合同协议的规定设立基金。使用基金会计模式的客观依据是：政府运营的多样性使单一的会计主体不可能记录和概括所有政府财务交易及其绩效结果。某一基金类型总是与一定类型的政府活动相对应，不同类型政府活动具有不同的绩效目标，这就要求用基金会计来计量与报告不同类型政府活动的绩效时具有不同的侧重点。

可见，在基金会计模式下，美国州与地方政府会计虽然没有明确划分预算会计与财务会计，但是事实上预算会计被融入成为政府基金（财务）会计的一个部分，即在政府基金（财务）会计的统一框架下，设置了与财务会计收入、支出账户相匹配的反映预算收支的相应账户，如“预算收入”、“保留支出”、“保留支出储备”等，从而实现对政府预算收支执行情况的反映和控制。政府预算会计与政府财务会计在基金会计模式下有机地整合成为一体。

2. 英国的政府会计——资源会计

英国的政府会计也包括中央政府会计与地方政府会计两个层次。2000年7月，英国议会通过并颁布了《政府资源与会计法案（2000）》，英国中央政府开始在政府预算与政府会计中同步应用权责发生制基础，全面实施以权责发生制为基础的资源会计。英国的资源会计是一套用于报告英国中央政府支出的权责发生制会计技术，以及一整套针对各个政府部门的目标，并在可能的情况下将其与各个部门的产出相挂钩的支出分析框架，用以衡量政府的资源管理绩效，考查政府部门经济性、效率性、效果性、公平性和环保性（5E）的遵循情况。资源会计旨在允许各个部的管理者在相同的基础上评估使用资本与各种资源的成本，促使各部门加强现金管理，并为各部提供更好的方法，即依据所使用的资源情况确定部门目标与产出指标。在资源会计中，净值是衡量政府资源管理绩效的一个重要参考性指标。它是政府受托管理的社会资源存量的结余。净值的重要性通过预算平衡体现出来。资源会计要求计量与报告政府的资源管理绩效，应以追踪净值的变化为侧重点，以经济资源流动作为计量焦点。

英国地方政府会计则为了配合地方政府公共管理的改革，提高政府服务资源的使用效率，自20世纪70年代开始就将地方政府会计朝企业化方向变革，到90年代中期开始实现了地方政府会计由反映预算为核心，向全面披露地方政府整体财务信息的转变，英国地方政府被要求编制政府整体财务报告，会计系统与预算系统实现了分离。

进入21世纪后，英国政府会计致力于建设政府统一账户，及其与之对应的英国政府整体财务报告（WGA，Whole of Government Accounts）。政府统一账户及其政府整体财务报告是借鉴企业会计方法，以权责发生制为基础编制包括所有公共部门（约1300个）的合并财务报告，也就是将所有公共部门当作一个主体编制的财务报告。其中，“所有公共部门”按英国国家统计局（Office of National Statistics）的分类可分为四大类：中央政府、地方政府、国民健康服务部门（NHS，National Health Service）和公共公司（指由政府控制的商业企业）。政府统一账户及其政府整体财务报告向报表使用者提供整体、全面、系统的会计信息，对提高政府宏观决策的能力，以及合理评价公民对政府整体绩效具有十分积极的意义。另外，英国政府会计十分重视会计报表附注的作用，要求政府会计报表附注提供：公告部门所采用的会计政策的详细信息；分析部门预算数与实际数的差异；进行收入、成本、金融工具及其风险分析；或有事项说明等。可见，英国政府会计改革的突出特点就在于强调各种相关会计信息的充分披露，以解脱政府的受托责任，提高政府宏观决策效率，提升政府公共资源管理绩效，强化政府透明度。

3. 法国的政府会计——三轨制政府会计系统

法国推行三轨制的政府会计系统。2001年8月，法国议会通过了《财政法/组织法》（Organic Budget Law/Constitutional Bylaw on Budget Law），这是法国预算和会计改革的法律保障。该法规定中央政府的会计必须建立三套会计系统。这三套会计系统及其功能分别是：（1）预算会计系统，用以对预算活动的现金收支流动情况进行核算，收入在收到现金时核算，费用在付出现金时核算，并且都可以在下一年度的追加期内记录。可见，预算会计与政府预算保持一致，用来跟踪预算的执行，它的所有特征与目前的预算会计系统是一样的，即以收付实现制为基础，但其处理方法兼有权责发生制的一些特征，因此采用的是修正的收付实现制。（2）财务会计系统，用来对除中央政府特有的业务活动外的其他活动进行核算，力求全面、真实地反映中央政府的净资产和财务状况。财务会计系统以权利和义务的确认为基础，借鉴私营企业权责发生制的会计原则，采用修正的权责发生制。(3) 成本会计系统，它利用财务会计的权责发生制信息对项目进行成本核算和分析，对公共支出是否达到预期目标进行评估，以加强成本控制和绩效评价。成本会计的会计基础也是权责发生制，是与绩效预算相对应、为评价公共支出效率而专门设置的一种特殊类型的会计系统。目前，前两种类型的会计已经开始在政府会计领域使用，公共会计总局使用这两种方法对国家的每一笔收入和支出进行跟踪。而成本会计由于项目成本核算方法相对复杂再加上牵涉面广，目前也只是在一些部门进行了试点，全面使用还要做大量的基础性工作。

法国政府会计采用三套会计系统，主要目的是提高中央政府的透明度和绩效水平，但是三套系统导致的多分录记账问题，使得账务处理工作较为复杂，容易出现差错，这就要求能有一套先进的电算化财政系统和政府会计系统，来帮助解决这些技术层面的问题。为此，法国在 1999 年成立了“中央政府支出核算、定购与支付协调”专门委员会，建立了一套新的电算化财政系统，该系统包括了法国政府所有的预算和会计活动。当然，整个系统的改造是个浩大的工程，需要较长的时间来不断磨合和优化。三套系统同时运行，对公共部门会计师的专业素质也有较高要求，因此，为了确保政府会计改革的顺利进行，法国政府十分重视对公共部门会计人员的后续教育和培训。

4. 葡萄牙的政府会计体系

葡萄牙的政府会计改革从 20 世纪 90 年代初开始。90 年代以前，葡萄牙公共部门会计采用单式记账法并以收付实现制为核算基础。进入 90 年代以后，原有的公共部门会计模式日渐不能满足其管理的需要，主要有两方面原因：一方面是对政府管理效率和效益的要求提高。随着“新公共管理”运动在欧洲大陆的推行，通过提供更好的财务（或非财务）信息来提高公共部门的管理效率和效益的观念已为许多欧洲国家的政府所接受，而通过政府会计改革提高政府财务信息质量和透明度是普遍做法。另一方面是受欧洲账户体系（ESA）建立的影响。当时，欧盟内部正在建立一个内部的统计体系，旨在为成员国提供一套协调的、可靠的统计信息，并用于衡量成员国是否达到《欧洲联盟条约》以及《经济货币联盟》等规定的目标。欧洲账户体系虽然是一个统计体系，但核算中采用了权责发生制，而且将一般政府纳入欧洲账户体系之中，分为中央政府、地区性和地方政府以及社会保障基金三个方面来核算和反映。葡萄牙公共财政目标就是根据欧洲账户体系的要求设定的，并在政府会计改革中区分中央政府、地区性和地方政府以及社会保障基金，分步进行改革。

葡萄牙新的政府会计体系（见表1－1）包含了更多的信息，从而更好地体现了公共管理领域变革的要求，因此，葡萄牙政府会计框架的改变是反映和支持公共机构管理和演进过程的一个重要工具，使它更有利于被广泛接受并执行。总体而言，葡萄牙政府会计改革是基于受托责任的驱使，重点是预算会计和财务会计，主要目的是改进政府对外的预算报告和财务报告，以提供更加详细可信和容易理解的预算及财务信息。与此同时，葡萄牙新的政府会计体系也关注成本会计（内部会计）的发展，这方面的明显信号就是引入了成本会计，并将其和预算会计及财务会计整合为一个会计体系。

表1－1　　葡萄牙的政府会计新体系①

	预算会计	财务会计（传统会计）	成本会计（管理会计）
主要内容	预算控制 收入和支出的经济分类 支出功能分类（或者部门分类） 预算报表	所有固定资产的账面价值 经济结果 债务价值 存货价值 按性质分类的成本和收入 资产负债表	按功能、活动、服务、产品和部门对费用（收入和结果是可选项）进行分类
会计基础	修正的收付实现制	权责发生制	权责发生制
账户	第0类和25号账户——预算执行的借贷方	第1至第8类账户	根据需要选择（第9类账户可供选择）
记账法	复式记账法	复式记账法	单式或复式记账法
目标	预算管理	政府资产负债管理	政府公共管理绩效管理

（二）对主要西方国家政府会计改革实践的评析

1. 推行政府会计改革遵循循序渐进、逐步推进的原则

从英美等国推行政府会计改革发展历程来看，改革不是一蹴而就的，

① 本表根据张曾莲：“基于政府财务会计和政府管理会计的政府会计体系的重构”，《中国管理信息化》2011年第3期，表1修改而来。

都经历了较长的时间。例如英国中央政府会计引入权责发生制的顺序就是先从外围单位逐步过渡到核心部门。最先采用权责发生制的单位是贸易基金，其次是非政府部门，再次是政府执行机构，然后是政府部门，最后才考虑编制以权责发生制为基础的政府整体财务报告。整个政府会计的系统改革如同建造“金字塔”工程，只有从底部入手扎实奠定基础才能完成整个改革任务。而美国的政府会计，不管是联邦政府还是州及地方政府的会计改革，都是在不断充分研究论证的基础上才逐步开展的，所涉及的政府财务活动的广度和深度也随着改革的深入而不断拓展，同时又反过来对之前的制度和准则进行修正和更新。因此，我国推进政府会计改革也应该循序渐进、逐步推进。尽管由于国情的不同，我国政府会计改革的道路不可能与英国和美国完全相同，但可以借鉴他们的经验，先以某一部门为试点，同时对其行政单位和事业单位的会计核算进行改革，待试点成功后，再推行到所有的行政单位和事业单位。

2. 预算会计与财务会计两套会计系统协调并行，以满足各方面需要

预算会计和财务会计有着不同的性质和目的，二者有着十分密切的关系。从法国、葡萄牙政府会计改革的经验来看，他们均建立了两套会计系统：预算会计和财务会计（可调整出成本会计的信息）以满足各方的需要。预算会计以收付实现制为基础，全面、真实反映预算执行情况。由于法国预算编制采用收付实现制，这样能为议会议员和政府部门财务管理人员提供预算执行的基本信息。财务会计以权责发生制为基础，以全面反映政府的财务状况，并为核算政府服务成本提供基础，在财务会计基础上衍生的成本会计是对每个项目进行成本核算和分析，是绩效预算评价的基础。两套会计系统满足了政府财政财务管理中不同方面的需要，形成一套有机、完整的政府会计体系。

3. 政府整体概念框架与具体会计准则或制度共同形成完整、独立的政府会计规范体系

考察西方主要国家政府会计改革的经验成果可见，其政府会计规范体系都至少两到三个层次：政府会计概念框架—政府会计准则—政府会计制度。以法国为例，法国政府制定的一套独立的政府会计规范体系就包括了：一是政府会计的整体概念框架，以先行解决政府会计中的一些基本的、概念性的问题，确保后出台的具体准则的系统性和一致性，避免后制

定的具体准则在会计处理的基本态度上出现矛盾。二是政府会计准则体系，既包括统一的政府会计准则体系（由13个实施细则构成），对会计事项作出原则性规定，同时还包括了政府会计使用的会计科目的规范，以及如何进行具体的会计核算，这其实已经类似于我国的会计制度。美国也制定了政府会计概念公告，对政府财务报告目标、要素等基本理论问题进行了阐述，统一了具体准则的指导思想，确立了理论依据。在此基础上，制定了统一的政府会计准则来规范政府财务报告，但由于各州和地方政府在预算管理方面缺乏统一，目前尚未制定一套统一的会计制度来规定政府部门日常的账务核算，而是由各州和地方政府在实际执行中自行具体作出规定来达到会计制度的效果。

我国的政府会计改革，也要借鉴这些先行改革的国家成功的经验，创建我国的政府会计规范体系。政府会计规范体系既包括政府会计概念框架，又包括政府会计准则和政府会计制度。我国中央与地方财政管理联系比较密切，可以考虑在制定会计准则的同时，制定一套统一、规范的政府会计制度，用于规范会计科目和核算方法，这将更有利于政府部门财务人员进行会计核算，有利于政府会计信息系统的统一开发以及更准确地编制政府综合年度财务报告等。

第三节　研究内容、方法、创新点及不足

一、主要内容

全书的整体结构如图1－1所示。

二、研究方法

本书将在吸收、借鉴和利用经济学理论、财政学理论、会计学理论和行政管理学有关研究成果的基础上，围绕推进政府会计改革中心，以演绎

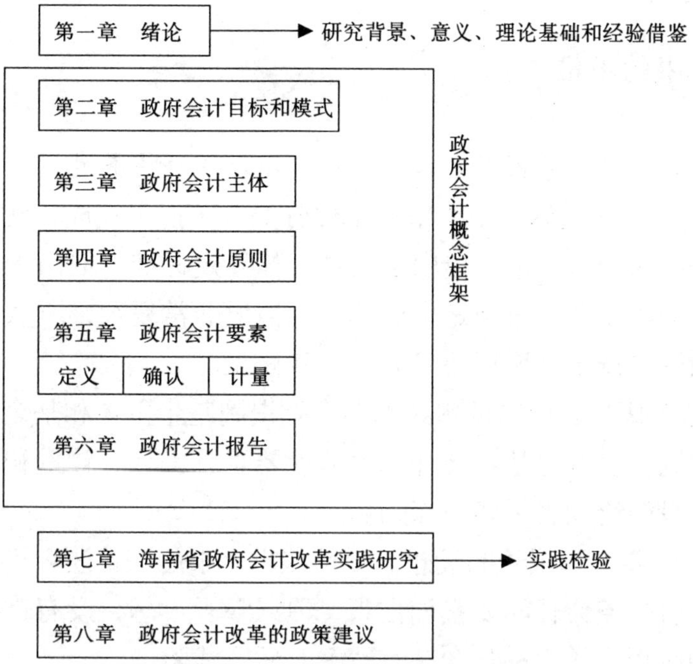

图1－1　本书整体结构

归纳分析和案例分析为基本研究方法，多层面、多角度地剖析我国政府会计的现状、不足、改进思路，结合海南省政府会计改革试点的实际案例来验证我们提出的政府会计理论的正确与否。

三、创新点

（1）对我国政府会计概念框架进行了系统研究，就会计目标、会计主体、会计基础、信息质量特征、要素定义、确认与计量和财务报告等各方面，都进行了深入研究，提出了相关见解。

（2）根据本书提出的政府会计概念框架的相关观点，指导海南省进行政府会计改革试点，尝试根据修正的权责发生制建立了政府财务会计系统，编制了资产负债表、收入支出表等，理论联系实际，以实践验证了理论的合理性。

（3）根据我国政府会计概念框架，总结海南省政府会计改革试点的经验和发现的问题，设计提出了推进我国政府会计改革的若干途径。

四、本书的不足

由于时间不足且笔者能力有限，本书也存在一些不足：

（1）关于会计主体。由于事业单位分类改革还未完成，使得政府会计主体的研究成为难点。本书提出了会计主体界定标准，但由于我国政府会计主体构成极端复杂，特别是事业单位的情况非常复杂，所以政府会计主体范围的划分有待于今后形势发展进一步修正。

（2）对于基金会计的设想。本书多处提到基金主体和基金会计，但受笔者水平限制，没能对基金会计的主体、要素、确认、计量和报告等进行深入研究，没能给读者更多更深的启发。

（3）关于要素和报表的设想。虽然根据本书的理论逻辑设计了政府预算会计和政府财务会计的要素和报表，但只限于设想，没有进行模拟，更没有真正的应用，是否科学合理有待于今后实践验证。

（4）海南省政府会计改革试点层次较低、范围较小，对本书所提出政府会计概念框架结构等理论的验证作用有限，有待于进一步扩大试点验证。

第二章　我国政府会计目标和模式

任何研究领域的起点都是提出研究的界限和确定它的目标，目标是组织预期要求达到的目的或结果。政府会计研究的起点也是会计目标，它应具备两个基本特征：一是应直接反映社会经济环境的变化，反映政府会计系统的内在要求；二是在政府会计理论与会计实践上应具有一致性，能够将政府会计理论和会计实践有机结合起来。这两个特征是保证政府会计理论具有解释和预测能力的重要基础，也是保证政府会计系统正常运行的重要前提。

第一节　政府会计目标理论及比较研究

和其他学科一样，政府会计之所以存在，必须要满足社会的需求，因此，政府会计目标的定位可以从提供会计信息和利用会计信息两个方面加以考虑，这是确立会计目标的出发点，在此基础上再考虑环境、技术、人员等因素。美国财务报告准则委员会（FASB）认为，会计目标需要回答谁需要会计信息，需要什么样的信息，有哪些信息是会计师能够提供的，以及为了提供所需要的信息，需要有一个怎样的逻辑思路等问题。这成为广为接受的研究会计目标的逻辑结构，本书也是以此结构对政府会计目标进行研究。

一、政府会计信息使用者

政府会计信息使用者的范围一直是理论界和政府会计准则制定部门较为关注的问题。美国州和地方政府会计准则委员会（GASB）、美国联邦会计准则咨询委员会（FASAB）、美国审计总署（GAO）、澳大利亚会计研究基金（AARF）以及国际会计师联合会（IFAC）下属的公共部门委员会（PSC）等机构都进行过有益的探索，他们的有关研究结论见表2－1。

表2－1　　准则制定机构对信息使用者的研究

		GASB	FASAB	GAO	AARF	IFAC
外部使用者	立法机关	*	*	*	*	*
	监督机构	*	*	*		*
	公众	*	*	*	*	*
	投资者和债权人	*		*	*	*
	评估机构				*	*
	其他政府、国际组织和资源提供者					*
	经济和财务分析师	*		*	*	*
	审计师	*			*	
内部使用者	管理部门		*			*
	上级管理部门					*

注：*代表各准则制定机构所覆盖的政府财务报告的信息使用者。

可以看出，上述机构对于政府财务报告使用者的区分有所不同，但是多数机构都会提到以下信息使用者，这些信息使用者具有一定的共性：

其一，立法机关。立法机构是公认的第一信息使用者，立法机关代表公众的利益，授权政府管理公共财政事务和公共财政资源，它们经常需要借助财务报告来评估政府对资源的管理、政府的财务状况和财务业绩。

其二，公众。公众以纳税的方式向政府提供资源，自然而然他们对政府在当前和以前年度如何使用资源的情况感兴趣，对政府是否从已征收的税收中拨出资金，谋划为公众提供产品和服务感兴趣，对政府财政事务和资源管理得如何，以及政府的活动对整个经济的影响如何的信息感兴趣。

其三，投资者和贷款人。政府债券的投资者和其他债权人希望了解有关信息，以评估政府是否能够在国库券、国债到期时按期偿付。

其四，评估机构。现代金融市场中有许多政府债券或其他金融工具在融通。评估机构使用标准的评估级别如 A、AA 等为资本市场提供政府资信等级的评估。评估机构主要关心政府管理债务的能力和债务的到期偿还能力。评估机构对一个国家主权信用的评价影响很大，比如 2011 年 8 月标准普尔对美国主权信用的下调，引发了一轮影响巨大的美债危机。

其五，外国政府、国际组织和其他资源的提供者。与投资者和贷款人相似，外国政府、国际组织和其他资源的提供者也关心政府的财政状况，不过，他们主要关注其提供资金援助的项目信息，即与协议条款遵行性信息和项目业绩信息。国际组织还对各国财务报表的可比性和完整的信息披露感兴趣，如国际货币基金组织（IMF）就非常关注各国政府的财政透明度（Fiscal Transparency）。

其六，经济和财务分析师。经济和财务分析师，包括新闻媒体。他们的主要工作是评价、分析财务信息，从而为信息使用者提供投资咨询等服务。

其七，内部管理人员。尽管管理部门是内部使用者，而且有权力取得更详细的内部报告，但他们的有些需求也可以通过通用财务报告得到满足。

二、信息使用者的需求

根据 GASB、GAO 、FASAB、AARF 以及 IFAC 发布的相关文件资料，我们对政府财务信息使用者的需要进行了对比，发现信息使用者处于不同的目的，对信息需求多种多样。概括地说，这些信息需求主要可以划分为以下几类：

（一）预算及相关法规遵循的信息

一是公众、立法机构和监管机构需要评价政府是否按照法定预算规定使用资源。二是大多数信息使用者关心预算与实际结果的比较。为了评价受托责任，将预算和实际结果进行比较，可以帮助使用者评价政府的预算执行效果。三是除了法定授权的预算外，信息使用者还关注政府是否遵守有关财经法规，比如是否建立了完善的内部控制并有效实施。

（二）政府的财务状况

一是收入来源和类型的信息。使用者关心政府资金来源的信息，这方面的信息可以衡量政府财政的可持续发展能力、评价政府资金成本和资金结构的状况。二是资源的分配和使用的信息。使用者关心政府是怎样使用其资源的，这方面的信息对评价政府成本费用是非常重要的。三是政府或者其他的主体对资源的监管和维护方面的履职情况。使用者关注代表纳税人利益的资产信息，特别是资产所有权和控制权的构成、现状和维护等方面的信息，以便评价政府有关预算资源使用情况的信息是如何与有关项目运行成本和资产的信息产生联系的，是否履行了保护、使用和维护受托资源的职责。四是政府对长短期债务的偿付能力。投资者和债权人、居民团体、立法和监管机构的官员利用财务信息评价政府持续提供公共服务和偿还债务的能力。

（三）政府的财政业绩

一是政府的收入是否能够补偿日常的业务成本。二是政府运行的经济性、效率性、有效性的信息。信息使用者需要评价政府目标的完成情况，因此，需要关于政府提供服务的产出和结果的信息。

（四）现金流信息

同企业一样，政府也可能出现现金流断裂的危险，现金流入、流出的信息对使用者评价政府现金管理的能力是至关重要的，所以使用者关心政府现金流动的时间、金额以及未来融资需求的信息。

三、政府会计目标的提出

有了信息使用者，以及信息使用者的需求，我们提出政府会计目标就有了初步基础。为什么会有这样的信息使用者以及信息使用者为什么关心这些信息，还需要进一步的分析。从大的方面来讲，政府会计同企业一样，基本目标有：

（一）解除受托责任

各个国家的准则制定机构基本上都将“受托责任”的目标列为首要目标。这是因为在典型的西方民主制国家中，如同“两权分离”的企业，政府是在委托代理关系中开展活动的。但是相对于企业对公众的受托责任而言，政府财务报告的受托责任更加重要。这是因为：第一，政府凭借国家的权力强制无偿地向公众征收税收、征集的财务资源必须用于社会公共事务管理，政府接受公众的委托获取和使用公共资源的同时，就承担了向公众以及利益相关者报告这些公共资源取得和使用情况的责任；第二，政府资源的征集和运用要受到预算和国家法律、法规和其他约定的限制，因为预算授权或限制具有法律效力，所以政府需要对立法机构负责，并提供必要的信息来证实是否遵守了这些授权和限制；第三，政府对资源提供者及其代表负有责任，必须按照资源限定经济地、有效地运用，因此政府对所管理的资源负有以高效、经济的方式运营的责任；第四，政府负有对政府项目和活动的结果在其完成情况、效益及效果中反映的责任。

受托责任所包含的内容是非常丰富的，它代表了信息供给方政府和信息需求方相关利益者之间的关系。美国会计学会（AAA）在《政府会计准则委员会概念公告第 2 号——服务努力与业绩报告》中将受托责任划分为四个方面：（1）对财务资源的责任；（2）遵循或执行法律规定和行政政策的责任；（3）以高效、经济方式运营的责任；（4）对政府项目和活动的结果的责任，在其完成情况、效益及效果中的反应等。受托责任的重要性和丰富内涵决定了它在政府财务报告中占据主要地位。

（二）提供决策有用的信息

在政府会计中，“决策有用”被认为是“受托责任”目标的推论。因为一个民主政府对其真实性、绩效和受托责任负责，必须提供有助于评价其受托责任的有用信息，同时委托者根据政府会计提供的客观、公正的信息对受托者履行责任和业绩进行判断评价，从而作出支持政府、通过（或否决）预决算报告、褒扬或惩罚政府各级管理者等决策。因此，两种观点之间并不矛盾。

第二节 政府会计环境与政府会计目标的关系分析

会计环境不同，会计目标也不同。会计目标受到经济、法律、社会、政治环境的影响，并随着环境的变化而变化。会计环境可分为内部环境和外部环境。前者是指会计系统内部各组成部分的客观状况，后者指存在于会计系统之外的政治、经济、法律和文化教育因素等方面。

一、政府组织内部环境和政府会计目标关系辨析

政府组织内部环境强调了需要在政府财务报告中提供有关受托责任的信息。

第一，政府组织的非盈利性决定了政府履行受托责任的方式与私人企业的不同。政府财务报告使用者通过定性和定量、财务和非财务指标来评估政府业绩以及评价政府的受托责任。

第二，政府资源来源的特点决定了以纳税人为代表的公众是政府财务报告的主要使用者。公众与政府之间体现了最根本的受托代理责任，因此，公众通过财务报告可以了解资源取得和使用情况，并可以通过政府财务状况评估税收或服务费增长的可能性。

第三，政府三权分立的结构特点决定了立法者、公众、监督机构之间存在竞争的状态。三者之间各自的力量对比和博弈的结果决定谁是财务报告信息的主要使用者。

第四，政府结构导致内部控制的特征，要求预算充分体现公共政策、财政意图，并作为控制和业绩衡量的方式。因此，财务报告需要提供预算执行信息，这有助于使用者获得资源是否已经按预算的要求获取，以及资源是否按预算要求使用的相关信息，从而为评价政府及相关部门的业绩提供信息支持。

二、政府外部环境与会计目标关系辨析

（一）政治环境与会计目标

政治因素是会计改革和政府管理系统的决定因素，政治管理体制和政治态度往往影响了会计目标的存在。集权的政治管理体制下，国家对经济活动干预较多，会计往往被作为国家经济管理的工具，因而，会计目标主要是满足国家宏观管理的信息需要。而非集权国家，国家对经济发展的干预较小，会计作为独立的学科得到了很好的发展，会计目标一般都在概念框架中进行了缜密的表述，并与会计准则之间有着严密的逻辑联系。

（二）法律环境与会计目标

法律因素在很大程度上也影响着政府会计的发展。在成文法系国家，会计规范往往是法律或法规的一部分，会计作为独立学科的发展空间非常小，因此会计自身的目标可有可无。与成文法系国家不同的是，习惯法的国家一般不通过立法对政府会计原则做具体规定。

（三）经济环境与会计目标

经济因素是影响会计发展的核心因素，它包括一个国家所有制结构、经济发展水平、经济管理体制等。经济环境是影响会计目标定位的重要因素。

1. 经济管理体制的影响

在计划经济体制为主导的国家，政府的计划与预算职能较为突出，政府的会计信息主要用以反映国家预算执行情况，信息的需求者主要是政府管理者；而在市场经济体制下，政府会计信息的需求者不仅包括政府内部管理者，还包括外部的利益需求者，如公众、债权人、投资者等，他们的信息需求是多种多样的。

2. 所有制结构的影响

在公有制为主导的社会中，国家是主要的投资人和社会管理者，政府会计提供的信息中要着重反映国有资本运营情况。在私有制为主体的社会

中，地方政府和市场中的利益主体处于竞争和博弈的状态，政府会计是为信息市场中主导的利益群体决策提供有用的信息。

3. 资本市场的影响

在欧洲大陆的一些国家，立法机构（议会）代表公众的利益监督预算的执行，这些国家的政府会计目标主要是满足立法机构的信息需求。而在美国等资本市场较为发达的国家，政府资金来源较为灵活，政府不仅可以从金融机构筹集资金，还可以在社会上大量发行权益性证券和债务证券进行筹资，分散的投资人和债权人必然要求政府财务报表能充分提供对决策有用的财务信息。因此，政府会计信息使用者则不仅包括立法机关，同时也包括社会公众和其他利益相关人员。政府会计目标应该能够有助于督促政府完成其公共受托责任和满足使用者决策的需要。

4. 市场参与主体的素质

会计是置于广泛社会实践中的，会计人员水平的专业素质影响会计信息的供给。如果会计人员普遍素质较高，那么不会影响会计信息的供给，进而便于会计目标的实现。反之，如果会计人员缺乏会计技术的培训，那么将制约会计目标的实施。

第三节　我国政府会计目标定位

以上关于政府会计环境和政府会计目标关系的分析表明，会计环境的变化是会计目标发展的第一驱动力，特定的会计环境决定着会计目标中的信息需求者、信息内容以及信息提供方式及范围等要素，研究我国政府会计目标，必须立足于我国特定的政治、法律和经济环境。具体而言，会计环境对我国政府会计目标的影响包括以下几个方面：

一、对我国政府会计环境的概括

（一）内部环境

我国的政府组织内部环境与西方国家政府组织内部环境相比，有区别又有共同之处。一是政府组织的目标。我国政府组织的目标与西方国家是相同的，都是筹集尽可能多的资源以更多地向公众提供产品和服务，都不是以盈利为目标。二是政府资源来源。我国政府资源的最主要来源是税收收入，其次是各种非税收入，加上国债收入作为补充，由于我国有大量的国有企业，还有少量红利收入。因此，纳税人应是政府财务报告的主要使用者，但由于历史原因，纳税人目前还不是政府财务报告的主要使用者。三是政府组织结构特征。与西方国家的三权分立不同，我国全国人民代表大会和地方各级人民代表大会是各级政府的监督者，每年要对政府报送的财政预决算情况报告进行审议。近年来，人大对政府预算的监督越来越强烈。四是政府结构导致内部控制的特征。与西方国家一样，预算是政府控制资源使用的一种最重要的方式，是公共政策的体现，同时也是实现控制和进行政府绩效评价的重要手段。

（二）外部环境

第一，政治环境方面。新中国成立以来，我国一直实行高度集权的政治管理体制，立法机关、管理部门是会计信息主要的使用者，政府会计的主要目的是向立法机关（人大）和政府提供财政预决算信息。近年来，随着市场经济的发展，市场规律发挥了越来越大的作用，会计作为独立学科得到了较大的发展，政府会计作为会计的一个分支也受到影响，而不再仅仅是国家经济管理的工具。政府向立法机关和公众报告受托责任的要求进一步增强，客观上要求政府会计提供更富有信息量的、更透明的财务报告，政府会计的受托责任目标进一步得到强化。第二，法律环境方面。我国基本上属于成文法的国家，而且会计准则、会计规范等都属于行政法规，会计目标主要侧重于提供守法和满足管理需要的信息。立法机构和管理部门是政府财务报告的主要使用者。政府向立法机构提供的预决算信息不仅在于是否合规，还包括资金使用效益等方面的信息。第三，经济环境方面。(1）经济管理体制的影响。“会计是与特定的经济体制相适应的，有什么样的经济体制，就有什么样的会计准则和会计信息”（冯淑萍，2002）。改革开放以来，我国逐步从计划经济转变为市场经济，计划经济的影响与市场经济的发展并存。在我国，80%的社会信息资源掌握在政府机构手中，政府是最主要的信息生产者、使用者和发布者[①]，其他信息使用者的需求正在成长中。目前，我国政府的计划与预算职能仍然较为突出，政府会计信息仍然主要是反映国家预算执行情况的信息。随着市场经济的发展，政府会计信息使用者的范围将进一步扩大，要求政府会计为使用者提供与决策相关的信息的要求也会随之增加。（2）所有制结构的影响。改革开放以来，我国逐步实行了以生产资料公有制为主体、多种经济成分共存的所有制结构。国有经济占据主导地位，国家是主要的投资人和社会管理者。政府代表国家行使国有资产的所有权，并担负着国有资产保值和增值的职能。因此，政府有义务向国家、向社会公众提供国有资产保全和增值情况的报告，使社会公众能够更充分地了解国有资产的变动情况。政府财务报告中应该反映国有资本运营情况，同时，还要向市场中的其他利益主体提供对其决策有用的信息。（3）资本市场的影响。随着市场经济的发展，我国政府财政资金的来源渠道发生了变化。除了国内纳税人缴纳的税收以外，政府向国内外举借各种债务资金。政府债务的债权人开始日益关注政府债务结构、资金安全程度以及政府平衡财政赤字的能力。因此，除向立法机构提供受托责任履行情况信息外，还要向债权人提供满足其贷款决策需求的政府会计信息。（4）市场主体素质问题。在我国，政府会计人员习惯于按现金收付制记账，普遍缺乏对企业会计的了解，与企业会计人员相比，他们接受的会计专业培训较少，专业素质相对不高。因此，这是制约会计信息提供和会计目标实现的一个不利因素，必须通过加强对从业人员的培训、补充新鲜力量等方式加以解决。

二、我国政府会计目标的定位

根据以上对中国政府会计环境的分析，我们能够对政府会计目标各个相关要素进行具体定位，从而提出我国政府会计目标。

（一）我国政府财务报告使用者的范围和信息需求

1. 公众

---

① 王雍君：《全球视野中的中国财政透明度——中国的差距与努力方向》，www. drcnet. com. cn，2003. 10. 23。

政府内部环境的特征决定了政府需要向纳税人履行资源取得和使用的受托责任。因此，公众与政府之间存在最根本的报告责任关系，公众是基本的政府财务信息的使用者。我国《宪法》规定，我国是一个人民民主专政的社会主义国家，国家的一切权力属于人民。人民有权知道政府是如何取得资源和如何管理这些资源的。因此，公民理所当然是政府财务报告的使用者。需要说明的是，由于直接选举不普遍，个体公众作为个人，其力量是极其渺小的，要发挥作用，需要借助舆论的力量，所以这里把很重要的信息使用者——媒体也并入公众的范围。

2. 各级人民代表大会及其代表

国家的一切权力属于人民，人民代表大会授权政府及其组成部门管理公共财政资源和公共事务。各级人民代表大会及其代表是政府财务信息的主要使用者，政府有义务对公共事务的管理以及公共资源的使用情况向人大提供说明。

3. 管理部门

国外准则机构一般认为管理部门是内部使用者，不将其列为通用政府财务报告使用者的范围。而我们认为，管理部门是我国政府财务报告的主要使用者。其原因是，我国长期以来实行市场调节与国家宏观管理相结合的体制，各职能部门在社会经济生活中具有很重要的地位，因而政府会计改革与管理部门的需求密不可分。目前，财政改革的重心从体制方面转向管理领域，这一阶段改革的核心任务是建立与市场经济体制相适应的公共财政管理框架，其中最引人注目的几项改革是建立部门预算制度、集中性的政府采购制度和集中收付的国库体系。我们认为，新形势下财政管理是政府会计改革的原动力，从而导致管理部门对政府信息提出了新的需求，因此，管理部门应成为政府会计报告的主要使用者。

4. 投资者和债权人

随着我国国家实力的增强和资本市场的日益完善，我国政府筹集资金日益多元化。近几年，通过发行国债，在国内外资本市场筹集了大量的资金。与政府发生关系的投资者和债权人出于对资金安全的考虑，都希望了解政府的财务状况和收支状况，并根据这些信息作出相应的决策。因此，投资者和债权人都是财务报告的使用者。

5. 审计机构

我国审计机构隶属于各级政府，其职责是审查政府财务报告。我国《审计法》第二条规定："审计机构需要通过审查政府财务报告对预算执行情况和政府财务收支的合法性和效益性作出评价。"因此，审计机构也是政府财务报告的使用者。审计机关对国务院和地方各级人民政府及各部门的财政收支的真实、合法和效益，依法进行审计。我们认为，我国政府外部环境的特点，决定了立法机构和管理部门是主要的信息使用者，而其他的外部使用者尚处在成长阶段，还未构成信息使用的主导力量。据此，我国政府财务报告应侧重反映以下几类信息：第一，除预算拨款的信息外，还需要提供拨款使用和用途的信息；第二，政府收支活动全貌的信息，不仅仅包括预算内收支，还需要提供预算外收支、社会保障资金等"体外循环"资金的使用情况；第三，增加一些权责发生制下资源占用和资源使用的信息（如预算拨款形成的静态资产的状况）；第四，负债和或有负债的信息，以对财政的可持续能力和财政风险作出评估；第五，提供公共产品和服务成本、政府绩效等方面的信息。目前，我国的预算还是"投入型"的，并未真正发展为"产出—效益"型的绩效预算，因此该项需求还只是引导性的。

（二）我国政府会计目标的确定

从第一章的分析可以发现，我国现行政府会计提供的信息主要是满足预算管理的需要，存在目标过于单一的问题。根据政府环境和信息使用者的信息需求，并考虑信息供给能力，改革我国政府会计，应该达到在完善内部信息使用者加强内部管理的基础上，重点加强提供有用信息以帮助外部信息使用者评价政府履行受托责任情况和作出决策。

因此，我国政府会计目标的总体目标是为外部信息使用者提供有用信息以评价政府公共受托责任履行情况和作出决策，同时提供有用信息满足内部信息使用者加强管理的需要。具体目标主要应包括：一是反映政府预算收支的实际执行情况；二是提供政府实际预算收支与预算对比的信息；三是提供政府有关财务资源来源与运用的信息；四是提供能够反映政府财务状况的资产、负债信息，以及净资产增减变动情况的信息；五是提供关于政府如何筹措资金和满足现金需求的信息；六是提供政府运营成本和服务成本方面的信息。如图 2－1 所示。

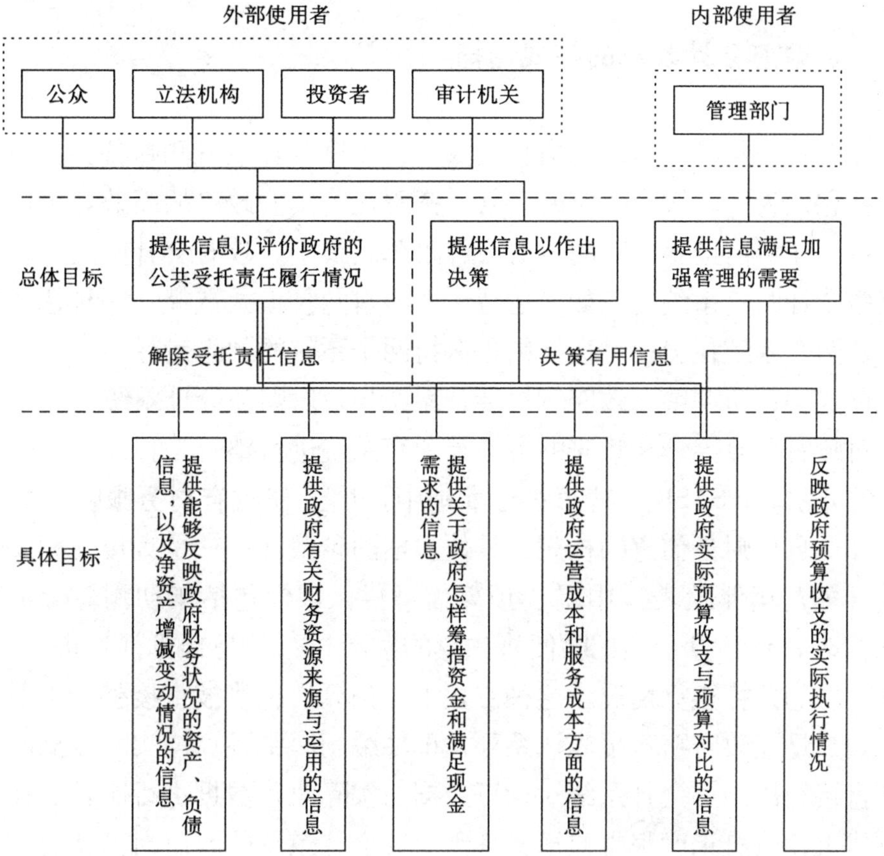

图 2－1　政府会计目标体系

第四节　我国政府会计模式

政府会计目标决定了政府会计改革的方向和模式选择，我国的政府会计改革如果继续依循现行以预算会计为主体的单一政府会计体系的思路和做法，将无法为政府及其公共部门的资产管理、负债管理以及运行绩效评价提供及时、完整、全面的信息；而如果完全代之以政府财务会计系统，又无法对政府预算执行情况的全过程进行反映、监督和控制。因此，要确定政府会计改革的框架必须首先确定政府会计模式的选择。

一、政府会计改革的模式选择

在政府公共受托责任的信息披露中，预算会计系统和财务会计系统应相互补充，为全面解脱政府的公共受托责任，实施政府的绩效评价提供信息支持。在目前世界各国的政府会计改革实践中，政府会计中的预算会计和财务会计两套系统究竟如何运行，主要有两种模式选择：一种选择是全面整合两个系统；另一种选择则是保持两个系统的独立运行。

模式一：协调整合政府预算会计系统与政府财务会计系统

对政府预算会计和政府财务会计两套系统进行整合是目前许多国家都采用的方法。IPSASB 在其第 4 号准则中提出了在政府财务报告中综合披露预算信息与财务信息的构想，具体包括两种做法：一是直接在相关财务报表（如营运业绩表）中增设预算信息栏，该栏包括年初预算金额、最终（修改后）预算金额，以便将预算的实际执行数与预算计划进行比较，反映政府的预算执行情况。这种方式下，预算信息将被直接整合于财务报表中。二是在政府财务报表体系外，单独编制一张预算与实际数据比较报表，直接利用预算会计系统对预算数据与实际执行数据进行比较。在第二种方式下，政府年度报告包括了基于财务会计系统的政府财务状况表、财务业绩表与净资产变动表等，同时还包括基于预算会计系统的预算—实际比较报表。IPSASB 所提出的这两种做法正好代表了当前对这两套系统整合所采取的紧密型和松散型两种倾向。采用紧密型的整合方式，是在预算会计与政府财务会计的账户设置上建立严格的关联和对应关系，最终使两个体系使用相同的账户，并将权责发生制取代现金收付实现制。而松散型的整合方法，则是指两个体系账户之间没有严格关联，并以预算会计为主，“附加”权责发生制为基础的政府财务报告。

模式二：分离预算会计系统与政府财务会计系统

这种做法与松散型的整合方式区别在于，它是将预算会计系统与政府财务会计系统相分离，使预算会计和政府财务会计分别成为两个独立运行的子系统，成为政府会计体系中的两个独立主体，分别实现各种会计目标。在这种方式下，两个子系统推行各自的会计基础：预算会计主要以收付实现制为基础，财务会计以权责发生制为基础，最终形成“双目标、双系统”的政府会计核算体系。

我国目前有些单位试行在现有预算会计体系基础上，在期末通过调账的方式来形成资产、负债等相关财务信息。这种做法无法保证财务信息的及时性、可靠性和完整性，只能是权宜之策。下一步我国的政府会计改革应选择哪种模式，必须结合我国的国情、财政改革的发展和趋势、政府会计人员素质以及成本效益原则等众多因素权衡考虑。我们认为，现阶段我国政府会计改革应采用由政府预算会计和政府财务会计两套会计系统构成的，双轨并行的政府会计模式。一方面优化完善预算会计系统，不仅不能削弱其预算管理功能，还要使之能更加全面、实时地反映财政资金运动的全流程，实现对预算管理的监督和评价；另一方面应增加和强化财务会计系统，将之与预算会计适度分离，实现提供包括资产、负债等财务状况，以及政府和各单位运营结果在内的完整财务信息的目标，为政府履行公共受托责任、政府绩效评价和政策决策等提供有效的信息支持。需要明确的是，从长期目标来看，在条件成熟时，应当将政府预算会计和政府财务会计协调整合，形成一个完整、统一、浑然一体的政府会计体系。

二、预算会计与财务会计双轨并行模式的构建

（一）政府预算会计

预算会计系统是政府披露预算编制、调整与执行情况的主要渠道，它对于改进公共部门财务透明度具有十分重要的意义。Hughes（2004）认为，通过预算会计系统，政府官员向公众披露在已批准预算授权范围内的活动，有利于解除政府及其官员在预算方面内的受托责任。因此，新的政府预算会计应当服务于政府预算管理的目标，将包括事前的预算编制、事中的预算执行和控制、到事后的预算报告和预算管理绩效评价在内的政府财政预算资金流转的全过程纳入核算范围。我们在之前有关现行会计系统的弊端时曾指出，现行的总预算会计与行政事业单位会计之间缺乏有效衔接，科目设置对应关系不清晰、明确，核算口径不一致，从而无法完整反映预算资金流转的全貌，政府难以完整披露预算资金使用的整体情况。因此，新的政府预算会计系统应当与政府预算管理相匹配，适用于所有预算

单位的统一预算会计科目，将一级政府、行政单位、事业单位以及基金主体等都作为预算会计主体，纳入政府的预算会计系统规范范围中。政府预算会计应在记账基础选择上采用收付实现制，在信息披露上以预算执行情况表为核心，实现对政府收支情况的全面反映和监督。

（二）政府财务会计

政府财务会计系统关注的是政府整体的财务状况和运营成果等财务信息。政府承担的财务受托责任指的是，政府部门代表国家行使公共事务管理和公共行政权力，按立法机关批准的预算筹集和使用公共资金，负责分配、使用和管理公共资金和资源，代表国家管理和运营国有资产，承担和管理国家的债权债务，负有保护公共资金、公共资源、公共财产的安全和完整，不断提高它们的使用效率和效益，确保国有资产的保值增值，防范财务风险，促进社会政治经济稳定，推动经济的持续增长，维护公共利益等责任。

政府财务受托责任因财务活动的开展、经济事项的发生而处于不断的变化过程中，这就必须通过政府会计系统对其存量和流量的变化进行全面确认、计量、记录和报告。所以，应当将政府承担的广泛财务受托责任、政府的所有财务收支活动都纳入政府会计视野，形成完整的政府会计核算对象和核算内容。为此，建立核算内容完整的政府财务会计，是全面反映政府财务受托责任的需要，也是公众借以评价政府财务受托责任履行情况、解脱政府受托责任的依据。政府财务会计应能够全面、完整、系统地反映政府的财务状况和财务活动结果，同时，全面、客观、真实地反映政府的成本费用等运行效率和效益信息、运营成果信息。因此，政府财务会计在记账基础选择上应采用权责发生制，在信息披露上以资产负债表、运营成果表以及现金流量表为核心，实现对政府财务状况和运营成果的全面反映和监督。

在本书的后续部分，将就如何构建政府预算会计和政府财务会计双轨并行的政府会计体系，从会计主体的确定、会计原则，尤其是核算基础的选择、会计要素的设置，以及政府会计报告体系的完善等方面展开具体论证和阐述。

第三章　我国政府会计主体

第一节　政府会计主体理论与西方国家政府会计主体界定借鉴

一、会计主体理论

会计主体又称会计实体，是一个有别于其所有者和其他主体的会计个体，它规定了会计人员的服务范围，限定了财务报表的对象、事项以及事项属性的数量，是会计假设的核心内容之一。

美国著名会计专家亨德里克森（Hendriksen）在《会计理论》中针对会计主体理论，提出两种观点："单位说"和"信息使用者说"。"单位说"以是否具备经济控制和经济活动能力以及是否承担相应的义务为标准，将会计主体定义为从事某种经济活动，并且能够管理和控制本单位的经济组织。这样的会计主体可以为个人、合伙或者合法的股份有限公司或从事盈利和非盈利活动的联合集体。"信息使用者说"则从"委托—代理"关系出发，以是否具备特定的所有者权益为标准，将会计主体定义为特定个人、集体或组织的经济权益范围。两个理论有一个共同或者相似的特征——经济独立性，这种经济独立性与个人、单位或组织直接联系在一起。在现代经济财产权益关系日趋复杂的情况下，两种观点都难以完整地概括确定会计的空间范围。“单位说”所界定的经济单位一般是有形的，而现实中却有很多没有组织机构具有会计主体方面要求的经济形式，尤其是在政府会计系统中，如各种类别的政府基金等，这无疑是对“单位说”的巨大冲击。“信息使用者说”需要通过会计主体之外的使用者及其利益的性质反推出会计主体的范围，实际操作中难度较大。

二、政府会计主体理论

政府单位对外是承担受托责任的主体，应报告其本身整体的财务收支情况及其结果。对内又需要对各项不同用途的财务资源的收支变动及其结果进行分别核算，鉴于政府会计的这种特殊性，许多国家都区分记账主体和报告主体。

记账主体一般从会计核算的角度来界定会计主体，以满足内部使用者的需求出发，根据专款专用的原则，以基金理论为基础确定，其设置的依据和目的主要是法规、合同以及管理上的需要等，而不直接与组织或单位相关。报告主体一般从财务报告的角度来界定会计主体，以财务报告的目标和信息使用者的需求出发，以主体理论为基础确定。报告主体按照国际会计师联合会公立单位委员会的解释，是指能够合理预期到使用者存在的主体，这些使用者依赖财务报告获取对自己履行受托责任和制定决策有用的信息。并在其《研究报告第 14 号——政府财务报告》中归纳了 4 种决定政府报告主体的概念和方法，分别是基金核准分配标准、法律主体标准、政治性受托责任标准以及控制标准。

三、主要西方国家会计主体界定的借鉴

西方国家确立政府会计基本主体，有组织说、使用者说、受托责任说、公共财政理论、基金理论等多种理论基础，不同的理论观点导出不同的管理模式。概而言之有三种：（1）以单位作为政府会计的基本主体，即以政府的各个构成部门和单位，以及政府控制的各单位，作为政

府的基本主体，这种模式以德国、法国的政府会计为代表。（2）以基金作为基本主体，把政府营运的资金“切块”，每“块”资金有固定的来源和限定的用途，分别设置账户核算、编制财务报表，每“块”基金独立运作，作为基本主体。采用这种模式的典型代表是美国的州和地方政府会计。（3）单位主体和基金主体并存，就是对政府一般经济资源以单位作主体进行核算和报告，对有特定用途的资金以基金作主体进行核算和报告，称之为“双元主体”模式。目前，英国、加拿大、澳大利亚等国家都采用这种模式。

美国政府会计准则委员会（GASB）在《政府会计准则委员会公告第14号——财务报告的主体》中认为政府财务报告主体应该包括三个方面：基本政府；对基本政府负有财务受托责任的机构；构成政府财务报告不可或缺的其他机构。并在《联邦财务会计概念公告第2号——主体与披露》中指出，政府报告主体应该满足三个标准：该主体承担着对所控制资源、提供的产出与成果、预算执行情况等方面的管理责任；该主体需要提供有关其营运情况与财务状况的财务报告；该主体应该存在特定的信息使用者群体，这些使用者依靠该主体披露的信息作出决策。

澳大利亚会计准则委员会（AASB）在《会计概念公告第1号——报告主体的界定》中界定私立单位与公共部门报告主体概念时，认为报告主体不强调部门概念，部门或基金都有可能成为独立报告主体，报告主体强调信息需求，强调的是控制观念。

由此可见，西方国家对于政府会计主体的界定与公共受托责任中的信息披露观念保持着一致性，具体表现在三个方面：其一，政府会计主体与政府会计信息的披露存在密切联系。因此，上述会计准则制定机构都直接使用了“政府报告主体”概念以代替“政府会计主体”概念，这有别于企业会计主体的界定。其二，政府报告主体强调特定主体利益相关者的信息需求权。FASAB与AASB都以是否存在信息使用者作为政府报告主体的重要判断依据，而GASB则进一步指出，如果某些机构未纳入政府财务报告范围将会对政府会计信息使用者产生误导，那么这些机构就应该构成政府报告主体。其三，政府报告主体的报告范围应以控制为原则，强调交易或事项的收益与代价应归属于该主体。

第二节　我国现行政府会计主体构成及存在的问题

一、我国现行政府会计主体的构成

目前我国政府会计主体采用单一预算会计主体模式，即将某个机构的所有财务资源作为一个整体，对其资产、负债、净资产进行核算。在单一预算会计主体模式下，也设置若干基金，但各基金并不分开按照其对应的资产、负债、净资产进行核算，各基金只是单一会计主体的一个组成部分，不对每一个基金建立会计主体。由于中国政府会计体系由财政总预算会计、行政单位会计、事业单位会计组成，我国现行预算会计制度对会计主体做了以下规定：

（一）总预算会计主体

我国《财政总预算会计制度》总则第三条规定：总预算会计是各级政府财政部门核算、反映、监督政府预算执行和财政周转金等各项财政性资金活动的专业会计。这条规定说明总预算会计主体是各级政府而不是财政机关。

（二）行政单位会计主体

我国《行政单位会计制度》总则第二条规定：行政单位会计制度适用于中华人民共和国各级行政机关和实行行政财务管理的其他机关、政党组织。这条规定说明行政单位会计主体是政府主管部门所属的行政单位。

（三）事业单位会计主体

我国《事业单位会计准则（试行）》总则第二条规定：事业单位会计准则适用于各级各类国有事业单位。《事业单位会计制度》总说明第三条规定：国有事业单位组织系统分为主管会计单位、二级会计单位和基层会计单位三级。这两条规则说明事业单位会计主体是政府主管部门所属的国有事业单位。

二、我国现行政府会计主体确定的依据与存在的问题

我国政府的预算会计模式，是在计划经济前提下的政府财务资源分配与管理方式下建立的，存在的主要问题表现在以下三个方面：

第一，将政府预算与政府具体使用资金的核算割裂开来，使得预算对具体财务资源使用缺乏控制，达不到政府预算的目的。

第二，由财政统一将资金下拨给各政府行政单位分户使用，助长了各行政单位争资金而不注重资金效益和不强调资金管理的现象，不能真正发挥政府财务资源的经济效益。

第三，政府预算带来严重的主观性，预算编制不细，目的性不强，不能充分发挥政府财务资源的作用。政府会计应当将不同来源、不同用途、不同法规约束的资金分别核算，分别记录报告。显然仅以政府整体或部门单位为会计主体难以适应专款专用的实际要求。

第三节　我国政府会计主体框架构建设想

会计目标的受托责任观指出，财务报告最基本的目标就是向有信息要求权的利益集团传递信息，以便解除承担披露义务主体的受托责任。西方国家的公共受托责任关系直接而简单，它存在于立法机构（授权方）与行政机构（被授权方）的横向关系之间。以新西兰为例，该国采用单一政府与单一议会制度。而美国、澳大利亚等国虽存在着联邦、州与地方三层次的公共部门体系，但之间均不存在直接的受托责任关系。我国在公共领域的受托责任关系呈现多重性、交叉性的特点，受托责任既存在于政府机构与立法机构之间，也存在于上级政府与下级政府之间，还存在于执政党、民主党派与整个公共部门之间。某一受托责任关系中特定的授权方有

可能成为另一受托责任关系中的被受托方，它既是拥有信息要求的一方，又是承担信息披露义务的一方。如此复杂的委托代理关系，导致了要明确界定我国政府会计主体非常困难。

一、我国政府会计主体的界定标准

目前，我国理论界在讨论政府会计主体的界定时，主要有三种不同的观点。第一种观点认为，政府会计的主体包括各级政府及其所属行政单位。第二种观点认为，政府会计主体的界定应以是否有利于在政府活动中有效界定各级政府的受托责任，正确引导公共选择为基准，政府会计主体包括基金主体、政府部门或单位以及政府三个层次。第三种观点认为，政府会计主体的界定应以政府机构的组成和活动范围为标准，包括两个层次：一是中央政府及各级地方政府；二是管理国家事务、组织经济文化建设、维护社会公共秩序国家机关及其派出机构，包括国家立法机关、行政机关、审判机关、检察机关等。

我们支持第二种观点，即以是否有利于在政府活动中有效界定各级政府的受托责任为基准。具体来说，有关部门或单位是否应当纳入政府会计主体范围，界定标准有三条：一是作为政府会计主体的部门和单位必须与政府具有财务上的依存性，即与各级财政部门具有预算缴拨款关系；二是这些部门和单位的职能是由政府指定或委托的，其从事工作所需经费通过财政预算核拨或财政部门审批立项后收取；三是政府对这些部门和单位的资金收支活动予以管理和监督。据此标准，我国政府会计的会计主体应包括基金主体、政府部门（或单位）以及政府三个层次。

鉴于我国政府公共受托责任关系的复杂性，掌握我国政府会计主体概念还应该注意以下问题：第一，我国的政府会计主体应当强调该主体使用财政资金并存在绩效评价信息需求。对于不存在绩效评价信息需求的主体，如果其使用财政资金，它可以作为一部分，并入具有绩效评价信息需求的会计主体中一并核算并予以报告。第二，我国的政府会计主体应采用广义政府概念，对于特殊主体的认定应视情况而定。在确定政府会计主体时，应将使用财政资金的部门本身与这些部门的职能分开考虑，但是事业单位能否构成政府会计主体需视情况而定。第三，我国的国有企业应该排除在政府会计主体之外，否则不利于国有企业成为真正的市场经济主体，也不利于其与民营企业的公平竞争。

二、我国政府会计主体的“双元主体”及其构成

我们所主张的我国政府会计的会计主体包括基金主体、政府部门（或单位）以及政府三个层次。从主体的属性来看，又可以分为单位主体和基金主体，也就是单位主体与基金主体并存的“双元主体”模式。

（一）采用“双元主体”模式的理由

之所以选择这样的模式，即总体上以单位作为主体，对特殊事项（项目）以基金作为主体，其理由主要有以下几点：

1. 采用“双元主体”模式符合我国国情

我国的部门预算编制与执行，企业会计、行政单位会计、事业单位会计以及基本建设会计一直是按单位进行核算并报告的。随着改革的深化和管理的需要，在财政预算和会计核算方面也陆续推出了按基金（资金）管理的新形式。实践证明，这种“双元主体”模式，是行之有效的。

2. 我国政府会计全部采用基金会计主体制缺乏现实意义

推行基金制会计的前提是预算管理和财务管理必须推行基金制，否则基金制会计的优势就不可能展示出来。近几年来，我国通过部门预算改革和政府收支分类科目改革，已经形成“收入按来源、支出按功能”的综合性公共财政预算体系。从财务管理的角度看，我国也形成了资金或资产以单位为主的管理模式。这种预算管理和财务管理格局已经为社会各界所认可，要推倒重建，既不可能，也无必要。

3. 政府会计“双元主体”模式在一定程度上体现了与国际通行做法的趋同

目前，国际公共部门会计准则理事会正在打造一套适用于全球需要的政府会计概念框架。该理事会认为，政府报告主体不受其法律形式的约束，可以是单位组织，也可以是一项计划。这就肯定了政府会计主体存在

单位、基金等多形式主体的可能性。

（二）“双元主体”模式中单位主体的构成

根据上面提到的界定政府会计主体的标准，可以进一步提出界定单位主体的标准。一是公立性质，即机构设置经政府权威部门批准，占有、支配和使用的资产全部或大部分为国有资产；二是对政府负有财政、财务的责任，包括按规定使用财政性资金、提高资金及资产的使用效益、维护国有资产安全等方面的责任；三是履行政府公共管理和服务职能，即单位的经济业务活动属于公共管理或公共事业服务，不以营利为目的。同时具备上述三条标准的单位，可列作政府会计单位主体。

据此，我国的政府会计主体中的单位主体包括：

（1）政府：包括中央和地方政府；

（2）政府部门和单位：包括政府组成机构、直属机构和派出机构等行政机关，审计机关在我国也是政府组成机构；

（3）党派机关、立法机关、司法机关、检察机关和人民团体：这些单位在我国特殊的受托关系中都承担着社会管理的职能，其经费部分或全部来源于财政资金，也是单位主体；

（4）参公管理的事业单位、公益类事业单位：参公管理和公益一类事业单位，显然应当是单位主体（这二类是否纳入政府会计主体，存在一定的争议，我们主张纳入）。

（三）基金会计主体的构成

依据基金会计理论要点，参照西方国家的做法，结合中国国情，基金会计主体的设立应当与我国财政预算管理、财务管理的基金制管理对接。据此，提出界定基金会计主体的三条标准：一是经中央政府批准或中央政府授权省级地方政府批准成立特定事项的资金；二是要求资金单独运行，单设全套账户核算并编制财务报表；三是有财政拨款，并单独编制政府基金预算。同时具备以上三条标准的事项，可列为政府基金会计主体。同时，基金会计主体不能设置太多，否则就会造成基金核算过于复杂，使基金管理失去意义。

按照上述界定标准，我国政府会计中属于基金主体的有：

（1）三峡水库库区基金：此项基金专门用于库区管理、维护和基础设施建设，收入有固定的渠道，收支预算管理、财务管理、会计管理均独立运行；

（2）农业综合开发资金：此项资金是经国务院批准设立的，按项目管理，财政拨款纳入各级政府预算，财务管理和会计核算单独运作；

（3）社会保险基金：此项资金分级运作，属于政府托管性质，单独编有预算和财务收支计划，独立核算；

（4）住房公积金：此项资金的运行情况与社会保险基金相似；

（5）国际金融组织贷款转贷资金：此项资金有其特殊的转贷关系，资金转贷不以营利为目的，大部分贷款资金和全部还款资金流经各级财政部门，从1999年起，已设立专门会计制度核算。

第四章　我国政府会计原则

我们通常所了解的“会计原则”是企业会计核算原则。我国1993年的《企业会计准则——基本准则》，在第二章“会计一般原则”中，列示了客观性、相关性、一贯性、可比性等12项一般会计原则。2006年发布的新《企业会计准则》按照国际惯例，取消了“原则”的称呼，将“权责发生制”作为会计核算基础，将原准则“会计一般原则”改称为“会计信息质量要求”。因此，通常又认为，会计原则可分为一般原则和会计信息质量特征，其中一般原则又包含权责发生制、历史成本、划分收益性支出与支出性支出等原则。对于政府会计概念框架来说，需要重点讨论的包括记账基础和会计信息质量特征两部分。

第一节　政府会计基础有关理论

政府会计可以根据确认基础的不同区分为不同的模式，由此形成不同的财务报告基础，满足不同的会计目标要求。

一、收付实现制和权责发生制比较

政府会计是一个以提供政府预算和财务信息为主的信息系统。在会计系统中，会计确认是一个重要环节。在美国财务会计准则委员会第5号概念公告中，确认的定义是“将某一项目，作为一项资产、负债、营业收入、费用等正式记入或列入某一主体的财务报表的过程。……对于一项资产或负债，确认不仅要记录该项目的取得或发生，而且要记录其随后的变动，包括导致该项目在财务报表上予以剔除的变动”。会计确认的目标是决定何时、以何种标准将具体的经济业务记录为某种会计要素，从而达到向组织外部的利益集团提供符合要求的会计信息，实际上就是落实“确认什么”、“何时确认”、“如何确认”以及“确认多少”等四个方面的问题（刘峰，2000）。会计是反映性的，一般只对实际已发生的经济业务予以确认，其金额以交易价格为依据，所以“确认什么”、“确认多少”两个问题已经有了答案，剩下的问题就在于“何时确认”与“如何确认”。对于这两个问题的回答，实际上就是对确认基础的选择。传统意义上可供选择的确认基础有两个，即收付实现制和权责发生制。

收付实现制和权责发生制并不是绝对的，事实上完全的收付实现制和权责发生制只是两种极端情形，在它们中间还有很多情形。相关的机构对此都有说明。1971年，英国的专业会计团体对权责发生制的定义进行规范，强调在取得收入的基础上确认收入和在成本发生的基础上计量成本（而不是货币资金的收到和支付），并且强调成本发生和收入取得的期间相配比，该定义允许实施不同程度的权责发生制会计。国际会计师联合会指出：会计基础在收付实现制基础和权责发生制基础之间有一个区间，这个区间有很多变化，比如修正的收付实现制、修正的权责发生制，其复杂程度随着会计基础沿会计基础区间从现金制向权责发生制的移动而逐渐提高。在政府财务会计实务中，几乎没有哪个政府采用纯粹的收付实现制会计，而都是采用了不同程度的权责发生制。下面对各种确认基础加以说明。

一是完全的收付实现制。收付实现制也叫现金制。“现金制基础是与权责发生制基础相对应的，它要求在收到现金时确认收入、支出现金时确认费用。收益确定毋需要求收入和费用相配比”（Davidson，Stickey and Weil，1979）。由此可见，在现金制下，所有收到的现金都作为当期的收入，所有现金支出都作为当期费用，不需要进行收入与费用的配比。

二是修正的收付实现制。在政府会计领域，国际会计师联合会认为，修正的现金制是在财务报表中包括有关主体在会计年度结束后的短时期内会导致现金收入与现金付出的交易或事项的信息，使财务报表主要报告主体在报告期内流动或短期的财务资源及其变动情况。一般做法是在财政年度结束的某一特定期间内（如一个月内）保持未结账状态，对各期间内由于上一报告期内的事项引起的应收账款和应付账款，作为上一财政年度的现金收入和现金支出予以确认。

三是完全的权责发生制。权责发生制也叫应计制。国际会计师联合会对权责发生制的定义是："权责发生制会计是按照货物的销售（或交付）和劳务的提供来确认收入，而不考虑现金的收取时间；对费用也按与相关联的收入的确认时间予以确认，而不考虑现金支付的时间"（Davidson，Stickey and Weil，1979）。在权责发生制下，资产、负债、收入、费用都是在经济业务实际发生时确认，而与款项是否收付无关。通过应用收入确认的实现原则和收入费用配比原则，采用摊销、递延、预提等会计核算方法，权责发生制信息能更好地评价成果和成本之间的因果关系。

四是修正的权责发生制。修正的权责发生制是不确认和报告长期性项目，而是将与这些资产、负债有关的现金流量确定为收入或支出，财务报表主要报告货币性资产和货币性负债。比如对养老金的会计处理经常采用现金制会计，在支付养老金时才作为费用处理，而不是在雇员提供服务的期间确认费用。对一些基础设施资产、国防资产的支出作为当期支出而不做资本化处理。目前，世界上多数国家的政府及非营利组织都采用这一方法，最为典型的就是美国政府基金收入和支出都按照该基础确认。

可以发现传统收付实现制和权责发生制会计在各国的使用并不是泾渭分明、相互对立的，在政府会计实践中，几乎没有纯粹的收付实现制会计，只有程度不同的权责发生制。同样，也没有任何国家采用完全的权责发生制，而完全放弃现金制的使用。目前各国政府会计的改革呈现出一种收付实现制和权责发生制"混合"的局面，而不是以权责发生制完全代替收付实现制。

二、政府会计基础和会计目标的关系辨析

现金制会计、修正现金制会计、修正权责发生制会计、完全权责发生

制会计由于确认基础不同，因此提供信息的侧重点是不同的。

（一）收付实现制侧重提供的信息

收付实现制是以现金的收付为标准确认交易和事项的。其最大的特点是侧重于对现金收支的控制。传统政府会计普遍采用现金基础。目前大多数国家，尤其是发展中国家和经济转轨国家，仍然采用现金制基础。Monsen and Nasi（1996）提出现金控制在资金管理中处于中心地位，现金在政府会计中的重要性被描述为："在公共管理中，实际的支付是一个中心问题，现金支付和现金收入仍然非常重要，现金簿记作为主要的会计簿记，现金会计……仍然形成政府会计的基础。"国际会计师联合会认为政府预算和拨款是以收付实现制为基础的。而现金制会计能证实与法定预算以及法律和合约要求的符合性。这些信息对立法机关和那些认为政府应承当受托责任的外部使用者，以及根据拨款监控实际开支的内部使用者最为相关和可靠。

修正的收付实现制侧重反映当期的财务资源以及这些资源的变化情况。即在会计年度结束后的延长期内将上一年度有关的交易活动产生的现金流量确认收入和支出。其会计目标是提供报告期内现金流动、现金结余、短期内必须偿付的负债和可以偿付负债的应收账款的信息。

（二）权责发生制侧重提供的信息

权责发生制确认交易的时间以交易或事项的发生为标准，确认交易的时间与资源流动的时间相符。收入和费用按照收支的权责关系确认，并且采用待摊、预提、配比、实现等原则和方法确认资产、负债、收入和费用。资产负债表反映全部资产、负债和权益，利润表则反映收入和费用的配比结果，提供了内部交易、实物交易和其他经济流动等全部资源流动信息。以此为基础的财务报告能够提供实体财务状况、经营成果以及成本的信息。在此观念下，会计目标是评价实体交易事项和活动的绩效状况以及有关实体运营成本和效果的情况。

修正的权责发生制侧重反映主体在运营活动中所采用货币性资产和负债的资源。收入在赚得时确认，支出在发生时确认，对于非货币性资产或负债，发生有关现金流量时确认收入或支出。其会计目标是向使用者提供负债、金融资产以及报告期内收入、支出金额及来源的信息。

由此可见，不同的会计确认基础是适应财务信息不同需求的。每一种会计确认基础都具有计量的重点。按照现金制编制的财务报告提供的信息与预算遵守最为相关和可靠。按照权责发生制基础编制的财务报告能提供经济主体财务状况、经营成果以及服务成本效率的相关信息。如果会计目标是评价主体的业绩，权责发生制是最优的选择。修正的现金制计量重点与现金制相似，都放在当期财务资源上，但是比纯粹的现金制提供的信息量有所扩大，能反映一些债权债务信息。而修正的权责发生制基础则介于完全权责发生制和现金制之间，偏向权责发生制，对于一些长期资产和实物资产按照收付实现制原则而不采用权责发生制原则进行确认。表4-1概括了不同会计基础与会计目标之间的关系[①]。

表4-1　　不同会计基础与会计目标间的关系

目标	各种会计基础满足目标的能力			
	收付实现制		权责发生制	
	收付实现制	修正的收付实现制	权责发生制	修正的权责发生制
与法定预算的符合性	是	是	是	是
与法律、合同要求的开支限制的符合性	现金需求和限制的有关信息	现金和现金等价物的需求和限制	现金和经济资源的需求和限制	现金和财务资源的需求和限制
资源、分配和财务资源的使用	现金资源	现金和现金等价物资源	现金和财务资源	现金和财务资源
融资和现金需求	现金资源	现金和现金等价物资源	现金和其他财务要求	现金和其他财务要求
为经营活动提供资金、履行债务和承诺的能力	来自于现金	来自于现金和现金等价物状况	来自于经济资源	来自于财务资源
财务状况及其变化	现金状况	现金和现金等价物状况	财务和经济资源	财务资源
服务成本确定的财务业绩	不报告信息	不报告信息	提供评估业绩的必要信息	有限的信息报告

① 上海财经大学公共政策研究中心：《2003年中国财政发展报告——重建中国公共预算体系研究》，上海财经大学出版社2003年版，第683页。

第二节 我国政府会计基础选择

我国政府会计环境的变化，促使我国政府会计信息供给和信息需求状况发生变化，从而导致现行政府会计体系需要改革，而政府会计改革模式的确立，其核心问题是确定会计确认基础，即权责发生制在现行体系中的运用问题。我们认为，会计基础的选择受制于外部环境和会计目标，因此应把握几条原则。

一、应当把握的原则

（一）紧密联系政府会计环境

我国长期以来是计划经济体制，预算在整个经济生活中占据重要地位，所以传统政府会计一直是预算会计，该体系与预算拨款保持一致，能基本满足宏观经济的信息需要。随着我国市场化进程的加速和财政管理的深入，整个政府环境和发展水平都发生了较大变化。当前部门预算、政府采购制度和国库集中支付制度的实施刺激了管理部门对预算信息的需求，同时，政府债务的压力促使公众和政府债券的债权人对信息的需求正逐步增长，公共管理的深化对政府资源管理提出了新的要求。所有迹象表明，现行政府会计体系已经落后于政府会计环境的变化，因此需要增加一些权责发生制的财务信息，才能满足信息使用者的需要。

（二）受成本效益原则的制约

在提高财务信息的可获得性与可比性时，必须考虑提供信息的成本与效益。“收益”是信息带给使用者和提供者的全部利益。“成本”包括信息提供的成本、信息提供的监管成本以及信息使用者解释和使用信息的成本。确定会计基础，需要考虑构建和维持必要的财务信息制度的成本和效益。与现金制会计系统相比，采用权责发生制会计的成本很高。比如，推行权责发生制会计系统需要对现有资产的认定和计价，需要建立必要的会计系统，需要对财务信息的编制人员、使用人员进行培训和技能培养。因此，权责发生制实现手段的增量成本制约着权责发生制的实施。从各国政府会计实践可以发现，很少有国家实施完全的权责发生制，大部分国家往往采用修正的权责发生制。因此，我们认为根据我国政府会计环境和会计体系的特点，在推进预算管理和会计改革时，引入权责发生制是一个必然的趋势，但是鉴于目前政府会计人员素质参差不齐，实施障碍比较大，所以，在政府财务会计中采用修正的权责发生制可能是恰当的选择。

（三）受政府会计目标的制约

每一种会计确认基础都具有计量的重点。现金制会计和预算拨款的信息最为相关，但是忽略了政府资产、负债和成本信息的记录，而权责发生制会计能够有效地提供政府主体财务状况、经营成果以及服务成本效率的相关信息。如果会计目标是评价主体的业绩，权责发生制是最优的选择。修正的现金制计量重点与现金制相似，都放在当期财务资源上，但是比纯粹的现金制提供信息量有所扩大，能反映一些债权债务信息。而修正的权责发生制基础则介于完全权责发生制基础和现金制之间，偏向权责发生制基础，对于一些长期资产和实物资产按照收付实现原则而不采用权责发生制原则进行确认。因此，在选择政府会计基础时，需要充分考虑我国政府会计目标的要求。

二、引进权责发生制

我国政府会计长期以来一直以收付实现制为基础，既不能全面完整地反映政府拥有的资产、负债等财务状况，也制约了我国政府会计与国际的衔接，影响了我国政府提高公共财政资金管理的水平，因此，引进权责发生制应当是我国政府会计改革的方向。但由于收付实现制在我国长期占据主导地位，引入权责发生制还存在诸多限制因素，这些因素包括：

第一，耗时长。引入权责发生制是一项非常复杂的系统工程，需要的时间很长。发达国家也曾经历了很长时间才将权责发生制引入他们的政府会计系统，考虑到我国特殊的国情和刚刚起步的政府会计改革，我国政府财务报告引入权责发生制不会一蹴而就。

第二，计量的复杂性。政府拥有的很多资产是通过非市场交易取得的，如历史文物、自然遗产等，这些资产由于没有历史成本又没有市场价格可以参考，其确认和计量存在困难。

第三，高成本。在实施收付实现制基础的政府机构和部门中全面推行权责发生制会计基础，其实施和运作涉及人员培训、制度设计、电算化建设和培训等一系列问题，成本相当高。

第四，对会计人员素质的要求高。引入权责发生制后，由于政府会计自身的特点，大量事项的处理都需要会计人员的专业判断，这对会计人员专业素质的要求非常高，培养大批高素质的政府会计人员是非常重要的。

诸多限制因素的存在导致我国现阶段全面引入权责发生制会计基础还不具备成熟的条件和环境。因此，借鉴国际通行做法，我国考虑在政府会计中逐步引入权责发生制，分阶段在修正权责发生制基础上编制政府财务报告。对容易确认的政府资产、负债项目先行采用权责发生制核算，并在政府财务报表中反映。对政府拥有的文化遗产、担保债务、养老金缺口等较难确认的政府资产、或有负债和隐性债务等，先考虑表外披露等方式进行报告，等条件成熟时再进行核算，并在政府财务报表中反映。

三、协调好两种会计基础

从各国的政府会计实践可以看出，目前政府会计改革的难点在于协调现金制会计（预算会计）和权责发生制会计（财务会计）间的关系。如果政府决定在保留预算会计的结构和内容基础上增加权责发生制会计数据，就只能有两种选择：要么整合两个系统，要么保持两个系统的独立性。我们认为，传统的现金制可能是控制预算支出最好的工具，但这与权责发生制会计的规则不同，因此，引进权责发生制会计的关键在于处理好两者间的关系。具体到我国的实践可以考虑两种方案：

方案一：政府会计划分为政府预算会计和政府财务会计两大类。预算会计仍然按照传统现金制进行处理，而政府财务会计按照权责发生制的原则来构建。这样做的好处是保持了两个系统各自的运行规律，有利实现各自的会计目标。

方案二：可以考虑引进基金会计，配合预算主体进行控制。基金主体通常是按照特定的法规、限制条件或期限设立的，具有目的性、限制性和受托责任广泛性三个特征。基金会计除了可对不同用途的资源进行分离外，通常还能满足法律上的要求，并可用来评价管理业绩，以更好的实现专款专用的原则。因此，基金会计是目前唯一可以采用的综合了政府财务会计和预算会计的模式，一方面体现了预算控制的要求，另一方面能刻画政府财务状况。

鉴于我国目前的实际情况，我们认为选择方案一比较现实，方案二可以进行研究，特别是对基金会计，目前我国财政和会计界了解不深，应当加强学习，待时机成熟时可以引进。

第三节 政府会计信息质量特征

所谓会计信息质量，从字面上来理解，也就是会计信息应当达到或满足的基本质量要求。它就像产品质量一样，如果不能符合既定的产品质量标准，这些产品就不能为消费者带来应有的效益，当然，它也就不应该在市场上出售与流通。会计信息也是如此，其质量特征如不能满足与其目标相一致的质量要求，则会计信息也就不能实现其既定的目标①。理论界主要集中于研究企业会计的信息质量特征，那么我们建立新型的政府会计，应当具有什么样的信息质量特征呢?

一、借鉴企业会计原则设计制定的经验

设计、制定我国政府会计原则，最便于直接借鉴的就是我国已发布的企业会计准则。《企业会计准则——基本准则》第二章“会计信息质量要求”提了8条，这8条实际上是对真实可靠性、相关性、一贯性、明晰性、可比性、实质重于形式、谨慎性和及时性的简要解读。

---

① 葛家澍、刘峰：《会计理论——关于财务会计概念结构的研究》，中国财政经济出版社2005年版，第108页。

《企业会计准则——基本准则》第十三条规定：企业提供的会计信息应当与财务会计报告使用者的经济决策需要相关，有助于财务会计报告使用者对企业过去、现在或者未来的情况作出评价或者预测。第十四条规定：企业提供的会计信息应当清晰明了，便于财务会计报告使用者理解和使用。第十五条规定：企业提供的会计信息应当具有可比性。同一企业不同时期发生的相同或者相似的交易或者事项，应当采用一致的会计政策，不得随意变更。确需变更的，应当在附注中说明。不同企业发生的相同或者相似的交易或者事项，应当采用规定的会计政策，确保会计信息口径一致、相互可比。第十六条规定：企业应当按照交易或者事项的经济实质进行会计确认、计量和报告，不应仅以交易或者事项的法律形式为依据。第十七条规定：企业提供的会计信息应当反映与企业财务状况、经营成果和现金流量等有关的所有重要交易或者事项。第十八条规定：企业对交易或者事项进行会计确认、计量和报告应当保持应有的谨慎，不应高估资产或者收益、低估负债或者费用。第十九条规定：企业对于已经发生的交易或者事项，应当及时进行会计确认、计量和报告，不得提前或者延后。

总的看来，“8 条原则”从理论上阐明了会计核算应遵循的原则，参照并借鉴了国际上的经验，与国际上的做法已经“趋同”，是政府会计可以借鉴的会计核算原则。

二、借鉴西方发达国家政府会计准则的信息质量要求

国际会计师联合会公共部门委员会于 2001 年 7 月 1 日公布的“国际公共部门会计准则”第一号《财务报表的列报》，在其附表 2“财务报告的质量特征”里列示了 12 项“质量特征”：可理解性、相关性、可靠性、可比性、重要性、忠实表达、实质重于形式、中立性、审慎性、完整性、及时性、效益大于成本，其中前 4 项又冠以“主要的质量特征”。同时，文本对各项“质量特征”进行了比较详细、具体的解读。

1987 年 5 月，美国政府会计准则委员会公布的《政府会计准则委员会概念公告第 1 号——财务报告的目标》指出，政府财务报告提供的会计信息应当符合 6 个方面的质量要求：可理解性、可靠性、相关性、及时性、一致性、可比性。

以上看出，国际会计师联合会及美国的政府会计原则设计理念都是“服务于财务报告的目标”，都是要求财务报告提供的会计信息真实、完整、通俗易懂，兼顾各方面使用者的需要。

纵观国际上的“会计原则”可以清楚地了解到，“服务于政府财务报告的目标”和“受托责任”是他们设定政府会计原则的落脚点，特别是在各条原则的解释中，始终不忘这两条指导思想。如会计师国际联合会公共部门委员会在《财务报表的列报》附录之中，首先指出“质量特征”是什么，是“使财务报表向使用者提供有用信息的属性”。他们不惜笔墨，花了大约1400多字对12条原则逐条解读，都是围绕“服务于政府财务报表的目标”和解除“受托责任”这个指导思想。无疑我国“政府会计原则”设计、制定同样可以借鉴这个指导思想。

三、我国政府会计信息质量特征界定

根据上述的启发，我们认为制定政府会计信息质量特征总的思路应当是：总结国内外的经验、吸取教训、切实把握好了解国情、针对现行的政府会计存在的问题及不足，有的放矢，设计独具中国特色的政府会计信息质量特征。

（一）信息质量特征界定的思路

1. 了解国情，特别是政府会计方面的国情

在我国现阶段，政府会计核算存在许多问题和不足，比如财政总预算。一年一度的“财政预决算报告”，很多人都反映看不懂，特别是负有表决权力的人大代表，也看不懂，这成为一个很严重的问题。政府一方面说收入大幅增长，结余也不少，另一方面又没有可使用的财力支配，许多政府及相关政府部门想要办的事又没有钱；对于老百姓来说，很少有人去学习报纸上成版的预决算报告，他们面临的多是医疗、住房、教育、物价等难题。他们从报纸上看到政府拿多少钱投入教育，但他们的小孩却在危房里没有桌椅的条件下上课。这说明，政府会计在帮助解除政府的受托责任方面做得还远远不够。

2011年3月23日，温家宝总理说，6月向全国人大报告时将把中央

本级的“三公”经费纳入报告内容，并向社会公开，接受社会监督。到6月底，只有科技部公布2011年度的“三公”预算。到7月13日，又有10个部委做了公开工作。报纸杂志数篇文章说，就“已公开的几家看，有8家没有费用明细，含糊其辞”。他们把不宜公开的都放到“其他支出”算账。9月28日，北京大学公众参与研究与支持中心发布《中国行政透明度报告》称，国务院机构仅二成透明度及格。这说明，政府预决算公开工作已到了紧迫的关头。

2. 了解政府，了解政府职能

通俗地解读政府应包括四个方面的概念，一是政府由老百姓选举产生，老百姓通过人大对政府及其官员有监督权利；二是政府是受托为老百姓办事的，老百姓个人、家庭不可能办到的事如公共安全、公共事业、公益事业、公共秩序包括经济秩序等委托政府来做；三是政府及其官员必须带头执法、守法；四是政府及其官员不能代表老百姓大众的利益或无作为时，老百姓可通过人民代表大会罢免他们。政府及官员接受委托，即表示人民给予了权利，同时也赋予了责任和义务。

政府的职能很多，包括国防、外交、宏观调控、投资政策、财政、金融、社会管理、教育、医疗等等，覆盖了社会生活的方方面面，我们无时无刻不与政府发生关系。当前的很多经济和社会问题，如“三农”问题、环境污染问题、通货膨胀问题、举借内债外债问题、医疗、住房、教育、食品安全问题、扶贫及社保问题、防灾救灾问题、粮食、能源安全问题等，一系列关系国计民生的大事都是人民群众委托政府要办、要办好的事。回到我们课题上来，政府要办许多大事，那么集中了多少税收，钱花到哪儿去了？花了多少？效果怎样？是不是“一拨就了”？政府要通过财务报告给老百姓“说清道明”，否则政府即失去存在的理由。顺势理论下去，问政府财务报告的内容是否清晰、到位？我们的党有责任了解，老百姓有权利知情。财务报告各项会计信息是否与其目标有关？回答这些都是通过“政府会计核算”完成的。由于政府会计核算比较繁杂，所以需要有一个“政府会计原则”进行指导，使会计核算有条不紊。

3. 了解财政，了解预算

财政是国民收入的分配再分配管理部门，是政府的重要职能部门之一。半个多世纪以来，财政经历了多次改革，现在财政改革正朝“阳光财政”、“公共财政”迈进。过去的十多年，财政改革不断加大力度，如细化预算、国库集中支付、政府招标采购、收支两条线、工资统一发放等，逐步从“切蛋糕”转到“公平、公正、公开”、“监督受理”和“追踪问效”的轨道上来。

从财政改革的方向和内容看，“权为民所赋，权为民所用”的财政理念日渐深入，从预算制度改革的步子看，“公信度”和“绩效财政”与日俱增。客观地说，包括预算会计改革在内的政府会计改革为什么紧锣密鼓，也正是因为这一块存在的问题和不足比较突出，政府及财政不能不作为！

2011年5月31日，有报刊披露公布了全国财政透明度排行榜，透明度最好的新疆43.65分，有11个省市在20分以下，最差的只有15.74分，31个省市平均不到30分。如今老百姓、纳税人都觉悟到他们有“公共预算”知情权、监督权，他们是在鼓励、鞭策财政加快改革的步伐，让人民的财政更透明、更阳光。

了解财政，了解预算，特别是了解这一块目前存在的问题和不足，通过改革政府会计帮助政府及财政解决问题，弥补不足，这就回到我们进行“政府会计原则”设计、制定的起始点。

（二）我国政府会计信息质量特征

以上的思路，简单讲，就是我们的政府会计核算原则要基于我国的国情实际、公共部门特定主体和加强财政资金管理的特定要求。基于此思路，并根据我国政府会计目标是以有助于使用者评价政府受托责任和作出决策，同时提供信息帮助加强内部管理，我们借鉴国际会计师联合会公共部门委员会的“12条原则”或者美国政府会计准则委员会“6条原则”，可以制定出我国政府信息质量特征如图4－1。

1. 可靠性

这里的可靠性是指政府财务报表所反映的信息，能够如实反映报告主体财务状况和经营业绩（包括现金流量），所揭示的信息足以信赖。具体讲，对一个理性的、对会计信息有充分理解能力的人来说，依据这些信息，能够作出合理的决策。这样，我们就认为信息是可靠的。我们将可靠性分解为三个相对具体的质量要求：真实性、完整性和可验证性。

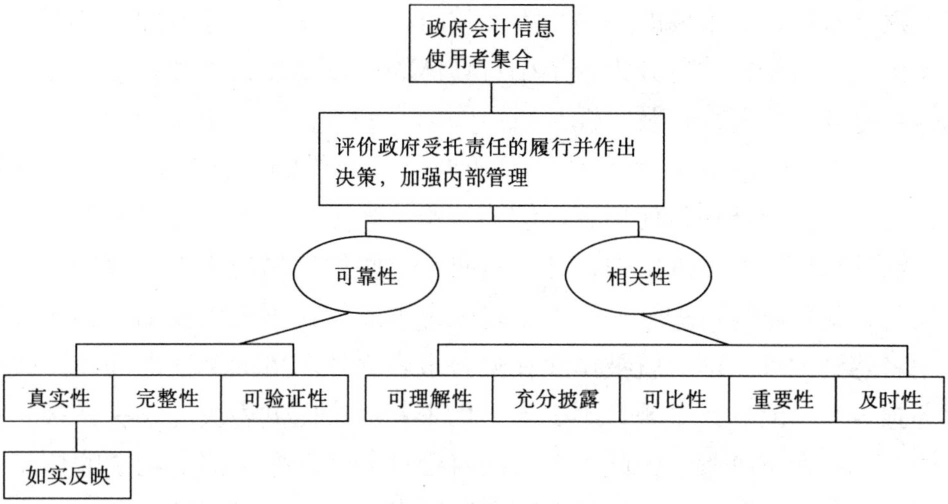

图4-1　我国政府信息质量特征

（1）真实性。真实性是我国会计界所普遍关注的问题，通常所说的会计信息失真，就是指会计信息没能真实反映实体的经济活动。但是由于经济活动的错综复杂，究竟什么才是真实，尚不存在具体、明确的标准。因此，FASB在会计信息质量特征中使用了如实反映的概念，只要主体以实际发生的交易或者事项为依据进行会计确认、计量和报告，如实反映符合确认和计量要求的各项会计要素及其他相关信息，那么就可以判断其提供的信息是真实的。

（2）完整性。完整性是指政府主体提供的会计信息应当反映与政府财务状况、经营成果和现金流量等有关的所有重要交易或者事项。如果政府会计提供的信息不完整，对重要信息有所隐瞒，即便所提供的信息是真实的，也可能误导信息使用者。

（3）可验证性。指会计信息系统所输出的信息，不同的人，依据相同的信息输入、遵循相同的会计准则，可以得出相同或基本相似的结论。这是保证财务会计信息可靠的一条基本要求，也是历史成本之所以成为财务会计主要计量属性的直接原因之一。

2. 相关性

政府会计提供的会计信息应当与财务报告使用者的经济决策需要相关，有助于财务报告使用者对政府主体过去、现在或者未来的情况作出评价或者预测，从而作出相应调整的决策。在我国，公众、立法机关阅读政府的财务报告，很重要的方面是判断政府在履行受托责任方面的情况，从而作出决策。相关性可分为五个相对具体的质量要求：可理解性、充分披露、可比性、重要性、及时性。

（1）可理解性。可理解性要求政府会计提供的会计信息应当清晰明了，便于财务会计报告使用者理解和使用。当可以合理预计具备有关主体经营活动和环境的合理知识，并愿意研究这些信息的使用者能够理解信息含义时，此信息是可理解的。关于复杂事项的信息不应仅仅因为会使某些使用者感到太难以理解就被排除在财务报表之外。可理解性成为我国政府财务报告当前的一大难题，不少人大代表都反映提供表决的预决算报表看不懂，无法作出决策。因此，今后政府会计应当以提供清晰明了的信息为原则。从国际会计师联合会和美国的准则来看，都将可理解性置于信息质量特征的第一位，可见政府会计信息的可理解性是通病。这一方面是政府会计信息阅读者的广泛性，政府财务报告应当做到"卖菜的大妈都看得懂"；另一方面是政府经济活动的复杂性，导致报表过于繁杂。所以，如何做到报表清晰明了，是很有挑战性的，因此我们将它作为相关性的第一特征。

（2）充分披露。在企业，充分披露是在完整性（基本上属于法定披露）的基础上鼓励企业自愿披露尽可能的信息。在政府方面，充分披露关乎政府的"透明度"问题，政府会计核算必须紧扣"透明度"，凡是应当纳入核算范围的都要进账，资金用于哪个项目要有账可查，效果如何应当表上可考。充分披露与可理解性具有对立统一关系，一方面，披露信息太过繁琐，导致难以理解，另一方面，有意无意地隐瞒部分信息，可能会导致误解，所以如何披露信息需要很好地权衡。

（3）可比性。可比性要求同一主体不同时期发生的相同或者相似的交易或者事项，应当采用一致的会计政策，不得随意变更，确需变更的，应当说明；不同主体发生的相同或者相似的交易或者事项，应当采用规定的会计政策，确保会计信息口径一致、相互可比。可比性特征的一个重要含义是使用者需要了解编制财务报表时采用的政策、政策变更和这些变更的影响。由于使用者希望比较主体各期的业绩，因此财务报表列示以前各期的相关信息很重要。

（4）重要性。信息的相关性受其性质与重要性的影响。如果信息的遗漏或错报可能影响使用者的决策或影响其对财务报表作出评价，则此信息是重要的。重要性取决于所判断的项目或在遗漏、错误的特定环境中错误的性质或大小。因此，重要性提供了一个分界点或平衡点，而不是有用信息必须具有的主要质量特征。

（5）及时性。对于已经发生的交易或者事项，应当及时进行会计确认、计量和报告，不得提前或者延后。过时的信息会影响决策的效果，因此政府会计应当遵循及时性原则。

第五章　我国政府会计要素

要确保政府预算会计与政府财务会计双轨并行的新政府会计体系能够顺利运行，实现政府会计目标，政府会计要素的设置必须满足以下两方面的要求：即一方面通过新政府预算会计体系强化预算管理，实现对全部财政资金运行有效核算、反映和监督，使之能够更加全面、实时地反映、监督和评价政府预算管理的全流程；另一方面则通过新政府财务会计体系全面、完整、系统地反映包括政府资产状况、偿债能力等各方面的财务状况和运行成果，以帮助解脱政府的受托责任，让信息使用者可以全面评价政府财务受托责任的履行情况，及其运行的效率和效果，促使其有效使用公共资源，提高行政效率，控制债务风险。为此，要与政府预算会计与政府财务会计双轨并行的新政府会计体系相适应，新政府会计的要素设置应分开按政府预算会计和政府财务会计两个体系分别设置。

第一节　我国政府会计要素和会计科目设置的原则

在新的政府会计体系框架下，一方面我们要优化现有的预算会计体系，另一方面要构建完整的政府财务会计体系。因此，在分别按照政府预算会计和政府财务会计两种模式进行会计要素设置时应充分考虑两大会计系统的特点和信息要求，按照政府预算会计的特征设置预算会计的会计要素，按照政府财务会计的特征设置政府财务会计的会计要素。

一、政府预算会计要素和会计科目设置的原则

预算会计是基于收付实现制基础，政府会计各主体核算、反映、监督政府预算执行和财政周转金等各项财政性资金活动的专业会计，其主要职责是进行会计核算，反映预算执行，实行会计监督，参与预算管理，合理调度资金。预算会计是政府预算的工具，预算会计要素的设置应满足以下基本原则：一是一致性原则，即政府预算会计要素及其会计科目的设置应当考虑与政府预算收支科目的衔接问题，在明细科目设置上尽量保持一致，以有效核算和反映政府预算收支的情况；二是统一性，即为了确保核算口径的一致，各级政府和单位的会计科目设置应当统一。总之，政府预算会计的要素和会计科目设置应与政府预算管理的要求相适应，根据预算业务的特征，设置预算会计要素。

二、政府财务会计要素和会计科目设置的原则

政府财务会计是基于（修正的）权责发生制基础，全面核算各会计主体的资产、负债、净资产、收入支出、费用、结余及其分配等方面的内容，并对外报送财务报告的会计。设置政府财务会计要素及其会计科目应当遵循的基本原则包括：

一是统一性和灵活性相结合，即政府要设置出能够全面核算政府资产、负债、净资产、收入、费用、结余及其分配的会计要素，同时在具体会计科目设置上为了确保核算口径的一致，保证信息的可比性和决策有用性，科目名称及其核算内容应当具有统一性，同时考虑到各会计主体的特征和差异，又要具备相应的灵活性，以更好地反映各会计主体的业务特征。

二是相关性原则。所设置的会计科目应当有助于为各方面信息使用者提供有用会计信息，同时满足对外报告和对内管理的需要。

三是实用性原则。为了便于会计科目的使用，会计科目的名称应当简明易懂，同时所设置的会计科目应符合会计主体的自身特点，满足单位的实际信息需求，便于操作使用。

第二节 政府预算会计要素与会计科目的设置

一、政府预算会计要素设置

我们主张政府新会计体系将政府预算会计与政府财务会计分立并行，其中政府预算会计体系主要反映政府预算收支的运行情况，是反映和监督政府预算的工具。在政府新会计体系中，政府预算会计已将非金融性的内容纳入政府财务会计体系之中，因此，政府预算会计要素的设置应该突出预算业务的金融性特征，设置金融性资产、金融性负债、净资产、收入和支出五个会计要素。其中，金融性资产、金融性负债和净资产三个要素为预算会计的资产负债表要素，它们之间的关系等式为：金融性资产 = 金融性负债 + 净资产；收入和支出两个要素为收入支出表要素，它们之间的关系等式为：收入 - 支出 = 结余。具体要素的定义如下：

（一）金融性资产

金融性资产指纳入一级财政预算内和预算外的金融性资产，它是一级财政掌管或控制的能以货币计量的经济资源，包括财政性存款、有价证券、暂付及应收款项、预拨款项、财政周转金放款、借出财政周转金以及待处理周转金等。

（1）财政性存款是财政部门代表政府所掌管的财政资金。包括国库存款及其他财政存款。财政性存款的支配权属于同级政府财政部门，并由财政部门负责管理，统一收付。

（2）有价证券是中央财政以信用方式发行的国家公债。各级财政只能用各项财政结余购买国家指定可由地方各级政府购买的有价证券。有价证券应按取得时实际支付的价款记账，购入有价证券（含债券收款单）应视同货币妥善保管。当期取得有价证券的兑付利息及转让有价证券取得的收入与账面成本的差额，记入当期收入。

（3）暂付及应收款项属于往来结算中形成的债权。包括在预算执行过程中上下级财政结算形成的债权以及对用款单位借垫款形成的债权。暂付及应收款项应按实际发生数额记账，并应定期清理结算，不得长期挂账。

（4）预拨款项是按规定预拨给用款单位的待结算资金，包括预拨经费和基建拨款。预拨经费是用预算资金预拨给用款单位的款项。凡年度预算执行中总预算会计用预算资金预拨出应在以后各期列支的款项以及会计年度终了前预拨给用款单位的下年度经费款，均应作为预拨经费管理。基建拨款是预拨给受托经办基本建设支出的专业银行或拨付基本建设财务管理部门的基本建设款项。各项预拨款项应按实际预拨数额记账。预拨经费（不含预拨下年度经费）应在年终前转列支出或清理收回。基建拨款应按建设单位银行支出数（限额部分）和拨付建设单位数（非限额部分）转列支出账。

（5）财政周转金放款是直接贷付给用款单位的财政有偿资金。

（6）借出财政周转金是指上级财政部门借给下级财政部门用于周转使用的有偿资金。财政周转金的借出和回收，应按实际发生数额记账。

（7）待处理财政周转金是指周转金放款超过约定的还款期限，经审核已成呆账，但尚未按规定程序报批核销的财政周转金。待处理财政周转金应按实际转入数额记账。

金融性资产的确认条件包括：一是符合金融性资产的定义；二是资产的价值能够可靠地计量；三是资产能够获得可靠证据表明其能够提供公共服务能力或带来经济利益。金融性资产采用历史成本法计量。

（二）金融性负债

金融性负债是纳入一级财政预算内和预算外的金融性负债，它是一级财政所承担的能以货币计量、需以资产偿付的债务，包括应付及暂收款项、按法定程序及核定的预算举借的债务、借入财政周转金等。

（1）应付及暂收款项是在预算执行期间，上下级财政或财政与其他部门结算中形成的债务，包括结算中发生的暂存款、与上级往来款以及收到其他性质不明的款项等。

（2）按法定程序及核定的预算举借的债务，是指中央预算按全国人民代表大会批准的数额举借的国内和国外债务，以及地方预算根据国家法律或国务院特别规定举借的债务。

（3）借入财政周转金是指下级财政部门从上级财政部门借入的用于周转使用的有偿资金。

金融性负债的确认条件包括：一是符合金融性负债的定义；二是负债能够可靠地被计量。金融性负债采用历史成本法计量。

（三）净资产

净资产是指金融性资产减去金融性负债的差额，包括各项结余，预算周转金及财政周转基金等。预算结余是财政收支的执行结果。财政各项结余包括预算结余、基金预算结余和专用基金结余。

（1）结余是财政收支的执行结果。财政各项结余包括一般预算结余、基金预算结余和专用基金结余。各项结余必须分别核算，不得混淆。各项结余应每年结算一次。年终将各项收入与相应的支出冲销后，即成为该项资金的当年结余。当年结余加上年年末滚存结余为本年年末滚存结余。

（2）预算周转金是为调剂预算年度内季节性收支差额，保证及时用款而设置的周转资金。预算周转金一般用年度预算结余资金设置、补充或由上级财政部门拨入。

（3）财政周转基金是财政用于有偿使用的资金，在列报财政支出的同时转入。周转金的利息收入（或占用费收入）按规定扣除必要的业务费用后应用于补充财政周转金。

净资产是对金融性资产、金融性负债确认和计量结果的一个综合反映，不能单独确认和计量。

（四）收入

财政收入是国家为实现其职能，根据法令和法规所取得的非偿还性资金，是一级财政的资金来源。收入包括一般预算收入、基金预算收入、专用基金收入、资金调拨收入和财政周转金收入等。财政收入是国家参与国民收入分配的主要形式，是政府履行职能的财力保障。

（1）一般预算收入是通过一定的形式和程序，有计划组织的由国家支配，纳入预算管理的资金。预算收入项目的具体划分和内容，按《国家预算收入科目》办理。

（2）基金预算收入是按规定收取、转入或通过当年财政安排，由财政管理并具有指定用途的政府性基金等。各项基金预算收入以缴入国库数或总预算会计实际收到数额为准。

（3）专用基金收入是指总预算会计管理的各项专用基金，如粮食风险基金。专用基金收入以总预算会计实际收到数额为准。

（4）资金调拨收入是根据财政体制规定在各级财政之间进行资金调拨以及在本级财政各项资金之间的调剂所形成的收入。包括补助收入、上解收入和调入资金。补助收入是上级财政按财政体制规定或因专项需要补助给本级财政的款项。上解收入是按财政体制规定由下级财政上交给本级财政的款项。调入资金是为平衡一般预算收支，从预算外资金结余调入预算的资金，以及按规定从其他渠道调入的资金。

（5）财政周转金收入是指财政部门在办理财政周转金借出或放款业务中收取的资金占用费收入和利息收入。财政周转金收入按实际收到数额记账。

财政收入的确认应采用收付实现制，只要有现金流入即记入收入，并采用历史成本法计量。

（五）支出

财政支出是一级政府为实现其职能，对财政资金的再分配。财政支出的主要目的是保证国家机器正常运转、维护国家安全、巩固各级政府政权建设的支出；维护社会稳定，提高全民族素质、外部效应巨大的社会公共事业支出；有利于经济环境和生态环境改善，具有巨大外部经济效应的公益性基础设施建设的支出；在市场机制还不完善的条件下，对宏观经济运行进行必要调控的支出等。包括一般预算支出、基金预算支出、专用基金支出、资金调拨支出和财政周转金支出等。

（1）一般预算支出是国家对集中的预算收入有计划地分配和使用而安排的支出。预算支出项目的具体划分和内容，按《国家预算支出科目》规定执行。

（2）基金预算支出是用基金预算收入安排的支出。基金预算支出的会计事务处理，比照预算支出的有关规定办理。专用基金支出是用专用基金收入安排的支出。基金预算支出和专用基金支出应按规定的用途开支，并做到先收后支，量入为出。

（3）资金调拨支出是根据财政体制规定在各级财政之间进行资金调拨以及在本级财政各项资金之间的调剂所形成的支出。资金调拨支出包括补助支出、上解支出、调出资金等等。补助支出是本级财政按财政体制规定或因专项需要补助给下级财政的款项及其他转移支付的支出。上解支出是按财政体制规定由本级财政上交给上级财政的款项。调出资金是为平衡一般预算收支而从基金预算的地方财政税费附加收入结余中调出，补充预算的资金。资金调拨支出按上级财政部门的规定或实际发生数额记账。

（4）财政周转金支出是指地方财政部门从上级借入财政周转金所支付的占用费以及周转金管理使用过程中按规定开支的相关费用。财政周转金支出应按实际支付数额记账。

财政支出的确认基础也应当采用收付实现制，采用历史成本法计量。

二、政府预算会计科目设置

会计要素是对会计对象按经济性质所作的基本分类，是会计核算和监督的具体对象和内容，会计科目是对会计要素的进一步分类。只有通过对会计要素内容的再分类，确定科学合理的会计科目，才能对经济活动进行连续、系统、全面的记录和反映，为信息使用者提供更为全面的有用信息。目前，我国的预算会计体系基本能够满足预算管理的需要，其会计科目的设置也能相应地满足使用者对会计信息的要求，可以不作大的改动。但是，为了突出预算的金融性属性，应该在现有的会计要素中明确资产、负债的金融属性。具体见表5－1。

表5－1　　预算会计科目表

序号	编码	科目名称
一、金融性资产类		
1	1001	国库存款
2	1002	其他财政存款
3	1004	有价证券

续表

序号	编码	科目名称
4	1005	在途款
5	1101	暂付款
6	1102	与下级往来
7	1201	预拨经费
8	1202	基建拨款
9	1301	财政周转金放款
10	1302	借出财政周转金
11	1303	待处理财政周转金
二、金融性负债类		
12	2101	暂存款
13	2102	与上级往来
14	2202	借入款
15	2203	借入财政周转金
三、净资产类		
16	3001	预算结余
17	3005	基金预算结余
18	3007	专用基金结余
19	3201	预算周转金
20	3202	财政周转基金
四、收入类		
21	4001	一般预算收入
22	4005	基金预算收入
23	4007	专用基金收入
24	4101	补助收入
25	4102	上解收入
26	4104	调入资金
27	4205	财政周转金收入
五、支出类		
28	5001	一般预算支出
29	5005	基金预算支出
30	5007	专用基金支出
31	5101	补助支出
32	5102	上解支出
33	5104	调出资金
34	5204	财政周转金支出

其中，需要注意的是：

第一，在政府财政预算中，各类财政收入按其性质进行了归类和层次划分，以便全面、准确、详细地反映财政收入的总量、结构及来源情况。根据目前我国财政收入构成情况，结合国际通行分类方法，政府预算按经济性质将财政收入分为类、款、项、目四级（具体有关类、款两级科目设置请参见附录1. 政府收入分类科目表）。考虑到与预算收支管理衔接的需要，预算会计在核算时可先按预算会计科目设置总账，同时参考财政收入的分类设置明细账，在信息系统加挂一个预算收支的辅助账子系统与预算会计科目相衔接，以明确各项收入的具体性质和来源等“多维”信息，实现与预算管理的有效对接，清清楚楚地说明政府的钱是怎么来的。具体账务处理举例如下：

[例5-1] 取得增值税收入，资金已入库。

借：货币资金

　　贷：一般预算收入——税收收入——增值税

同时在财政收支辅助账系统中，明确收入的来源和性质。

第二，在支出的会计科目设置上，也应考虑与预算支出分类相衔接的问题。预算支出管理中将支出按照支出功能和支出经济两种方法进行分类。其中，按支出功能分类就是按政府主要职能活动分类。我国财政支出功能分类设置一般公共服务、外交、国防等大类，类下再分款、项两级。主要支出功能科目包括：一般公共服务、外交、国防、公共安全、教育、科学技术、文化体育与传媒、社会保障和就业、社会保险基金支出、医疗卫生、环境保护、城乡社区事务、农林水事务、交通运输、采掘电力信息等事务、粮油物资储备及金融监管等事务、国债事务、其他支出和转移性支出。具体按功能分类的财政支出科目表请参见附录2。按支出经济分类是按支出的经济性质和具体用途所作的一种分类。在支出功能分类明确反映政府职能活动的基础上，支出经济分类明确反映政府的钱究竟是怎么花出去的。支出经济分类与支出功能分类从不同侧面、以不同方式反映财政支出活动。我国支出经济分类科目设工资福利支出、商品和服务支出等12类，类下设款，具体包括：工资福利支出、商品和服务支出、对个人和家庭的补助、对企事业单位的补贴、转移性支出、赠与、债务利息支出、债务还本支出、基本建设支出、其他资本性支出、贷款转贷及产权参股和其他支出。具体按经济分类的财政支出科目表请参见附录3。考虑到与预算收支管理衔接的需要，预算会计在核算支出时同样可以先按预算会计科目设置总账，同时参考财政支出的分类项目设置明细账，并在信息系统加挂一个预算收支的辅助账子系统与预算会计科目相衔接，在辅助账子系统中设置支出功能分类、支出经济分类与部门分类编码和基本支出预算、项目支出预算相配合，从而在完整的财政信息管理系统的有力支持下，可对任何一项财政支出进行“多维”定位，清清楚楚地说明政府的资金最终用到了什么地方，干了什么事，为预算管理、统计分析、宏观决策和财政监督等提供全面、真实、准确的经济信息。具体账务处理举例如下：

[例5-2]　拨付教育经费支出。

借：一般预算支出——教育

　　贷：货币资金

同时，在财政收支辅助账子系统中，明确支出的功能，以及各项经济分类的明细。

第三，政府预算会计各项要素下会计科目的具体核算方法，可以参照目前的财政总预算会计制度处理。需要指出的是，财政资金一经拨付使用，转变为非金融性的资产，就脱离了预算会计的核算范围，进入财务会计系统，在预算会计体系之中，就不再反映该部分的内容。

第三节　政府财务会计要素与会计科目的设置

政府财务会计要素由资产、负债、净资产、收入、成本费用和结余六个要素组成。其中，资产、负债和净资产三个要素为资产负债表要素，它们之间的关系等式为：资产=负债+净资产。收入、费用、结余三个要素为运营成果表要素，它们之间的关系等式为：收入-成本费用=结余，该表主要用于核算行政成本，反映行政效率。

一、资产要素的设置

（一）资产要素的定义

资产是指政府拥有、控制、占有或者使用的能以货币计量的经济资源，包括各种财产、债权和其他权利。这比现行政府预算会计中的资产定义多了“拥有和控制”的属性。现行政府预算会计仅使用“占用或使用”这一标准来确认资产，这样就将本属政府所拥有但没有直接占有的若干资产排除于政府资产之外，如国有股权、用财政资金建成的各种公共设施等。增加“拥有和控制”的属性，可以将这些资产纳入政府会计的核算范围。

（二）资产的确认和计量

资产的确认条件包括：一是符合资产的定义；二是该资产的价值能够可靠地计量；三是该资产能够获得可靠证据表明其能够提供公共服务能力或带来经济利益。政府财务会计中的资产采用权责发生制确认，采用历史成本法、重置成本法、可变现净值法、公允价值法等方法计量，以正确反映政府拥有、控制、占有或者使用的资产的实际价值。

随着政府会计披露的资产信息的增多，如果仅仅按照目前的历史成本会计模式来计量政府资产，账面资产的价值计量肯定与实际情况相距甚远，导致会计信息的严重失真，对财务报告使用者形成严重的误导。因此，为了给信息的使用者提供决策有用的信息，同时为了政府部门进行风险管理。政府财务会计应该视其可能性，在条件允许的情况下增加公允价值的计量属性，以全面反映政府控制资源的整体情况。具体而言，对各类资产的核算可以采用以下办法：

第一，对货币资金、应收账款、存货等的核算，按照现行的会计核算方式办理。

第二，对长期投资则需要扩大其核算范围，除应将对企业中的国有股权纳入核算范围之外，同时其他社会组织或机构中的国有权益也应该纳入其核算范围，以全面反映和监督财政资金的运动。

第三，对固定资产则应采用权责发生制进行核算，按期提取固定资产折旧，正确反映固定资产净值。

第四，在建工程的核算。目前的政府会计，只核算对公用设施建设支出，公用设施一旦建设完毕，投入使用，就脱离了政府会计核算的范围。比如，某一级政府，建设了一条市内道路，当该条道路投入使用之后，政府会计就不再对它进行核算，在政府的会计账上也查不到这条道路的任何会计信息。这显然不利于保护公用设施资产的安全完整。我国普遍存在的对公用设施的不爱护，诸如建了就挖，挖了再建，随意修改等现象屡见不鲜，这明显是与缺乏公用设施的会计信息有关，没有会计信息，就没有人对这些公用设施负有责任。如果建立了完整的会计信息，有了经管责任人，道路损坏、维修等方面的成本计算在相应的责任人身上，这将有利于促使责任人增强责任心，保护公用设施的安全完整。因此，应设置在建工程科目，对公用设施建设加强核算，具体核算办法如下：

建设期间时：

借：在建工程

　　贷：货币资金等科目

建设完工交付使用时：

借：固定资产——公用设施

　　贷：在建工程

使用时，按期：

借：折旧费

　　贷：累计折旧——公用设施累计折旧

报废清理时：

借：固定资产清理

　　贷：固定资产——公用设施

清理结束时：

借：银行存款

　　固定资产损益等

　　贷：固定资产清理

更新改造时：

借：固定资产——公用设施

贷：货币资金等科目

第五，自然资源的核算。目前的政府会计没有核算政府所掌控的自然资源，但自然资源绝对是社会的一大财富，需要核算。自然资源包括土地资源、水资源、矿藏资源、再生自然资源、环境资源等等。在条件成熟的情况下，应将其清查评估入账，具体会计账务处理方式为：

自然资源增加时：

借：自然资源

贷：国有资本

自然资源减少时：

借：国有资本

贷：自然资源

对自然资源核算的难点是如何对自然资源进行计量。基于修正的权责发生制基础，我们认为对自然资源的核算应该采用先易后难方法进行，比如对土地资源的核算，可先从政府收储的土地开始；而对矿产资源的核算，则可以从已经探明的矿产资源开始。

第六，对无形资产的核算可以采用现行的核算方法进行。

二、负债要素的设置

（一）负债要素的定义和分类

负债是政府所承担的能以货币计量，需要以资产或劳务偿付的现行义务。与政府的资产一样，政府负债也可以按照多种标准进行分类，按照负债期限的长短分类，可以分为流动负债和非流动负债两大类；按照负债的主体分类可以分为政府负债、行政单位负债、事业单位负债、企业负债、基金负债等。

另外，政府负债还可以按照隐蔽性特征分为：直接显性负债（主要包括政府债券和政府借款等）、直接隐性负债（主要包括政府欠发工资、企业养老金拖欠、社会保障支出的缺口、国有粮食企业的亏损挂账等或有负债）、或有显性负债（主要包括政府担保的各种借款、政府未决诉讼等）和或有隐性负债（主要包括国有企业的潜亏，国有银行的不良资产，农村信用社、供销社系统以及农村合作基金的坏账、自然灾害等或有损失以及环境负债等导致的推定义务)。

(二) 负债要素的确认和计量

1. 直接显性负债的确认和计量

政府财务会计中的负债应采用权责发生制确认。对政府直接显性的负债，如短期借款、应付票据、应付款、应付工资、长期借款、长期债券、长期应付款等应该以权责发生制为基础，按实际发生额进行核算。具体账务处理办法如下：

负债发生时：

借：货币资金及其相关会计科目

　　贷：短期借款

　　　　应付票据

　　　　应付款

　　　　应付工资

　　　　长期借款

　　　　长期债券

　　　　长期应付款

偿还负债时：

借：短期借款

　　应付票据

　　应付款

　　应付工资

　　长期借款

　　长期债券

　　长期应付款

　　贷：货币资金及其相关会计科目

2. 或有负债——社会保障负债、政府承诺负债等的确认和计量

社会保障负债、政府承诺负债等，实质上均与政府对社会所做的承诺有关，这些负债多是政府直接隐性的或有负债。该类或有负债如果满足确认条件，就应当进行确认，进行核算。政府或有负债的确认条件如下：(1) 该义务是政府承担的现时义务；(2) 该义务的履行很可能导致经济

利益流出该级政府；（3）该义务的金额可以可靠计量。对或有负债的会计账务处理可以采用如下方法：

负债确定时，根据负债形成的原因：

借：在建工程，或社会保障支出等

　　贷：预计负债——社会保障负债

　　　　预计负债——政府承诺负债

负债消除时：

借：预计负债——社会保障负债

　　预计负债——政府承诺负债

　　贷：货币资金及其相关会计科目

由于这类或有负债占政府社会责任的比重极大，是政府履行社会公共管理职能的重要体现，无论现在是否支付现金，都是政府的支出责任，在支付时都会引起政府现金流出的增加，政府如果无法筹集到足额的现金予以支付，可能会引发债务危机，由此带来的后果是预算会计披露的财政负债规模远远低于实际存在的财政负债规模，可以预计到的财政负债风险也远远低于实际存在的财政负债风险，政府偿付债务能力和承担负债风险的压力均被低估。为了达到提供政府负债的完整信息目的，政府会计有必要深入研究如何正确反映这些或有负债的方法。在考虑未来不确定因素的情况下，综合考虑货币时间价值、不确定性、有关风险等因素，选用恰当的方法来估计其或有负债金额，确定入账金额。并在此基础上进行初始计量，并在每一个报表日进行重新计量。

如果政府的或有负债存在较大的不确定性，无法进行可靠估计时，应遵循信息充分披露的原则，在报表附注中，以文字说明的方式将或有负债的情况及其影响充分披露。

三、净资产要素的设置

（一）净资产要素的定义和构成

净资产是政府所拥有的，可以用来提供公共服务的可用资源净值，从数量上等于会计主体资产减去负债后的余额，具体包括国有资本、专用基金、储备基金、结余、结余分配等内容。同样，净资产也应该按照资产主体分类，分为一级政府、行政单位、事业单位、企业和社会净资产等类别。

（二）净资产要素的确认和计量

政府占有的净资产首先应该分为财政资本和各种基金，还可以按照限定性分为限定性净资产和非限定性净资产。对净资产的限定进一步可分为暂时性限定与永久性限定。

在上述会计科目中国有资本是目前所没有的会计科目，它主要核算企业中的国有资本、国家所控制的自然资源所对应的资本、公共设施的资金来源等方面的内容，其贷方反映国有资本的增加，借方反映国有资本的减少，余额在贷方。

专用基金是按规定提取的有专门用途的资金。专用基金的种类繁多，可以根据实际情况设置明细科目。提取专用基金时，贷："专用基金"，使用时，借："专用基金"。余额在贷方，表示专用基金结存数。

社会保险基金是专门用于社会保障的基金，其种类也繁多，可以根据实际情况设置诸如养老保险、医疗保险、失业保险等等明细科目。提取社会保险基金时，贷："社会保险基金"，使用时，借："社会保险基金"。余额在贷方，表示社会保险基金结存数。

储备基金是按规定提取的专门用于国家各种储备物资的资金。储备基金的种类繁多，可以根据实际情况设置明细科目。提取储备基金时，贷："储备基金"，使用时，借："储备基金"。余额在贷方，表示储备基金结存数。

补助基金是按规定提取的专门用于补助企业或居民的资金。补助基金的种类繁多，可以根据实际情况设置明细科目。提取补助基金时，贷："补助基金"，使用时，借："补助基金"。余额在贷方，表示补助基金结存数。

结余核算在一定期间收入与费用相抵后的余额。该科目与现行的预算会计的结余存在着极大的差异，其基本原因是：第一，核算的基础不一样，政府财务会计按照权责发生制核算，现行的预算会计按照收付实现制核算。政府财务会计的收入与现行的预算会计不一样，它只包含非偿还性的收入，政府财务会计的收入小于目前的预算会计。第二，政府会计的费用与现行的预算会计的支出不一样，它只包含行政（使用）费用，政府财务会计的费用一般应小于目前的预算会计支出。期末，计算结余时，应将“政府收入”科目的余额转入本科目，借：“政府收入”，贷：“结余”；将“行政（事业）费用”科目余额转入本科目，借：“结余”，贷记“行政（职业）费用”，余额在贷方，表示当期实现的结余。年度终了，将当年实现的结余全数转入“结余分配”科目，借：“结余”，贷：“结余分配”，结转后“结余”科目无余额。

结余分配核算政府当年结余分配的情况和结果。政府结余分配的情况多种多样，应该根据相关法规进行分配。分配时，贷：诸如“国有资本”、“专用基金”、“储备基金”等相关会计科目，借：“结余分配”，余额贷方，表示未分配的结余数。分配完毕之后，本科目无余额。

四、收入要素的设置

政府财务会计中的收入与预算会计中的收入范围不一样，需要对预算会计中的各种收入进行重新分类。我们认为，根据收入与支出之间的关系，应该将目前政府预算收入重新划分为两类：第一类是政府根据法令和法规所取得的非偿还性资金及其他收入；第二类是社会保险基金等基金类收入。政府财务会计的收入按照权责发生制确认，按实际发生额采用历史成本法进行计量。

（一）非偿还性收入①

非偿还性收入主要包括税收收入、非税收入、转移性收入等三类。

1. 税收收入

税收收入分设增值税、消费税、营业税、企业所得税、企业所得税退税、个人所得税、资源税、固定资产投资方向调节税、城市维护建设税、房产税、印花税、城镇土地使用税、土地增值税、车船使用和牌照税、船舶吨税、车辆购置税、关税、耕地占用税、契税、烟叶税和其他税收收入

---

① 本书中使用非偿还性收入，用于强调资金来源的无偿性，在核算内容与公共部门委员会 IPSASB 颁布的《国际公共部门会计准则第 23 号——非交换性交易收入》中的对非交换性交易收入（税收和转移支付）所界定的概念内涵基本一致。

等款。

2. 非税收入

非税收入分设政府性基金收入、专项收入、彩票资金收入、行政事业活动收入、罚没收入、国有资本经营收入、国有资源（资产）有偿使用收入、投资收益、其他收入等。

3. 转移性收入

转移性收入分设返还性收入、财力性转移支付收入、专项转移支付收入、政府性基金转移收入、彩票公益金转移收入、预算外转移收入、上年结余收入、调入资金等款。

会计分录：

借：货币资金

　　贷：税收收入

　　　　非税收入

　　　　转移性收入

（二）社会保险基金等基金类收入

社会保险基金收入本质上不是政府的一种收入，而是政府的代收款，该收入最终将以社会保险金支付的形式偿还给投保人，社会保险基金收入与社会保险基金的支出存在着一定的配比关系。社会保险金收入实质上是政府的一种负债，在会计账务处理方面要充分突出该基本特征。因此，应按如下的会计方式进行账务处理：

会计分录：

借：货币资金

　　贷：应付基本养老保险基金

　　　　应付失业保险基金

　　　　应付基本医疗保险基金

　　　　应付工伤保险基金

　　　　应付生育保险基金

　　　　应付其他社会保险基金

而在现行收付实现制的预算会计中作为支出列支的需要偿还的负债类收入和贷款转贷回收本金收入，本质上都不是政府的收入。前者是负债，后者是将债权资产转变为货币资产，因此，在权责发生制的政府财务会计系统下将都不作为收入处理，前者作为负债的增加处理，后者直接进行资产项目转换即可。

从上述的探讨可见，在以权责发生制为基础的政府财务会计中，只有非偿还性的收入才作为政府的收入，其他的货币资金增加的经济业务，均按照其相应的内容，或增加负债，或减少债权。

五、成本费用要素的设置

（一）成本费用要素的定义和内容

目前以收付实现制为确认基础的我国政府会计中没有设置成本费用要素，但是构建新的政府财务会计系统则需要引入成本费用要素。

费用是政府行政过程中所耗费的各种资源，包括付现费用和非付现的费用。费用有以下特征：第一，费用最终会导致行政资源的减少，这种减少具体表现为政府的资金支出。从这个意义上说，费用本质是一种资源流出政府，它与资源流入政府所形成的收入相反，它也可理解为资产的耗费，与企业的费用不一样，政府行政费用的目的不是为了取得收入，或获得更多资产，而是，为社会提供公共产品。第二，费用最终会减少政府的净资产。一般而言，政府的净资产会随着收入的增长而增加；随费用的增加而减少。但是净资产减少也不一定都列入费用。第三，费用可能表现为资产的减少，或负债的增加，或者二者兼而有之。

支出是一个会计主体资产的流出，它表现为可以用货币来计量的，一个特定主体的人力、财力和物力的耗费和减少。支出是否形成成本费用，与支出的性质有关。按照目前我国预算会计中支出经济分类科目，财政支出可以归纳为行政支出（事业支出）、资本性支出、债务支出、社会保险支出、补助性支出、储备性支出等六大类。政府的支出多种多样，但只有与政府行政有关的支出形成行政费用，而其他与政府行政无关的各种支出则相应作为资本性支出、偿还债务支出、储备性支出、收入再分配支出。行政费用是政府财务会计核算的要素之一，而其他预算支出直接纳入相关的资产、负债、结余分配中核算。

另外，考虑到政府负债的财务费用支出，以及事业单位和社会团体等机构运行中发生的经营活动的成本费用等情况，政府财务会计成本费用要素应包括以下内容：（1）行政事业活动费用；（2）财务费用；（3）经营活动的成本费用，包括生产成本、劳务成本、项目成本、经营活动费用、研发费用、销售税金、所得税费用等；（4）资产减值损失。

（二）成本费用的确认和计量

成本费用的确认除了应当符合定义外，也应当满足严格的条件，即费用只有在经济利益很可能流出从而导致政府资产减少或者负债增加，经济利益的流出额能够可靠计量时才能予以确认。因此，费用的确认至少应当符合以下条件：一是与成本费用相关的经济利益应当很可能流出企业；二是经济利益流出政府的结果会导致资产的减少或者负债的增加；三是经济利益的流出额能够可靠计量。

政府列支的费用通常与政府的行政活动有一定的相关性，这种相关性主要体现在以下几个方面：第一，费用内容的相关性。费用内容的相关性是指费用的内容必须与政府行政相关联，必须与政府所发生的具体的行政事项相联系，政府发生的费用，有许多内容是相同的，如大部分政府部门都有差旅费、通讯费、工资及福利费、办公费等费用发生，但由于政府行政的内容不同，其所发生的费用性质、内容往往存在一定的差异，如食品药品监督局有卫生监督费、食品检测费、检验检疫费；环保局有环境监测费、排污检测费。第二，费用产生结果的相关性。政府费用只与其提供的公共产品有关，而与其收入的多少无关。费用的发生从逻辑推理的角度来看，必然产生一定社会公共产品，如政府投入公共安全的费用，应该增加社会的安全性，投入交通方面的费用，应该使人们出行更加便宜，等等。费用的产生和存在既然是一种必然，是一种合理的支出，那么这种必然和合理就应体现在费用的发生能帮助政府实现行政目标，如政府连续长期地列支某项具体费用，但又未实现与之具体费用相对应的行政目标，那么，其费用的合理性是值得怀疑的。

政府的行政费用，是指政府为开展业务活动而发生的所有费用，包括工资及福利费、公务活动费用、设备的修缮费等等。经费支出的来源主要是财政或上级部门的拨款，拨入经费之间有着某种对应关系；经费支出需要单独核算，并向财政或上级部门单独列报；经费支出的开支范围和开支标准都有具体规定，行政单位必须按规定的范围和标准办理支出。按经济用途分类，可分为基本工资、补助工资、其他工资、职工福利费、社会保险费、公务费、修缮费、设备购置费、其他费用等。按经济性质分类，可分为人员支出和公用支出。除了归集和核算行政费用之外，还应该核算政府的行政成本，行政成本是将政府投入或财政支出按照特定的对象进行归类的结果。提高政府效率，就是以最小的政府行政成本，获得最大的政治利益和经济利益回报，或获得最大化的社会回报。该业务的账务处理如下：

借：行政费用或事业费用

　　贷：货币资金

　　　　存货等（非货币资金的各种流动资产消耗）

　　　　固定资产折旧等（各种非流动资产消耗）

在对行政费用进行归集之后，还需要以行政的目标为对象计算行政成本，以便于评价政府的行政效率或效益。比如，政府为了解决社会上普遍关心的食品安全问题，在这方面支付了若干食品安全监管费用，但无论是政府还是社会，仅知道政府在食品监管方面所花的费用是不够的，还需要了解，食品安全监管成本的高低，如整体食品或某类食品安全每提高一个百分点的行政成本是多少。提供这类信息，将有助于人们寻找监管成本与食品安全之间的因果联系，为有效地食品安全进行监管。虽然实现行政成本核算这一会计目标存在着许多困难，但它应该是政府财务会计需要努力的方向。在现行阶段，我们认为可以先采用账外成本计算法对行政成本进行计算，在成熟之后，再进行账内成本计算。

六、结余要素的设置

结余是政府行政过程取得收入与所耗费用之差，在年终时，需要将各“收入”科目的余额转入“结余”科目的贷方，将各“费用”科目的余额转入“结余”科目的借方，即：

借：各种收入

　　贷：结余

借：结余

　　贷：各种成本费用

由于在政府财务会计中许多支出没有纳入费用，一般而言，实际支出会大大高于各种行政费用，从而导致结余金额较大。从理论分析，在不存在负债收入的情况下，政府除行政支出之外的各种支出，均来自于这种结余，是对结余的分配。如果政府的行政效率越高，行政成本越低，结余额就会越大，能为社会做的事情就越多。结余最终通过结余分配转入相应的资本或基金。分录如下：

借：结余

　　贷：结余分配

借：结余分配

　　贷：国有资本

　　　　各种基金

　　　　未分配结余

七、政府财务会计科目的设置

根据上述对政府会计各要素设置的讨论，可以进一步设置相应的会计科目，具体科目的设置参见附录4。

第四节　对我国政府会计要素计量模式的讨论

一、常用的政府会计要素计量模式和适用范围

会计计量是对会计主体交易与事项的价值数量关系进行计算和衡量的过程，其目的在于认定会计主体活动中“量”的结果。政府作为一个会计主体，也离不开对会计计量模式的选择。

（一）会计计量模式分类

会计计量模式的类型由计量属性和计量单位两个基本要素所决定，对

计量属性和计量单位的选择与运用就形成了不同的会计计量模式。

1. 会计计量属性

会计计量属性是指被计量客体的数量特性，它要解决的问题是以何时的金额记录会计要素。计量属性的不同选择会使相同的计量对象表现为不同的货币数额。会计主体有不同的会计计量属性，可供选择的会计计量属性主要包括历史成本、现行成本、现值、可变现净值和公允价值等，它们是为反映被计量对象的不同特征而设置的。在五种计量属性中，历史成本反映资产过去的形成成本；现行成本、现值反映资产现在的价值；可实现净值和公允价值则着眼于资产未来的现金流。五种计量属性可靠性依次减弱，相关性依次增强，可操作性依次变弱。

2. 会计计量单位

会计本身作为一个计量过程，必须应用特定的计量单位。会计计量单位是指对计量对象进行量化时所采用计量尺度的量度单位，一般用货币来承担，会计计量单位有名义货币和不变货币两种。名义货币单位指以面值表示的流通货币量度单位，它不考虑不同时期货币购买力的变化，因此，在会计计量中可以认为名义货币单位的购买力没有发生变化。不变货币单位考虑了不同期间货币实际购买力的变动，针对不同时期货币购买力的变化，按一定时日的货币购买力调整或折算不同时期的名义货币，从而使得不同时期的货币单位保持在不变的计量基础上。

3. 会计计量模式

将会计对象按照一定的计量属性和计量单位进行计量所形成的组合就是会计计量模式。不同计量单位和不同计量属性的组合形成不同的计量模式，而采用不同的计量模式对同一经济业务进行计量会得出不同的计量结果。

（二）目前我国政府会计的会计计量模式及缺陷

目前我国政府会计在会计计量属性上采用的是单一的历史成本（名义货币）模式。随着经济和社会的发展，这种计量模式至少存在着以下的缺点：

第一，不能真实反映政府资产的实际价值。在历史成本（名义货币）模式下，政府的资产始终是以其初始实际成本计量和反映的，在资产持有期间不确认减值损失。结果造成当资产的市价、可收回金额低于资产实际成本时，历史成本计量模式下的资产负债表所反映的资产价值和收支总表中所反映的结余等均将被高估，导致财务报告难以真实、公允地反映政府实际的财务状况和运营成果。因此，为了向会计信息使用者提供与其决策有用的信息，就需要引入除历史成本/名义货币模式之外的其他计量模式。

第二，无法反映不确定性事项和或有负债。不确定事项和或有事项是指将在未来导致资源流出政府，但其发生时间或者金额不确定的负债。在实务中，政府通常面临着大量不确定事项或者或有事项，这些事项在资产负债表日可能已经导致政府承担了一项现时义务，但实际履行义务的时间将在以后会计期间，并且履约的时间或者需要偿付的金额并不确定，它们会随着未来有关事件的发生或者不发生而得以证实。比如，政府为所属国有企业和国有银行提供的担保、政府所承担的养老金义务等。显然，如果严格按照历史成本计量模式，这些或有负债将难以入账，也就不能在资产负债表中反映。如果要反映这些负债，政府应该采用估计的应付金额或者未来现金流量的现值等计量方法来确认和计量这些负债。

显然，随着社会经济环境的急剧变化和会计技术的发展，我国政府会计传统的单一历史成本/名义货币计量模式正面临着前所未有的挑战。要使政府财务报告真实、公允地反映其财务状况、收支结果，要在财务报告中充分披露与会计信息使用者决策有关的信息，就必须引入除历史成本/名义货币模式之外的其他会计计量模式。

（三）影响我国政府会计计量模式选择的环境因素分析

由各计量要素组成的计量模式各有其特点，会计主体应该根据不同的环境、不同的目标来选择其计量模式，以满足需要。我们认为，政府会计计量模式的选择应主要考虑以下因素：

1. 政府会计目标的定位

我国政府会计目标正在向“反映政府受托责任履行情况和有助于报告使用者作出经济决策”的双重目标转变，这就对会计信息的质量特征提出了一些要求。

会计信息的质量特征主要有可靠性和相关性两种，如何在可靠性与相关性之间寻求平衡，就成为选择会计计量模式的主要考虑因素。对于计量模式的选择，受托责任观遵循事实性基础，强调会计信息的可靠性，要求会计信息尽可能地反映计量对象的真实情况，会计核算应做到真实公允，它倾向于选择历史成本/名义货币的计量模式；决策有用观认为，会计的目标是提供对决策者有用的会计信息，强调会计信息的相关性，它遵循目的性基础，要求所提供的会计信息应从信息使用者的利益要求出发，倾向于选择公允价值/名义货币模式。

我国正在建立公共财政体制，财政的关注点正由投入转向产出，财政管理由合规管理转向绩效管理，在这个过程中，对于政府的各种资产和负债的关注度正在加强，如何正确、充分反映政府的实有资产和各种类型的隐性负债已经成为政府不可回避的问题。我国政府会计在反映政府受托责任和向政府利益相关者提供信息方面的作用更加突出。所以，在可靠性和相关性之间，应更强调会计信息的相关性。

2. 会计计量对象的特点

会计的计量对象是会计要素，因为不同的要素存在本质差异，所以对其计量就有不同的要求，客观上就需要选择不同的计量属性。比如，现时成本适用于某些存货的计量；公允价值多用于有价证券投资的计量；可变现净值适合于短期应收款项及某些存货的计量；未来现金流量现值则适应于长期应收款项和应付款项等的计量。对收入和费用而言，为了揭示会计主体的运营结果，或者说是为了实现配比的需要，资产和负债的计量可采用历史成本和变现价值的双重标准，而收入和费用的计量更适合于现行价值标准。总之，对于不同的计量对象应采用不同的计量模式。

3. 会计计量的外部经济环境

所谓计量环境是指币值稳定或是币值波动的情况。币值稳定环境下，历史成本/名义货币计量模式可以保证计量结果的可靠性；而在币值波动的环境下，现行成本/不变货币单位计量模式通过对购买力货币单位的调整，消除一般物价变动的影响，全面解决了物价变动的影响问题，可以保证计量结果的相关性。

就我国所处的经济环境来看，币值稳定（这里仅指对内稳定，不涉及人民币的对外汇率问题）将是一段时期内我国人民币的主要特征。所以，我国政府会计还是应该采用名义货币作为计量手段，这也是政府会计中的普遍做法。

二、我国政府会计要素计量属性的选择

我国存在着大量的、多种类型国有资产，不同资产有不同的特征，这决定了政府会计在计量模式的选择上，不可能只选择某一种单一的会计计量模式，而必须是多种会计计量模式的组合。我们认为，我国政府会计应该采用币值稳定假设条件下的多种计量模式。我国政府会计的计量模式可以有以下几种：

（一）历史成本/名义货币计量模式

政府为了取得某项资产并使其达到可供使用状态实际所发生的全部支出就是历史成本，其内容包括资产的原始交易价格和以其为基础的调整项目。在政府会计中，由于历史成本客观且可核实，因而被公认为是一切资产项目计价的基础，也是进行成本计算的依据。历史成本/名义货币计量模式以财务资本保持概念为基础，既不考虑货币价值的变动，也不考虑被计量对象的价格变动，具有较强的可操作性，信息可靠、可验，成本低，有利于政府资产保管责任的履行，尤其在政府有形资产的计量方面，作用突出。这一模式是我国现行的主要模式，也将是今后一段时期内我国政府会计计量的首选模式。它对于政府流动资产和流动负债的计量有很强的适用性。

但是该模式在物价波动剧烈的环境下，计量属性和计量单位都将受到严重影响，所提供的会计信息也将难以揭示政府真实的财务状况，缺乏可比性和相关性，尤其在无形资产的计量方面显得尤其明显，所以，需要有其他的模式的配合。

（二）现行成本/名义货币计量模式

在当前生产条件和市场供求状态下，重新购置某项相同或类似持有资产所需发生的全部支出叫现行成本或重置成本，它一般被用于对现有资产价值的重新计量。现行成本可以衡量政府持有资产当前的市场价格水平，

较为准确地反映维持资产再生产能力所需的物质补偿。在市场价格发生较大波动时，按现行成本计量资产的价值，能够真实地衡量资产的消耗，增强收入与费用之间的配比性，提高会计信息的相关性。现行成本/名义货币计量模式又称现行重置成本/名义货币计量模式，这一模式以实物资本保持概念为基础，日常会计处理采用现行成本计量属性，会计信息更具相关性，并在一定程度上提高了信息的预测价值。该模式从计量属性上解决物价变动的影响问题，但它仅考虑到个别物价的变动，没有考虑一般物价水平的变化，现行成本不易确定的缺陷致使它在实际应用时不可避免地带有一定的主观性。这种模式可以应用于对政府固定资产的计量方面。

（三）可变现净值/名义货币计量模式

历史成本和现行成本计量都是以投入价值作为计价的基础，而可变现净值计量则是以产出价值作为计价的基础。可变现净值也称预期脱手价值，是指资产在政府活动中可实现的未来现金流入扣除相应现金流出后的净额，也就是资产的销售价格减去在销售过程中支付的各种费用后的金额。运用可变现净值计量属性时，不考虑相关现金流入与流出的货币时间价值问题。这一模式以实物资本保持概念为基础，日常会计处理采用现行售价计量属性，能使计价在时间和方法上保证一致性，会计信息对各利益方更相关、更有利于财务决策。但因某些资产的现行售价难以确定，会计信息的可验证性降低，信息的披露成本较高。这种计量模式可以应用于对政府无形资产的计量方面。

（四）现值/名义货币计量模式

资产在政府活动中可实现的未来现金流入扣除相应现金流出后的净额就形成了现值。如果在可实现净值计量属性确定方法的基础上，考虑货币的时间价值，就是现值的确定方法。这一模式侧重于计量未来，考虑了货币的时间价值，充分反映了资产的未来经济价值（符合资产的基本定义），符合信息使用者的要求，可提供制定投资或经营决策最为相关的信息。但该模式很大程度上背离了传统会计的会计假设和会计原则，对未来现金流量、折现率和收益期限的预计具有很强的主观性，这会导致计量的误差，使会计信息缺乏可靠性。这种计量模式可以应用于对政府投资的计量方面。

（五）公允价值/名义货币计量模式

从理论上讲，公允价值/名义货币计量模式是这几个模式中最接近实际价值的方法，但由于该种计量模式的运用有严格的假定前提，需要依靠会计人员较强的职业判断力，这导致其应用范围受到很大限制，但却是政府会计计量模式未来发展的方向。

第六章　我国政府财务报告

政府财务报告作为政府财务活动的一种有效信息载体，对于披露政府财务状况和运营业绩，反映政府履行受托责任，起着极为重要的作用。而目前我国执行的是预算会计制度，与之配套的现行预算会计报告只反映政府预算收支的执行情况，不能充分反映政府的财务状况，更不能提供反映整个政府运营业绩进而客观评价政府财务受托责任的会计信息，难以满足公共财政发展对政府会计信息提出的新要求，因此，构建适应我国公共财政管理需要、匹配于政府预算会计和政府财务会计双轨并行的新政府会计体系的政府财务报告体系是我国政府会计改革亟待解决的核心问题之一。

第一节　我国政府财务报告的演进

一、我国政府财务报告的建立和发展阶段

（一）创立与初步形成阶段（1950～1965 年）

1950 年财政部根据中央人民政府政务院公布的《预算决算暂行条例》和《中央金库条例》提出了建立我国预算会计体系的设想，并于同年 12 月 12 日正式颁发了适用于各级财政机关的《各级人民政府暂行总预算会计制度》和适

用于各级行政事业单位的《各级人民政府暂行单位预算会计制度》，规定从1951年开始施行。这两项会计制度的颁布与实施标志着预算会计的诞生，并确立了总预算会计和单位预算会计分立的框架。

1. 暂行制度的若干重要规定

两项会计制度对预算会计体系和会计方法进行了一些重要规定：预算会计由财政总预算会计和单位预算会计组成。总预算会计与单位预算会计都以收付实现制为基础；《各级人民政府暂行总预算会计制度》规定的会计科目分为岁入、岁出、资产、负债和资产负债共同类五类，《各级人民政府暂行单位预算会计制度》规定的会计科目分为收入、支出、资产、负债和资产负债共同类五类，两种会计制度采用统一的会计要素；以“实际支出数”作为支出口径；以现金收付记账法为主，借贷记账法为辅，但实际上从1954年开始统一采用借贷记账法。

两项会计制度对会计报表的规定主要是：总预算会计报表主要有资产负债表、收入支出决算表，分为日报、月报、季报、年报四类；单位预算会计报表主要有资产负债表、支出计算表和基本数字表，分为日报、月报、年报三类。

2. 1952～1965年间的修订

1952～1965年，借鉴苏联的管理经验，对预算会计的总则、会计科目、凭证、账簿和记账方法、会计报表进行了全面的修订，并在1954年取消了以上暂行制度中的“暂行”两字，改为正式颁布执行。修订的主要事项有：

（1）适用范围。将《总预算会计制度》区分为中央、省和县（市）两部分，分别使用；单位预算会计制度的适用范围明确为各级人民政府所属行政机关、事业单位、企业主管机关和团体。差额预算单位不适用本制度，由财政部另行制定“差额预算机关会计制度”。

（2）会计要素。1953年会计要素为金库存款、预算支出、预算收入、往来款项、预算执行结果五个。1956～1962年会计要素修订为货币资金、预算支出、贷出款项、预算收入、借入款项、预算执行结果六个。

（3）支出口径。基建拨款支出以“银行支出数”列支报销；财政机关直接经办的支出以“财政拨款数”列支；单位预算机关的事业行政经费支出方面，1956～1998年的42年全部采用“银行支出数”列报。

（4）会计报告。总预算会计报表改为月报、季报、年报三类。1955年会计报表基本定型，月报为“预算收支执行情况表”；季报共三种，分别是“预算收支计算表”、“资产负债表”、“定员定额情况表”；年报分为“最终资产负债表”、“收入支出总决算表”以及附表类。

（二）调整与变动阶段（1966～1992年）

1965年8月，财政部召开全国预算会计工作会议，修订了预算会计制度。将《单位预算会计制度》修改为《行政事业单位会计制度》；修改了会计科目，会计科目分为资金来源、资金运用和资金结存三类。会计基本等式由“资产=负债”调整为“资金来源-资金运用=资金结存”的平衡方法；记账方法由借贷记账法改为资金收付记账法等，但预算会计体系基本还是维持原有的体系。进入20世纪80年代后，为适应财政和财务体制改革的要求，财政部分别于1983年和1988年两次修改预算会计制度，形成了一个以总预算会计为主导、事业行政单位会计为补充、以制度形式确定的独立预算会计系统。

1. 对总预算会计的调整

1984年开始执行新的《财政机关总预算会计制度》，该制度加强了总预算会计的组织管理职能，包括更灵活调度预算资金，协助国库做好库款的收纳、划分、报解、支拨，制定各项预算会计、国库制度和实施办法，以及组织指导本地区的预算会计工作等；1989年《财政机关总预算会计制度》再次修订，改称“财政总会计”，规定它是财政部和地方各级财政机关核算、反映、监督国家和地方各级总预算执行的会计，同时拓宽了总会计的会计核算范围，将财政信用资金纳入进来，由核算预算资金和预算外资金拓宽为核算包括财政信用资金在内的全部财政资金，并区分预算资金和预算外资金“两条线”来核算和报告。

修订后的总预算会计报表分为月报和年报两种。月报主要有“资金活动情况表”、“经费支出明细表”两种。年报主要有：“资金活动情况表”、“财政收支决算总表”、“预算外资金收支决算表”等。

2. 对单位会计的调整

1989年颁布新的《事业行政单位预算会计制度》，改称“事业行政单位会计”，并被界定为核算、反映和监督中央和地方各级行政单位预算执行和其他经济活动的专业会计。为了和总预算会计相适应，单位预算会计的记账方法、会计等式等发生了变化；会计要素的分类设计相应改为会计科目的分类设计。

当时改革者采取的一项措施是：将行政事业单位的预算管理方式区分为全额、差额预算单位和自收自支单位三种类型，并提出“三过渡”，即对有条件的事业单位逐步由全额预算管理向差额预算管理过渡，差额预算管理向自收自支管理过渡，自收自支管理向企业化管理过渡。该项改革措施对预算会计框架变化产生了极大的影响。

行政单位与事业单位、三种预算管理单位之间的会计科目的设置各不相同，各级各类事业行政单位的会计组织系统，根据机构建制、经费领拨管理或者财务隶属关系，一般分为主管会计单位、二级会计单位和基层会计单位三级，这三级统称为预算会计单位，分别建立独立的单位预算，施行比较完整的会计核算，并负责组织管理本单位内部的全部会计工作。

根据规定，事业行政单位的会计核算一般实行收付实现制（现金基础会计），简单的成本费用核算的会计事项可以采用权责发生制（应计基础会计）；会计报表也因不同的预算表管理方式而不尽一致，其中通用的主要会计报表是资金活动情况表。此外，全额预算单位编报“拨入经费增减情况表”、“经费支出明细表”等，差额预算单位编报“业务收支表”，自收自支单位编报“收益表”等。

二、现行政府财务报告的建立和发展

（一）建立阶段（1993～2000 年）

20 世纪 80 年代对预算会计进行的调整和修改，虽然在一定程度上完善了预算会计，但随着市场经济改革的深化，政府职能发生了转变，传统预算会计模式和核算办法显现出不能适应市场经济要求，不能满足会计单位经济活动需要的缺陷，同时由于会计主体不清，会计信息也不能满足社会多方面的需要。因此，财政部于 1993 年正式启动预算会计改革，于 1997 年最终修订和颁布了《财政总预算会计制度》、《行政单位会计制度》、《事业单位会计制度》和《事业单位会计准则》等系列预算会计改革的文件，并于 1998 年 1 月 1 日起全面实行。这次改革奠定了现行预算会计的基本框架，所形成的预算会计制度规范体系和报告体系如图 6－1 所示。

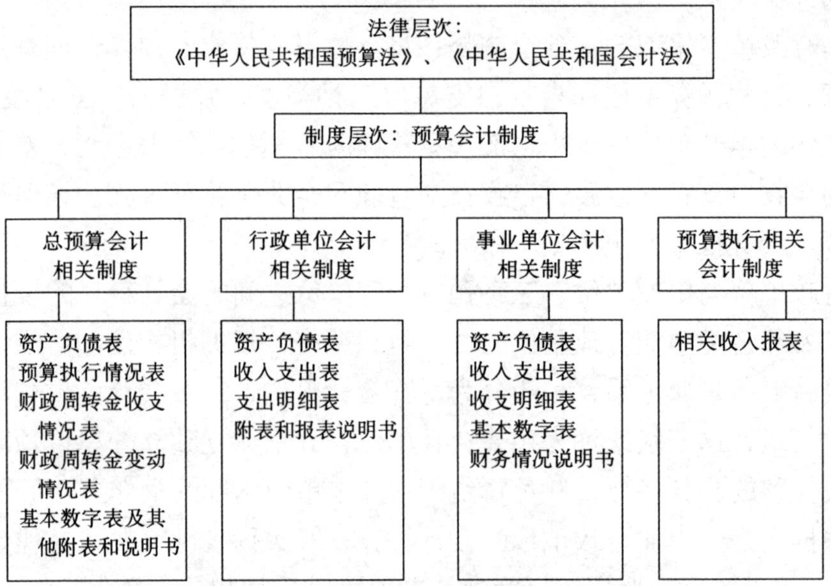

图 6－1　我国现行预算会计制度规范体系和报告体系

这次改革建立了一套与当时经济体制和行政管理体制基本相适应的预算会计体系和核算办法，实现了财政总预算会计的统一，以及事业单位会计与行政单位会计的分离，标志着我国现行预算会计体系的建立，对加强财政管理和预算单位的财务管理起到了积极促进作用，为预算会计的进一步完善打下了良好基础。这个体系由各级人民政府财政总预算会计、各级行政单位会计和各类事业单位会计以及参与预算执行的国库会计和税收征解会计（包括税收会计、农业征解会计、海关征解会计）、基本建设拨款会计等组成。

这次改革同时也设计了比较完备的预算会计报告体系。这套新的预算会计报告体系根据相关会计规范的条款，主要由资产负债表、收入支出表（总预算会计为预算执行情况表）及相关的明细表、附表和报表附注（或报表说明书）等组成。由于财政总预算会计、行政单位会计和事业单位会计都自成体系，相应的财务报告也自成体系。这次改革所形成的预算会计报告体系沿用至今。

（二）改进完善阶段（2001 年至今）

2001 年以来，结合我国预算管理制度的改革需求，财政部对现行预算会计制度在原有基础上又进行了相应的改进。一是为适应财政国库管理制度改革引起的支付方式变化，2001 年、2002 年，我国先后发布了《财政国库管理制度改革试点会计核算暂行办法》和《〈财政国库管理制度改革试点会计核算暂行办法〉补充规定》，满足集中支付改革对会计核算的需求；二是随着财政国库管理制度改革的深化，适时对财政总预算会计部分事项，以及行政单位、事业单位和国有建设单位年底应支未支留存国库的结余资金的会计核算实行权责发生制；三是为适应实施国债余额管理、试行国有资本经营预算、建立预算稳定调节基金及政府收支分类改革的需要，对现行《财政总预算会计制度》、《预算外资金财政专户会计核算制度》、《行政单位会计制度》、《事业单位会计制度》等进行了相应的修订完善；四是适应工资和津补贴改革的需求，改进现行行政事业会计制度，使之能够全面转变集中核算单位向职工个人发放的工资津补贴及其他个人收入情况。

预算会计报告配合预算会计的改进，为适应财政预算管理制度改革的需要也进行了一定的调整完善。现行做法是：（1）财政部门按照《预算法》规定，定期向各级人民代表大会提交政府执行预算情况（草案）和决算报告。中央政府和地方政府分别编报。（2）重点提供当年政府预算（包括一般预算和中央政府性基金预算）收支执行的信息。鉴于《预算法》、《政府信息公开条例》等法规中均明确要提供政府资产负债方面的财务信息，因此，财政总预算会计和行政事业单位会计制度中虽然规定要编制资产负债表，但财政部门没有汇总编报。（3）国务院向全国人大报告的年度收支预算执行情况前后有三次（另有季报），目的是便于立法机关及时监督。（4）从 1998 年起，财政部逐步建立了全国统一的会计决算管理体系。2002 年财政部又颁布了《行政事业单位会计决算报告制度》。据此，财政部每年都汇编了部门决算报表。这个资料，既有收支预算执行信息，又有资产负债信息，主要供财政部门加强管理使用。其中，全国行政事业单位汇总的收支决算和资产负债信息资料，在《中国会计年鉴》上刊出。（5）政府决算报表（年度预算执行情况表）与部门决算报表不合并，未向人大提交政府层面的综合财务报告。(6) 政府决算报表的数据，以收付实现制为主编制。(7) 审计部门对政府决算报告和部门决算报告基本不做鉴证性审计，主要是对资金使用进行合规性审计。

第二节　我国现行政府财务报告的评价

一、现行预算会计体系和财务报告的基本内容

1998 年开始执行的《财政总预算会计制度》、《行政单位会计制度》、《事业单位会计制度》和《事业单位会计准则》，标志着我国现行预算会计制度框架的建立，该框架按照财政总预算会计、行政单位会计和事业单位会计三大分支分别设立，相应的财务报告也自成体系，具体如图 6－1 所示。

其中关于预算会计报告的内容则通过制度和准则中的条款予以规定，构成了现行预算会计报告的制度基础，各级政府及财政部门应当根据这些条款进行相关财务报表的编制。这些规定主要内容如下：

《财政总预算会计制度》第六十一条规定：总预算会计报表是各级预算收支情况及其结果的定期书面报告；第六十二条规定：总预算会计报表有资产负债表、预算执行情况表、财政周转金收支情况表、财政周转金投放情况表、预算执行情况说明书及其他附表等。其他附表有基本数字表、行政事业单位收支汇总表以及所附会计报表。各级总预算会计报表按旬、按月、按年编报。旬报、月报和年报的报送期限及编报内容应根据上级财政部门具体要求和本行政区域预算管理的需要办理。

《行政单位会计制度》第五十四条规定：会计报表是反映行政单位财务状况和预算执行结果的书面文件。包括资产负债表、收入支出总表、支出明细表、附表和报表说明书。

《事业单位会计制度》在"会计报表的编审"中规定：事业单位的会计报表主要包括资产负债表、收入支出表、附表及会计报表附注和收支情

况说明书等。

二、我国现行政府财务报告改革的成效

（一）政府财政预算执行情况报告日益完善

第一，预算执行报告比较详尽。目前我国各级政府编制的预算执行情况报告除了文字叙述外，一般都在文件后附有反映预算执行情况的报表。文字叙述和表格互相补充，增进了报告使用者对报告的理解。

第二，预算执行报告体系比较完备。作为政府预算财务报告的主体，政府预算执行情况报表体系相对比较完整，以市一级财政部门为例，其预算执行情况报表包括市本级和市所属的“财政收入完成情况表”、“财政支出完成情况表、“财政收支平衡表”、“经常性财政收入增长情况测算表”等在内的一套对外披露的完整的报表体系。

第三，财政预算编写格式有新发展。近年来我国财政部门对预算报告的编写格式在以往基础上进行了创新，整体渗透式的预算报告模式成为一种新的趋势。这种模式的特点是在保持预算报告总体结构延续性的基础上，将预算年度预算收支的总体情况及具体支出项目的详细数字进行披露的同时，也将预算执行或预算安排期间的主要工作、总体思路、预算说明以及预算存在的问题，一并通过报告予以分析阐述。

第四，政府预算执行情况信息披露形式的多样化。《中国统计年鉴》、《中国财政年鉴》等统计资料是传统的政府预算信息的主要披露渠道，传播范围的限制致使很多政府财务信息需求者不能触及所需信息。随着网络技术等新型传播渠道在政府预算信息披露方面的应用，公众可以更加及时便捷地了解或掌握政府财务信息。

（二）部门预算改革推进了预算会计报告建设

1998 年至今，我国部门预算改革围绕着计划性、归一性、公开性、法治性等展开，并取得了良好的业绩。经过几年不断地改进和完善，中央部门预算改革已建立起一个以预算编制为核心，以国库集中收付和政府采购为主要执行手段，初步规范的预算管理模式。而各地区的部门预算不仅

按照相关规定编制部门预算报告，而且在此基础上还有拓展，编制了更加细致的反映部门预算收支情况的报表（如部门基本支出日常公用经费预算表、部门财政拨款支出预算表等）。部门预算报告的完善与发展对于政府预算执行报告的编制，以及以后的政府整体财务报表的编制起着极为重要的基础作用，既扩大了我国政府财务信息的反映范围和反映深度，又为其他政府财务报告的编制提供了有力的数据和政策支持，为将来我国政府财务报告体系的建设奠定了良好的基础。

（三）反映政府财务信息的报告形式多样化

除了预算执行情况报告和部门预算报告可以反映政府财务信息以外，我国政府发布的其他各种报告，比如“中央政府和地方政府工作报告”、“关于某某年国民经济和社会发展计划执行情况的报告和下一年计划草案的报告”、“关于代表议案处理意见的报告”、“全国人民代表大会各专门委员会关于代表议案处理意见的报告”、“国务院有关部委的工作报告”以及“全国人民代表大会各专门委员会工作报告”等报告形式，也能在一定程度上对政府相关财务信息予以披露。不过这些报告形式本身不同于政府财务报告，它们并不是政府财务信息的专门载体，因此不能被认定为政府财务报告或政府财务报告的组成部分。

我国预算会计报告改革取得的这些成就在一定程度上对于提高财政透明度，满足社会公众对政府财务信息的需求，保障公共财政资金的有效使用，保证公共财政体制建设的顺利实施，推动我国政府财务报告体系建设起到了积极的推进作用。

第三节 政府财务报告体系的构建

虽然我国现行政府财务报告与当时的环境相适应，也取得了一定的成就，但随着形势的发展，其存在的问题和不足越来越明显。政府财务报告的问题与政府会计的问题是等同的，在第一章已做了详尽表述，在此不再赘述。重要的是，与我国政府预算会计与政府财务会计双轨并行的新政府会计体系相适应，在明确了政府会计目标、政府会计基本原则、政府会计核算基础、政府会计要素及其确认和计量等基本理论的基础上，应建立与新政府会计体系相适应的政府财务报告体系。

一、改革政府财务报告体系结构

（一）双轨并行的两套报告系统

与双轨并行的新政府会计体系相适应，新政府财务报告也应由两套报告系统构成：一是政府预算会计报告，其报表构成可在现行的报告体系的基础上进行修正。其中，一级政府主体应编制预算执行情况表、财政周转金收支情况表、财政周转金投放情况表、预算执行情况说明书及其他附表等，而行政单位和事业单位等部门主体或单位主体则只需编制预算执行情况表。上述表格的具体格式可基本沿用现行政府会计制度的相关表格，具体格式这里不再赘述。需要强调的是，政府预算执行情况表应由同级或上级国家审计部门出具审计报告。二是政府财务会计报告，其报表主表主要有资产负债表、运用成果表和现金流量表构成。该部分是政府财务报告体系改革的重点，我们将在以下内容中进行具体阐述。

（二）改进政府财务会计报表主表及其附表

第一，修正资产负债表构成要素。资产负债表是反映报告主体在某一特定日期财务状况的报表，其重点在于满足政府财务报告的具体目标，即提供政府拥有或控制的资源、担负债务的详细内容和净资产的状况，帮助报表使用者评价政府筹集活动资金以及偿付负债和承诺的能力，判断公共资源的管理是否具有效率性、经济性和效益性。按照国际惯例和企业的做法，以及资产负债表的性质，应该将现行资产负债表的构成要素予以调整，按照“资产 = 负债 + 净资产”的会计平衡方程编制报表，着力反映政府资产、负债和净资产三大要素的具体情况。重构的资产负债表的大致格式如表 6 - 1 所示。

第二，修正收入支出表为运营成果表。我国现行的预算会计报表主要编制预算执行情况表反映预算收支的情况，编制收入支出表反映单位的收支情况。而在新报表体系中，反映预算收支的情况的预算执行情况表被纳

表 6 -1　　资产负债表

编报单位：某行政单位　　年　月　日　　金额单位：元

资产部类	年初数	期末数	负债部类	年初数	期末数
一、资产类			二、负债类		
现金			应缴预算款		
银行存款			应缴财政专户款		
有价证券			暂存款		
暂付款			应付工资（离退休费）		
库存材料			应付地方（部门）津贴补贴		
固定资产			应付其他个人收入		
零余额账户用款额度			其他负债		
财政应返还额度			负债合计		
无形资产					
其他资产			三、净资产类		
			基金项目		
			（分类略）		
			未结转结余		
			（分类略）		
			净资产合计		
资产合计			负债与净资产合计		

入预算会计报表体系中，同时，修正以收付实现制为基础的收入支出表为权责发生制为基础的运营成果表，来反映单位的运营成果和运营效率。其参考格式如表 6 -2 所示。

表 6 -2　　运营成果表

编报单位：　　年　月　　金额单位：元

科　目	本月数	本年累计数
行政事业活动收入		
其中：一般经费拨款		
其中：财政经费拨款		
财政专户返还收入		
核准留用收入		
上级补助收入		
基建拨款		

续表

科　　目	本月数	本年累计数
经营收入		
其中：提供服务收入		
销售商品收入		
投资收益		
其他收入		
收入合计		
行政事业活动费用		
经营活动费用		
财务费用		
所得税费用		
资产减值损失		
其他费用		
费用合计		
结余		

第三，增设现金流量表。我国现行预算会计报表主要包括反映预算收支情况的预算执行情况表、反映财务状况的资产负债表以及反映单位收支的收入支出表。随着公共财政体制改革的深入，政府管理当局以及外部信息使用者需要针对政府预算的执行情况对财政年度各项活动产生的现金流量进行了解，以供决策。特别是随着政府会计基础从收付实现制向权责发生制的转变，政府财务信息使用者对于政府一定时期的实际现金收支会给予更大的关注。因此，应借鉴国际经验和企业的做法，在政府财务报告中增设现金流量表，以收付实现制为基础反映预算单位在特定财政年度现金的流入、流出及其结存情况。该表应当由经营活动现金流量、筹资活动现金流量和投资活动现金流量三部分构成，便于反映政府各项业务活动的现金来源及运用的具体情况，估量未来的现金流量，从而更有效地评价政府获取现金能力和偿债能力。其参考格式如表6-3所示。

表 6-3　　现金流量表

编报单位：　　年　　单位：

项　目	实际金额	估算值
一、经营活动产生的现金流量		
……		
现金流入小计		
……		
现金流出小计		
经营活动产生的现金流量净额		
二、投资活动产生的现金流量		
……		
现金流入小计		
……		
现金流出小计		
投资活动产生的现金流量净额		
三、融资活动产生的现金流量		
……		
现金流入小计		
……		
现金流出小计		
四、汇率变动对现金的影响		
五、现金及现金等价物净增加额		

第四，注重政府整体财务报告的编制。目前我国编制的年度预算会计报表实际是部门业务收支的汇总报表，而非反映政府整体财务状况和营运状况全貌的合并报表，因此应当构建基于政府整体的财务报告。政府整体报表同样是政府整体的预算收支执行情况表和政府整体的资产负债表、运营情况表和现金流量表。整体报表由政府财政部门的报表和本级政府所属其他部门的汇总报表合并生成，合并时需要将财政部门与本级政府所属各部门之间的缴拨款项、经费拨付以及本级政府所属各部门之间的往来和债权债务事项进行抵消，并进行相应调整以保证会计政策的一致性。

第五，增设相关财务报表附表。财务报表附表是财务报告的有机组成部分，是对主要报表中不能或难以详细反映的一些重要信息所做的补充说明的报表，鉴于政府财务报告使用者广泛的信息需求，应该增设以下附

表：预算执行情况对照表（反映预算年度各政府部门预算与实际执行情况的比较信息及与历年的差异）、政府采购业务报表（反映政府采购业务的预算、收支结余及效果等情况）、国有资产保值增值表（反映政府控制的国有资产保值增值情况）、资本性支出表［反映报告主体的资本性支出（投资）情况］、承诺与或有事项表（反映报告主体的承诺以及或有事项，揭示潜在的财政财务风险）等。通过这些附表，可以比较完整地反映各级政府的财务状况、绩效，以了解他们履行受托责任的情况。

（三）增加政府财务报告附注

根据政府财务报告的一般设计规范，数量化信息通过财务报表本身来反映，而非货币化信息则通过报表附注来反映。报表附注不仅用来披露会计政策，更重要的是对报表有关项目作进一步解释和补充说明，是对财务报表的合理延伸和发展。鉴于我国政府会计改革是一个渐进的系统性工程，很多信息通过报表反映还有待时日，同时会计数据本身的技术性也在一定程度难被一些报表使用者理解，因此应当充分利用报表附注表外披露的独特优势，在解释一些基本的政府会计政策及其变动数据以外，尽可能对一些有利于使用者获悉政府财务状况的报表项目进行详尽地说明。

（四）增加政府财务报告文字报告说明书

西方发达国家的政府财务报告包括文字报告，政府要向议会和社会公众作履行受托责任的交代，方方面面的问题特别是政府承诺的事项，要说清“做了没有、如何做的、有哪些效果”，因此文字报告内容广、篇幅大，便于全面了解政府收支情况和财务状况。借鉴发达国家经验，我国也应增设财务报告的文字说明书，以便报告使用者对报告内容的理解。我国政府财务报告的文字报告应包括以下内容：（1）对预算执行情况进行简要说明，提供立法预算与实际执行情况的比较信息，说明立法预算与实际预算收支之间产生的偏差及成因；（2）对政府整体财务状况和运营结果的分析，说明整个政府资产和负债总体情况，报告主要资产负债情况、对政府当年运营活动的影响以及年度内重大的资本资产和长期负债活动的描述；（3）说明政府具有计量困难的国有资产，如自然资源、土地、文化资源、无形资产等的相关信息；（4）对政府财政管理的成果及问题进行分析阐述；(5) 对人民群众关心的热点问题所涉及的财政资金情况进行说明，如医疗和教育社会保障资金情况等。

（五）将政府审计报告纳入政府财务报告体系

公正、公允的政府审计报告对于提高政府财务信息的可信度，提高公共财政资金使用效率和效果，防范政府官员职务犯罪，保证政府履行公共受托责任具有极为重要的作用。在西方国家，政府财务报告需要经过独立审计部门的审计批准才可以正式递交国会和向公众披露，审计报告成为政府财务报告的重要组成部分，因此我国也应编制审计报告，并将其纳入政府财务报告体系，与其他政府财务报表一并向社会公众公开，提高政府财务报告的公信力。

综上所述，重新构建的政府会计报告体系如图 6-2 所示。

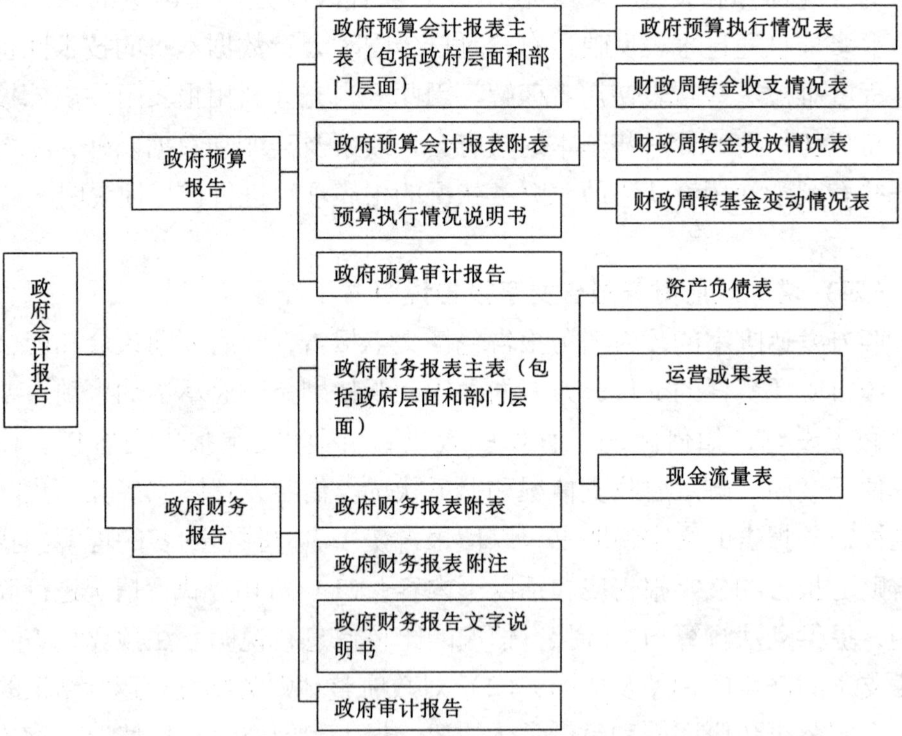

图 6-2 新政府会计体系下我国政府财务报告体系基本架构

二、完善和充实政府财务报告内容

首先，全面完整地反映政府财务状况。公共财政框架下，政府的收入体系是由税收、以资产收益和基金等形式形成的非税收入、债务收入、预算外收入等收入构成，支出体系则包括行政国防支出、社会事业支出、公益支出、转移支出等，将这些收支都纳入报表体系，才能完整地反映政府的整体财务状况。因此应采取科学合理的方法计量、确认政府的所有财务收支及结余情况，并汇总进各类报表；同时有步骤地整合预算内外会计制度，实现预算内外资金的统一核算，统一报表，将预算外资金收支纳入政府财务报告体系。

其次，提供政府业绩的成本与效率的相关信息。成本业绩信息及其影响信息，是公共绩效管理框架下成果导向和绩效导向的根本体现。政府财务报告提供政府服务成本和取得成绩方面的信息，既是政府自身加强绩效管理的需要，也便于帮助公众和立法机构对政府工作的经济性、效率性以及效益性进行评价。相比报表其他信息的技术性，广大民众通过政府业绩信息可以更直观地评价政府受托责任。

再次，提供政府遵守法规的信息。合规性是会计生命的保障，政府财务报告作为政府会计的最终产品，必须保证其产生的合理合法性，因此应该提供政府遵循相关法规准则的信息，以及报表编制过程中存在的重大问题和采取或计划采取的修正措施。

三、完善政府会计报告的披露机制

（一）扩展政府会计报告披露的范围

长期以来，除政府预算执行情况表以外的其他政府财务报告一直是不对社会公众公开的，有关政府资产负债、现金流量等相关财务信息不能被公众获悉，致使保障公众知情权的公共财政管理目标不具有实际意义。由于政府相对于私人企业拥有更强的隐匿信息的动力，因此应当通过立法机构制定相关法律准则，或者通过影响会计准则规范的制定，强制性地让各级政府及行政部门披露包括资产负债表、现金流量表、收入支出表以及相关附表等各种报表，扩大政府财务报表的披露深度和广度，保障社会公众对政府财务信息的全面了解。

（二）政府财务信息披露应当遵循适度原则

政府重要职能之一是保护国家安全、维护社会稳定，因此政府会将很大一部分财政资金投放于公共安全领域。从历史发展角度看，各国政府普遍对这部分资金的使用额度和用途信息作为政府财务秘密不予公开，这种做法显然与全面公开政府财务信息、保障公众知情权的观点相悖。但从维护国家安全和利益的角度出发，这部分信息不予披露是合理的。因此可以通过相关法律制度，如《中华人民共和国保密法》等保证国家安全财务信息的保密性，即政府财务信息的披露并不是完全透明，而应遵循适度原则。

（三）在政府财务状况的信息披露上应遵循循序渐进的原则

考虑到我国地域辽阔，机构繁多，各地区、单位的差异巨大，人员素质参差不齐，要全面实现前面所论述的政府会计报告体系的完整信息披露还存在大量的实际障碍。因此，在实践中可以循序渐进，分步到位，只要条件成熟，就相关信息纳入表内进行信息披露。例如，在资产难以全面清查入账的情况下，可以先从债务清理入账着手。同时，对于难以准确计量的自然资源等资产项目，可以先按表外信息在报表附注中予以披露。

四、完善相关配套措施

构建政府财务报告体系是一个涉及面很大的系统工程，除了改革财务报告本身，保证各因素、各环节协调一致外，对外部相关配套措施的完善也非常必要，内部和外部的改进相互配合，才能指引政府财务报告体系顺利有效地构建。

（一）深化政府会计和财务报告理论研究

科学、系统的理论可以为构建政府财务报告体系提供有益的指导，防止构建过程走弯路，减少盲目性。对比国外发达国家和企业领域的研究成果，我国理论界和实务界长期以来对政府财务报告的研究探索不够重视，致使这一领域的相关理论研究相对比较滞后，造成了理论基础薄弱，有积极指导意义的研究成果十分缺乏。目前，我国在政府会计和财务报告建设方面虽然取得了一定的研究成果，但仍然存在不足，主要表现为：一是在研究方法上，实证研究和分析（包括调查问卷）相对较少，描述性或分析性研究占大比重；二是对改革的必要性和动机的分析较多，而对同样影响改革的其他因素（诸如改革的配套制度安排、实施战略以及改革成本和阻碍等）的研究较少；三是在研究对象上，更注重从政府管理者的角度出发进行分析，在一定程度上对其他利益相关者的研究有所忽略。

理论研究的滞后将会严重制约我国政府财务报告体系的构建，最终影响公共财政体制建设的效率和效果。由于受到理论层面研究成果的限制，目前我国制定政府会计与财务报告概念框架还不能一蹴而就，受到政治制度等因素的限制，完全照搬西方国家的模板又存在很大风险，因此，在当前形势下只有努力深化政府财务报告改革的相关理论研究，以理论来指导实践，才能有效推进适应我国公共财政的政府财务报告体系的构建。

（二）建立政府财务报告审计监督机制

国外政府财务报告要经过独立审计部门审计之后再递交国会和向公众披露，我国上市公司会计报告则必须具备相关资质的会计师事务所和注册会计师的审计意见才能对外披露，这种做法增加了会计报告的可信度，减少了报告使用者和利益相关者的风险。而我国也有政府审计报告，但出具报告的官方审计机构本身也属于政府的职能部门，在日常工作上接受本级政府和上级主管部门领导，在资金来源上依托本级财政部门的拨付，其独立性受到限制，致使其审计监督效果不高。为保证政府财务报告的信息质量，即保证政府财务报告信息的可靠性和相关性，提高公共财政资金使用效率，加强政府的公共财务管理，必须完善我国政府财务报告的鉴证制度。

首先，提高和保障政府审计机构的独立性。应当加强国家审计署对各级审计部门的直属管理，减弱本级政府对审计部门的干预。同时通过中央财政部门向国家审计署拨付资金，实现各级审计部门资金使用上的相对独立性。

其次，发展民间审计机构。我国关于注册会计师的认证已有很长时间，注册会计师对于企业会计报表的鉴证起着至关重要的作用。借鉴企业成功经验，可以让一部分经验丰富、专业会计知识扎实的会计师事务所担负起政府审计的职责，对政府财务报表进行审计，并出具审计报告。

再次，尽快培养具有执业资格的政府审计师。可以按照对注册会计师进行资格考试和认证的方法，来认证政府审计师，培养大批具有政府审计执业资格的人员，促进政府审计和监督事业的发展。

（三）建立政府会计报告的电子信息系统

政府财务报告的改革要求有相应的电子化信息系统作为技术支撑。从OECD国家改革的经验看，信息技术手段的支持是政府财务报告编制的重要前提条件。德国和法国都相继开发了专门的信息系统来推动政府财务报告的编制和集成效率。目前，我国在政府会计与报告、审计、信息披露、财务报告信息的加工与集成等各个方面的技术手段还比较落后，计算机技术、网络技术等的应用范围还不够广泛，应用的实际水平也不高，电子信息技术在政府财务报告事务和改进中的积极作用还未得到充分发挥。为此，我国要推进政府会计的改革，加快政府财务报告体系的建立，就应当加快信息技术平台的构建。目前应当在“金财工程”的系统框架下，以政府会计制度体系和政府财务报告体系为依据，在国库集中收付（已包括会计财务处理）系统基础上，以信息网络技术为支撑，开发能够同时满足财政部门和各单位会计核算，实现国库集中收付、政府采购、政府会计记录形成、生成报表的电子化政府会计信息系统。

（四）加强相关专业人员的教育和培训

规范科学的政府财务报告体系的建立与实施离不开政府会计职业人员。相对我国企业会计执业人员的数量激增和素质提高，各级政府部门的会计工作者的数量和执业素质亟待提高，特别是一些基层政府部门的会计人员基本没有会计专业背景，既不了解政府会计工作的流程，也缺乏对政府会计工作的热情。人力资源的匮乏已成为政府会计模式建立以及政府财务报告体系构建的重要制约因素。因此，必须大力加强相关领域的专业教育和培训，培养和造就一大批具备理论基础和业务素质的相关会计专业人才，以满足政府财务报告标准的制定、监管、编报、审计、分析和评价等各个环节的人才需求。

政府会计专业人才的培养应立足于现实并展望将来。从现实情况看，针对公共财政体制建设对政府会计改革提出的迫切要求，应通过立足于在现有素质基础上的提升，来提高政府会计人力资源的素质，主要可以采取短期培训的手段；从长远角度来看，由于政府会计改革作为一项长期系统的工程，不仅需要很大数量的政府会计专业人才，而且对于人员的素质也势必有较高的要求，因此应将对政府会计专业人才的培养融入高等教育之中，有计划、有步骤地解决人力资源的瓶颈问题。同时国家应该鼓励政府会计教育研究，比如通过在会计杂志开设会计教育专栏以及成立会计教育专门机构等方式，实现通过高等教育来培养会计专业人才的战略思想。

（五）拓展政府财务信息披露的方式和渠道

目前社会公众主要通过每年的两会（人代会和政协会）公布的政府工作报告、国民经济与社会发展计划报告、财政预决算报告和审计报告，以及每年相关部门出版的《中国财政年鉴》和《中国统计年鉴》等资料了解有限的政府财务信息，公众实际并没有接触到真正的关于各级政府的财务报表，并且这些政府自行披露的信息数据庞大而又抽象，直接影响使用者对政府运营业绩的判断。因此，应该拓宽政府信息披露的方式和渠道，在遵循政府保密原则的前提下，除已披露的信息和方式外还应通过中央和地方各级纸质媒体和政府门户网站公开各级政府财务报表以及权威部门出具的政府审计报告，使公众更具体地了解政府履行公共受托责任的情况。

第七章　海南省政府会计改革实践研究

为了进一步探索行政事业单位整体推行政府会计改革的现实路径，积累基于双重目标下设计政府会计运行机制、构建政府会计规范体系、引入权责发生制会计核算基础，以克服现行预算会计的制度缺陷，更好地切合现代财政财务管理需求的实践经验，2009 年 6 月，海南依托强大的政府财政管理信息系统和集中核算体制优势，开全国之先，启动了行政事业单位的政府会计改革。出台了《权责发生制改革会计核算办法（试行)》(以下简称《核算办法》)，先在海南省农业厅和海南省医学院两个单位启动了以权责发生制为主要内容的政府会计改革试点，采取新旧两种模式并行。2010 年 7 月又新增海南省教育厅、海南省科技厅两个试点单位。以下对海南的试点情况及经验进行分析，以期为我国政府会计改革提供有益借鉴。

第一节　海南省政府会计改革的主要做法

一、建立预算会计与财务会计“二位一体”的政府会计运行体系

海南试点遵循国际上政府会计应同时满足提供预算管理

信息和政府财务信息双重目标的惯例，在考虑我国现行现金制预算实际的基础上，设计了预算会计与财务会计“二位一体”的政府会计运行体系，以分别提供政府预算执行报告和政府财务报告。其中，预算会计系统以收付实现制为基础，按总分类账模式，设置预算收入、预算支出、预算结余和预算经费四个总账科目，在总账科目下按支出功能分类科目、资金分类、资金来源和支出经济分类科目等预算管理维度设置分类账，全面、精细地反映政府会计主体的预算执行信息，以满足预算管理和决策的需要，基于该系统提供的会计信息与现行预算会计相比，口径更为集中，更有针对性和可操作性。而财务会计系统则借鉴企业会计的做法，按资产、负债、净资产、收入和费用五大部类设置财务会计要素，以修正的权责发生制为会计核算基础，设计一整套兼顾反映政府会计主体的财务状况、成本费用和绩效水平，满足财务管理和绩效评价需要的会计处理和报告的模式。这个模式的设计灵魂是——实现同一政府会计主体经济业务事项预算执行信息与财务状况信息合理分离，并让这两大系统相互独立而又相互协调地运行。从现实意义上看，该模式具有两大优点：一是有利于与现行决算模式的顺利对接；二是可以提供完整的财务状况报告和绩效成本报告。

二、创立一套适用于所有行政事业单位的会计核算标准体系

海南试点着眼于政府部门会计信息的统一与合并，解决当前政府部门单位适用制度条块分割、五花八门的问题，整合了现行的行政单位会计制度、事业单位会计制度和国有建设单位会计制度，设计了适用于所有政府部门单位的政府财务会计制度模型。《核算办法》在整合、归并原行政事业及基建会计科目的基础上，新增了体现权责发生制基础和配比原则的待摊和预提费用科目，及相对应的资产和负债科目，并赋予政府部门会计主体的净资产新的含义和合理分类，构建起一套能涵盖行政、事业及基本建设单位所有的经济业务事项的会计科目体系，实现在单一的财务会计账套中全口径规范核算。其中，资产类科目 22 个，负债类科目 13 个，净资产类科目 4 个，收入类科目 4 个，费用类科目 6 个，还包括了生产成本、劳务成本、研发支出和项目成本 4 个成本类科目。这套政府会计科目体系的设计在破解专款专用原则对原预算会计制度体系的束缚构建纯粹的财务会

计制度和镶入成本会计思想上，体现出其独到的见解和精巧的处理办法，优点是其设计思想上具有前瞻性和开放性。

三、针对要素特征制定分步并协调应用权责制会计核算基础方案

根据海南省财政管理体制和行政事业单位的现状，选择修正的权责发生制作为财务会计系统核算和报告基础，分别针对资产、负债、收入、费用确定不同的权责发生制引入程度。

（一）资产部类

将资产分为金融资产和非金融资产。试点阶段先按权责发生制确认金融资产，待试点成功后再扩及非金融资产。资产根据改革进程的需要，暂时只确认、记录和报告金融资产及非金融资产，文物文化资产目前无法计量，仅对其数量进行表外披露。与此同时，资产还要灵活确认其折旧、摊销和坏账损失。对非金融资产的折旧及处置采取过渡办法处理。考虑到固定资产因其多样性难以确定折旧期限，况且折旧处理与预算编制衔接的难度较大，故折旧的确认不引入完全的权责发生制。对原有固定资产的折旧实行虚折旧，即不确认费用，仅参照相关方法计算折旧金额，相应冲减固定基金，以反映其账面净值；新增固定资产折旧则确认为费用或成本。固定资产处置的账务处理也相应采取两种办法：对原有固定资产的处置，冲销固定资产的原值；对新增固定资产的处置，按固定资产的净值直接列支，并冲减原值和折旧。

（二）负债部类

将负债划分为短期负债和长期负债。试点阶段先按权责发生制确认直接负债，同时表外披露预计负债，待试点成功后，再确认预计负债。强调对会计主体负债的确认和计量，应与其资产的确认和计量，在确认和计量的范围，以及应用权责制的步调上，保持相互协调，以客观反映会计主体的资产负债情况。

（三）收入部类

将收入划分为交易性收入（主要指公共部门提供商品和服务所取得的

收入）和非交易性收入（主要指财政收入）。试点阶段严格按经济业务事项的权责关系和收入实现原则确认收入，并根据不同类型的收入分别确定收入的确认时点，如财政经费拨款收入、财政专户返还收入，以用款计划的下达作为行政事业单位的收入确认时点；经营收入、投资收益和其他收入以收入的实现原则作为确认依据。

（四）费用部类

费用按照配比原则，划分为经营活动费用、行政事业活动费用、财务费用等。各类费用严格按权责发生制进行确认，而不论现金及现金等价物是否流出。

四、分别编报预算报告和财务报告

改变现行财务报表纵横交错、条块分割的做法，将会计报告分为预算报告和财务报告。其中，预算报告由预算会计账套提供，编制预算执行收支表，用于反映预算收支的执行情况和结余状况，并为决算报告提供数据。财务报告由财务会计账套提供，主要由三张主表和一张附表组成，主表包括资产负债表、经营业绩表和现金流量表。资产负债表主要反映主体在某一特定日期的财务状况，通过对现行资产负债表的结构进行调整，将收入与支出的内容从现有报表中删除，将拨出经费从现行报表的支出类项目调整为负债类项目。同时，将现行基本建设单位的资金平衡表中资金来源及资金占用的相关元素，如“在建工程”、“预付工程款”等总账科目并入资产负债表；经营业绩表主要反映主体在一定会计期间的运行绩效；现金流量表主要用于评价主体短期偿还债务及支付能力，当然，财政批复给单位的财政用款额度也视同现金对待。为了说明预算执行收支表与经营业绩表的钩稽关系，还要编制经营业绩表与预算执行表的调节表（注：本次改革具体参见附录5）。

五、区分资本化并对项目成本进行合理归集

政府会计改革的一个重要目标是准确反映主体的成本绩效水平，以解

脱受托责任，合理划分费用性支出和资本性支出也是企业会计的一个公认会计原则。但这一原则在以收付实现制为基础的预算会计中并没有得到丝毫体现，这不仅导致了单位行政运行成本信息的严重失真，更使得大量的固定资产和无形资产游离于管理视野之外。因此，与项目、成本管理相适应进行成本核算，从而建立成本会计系统是必要的。实质上，成本会计是建立在应计制程度较高的财务会计基础上的，是财务会计系统发展的高级阶段，因此我们试点改革的成本核算是建立在财务会计系统中的。为了能正确反映资产的价值和准确计算各期损益，将行政事业单位的支出划分为资本性支出和费用性支出，资本性支出除了包括构成固定资产、无形资产、递延资产的支出外，还包括项目成本。根据试点单位的需求列出成本归集的项目清单，针对具体项目进行成本归集，同时这种项目的成本归集不考虑支出发生的会计期间，在项目完工后进行一次性结转，如若项目跨年度才完工，则在年终时按完工百分比法结转项目成本。据此，更能反映交易的经济实质，也有利于评价项目的成本绩效水平。

六、借力“金财工程”技术支撑试点系统运行

“金财工程”是国务院“12 金”工程之一。2002 年以来，海南省财政厅以标准化、信息化促进财政管理，大力推进“金财工程”建设，建成了运行稳定、安全可靠的“财政部—省财政厅—市县财政局—乡镇财政所”三级纵向广域网，夯实了通信网络基础。2005 年，按照财政部“金财工程”总体规划的要求，积极整合优化已有应用系统，自主研发了政府财政管理信息系统（GFMIS），率先在国内建成一体化支撑政府财政管理的“金财工程”应用系统平台。该系统涵盖部门预算编制、预算指标管理、用款计划管理、国库集中支付管理、工资统发、非税收入、政府采购和会计核算等主要财政业务，支撑了财政各项重大改革。依托 GFMIS 大平台，按照“统一领导、统一规划、统一技术标准、统一信息平台和统一组织实施”的“五统一”指导思想，将各市县、各单位的服务器群和数据库集中到海南省财政厅信息中心，形成了“数据集中、处理分散”的大集中运行模式。目前，全省三级政府财政部门和预算单位的所有账务基础数据、业务信息全部集中由数据处理中心集中存储，包括人民银行、代

理银行等1万多个用户，全部在这个平台上进行相关业务操作，指标管理、集中支付、政府采购、工资统发、集中核算、财务报表等6大模块，每年近500亿元财政资金和500万笔以上的经济业务全部通过GFMIS这个大平台运行。2009年，为了满足政府会计改革试点的要求，海南省财政厅对GFMIS的功能进行完善，目前已实现了一笔经济业务事项分别按照不同的记账基础，在预算会计账套和财务会计账套中生成、反映，并最终生成财务报表。

七、衔接新旧模式

财务结果的计量和反映具有很强的延续性，一旦处理不好新旧模式的过渡衔接，改革的可操作性和成效将大打折扣。因此，处理好新旧模式的过渡衔接问题自然成为此次改革试点的一项重要内容。

（一）将基建账套中的财务结果归并入基本账套，实现新的平衡

《核算办法》将现行基本建设单位的资金平衡表中资金来源及资金占用的相关元素并入资产负债表，资金占用类并入资产部类，如“在建工程”、“预付工程款”等总账科目；资金来源并入相应的收入、净资产或负债科目，如“以前年度拨款”并入“普通基金”，“本年预算拨款”并入“行政事业活动收入”，“应付工程款”并入“应付账款”。

（二）对固定资产折旧采取“新资产新办法、旧资产旧办法”的方式处理

对此，理论界的看法仍存在分歧，有专家认为，差额（净值）不应列入当期费用，而应冲减一般基金，但海南方面认为这样处理会造成固定资产的折旧和处置中，对尚未折旧资产部分的会计处理出现逻辑性矛盾，违反会计确认的一贯性原则。

（三）用“项目成本”置换“预算项目”

由于财务会计套账中不再保留“预算项目”的核算思路，结余也不再区分基本支出结余和项目支出结余。为此，对项目运行的反映启用“项

目成本”来实现，但需要解决项目成本归集的范围和方法、项目完工时点确认等问题。海南试点前期经过反复论证，认为仅对财政或单位要求进行成本考核的部分项目进行成本归集，而不是大项目的归集，完工时点确认则借鉴企业的完工百分比法。

新旧模式下的账务处理举例：

[例7-1] 日常经费的用款计划下达时

新模式：预算会计账套不作账，财务会计账套借记“财政用款额度”，贷记“行政事业活动收入”。

旧模式：由于没有预算会计账套而不进行账务处理，财务系统则基于现金制而不作账务处理。

[例7-2] 用下达用款额度购买日常办公用品时

新模式：预算会计账套借记“预算经费”（是过渡科目，为解决预算收入与预算支出不完全对应问题），贷记“预算收入”，同时借记“预算支出”，贷记“预算经费”；

财务会计账套借记“行政事业活动费用”，贷记“财政用款额度”。

旧模式：财务会计账套借记“经费（事业）支出”，贷记“财政用款额度”。

[例7-3] 用下达用款额度支付办公楼工程款时

新模式：预算会计账套借记“预算经费”，贷记“预算收入”，同时借记“预算支出”，贷记“预算经费”；

财务会计账套借记“在建工程”，贷记“财政用款额度”。

办公楼交付使用后：

财务会计账套借记“固定资产”，贷记“在建工程”。交付后下个月开始计提折旧，财务会计账套借记“行政事业活动费用”，贷记“累计折旧”。

旧模式：财务会计账套——基建账套：借记“在建工程投资”，贷记“基建拨款”

交付使用后：

借记“交付使用固定资产”，贷记“建筑安装工程投资”等；

借记“基建拨款”，贷记“交付使用固定资产”；

借记“固定资产”，贷记“固定基金”。

[例7-4] 改革前固定资产处理

新模式：根据不同的固定资产，进行折旧。

预算会计账套（无）。

财务会计账套：

借记“固定基金”，贷记“累计折旧”。

旧模式：

财务会计账套不做账务处理。

[例7-5] 改革后购入的固定资产

新模式：

预算会计账套借记“预算经费”，贷记“预算收入”，同时借记“预算支出”，贷记“预算经费”；

财务会计账套：借记“固定资产”，贷“财政用款额度”；

下一个月，则借“费用（成本）”，贷记“固定资产”。

旧模式：

财务会计账套：借记“经费（事业）支出”，贷“经费（财政补助收入）拨款”，同时借记“固定资产”，贷“固定基金”。

[例7-6] 年终结转

新模式：

预算会计账套：基本支出，借记“预算结余——基本支出结余”，贷记“预算支出——基本支出”、“基本收入”；借记“预算收入——基本支出经费”，贷记“预算结余——基本支出结余”。

项目支出，借记“预算结余——项目支出结余”，贷记“预算支出——项目支出”、“项目收入”；借记“预算收入——项目支出经费”，贷记“预算结余——项目支出结余”。

账务会计账套（略）。

旧模式：

账务会计账套（略）。

第二节 海南省政府会计改革取得的成效

一、实现了政府会计主体的完整核算和制度的规范统一

一是解决了会计主体财务信息支离破碎的问题，一个单位形成了一本账。改革后，海南省医学院原先的3个账套（包括1个基本账套，2个基建账套）合并为一个财务账套，原先被割裂的财务信息得以在一本账中完整反映。二是改变了会计标准条块分割的局面，统一政府公立单位的会计标准。海南制定的《权责发生制改革会计核算办法（试行）》，无论是行政单位，还是事业单位和人民团体，它们所有的经济业务事项都在该办法中得到规范，具有普遍的规范价值。三是改变了行政、事业“各唱各的调”的局面，都统一使用一套会计科目体系进行核算，统一使用一套报表体系进行报告。这样，不仅可以形成一个单位一本账，一个部门合并为一本账，而且为各级财政对本级财政和本级政府各部门财务报告进行合并抵消，编制政府层面的财务报告奠定了基础。从而单位的资产负债和收支全貌分别得以在同一张资产负债表和经营业绩表上反映。海南试点方案的有效运行，说明统一政府会计制度的构想并非是不可行的。

二、有效引入权责发生制提供了更为客观有用的财务信息

以海南省医学院（以下简称海医）改革后的财务报告为例，一是通过计提折旧，真实反映固定资产的实际价值。截至2010年12月31日，海医资产总计53045.74万元，比原账套减少15094.77万元。其中，固定资产原值29053.94万元，净值18131.96万元，累计折旧10921.98万元。这样可以建立资产更新储备基金，有利于政府对资产的持续管理。同时，使财政对单位固定资产更新投入，由以前的一次性和集中性投入，变为对部门和单位折旧不足部分的补偿，从而有利于优化政府资产的购买和处置

决策。二是通过制度整合抵消不同账套间的往来款、计提坏账准备和应付利息，有效解决债权债务不实问题。截至 2010 年 12 月 31 日，海医共抵消基本账套和基建账套之间的应收款项 3884.04 万元，应付款项 3884.04 万元；对应收款项按 5% 计提坏账准备 288.75 万元，以应对部分应收款项无法收回变成呆坏账的风险；计提应付利息 265.52 万元，完整记录本期应支付的义务。三是合理划分债务期限，加强债务管理和风险防范。改变现行行政事业单位对债务的分类核算不区分还款期限长短的做法，以到期日一年为限划分为短期负债和长期负债。截至 2010 年 12 月 31 日，海医负债总计 20492.31 万元，比原账套少 3884.04 万元。其中，短期负债 8916.93 万元，长期负债 11575.37 万元。这样有利于单位合理安排资金的使用，及时还款，也有利于财政部门合理安排支出预算，避免资源闲置，对防范风险大有裨益。四是以会计期间权责的实际发生作为收入和费用确认的标准，全面反映可供支配的资源。改革后，由财政部门或上级单位拨入的各类行政事业经费都通过“行政事业活动收入”核算，确认交易的时点由付款列支提前到批复用款计划；而费用由于区分了资本性支出和费用性支出，资本性支出是对运转过程中所耗费的固定资产成本，通过分期提取折旧的方法予以确认，确认交易的时点相对推迟。截至 2010 年 12 月 31 日，海医收入合计 16248.96 万元，比原账套少 4.93 万元；费用合计 13990.70 万元，比原账套少 1064.77 万元；结余 2258.26 万元，比原账套多 1059.84 万元。

三、合理规划并实现了预算执行信息的动态反映和精细核算

一是完整地提供预算内外资金的全部执行信息。改革以前，根据专款资金专项结报的要求，许多专项资金是专账核算的，如基本建设资金、改水改厕专项资金等，并不反映为基本账套的收支，有些上级主管部门直拨的资金也单独反映，预算执行信息仅是部分内容。改革后，无论是预算内还是预算外资金，无论是基本建设资金还是上级补助专项，只要是纳入了政府预算管理，全都在一张预算执行收支表中反映，数据更全面、更完整。二是动态而精细地反映预算执行全程。单独设一套账反映预算会计，好处就是可以按预算管理要求设置辅助账，按会计规则设置明细账，动态

地反映任何时点、多个维度（资金来源、资金性质、支出结构、支出功能分类、支出经济分类、预算项目等）的资金运行情况，进而为准确地分析预算执行中的问题、研究改进的对策提供多维的会计信息。

四、深入探索了科学归集公共产品和服务成本的路径和方式方法

无法取得单位和项目的成本，是目前医疗体系改革和行政事业单位绩效评价的主要障碍，此次在海医和海南省农业厅试行的改革重点就是改革现行的收付实现制会计基础，引入权责发生制，借鉴企业会计中成本会计的理念，采用项目成本归集的方式对基本建设项目、科研项目和教学等重点项目进行成本核算，归集这部分项目的成本。截至 2010 年 12 月 31 日，海医的益智、海马等南药产品开发研究项目的成本 126.38 万元，教学四项费用（即本专科生业务费、教学差旅费、体育维持费、教学仪器设备维护费）共 754.27 万元；基建项目成本 22191.21 万元。由于这些成本信息是在收入费用配比原则的基础上生成的真实数据，对确定未来产品和项目的成本价格，考核这些项目的工作绩效具有重要的价值，从而为管理者提供宝贵的决策信息，也为预算编制和财政综合定额提供编报依据。尽管这次试点只在个别项目和服务引入了成本核算的理念，但可以看到成本管理对行政事业单位的重要意义。接下来，如果在行政事业单位全面推广成本核算，将可以确定学生培养、项目运行以及各项医疗和手术等许多重要产品和服务的运行成本，从而为政府各部门所提供的公共产品和准公共产品的定价提供科学的依据。

五、实现预算会计系统与现行决算的无缝衔接

现行决算体系是根据《预算法》建立起来的一套预算报告制度，历经几十年的不断发展，已经比较完善，并且深入人心。正是基于这一点考虑，海南在设计预算会计要素及其账户体系时，充分考虑到现行 8 张主表和 9 张附表对预算数据的要求，参照可扩展商业语言的思路，在预算会计系统中按功能科目、资金分类、资金来源和支出经济分类科目、预算项目等设置分类账和辅助账，并利用上年开发的决算报表自动生成模块，直接

从账务中提取数据，自动生成决算报表中的7张主表和9张附表（缺少的资产负债简表只能从财务会计系统中提取），实现预算系统与决算报告的无缝对接。

第三节 海南省政府会计改革存在的不足

海南政府会计改革试点已顺利运行两年，取得了初步成效，对于我国今后的政府会计改革也有很多可资借鉴的地方，但继续深入地推进改革也面临一些困难，主要表现为以下几个方面：

一、理论界和实务界关于试点改革一些具体问题仍存在分歧

目前的制度设计是海南在多年理论研究的基础上，结合海南省实际情况所提出的一整套制度体系。有些设计因为比较超前，在当前的理论界并未取得广泛的共识。比如，建设预算会计和财务会计不仅实务界无法理解，理论界也未能达成共识，即便是赞成建设两个系统，也有不同的实现方式，或主张双分录方式，或主张两套账方式。又比如“三合一”的主张，大家普遍容易接受的是基本账套与基建账套的合并，对行政事业的合并，实务界就普遍难以接受，即便是不同类型的事业单位也不主张合并。再比如，对于权责发生制的引入程度，海南走得更远一些，在收入费用等部类也引入了权责制，而更多的专家主张持谨慎态度，只建议在资产负债部类适度引入。总之，政府会计改革的许多基础问题，即使是在理论界也还存在不同程度的分歧，应该说，这些分歧的存在给改革试点带来相当程度的风险，也影响到进一步推进改革的信心。

二、试点仍然难以全面满足预算单位财务管理的需要

虽然海南是基于为财政财务管理提供相关可靠的财务信息作为整个改革的出发点，但是，行政事业单位的财务管理和管理会计研究一直停留在

“吃饭财政”的水平，落后企业会计整整半个世纪，缺乏一套行之有效的成本归集及费用配比范式，无法满足单位现代财务管理的需要，更是难以科学地计量单位和项目运行成本，比如学校生均培养成本等，从而限制了财务业绩考量的步伐。试点虽然在这些方面做了积极的尝试，也取得一定的成效，但与企业管理会计的成熟做法仍有较大差距，政府运行成本项目界定和费用归集办法等方面仍存在诸多有待攻克的难题。

三、理想化的预算会计设计与现实决算模式存在口径差异问题

为了加强预算管理，配合综合预算，现行的部门决算口径采用全口径的收支，以地方决算为例，包括同级财政拨款、上级补助拨款、下级上缴收入、核准留用和经营收支、其他收支。这种决算口径一方面提供了全口径的收支，另一方面也反映了同级财政预算的收支，便于与预算进行比较和向同级人大报告。无疑，这一模式为加强财政管理提供了比较全面的收支信息，但也给即将推进的“预算会计和财务会计相结合”的改革思路带来了口径限制。

四、试点借鉴意义存在一定的局限性

海南的政府会计改革试点目前仍仅限于行政事业单位范畴，其政府会计规范体系的构建、政府会计体系的运行以及权责发生制的引入等方面在政府部门层面取得的成功，并不一定能在一级政府层面简单复制。一级政府层面相对政府部门层面情况要复杂得多。在制度构建方面，除了行政事业单位会计制度和基本建设单位会计制度，还要考虑总预算会计和基金会计制度问题。在会计体系构建方面，“二位一体”的设计方案对一级政府来说，可能要考虑在全面彻底实施了国库集中支付后，是否需要从平面设计转为立体设计问题。在引入权责发生制方面，由于政府层面的资产、负债、收入和费用无论是内涵还是外延都远非部门的简单组合，需要考虑更为宽泛的政府资产和负债的确认和计量问题。站在一级政府层面，仍有太多的问题有待研究，部门单位层面的改革试点对于一级政府的政府会计改革，只能说有一定的借鉴意义。

第八章　推进政府会计改革的政策建议

本章将对各部分的研究进行总结，并就推进我国政府会计的改革提出设想和建议。

第一节　研究总结

一、关于政府会计概念框架的观点及成果总结

第一，关于我国政府会计目标。我们提出政府会计目标应更关注于外部信息使用者的需要，应当在为内部信息使用者加强内部管理提供有用信息的同时，同时满足外部信息使用者评价政府公共受托责任和作出决策的需要。

第二，关于政府会计主体。为充分反映政府公共受托责任的情况，我们提出单位主体和基金主体并存的“双元主体”模式，其中，一级政府是基本的会计主体（主要是报告主体），其所属的行政事业单位，符合标准的也都是单位主体；当前基金会计主体处于理论探讨阶段，在社保基金、住房公积金等领域可以开展基金会计试点工作。

第三，关于政府会计原则。为满足评价政府公共受托责

任的目标，应当引入权责发生制基础，由于完全的权责发生制基础实施难度大、成本高，显示选择是采用修正的权责发生制。在会计信息质量特征方面，我们提出了可靠性和相关性并重的观点。

第四，关于会计要素。根据引入政府财务会计的要求，对新的预算会计和财务会计的要素进行设计和定义，预算会计要素分别为金融性资产、金融性负债、净资产、收入和支出等，财务会计要素分别为资产、负债、净资产、收入、成本费用和结余等。计量方面，主要采用历史成本模式，对部分科目采用公允价值模式进行了探讨。

第五，关于财务报告。设计了基于新的预算会计和财务会计的报表体系，包括政府预算执行情况表、财政周转金收支情况表、财政周转金投放情况表、财政周转基金变动情况表、资产负债表、运营成果表和现金流量表等。

二、关于海南省政府会计改革实践的评价

海南省的政府会计改革实践其所依据的理论基础与本课题的结论基本一致，即根据修正的权责发生制建立了政府财务会计系统，完善了预算会计系统，编制了资产负债表、收入支出表等报表。从其总结的成果来看，基本达到了推行政府会计改革的目标。可见，海南省的政府会计改革试点是成功的，在我国开了先河，值得进一步扩大试点，为全国的政府会计改革总结经验教训，为我国的政府会计改革找出一条确实可行的道路。

第二节　推进我国政府会计改革面临的挑战

一、如何整合现行预算会计制度体系

在我国现行预算会计体系下，预算会计体系各组成部分之间的协调性较差，缺乏统一的核算基础，不利于政府整体财务报告的生成，也影响了

财政预算管理的效果。我国现行的预算会计体系由财政总预算会计、行政单位会计、事业单位会计三大主体和参与预算执行的国库会计、税收征解会计以及国有建设单位会计等组成，主要采用的是制度规范模式。各个不同的会计主体由不同的制度进行规范，不同行业类型的单位实行不同的会计制度，分设不同的会计科目，提供不同的会计报表。如财政总预算会计执行财政总预算会计制度和预算外资金财政专户会计制度，国有建设单位会计使用国有建设单位会计制度，行政单位又由行政单位会计制度规范，事业单位除了采用事业会计制度外，又细分为科学事业单位会计制度、医院会计制度、测绘事业单位会计制度、高等学校会计制度及中小学会计制度等。而且只针对事业单位会计制定了相应的会计准则，但是事业单位会计准则的范围又过宽，包括了一部分已实行市场化、企业化管理的部门和单位。凡此种种造成了会计制度条块分割且相互交叉。要从根本上解决这些弊端，必然要对现行预算会计制度进行整合。但是，如何运用现代会计理念，和发达国家政府会计改革的经验和做法，形成一套系统完整的、适应于所有政府单位的政府会计准则和制度体系，工作量和难度都相当大。

二、如何推进权责发生制

在进行了政府会计改革的各国，对采用权责发生制的程度问题都比较慎重，对权责发生制引入的时机、应用的程度和推进方式在实施之前通常都进行了充分的论证和探索。但是，即便如此，西方有关权责发生制的改革仍出现诸多问题：

首先，改革成本巨大，如德国黑森州为推进权责发生制，成本高达2亿欧元，相当于20亿元人民币，构成一笔沉重的财政负担。

其次，部分项目无法计量，如英、法两国政府在资产负债表上仅以1元分别列示公园绿地和文化遗产。

再次，财务报告难以得到审计机构的无保留意见，如美国审计总署（GAO）连续8年对联邦政府财务报告“拒绝发表意见”，认为某些会计和报告实务存在着明显的重大缺陷。

在我国，为了配合国库集中支付改革，我们在个别业务的核算上已经引进了权责发生制理念，如应付工资、财政应返还额度等，但我国应在多大范围和程度上实行权责发生制，如何分项目、分步骤地实行权责发生制，包括对政府隐性债务、养老金、或有负债等重大事项，如何进行会计处理，政策性、敏感性和技术性都比较强，一旦考虑不周，都有可能给改革带来极大的负面影响。

三、政府会计信息系统的建设问题

建设政府会计信息系统，一方面是规范会计确认和计量工作的需要，另一方面是为了高效生成政府层面财务报告，并按《预算法》的要求层层汇总会计信息。与收付实现制相比，权责发生制政府会计将涉及更多的操作性业务，处理更多的数据，对信息系统建设要求更高。在美国仅年度综合财务报告的编制，就需要首先从各政府部门获取有关财务数据，然后通过大量的数据调整、合并等技术工作才能完成。尽管如此，美国政府财务报告也需要在财年结束后4～6个月的时间才能完成编制。

由此可见，政府会计信息的传递、加工和生成离不开强大的信息系统，如果缺乏统一、高效的信息系统支撑，政府会计改革的实施将非常困难。比起美国，我国政府级次更多，政府单位数量更大、范围更广，如要编制政府整体财务报告，必须研究开发出能同时满足财政部门和各单位会计核算要求的政府会计信息系统作为支撑，把财政性资金运行的上、中、下游的管理，包括预算编制、国库集中支付、政府采购、会计核算等各环节都纳入到一个总体框架中，真正做到各环节无缝联接。

目前我国只有“金关”、“金税”两个较大的全国性系统，它们涉及的深度和广度远远没有政府会计信息系统那么庞大。为适应部门预算、国库集中收付等项改革，财政部提出要全面建设“金财工程”，但每项改革均没有建立起全国统一的信息系统，要建设统一的政府会计信息系统，决非易事。

四、政府会计队伍的素质问题

政府会计是一个重要的职业领域。发达的市场经济国家对政府会计从业人员一般采取职业化管理，通过实行政府会计师资格认证以及后续教育等项制度，提高政府财政财务管理者的职业道德和业务素质。我国预算会计领域的从业人员达 180 万人，会计人员素质还有待进一步提高，表现在：

一是目前预算会计制度条块分割，会计人员往往只掌握某一会计制度，其知识范围具有很大的局限性。

二是我国幅员辽阔，各地区会计人员素质参差不齐。相对而言，发达地区接受高水平专业培训的机会较多，素质较高；落后地区接受高水平专业培训的机会较少，素质较低。

三是我国会计领域的职业管理与培训侧重于企业会计制度，每年的职称考试关于预算会计制度的内容偏少，影响了会计人员对预算会计的掌握程度。

以上情况表明，我国预算会计领域的职业管理与国际先进水平有较大差距，建立政府会计队伍管理的新体制和有利于队伍成长的新机制任重而道远。

五、事业单位的问题

在我国，事业单位数量庞大（占到公共部门总数的60%以上），单位的性质复杂，难以用统一的会计政策来规范，而且相当一部分事业单位必须采用权责发生制基础进行会计核算，因此，事业单位成为政府会计改革的重大问题。

事业单位的管理模式对政府会计改革的影响主要有两个方面：一是政府会计主体的划分问题。如何确定政府会计主体，是推进政府会计改革需要解决的基础问题。我国特殊的政治体制所形成的众多的事业单位，这是其他国家所没有的。这些事业单位大多性质模糊、职能混杂，分布广泛、涉域交叉、利益关系复杂、责任边界不清，甚至有些事业单位还继续履行政府职能，造成政事难分。当前，事业单位行政化的趋势并未被遏制。为此，对这些单位如何进行划分，按照什么标准进行划分，哪些应界定为政府会计主体，不仅仅是实行政府会计改革面临的挑战，更是行政体制改革甚至政治体制改革的重要任务。

第三节　关于我国政府会计改革的若干建议

一、加快研究制定政府会计概念框架，建立统一的政府会计规范体系

建立概念框架是建设并完善政府会计理论体系的必然选择，并能保证理论体系内部浑然一体、自成逻辑。建立符合中国国情的政府会计概念框架当前已经是紧迫任务，否则许多重要的问题就会因为含混不清而争论不断，政府会计规范体系的制定也会陷入争执不休的泥潭。

二、构建相互配合又泾渭分明的预算会计和财务会计体系

海南的试点表明，预算会计和财务会计是政府会计两个必要的组成部分，缺一不可，不可互相替代。预算会计反映和控制预算执行过程，为预算决策和管理服务，财务会计反映和控制财务资源的运行状况，为财政可持续和业绩考量服务。两个会计系统并行不悖，各自按自身规律设置相对独立的会计要素和账户体系。两个系统并行可能导致工作量加大、对会计人员素质要求提高的问题，通过建立标准统一的政府财政管理信息系统和政府会计信息子系统，利用信息系统实现预算数据和财务数据的自动流转，进而实行数据处理的智能化和一体化实现两者的有机结合，是可以解决这一问题的。

三、积极稳妥、分步引入权责发生制

世界各国推进权责发生制，都遵循循序渐进的原则。我国政府会计的权责发生制引入问题，总体思路应当是积极稳妥。一方面，要结合我国财政管理的需要和政策取向，积极稳妥地改革政府会计的核算基础，可以先在政府非营利单位引入权责发生制，待时机成熟后再引入到政府单位。另

一方面，要根据各个会计要素的特点，有计划、分步骤地实行权责发生制。一是在资产的计量方面，先从相对简单的固定资产入手，对行政事业单位固定资产核算采用权责发生制，计提固定资产折旧：然后对基础设施予以计量，以便真实反映固定资产价值和行政事业单位提供公共产品和公共服务所耗费成本的真实状况，最后再考虑无形资产。二是对于政府债务的披露，要根据目前的社会经济形势，研究公众迫切要求政府承担的责任是哪些，政府有能力承担的社会责任是哪些，其中哪些方面的债务是可以披露的，哪些债务的披露可能会引起社会公众不必要的误解而增加改革成本等等，必须充分考虑各方面可能会产生的问题。三是在收支方面，可先对支出进行改革，区分资本化和费用化支出，并根据提供公共商品和服务的义务来确认支出；待成熟后再行考虑收入方面，收入方面可考虑先税收收入，后非税收入的顺序。税收收入又可根据先易后难的原则，按财产税、所得税、营业税的先后顺序进行改革。

四、各方配合解决政府会计主体的界定

我国政府会计主体的界定问题不是单单财政部门或者会计界能够解决的，虽然我们提出了相关的理论和界定标准，但是最终的确定需要各方的配合。在政府会计主体界定方面，最可能引起争议的是事业单位的问题，由于我国事业单位分类改革还未完成，加大了这个问题解决的难度。我们的思路是将现在的事业单位分为三类：第一类是将现行事业单位中履行行政职能的单位划为政府单位，如基础性科研机构；第二类是将不以营利为目的，能够通过财政补助和事业性收入实现收支平衡的事业单位划为政府非营利单位，包括学校、公立医院、应用性科研机构等公益性事业单位；第三类是生产经营性事业单位，主要实行企业化管理，参与市场竞争。前两类单位作为政府会计主体，第三类纳入企业会计体系，不适用政府会计体系，仅对政府投资部分按国有资本进行核算。

五、努力实现我国政府会计改革的目标——编制政府层面财务报告

推进我国政府会计改革的目标，应当是编制和提供政府层面的财务报

告，以便揭示政府整体的财务状况、经营业绩和现金流量，为决策提供服务。因此，我国政府会计改革应立足于国情，充分借鉴国际经验，建立全面、完整、准确地反映政府财政财务状况、资金运行情况的政府会计管理体系。同时建立政府综合年度财务报告制度，编制和发布政府年度综合财务报告，为财政管理和宏观经济调控提供坚实的信息和手段，为提高财政透明度创造条件。

六、扩大政府会计改革试点范围

就目前海南的政府会计改革试点情况来看，层次较低，范围较窄，只停留在单位层面，深度和难度比单位会计大得多的预算总会计改革并未启动，无法编制一级政府的综合财务报告。建议加大试点范围，实施预算总会计的权责发生制改革以及与国际趋同的预算会计系统改革，进一步总结经验，为全国推进政府会计改革探索路子。

第四节　推进我国政府会计改革的路径设想

根据本课题的研究结论和改革试点实践的经验总结，我们设想了以下两条改革路径：

一、设想的路径一

政府会计改革的原则应当有以下几条：一是结合国情，走国际趋同的道路；二是先行试点，循序渐进；三是费用成本低而易行；四是理论紧密联系实际。我国地域辽阔，机构繁多，人员素质参差不齐，政府会计的改革应从容易的入手，在取得经验后遂步向更深的领域开展，为此政府会计改革应从基层单位为改革的起点，遂步开展政府会计的改革工作，进而进行政府层面的改革。鉴于此，我们设计了以下推进改革的具体内容与实施步骤。

（一）规范行政事业会计主体的会计行为

1. 制定相关的政府会计的制度与准则

政府会计规范体系是用于指导和规范政府财务会计信息产生和传输的系统，基本任务是规范会计行为，规范业务操作。现行我国采用的是条块分割的会计规范，仅涉及行政事业单位就有16项具体制度。考虑到会计准则模式比会计制度模式具有更大的适应性和更符合规范的层次性要求，我们主张政府会计的规范体系应当与国际趋同，采用准则模式。选择单一的准则模式，必须确定具体准则出台以后会计制度的去留问题或者说过渡问题。不论是基于理论还是实践，我们均不可能在准则出台后就废止制度。理由是我们不可能一次性准备好全部所需的准则，即便是全部准则都准备好，也不可能一次出台。况且具体准则往往过于简单，可操作性不强，大部分会计人员不可能直接用它来规范实务，而制度则比较符合我国会计人员的习惯，为此，准则模式在完全成熟之前，应当选择与制度模式双轨并行，并设定一个过渡期。

2. 合并行政事业单位基建账（即“三账合一”）

根据新的制度和准则，取消基建账，相关的数据合并到行政事业账中来。合并的业务处理则按新的制度进行，如涉及基建账的“在建工程”在新账中也设“在建工程”核算，新购置的资产，则借“固定资产”，贷“银行存款”就行了，折旧则按相关的方法，逐月转至“支出成本”中。

3. 新账中使用权责制为确认基础

这里使用权责制谈不上全面使用，只能是有选择地使用（这要有文件规定），如先从容易的资产的折旧、债务的确认进行，如改革前的资产，可按重新估值入账，再按新制度进行折旧，或是采取新账新办法旧账旧办法的原则进行处理，前一种方法将要耗费大量的人力和物力，我们建议使用后一个办法。

4. 新的财务报告体系

由于是三账合一，且实施了权责制为记账基础，不论是负债表，还是收支总表，或许要进行改变，如增加经营业绩表、现金流量表等，前者反映单位的收支余的情况，后者反映单位的现金流量情况。

（二）建立支撑预算会计与财务会计运行的信息系统

构建财务会计与预算会计有机结合的政府会计体系框架，建立支撑整个体系运转的信息系统，无论从改革成本还是改革难度而言，都是非常关键的一环。目前各省均有各自的财政信息管理系统，由于开发的单位不同，或是不同的管理理念或需求，导致各个财政信息管理系统各不相同。作为政府会计改革的基础工作之一，应有统一规范的财政信息管理系统，或是统一需求标准，这样信息技术才能满足政府会计信息自动化处理要求，减少人为的失误，进而提高效率。有强大、统一的系统，各级政府信息取得的口径也就容易统一。

建立一个支撑预算会计与财务会计运行的信息系统，预算会计与财务会计信息才能无缝对接，财务会计中记账基础收付制与权责制之间才能自动转化等。这样一方面减少会计人员的工作量，也就是在系统中，一笔业务可形成两个账套的会计分录；另一方面也可形成预算会计的单位报表，进而形成政府层面的预算会计报表。

（三）确定政府会计主体与财务报告主体

主要是回答报告的主体问题。政府会计目标是政府会计体系发展的逻辑起点，报告合并范围的界定也要跟随会计目标的演变而演进。由于近期目标下会计信息的使用者主要是相关的决策部门，为内部使用者，所以报告的内容仅限于政府的财务资源，因此，报告主体主要包括：各级政府；各级行政单位；各级事业单位（根据事业单位改革的方向确定，包括履行行政职能的事业单位、公益性事业单位，生产经营性事业单位将参照公共公司的方式，调整为非政府会计报告主体）；政府基金（主要指由各级财政管理的基金，如三峡基金、粮食风险基金、农业综合开发资金、国家物资储备资金、世界银行贷款项目、国际农业发展基金会贷款项目、国际金融组织贷款项目等）。相反，政府公共公司、国有企业不作为政府会计的报告主体，这些公司的国有资本金，通过各级国资部门的所有权状况及其变化进行报告；社会保险基金视同非政府会计报告主体对待。而远期目标是融决策有用和受托责任于一体的目标，信息需求者以外部为主。因此，政府所有管理公共资源与交易的主体均应作为报告主体，也就是以“控制权”作为报告主体的确定理论。与近期目标不同的是，社保基金在这一阶段将独立作为报告主体，着重解释政府管理的社保资源的运作情况。

（四）逐步实施总预算会计制改革

1. 构建新的总预算会计系统

目前总预算会计分为总预算会计、国库会计、税收征解会计等几部分，这种做法不能真实反映资产与负债确认与计量、不能完整反映预算的执行、不能真实反映政府的运行成本。为此应构建新的总预算会计系统，使以上的三大部分合并为一体。

2. 政府信息管理系统融进总预算会计

这样就可形成这样一个系统，即从征税收入，到具体的使用都能得到实时的信息，以利于政府的管理与决策。

3. 逐步在总预算会计中进行权责制改革

（五）建立政府财务报告制度

从西方政府改革的出发点来看，大部分是以政府财务报告的立法开始政府会计改革，而我国目前仅有各级政府的决算汇总和财政部门代表政府所作的决算报告，没有形成对使用者所需的财务报告体系，尚欠缺部分重要信息，如没有完整反映政府债务状况、缺乏政府成本信息等。我们认为，制定各级政府的财务报告制度是当务之急。政府财务报告应根据政府会计改革的进程确立不同时期的目标，如近期主要为预算管理和财务决策服务；远期目标是为解除政府主体的受托责任，应分别编报预算报告和财务报告。考虑到现行的决算编报制度已实施多年，并且较成熟，不应简单摒弃。可以适当调整决算口径，分别提供决算报告和政府层面财务报告。变革后，决算报告只单纯地反映财政性资金的预算执行情况，比如将行政事业单位上级补助、下级缴款和部门的经营收支、自有资金收支等排除在收支决算口径之外。由政府层面的合并财务报告来反映全口径的收入费用和资产负债信息。这样有利于改革思路的厘清，也提高决算的工作效率。

（六）其他相配套的改革

其他相配套的改革一，如特有资产的确认。特定资产是指属政府管理的而独立于政府机构之外的资产，如公路、桥梁、文物、矿产等，这些资产一部分是长期投资形成的，另一部分是历史文化的沉淀形成的，资产确认中投资形成的资产相对好确认，但文物和矿产则不容易确认了，这方面也有简单的做法，如英国对文物或矿产均以币值一元作为确认价值。确认资产就能很好地知道国家的家底，有利于国家的预算和今后发展规划的确定。但是不可否认实施权责制后，对资产计提折旧，也会形成资产价值与实际的价值不符，明显的是建筑物，如果其位置在市中心，随着市中心土地的日益稀缺，则可能是增值的，因此政府会计的改革应把这方面的改革放在后面进行。

二、设想的路径二

政府会计改革的目标在于能够得到政府层面的财务报告，为此政府会计改革先从政府财务报告的规范改革入手，然后开展各项的配套改革如准则与制度的制定、权责发生制的引入、事业单位的改革和资产的确认等，而这些随后的改革是为了使政府财务报告更为完善、获取数据更为科学和标准。步骤如下：

第一，制定各级政府的财务报告制度。

第二，制度与准则建设。

第三，将基建账套中的财务结果归并入基本账套，实现新的平衡。

第四，建立支撑预算会计与财务会计运行的信息系统。

第五，确定政府财务报告的合并范围。也就是报告主体的确定。

第七，引入权责发生制的记账基础。首先在行政事业单位财务会计引入权责，这在过程中可先易后难，如先在金融资产中引入权责制，后在非金融资产中实施；其次在预算会计引入权责制。

第八，特定资产的确认。

设想一是基于政府会计源头——行政事业单位会计开始的，改革之初没有在政府财务报告上有太大的变动，只是随着改革的深入，进一步完善政府财务报告，从而达到改革的目的。由于我国行政事业单位会计众多，人员素质参差不齐，这种改革将是漫长的过程，尤其是在财务报告不进行改革的同时，或许因为这个原因导致改革的成果不易体现。

设想二是先以财务报告作为改革的切入点，然后结合财务报告的需要而进行相应的改革，应当说这种改革的可取之处是在没有进行相应的改革之前，只求最终的结果。但是改革之初财务报告却成为无源之水了，因为其是在每年的决算或财务报告出来后，再根据相关的政策进行人为的调整，可能存在个人的喜好而左右财务报表的结果，另外这个过程人工成本也许会很大，每年均在调整存在前后不一的现象。

从改革遵循的原则上建议还是以第一条路径为妥。

附录1：公共财政预算收支科目

一、公共财政预算收入科目

科目编码				科目名称
类	款	项	目	
101				税收收入
	01			增值税
		01		国内增值税
			01	国有企业增值税
			02	集体企业增值税
			03	股份制企业增值税
			04	联营企业增值税
			05	港澳台和外商投资企业增值税
			06	私营企业增值税
			19	其他增值税
			20	增值税税款滞纳金、罚款收入
			21	福利企业增值税退税
			22	软件集成电路增值税退税
			23	三线搬迁增值税退税
			24	民贸企业增值税退税
			25	宣传文化单位增值税退税
			26	森工综合利用增值税退税
			50	其他增值税退税
			51	免抵调增增值税
			52	成品油价格和税费改革增值税划出
			53	成品油价格和税费改革增值税划入

续表

科目编码				科目名称
类	款	项	目	
		02		进口货物增值税
			01	进口货物增值税
			02	特定区域进口自用物资增值税
			20	进口货物增值税税款滞纳金、罚款收入
			21	进口货物退增值税
			22	特定区域进口自用物资退增值税
		03		出口货物退增值税
			01	出口货物退增值税
			02	免抵调减增值税
	02			消费税
		01		国内消费税
			01	国有企业消费税
			02	集体企业消费税
			03	股份制企业消费税
			04	联营企业消费税
			05	港澳台和外商投资企业消费税
			06	私营企业消费税
			07	成品油消费税
			19	其他消费税
			20	消费税税款滞纳金、罚款收入
			21	成品油消费税退税
			29	其他消费税退税
		02		进口消费品消费税
			02	进口成品油消费税
			09	进口其他消费品消费税
			20	进口消费品消费税税款滞纳金、罚款收入
			21	进口成品油消费税退税
			29	进口其他消费品退消费税
		03		出口消费品退消费税
	03			营业税
		01		铁道营业税
		02		金融保险业营业税（中央）

续表

科目编码				科目名称
类	款	项	目	
		03		金融保险业营业税（地方）
			01	交强险营业税
			99	其他金融保险业营业税（地方）
		04		一般营业税
		20		营业税税款滞纳金、罚款收入
		29		营业税退税
	04			企业所得税
		01		国有冶金工业所得税
		02		国有有色金属工业所得税
		03		国有煤炭工业所得税
		04		国有电力工业所得税
		05		国有石油和化学工业所得税
		06		国有机械工业所得税
		07		国有汽车工业所得税
		08		国有核工业所得税
		09		国有航空工业所得税
		10		国有航天工业所得税
		11		国有电子工业所得税
		12		国有兵器工业所得税
		13		国有船舶工业所得税
		14		国有建筑材料工业所得税
		15		国有烟草企业所得税
		16		国有纺织企业所得税
		17		国有铁道企业所得税
			01	铁路运输企业所得税
			09	其他国有铁道企业所得税
		18		国有交通企业所得税
		19		国有邮政企业所得税
		20		国有民航企业所得税
		21		国有海洋石油天然气企业所得税
		22		国有外贸企业所得税
		23		国有银行所得税

续表

科目编码				科目名称
类	款	项	目	
			03	中国进出口银行所得税
			04	中国农业发展银行所得税
			09	其他国有银行所得税
		24		国有非银行金融企业所得税
			01	中央汇金投资有限责任公司所得税
			02	中国建银投资有限责任公司所得税
			03	中国投资有限责任公司所得税
			04	中投公司其他子公司所得税
			05	中国信达资产管理股份有限公司所得税
			09	其他国有非银行金融企业所得税
		25		国有保险企业所得税
		26		国有文教企业所得税
			01	国有电影企业所得税
			02	国有出版企业所得税
			09	其他国有文教企业所得税
		27		国有水产企业所得税
		28		国有森林工业企业所得税
		29		国有电信企业所得税
		30		国有农垦企业所得税
		31		其他国有企业所得税
		32		集体企业所得税
		33		股份制企业所得税
			02	股份制海洋石油天然气企业所得税
			03	中国石油天然气股份有限公司所得税
			04	中国石油化工股份有限公司所得税
			08	中国工商银行股份有限公司所得税
			09	中国建设银行股份有限公司所得税
			10	中国银行股份有限公司所得税
			11	广发银行股份有限公司所得税
			12	长江电力股份有限公司所得税
			13	中国农业银行股份有限公司所得税
			14	国家开发银行股份有限公司所得税

续表

科目编码				科目名称
类	款	项	目	
			99	其他股份制企业所得税
		34		联营企业所得税
		35		港澳台和外商投资企业所得税
			01	港澳台和外商投资海上石油天然气企业所得税
			09	其他港澳台和外商投资企业所得税
		36		私营企业所得税
		39		其他企业所得税
		40		分支机构预缴所得税
			01	国有企业分支机构预缴所得税
			02	股份制企业分支机构预缴所得税
			03	港澳台和外商投资企业分支机构预缴所得税
			99	其他企业分支机构预缴所得税
		41		总机构预缴所得税
			01	国有企业总机构预缴所得税
			02	股份制企业总机构预缴所得税
			03	港澳台和外商投资企业总机构预缴所得税
			99	其他企业总机构预缴所得税
		42		总机构汇算清缴所得税
			01	国有企业总机构汇算清缴所得税
			02	股份制企业总机构汇算清缴所得税
			03	港澳台和外商投资企业总机构汇算清缴所得税
			99	其他企业总机构汇算清缴所得税
		43		企业所得税待分配收入
			01	国有企业所得税待分配收入
			02	股份制企业所得税待分配收入
			03	港澳台和外商投资企业所得税待分配收入
			99	其他企业所得税待分配收入
		44		跨市县分支机构预缴所得税
			01	国有企业分支机构预缴所得税
			02	股份制企业分支机构预缴所得税
			03	港澳台和外商投资企业分支机构预缴所得税
			99	其他企业分支机构预缴所得税

续表

科目编码				科目名称
类	款	项	目	
		45		跨市县总机构预缴所得税
			01	国有企业总机构预缴所得税
			02	股份制企业总机构预缴所得税
			03	港澳台和外商投资企业总机构预缴所得税
			99	其他企业总机构预缴所得税
		46		跨市县总机构汇算清缴所得税
			01	国有企业总机构汇算清缴所得税
			02	股份制企业总机构汇算清缴所得税
			03	港澳台和外商投资企业总机构汇算清缴所得税
			99	其他企业总机构汇算清缴所得税
		47		省以下企业所得税待分配收入
			01	国有企业所得税待分配收入
			02	股份制企业所得税待分配收入
			03	港澳台和外商投资企业所得税待分配收入
			99	其他企业所得税待分配收入
		50		企业所得税税款滞纳金、罚款、加收利息收入
			01	内资企业所得税税款滞纳金、罚款、加收利息收入
			02	港澳台和外商投资企业所得税税款滞纳金、罚款、加收利息收入
			03	中央企业所得税税款滞纳金、罚款、加收利息收入
	05			企业所得税退税
		01		国有冶金工业所得税退税
		02		国有有色金属工业所得税退税
		03		国有煤炭工业所得税退税
		04		国有电力工业所得税退税
		05		国有石油和化学工业所得税退税
		06		国有机械工业所得税退税
		07		国有汽车工业所得税退税
		08		国有核工业所得税退税
		09		国有航空工业所得税退税
		10		国有航天工业所得税退税
		11		国有电子工业所得税退税
		12		国有兵器工业所得税退税

续表

科目编码				科目名称
类	款	项	目	
		13		国有船舶工业所得税退税
		14		国有建筑材料工业所得税退税
		15		国有烟草企业所得税退税
		16		国有纺织企业所得税退税
		17		国有铁道企业所得税退税
		18		国有交通企业所得税退税
		19		国有邮政企业所得税退税
		20		国有民航企业所得税退税
		21		海洋石油天然气企业所得税退税
		22		国有外贸企业所得税退税
		23		国有银行所得税退税
			03	中国进出口银行所得税退税
			04	中国农业发展银行所得税退税
			09	其他国有银行所得税退税
		24		国有非银行金融企业所得税退税
			01	中国投资有限责任公司所得税退税
			02	中国信达资产管理股份有限公司所得税退税
			09	其他国有非银行金融企业所得税退税
		25		国有保险企业所得税退税
		26		国有文教企业所得税退税
			01	国有电影企业所得税退税
			02	国有出版企业所得税退税
			09	其他国有文教企业所得税退税
		27		国有水产企业所得税退税
		28		国有森林工业企业所得税退税
		29		国有电信企业所得税退税
		30		其他国有企业所得税退税
		31		集体企业所得税退税
		32		股份制企业所得税退税
			01	中国工商银行股份有限公司所得税退税
			02	中国建设银行股份有限公司所得税退税
			03	中国银行股份有限公司所得税退税

续表

科目编码				科目名称
类	款	项	目	
			04	广发银行股份有限公司所得税退税
			05	中国农业银行股份有限公司所得税退税
			06	国家开发银行股份有限公司所得税退税
			09	其他股份制企业所得税退税
		33		联营企业所得税退税
		34		私营企业所得税退税
		35		跨省市总分机构企业所得税退税
			01	国有跨省市总分机构企业所得税退税
			02	股份制跨省市总分机构企业所得税退税
			03	港澳台和外商投资跨省市总分机构企业所得税退税
			99	其他跨省市总分机构企业所得税退税
		36		跨市县总分机构企业所得税退税
			01	国有跨市县总分机构企业所得税退税
			02	股份制跨市县总分机构企业所得税退税
			03	港澳台和外商投资跨市县总分机构企业所得税退税
			99	其他跨市县总分机构企业所得税退税
		99		其他企业所得税退税
	06			个人所得税
		01		个人所得税
			01	储蓄存款利息所得税
			02	军队个人所得税
			09	其他个人所得税
		20		个人所得税税款滞纳金、罚款收入
	07			资源税
		01		海洋石油资源税
		19		其他资源税
		20		资源税税款滞纳金、罚款收入
	08			固定资产投资方向调节税
		01		国有企业固定资产投资方向调节税
		02		集体企业固定资产投资方向调节税
		03		股份制企业固定资产投资方向调节税
		04		联营企业固定资产投资方向调节税

续表

科目编码				科目名称
类	款	项	目	
		05		港澳台和外商投资企业固定资产投资方向调节税
		06		私营企业固定资产投资方向调节税
		19		其他固定资产投资方向调节税
		20		固定资产投资方向调节税税款滞纳金、罚款收入
	09			城市维护建设税
		01		国有企业城市维护建设税
		02		集体企业城市维护建设税
		03		股份制企业城市维护建设税
		04		联营企业城市维护建设税
		05		港澳台和外商投资企业城市维护建设税
		06		私营企业城市维护建设税
		19		其他企业城市维护建设税
		20		城市维护建设税税款滞纳金、罚款收入
		21		成品油价格和税费改革城市维护建设税划出
		22		成品油价格和税费改革城市维护建设税划入
	10			房产税
		01		国有企业房产税
		02		集体企业房产税
		03		股份制企业房产税
		04		联营企业房产税
		05		港澳台和外商投资企业房产税
		06		私营企业房产税
		19		其他房产税
		20		房产税税款滞纳金、罚款收入
	11			印花税
		01		证券交易印花税
			01	证券交易印花税
			09	证券交易印花税退库
		19		其他印花税
		20		印花税税款滞纳金、罚款收入
	12			城镇土地使用税
		01		国有企业城镇土地使用税

续表

科目编码				科目名称
类	款	项	目	
		02		集体企业城镇土地使用税
		03		股份制企业城镇土地使用税
		04		联营企业城镇土地使用税
		05		私营企业城镇土地使用税
		06		港澳台和外商投资企业城镇土地使用税
		19		其他城镇土地使用税
		20		城镇土地使用税税款滞纳金、罚款收入
	13			土地增值税
		01		国有企业土地增值税
		02		集体企业土地增值税
		03		股份制企业土地增值税
		04		联营企业土地增值税
		05		港澳台和外商投资企业土地增值税
		06		私营企业土地增值税
		19		其他土地增值税
		20		土地增值税税款滞纳金、罚款收入
	14			车船税
		01		车船税
		20		车船税税款滞纳金、罚款收入
	15			船舶吨税
		01		船舶吨税
		20		船舶吨税税款滞纳金、罚款收入
	16			车辆购置税
		01		车辆购置税
		20		车辆购置税税款滞纳金、罚款收入
	17			关税
		01		关税
			01	进口关税
			02	出口关税
		02		特定区域进口自用物资关税
		03		特别关税
			01	反倾销税

续表

科目编码				科目名称
类	款	项	目	
			02	反补贴税
			03	保障措施
		20		关税和特别关税税款滞纳金、罚款收入
		21		关税退税
		22		特定区域进口自用物资退关税
	18			耕地占用税
		01		耕地占用税
		02		耕地占用税退税
		20		耕地占用税税款滞纳金、罚款收入
	19			契税
		01		契税
		20		契税税款滞纳金、罚款收入
	20			烟叶税
		01		烟叶税
		20		烟叶税税款滞纳金、罚款收入
	99			其他税收收入
103				非税收入
	02			专项收入
		01		排污费收入
			01	排污费收入
			02	海洋工程排污费收入
		02		水资源费收入
			01	三峡电站水资源费收入
			99	其他水资源费收入
		03		教育费附加收入
			01	教育费附加收入
			02	成品油价格和税费改革教育费附加收入划出
			03	成品油价格和税费改革教育费附加收入划入
			99	教育费附加滞纳金、罚款收入
		05		铀产品出售收入
		10		三峡库区移民专项收入
		11		国家留成油上缴收入

续表

科目编码				科目名称
类	款	项	目	
		12		场外核应急准备收入
		13		草原植被恢复费收入
		15		矿产资源专项收入
			01	矿产资源补偿费收入
			02	探矿权、采矿权使用费收入
			03	探矿权、采矿权价款收入
		99		其他专项收入
			01	广告收入
			99	其他专项收入
	04			行政事业性收费收入
		01		公安行政事业性收费收入
			01	外国人签证费
			02	外国人证件费
			03	公民出入境证件费
			04	中国国籍申请手续费
			06	口岸以外边防检查监护费
			09	户籍管理证件工本费
			10	居民身份证工本费
			11	机动车号牌工本费
			12	机动车行驶证工本费
			13	机动车登记证书工本费
			14	机动车抵押登记费
			15	机动车安全技术检验费
			16	驾驶证工本费
			17	驾驶许可考试费
			19	非律宾船员检查费
			20	临时入境机动车号牌和行驶工本费
			21	临时机动车驾驶证工本费
			50	其他缴入国库的公安行政事业性收费
		02		法院行政事业性收费收入
			01	诉讼费
			02	培训费、资料工本费和住宿费

续表

科目编码				科目名称
类	款	项	目	
			50	其他缴入国库的法院行政事业性收费
		03		司法行政事业性收费收入
			01	外国律师事务所办事处申请手续费
			02	外国律师事务所办事处年检费
			03	公证费
			05	司法考试考务费
			50	其他缴入国库的司法行政事业性收费
		04		外交行政事业性收费收入
			01	护照费
			02	认证费
			03	签证费
			04	驻外使领馆公证翻译费
			05	代发电报收费
			50	其他缴入国库的外交行政事业性收费
		05		工商行政事业性收费收入
			03	企业注册登记费
			04	个体工商户注册登记费
			06	商标注册收费
			50	其他缴入国库的工商行政事业性收费
		06		商贸行政事业性收费收入
			01	证书工本费
			50	其他缴入国库的商贸行政事业性收费
		07		财政行政事业性收费收入
			01	证书工本费
			02	考试考务费
			50	其他缴入国库的财政行政事业性收费
		08		税务行政事业性收费收入
			01	税务发票工本费
			50	其他缴入国库的税务行政事业性收费
		09		海关行政事业性收费收入
			01	海关监管手续费
			04	进口货物滞报金

续表

科目编码				科目名称
类	款	项	目	
			05	知识产权海关保护备案费
			06	ATA 单证册调整费
			07	报关员培训考试发证费
			08	货物行李物品保管费
			50	其他缴入国库的海关行政事业性收费
		10		审计行政事业性收费收入
			01	考试考务费
			50	其他缴入国库的审计行政事业性收费
		11		人口和计划生育行政事业性收费收入
			01	社会抚养费
			50	其他缴入国库的人口和计划生育行政事业性收费
		13		国管局行政事业性收费收入
			01	会计从业资格考试费
			03	工人技术等级鉴定考核费
			50	其他缴入国库的国管局行政事业性收费
		14		外专局行政事业性收费收入
			03	出国培训备选人员外语考务费、考试费
			50	其他缴入国库的外专局行政事业性收费
		15		保密行政事业性收费收入
			01	保密证表包装材料费
			50	其他缴入国库的保密行政事业性收费
		16		质量监督检验检疫行政事业性收费收入
			01	客运索道运营审查检验和定期检验费
			02	压力管道安装审查检验和定期检验费
			03	压力管道元件制造审查检验费
			04	特种劳动防护用品检验费
			05	一般劳动防护用品检验费
			06	棉花监督检验费
			07	锅炉、压力容器检验费
			08	考试考务费
			09	工业产品生产许可证收费
			10	计量收费

续表

科目编码				科目名称
类	款	项	目	
			11	组织机构代码证书收费
			12	出入境检验检疫收费
			13	检疫处理等业务收费
			14	实验室检验项目、鉴定收费
			15	设备监理单位资格评审费
			16	滞纳金
			17	特种设备检验检测费
			18	产品质量监督检验费
			50	其他缴入国库的质检行政事业性收费
		17		出版行政事业性收费收入
			03	计算机软件著作权登记费
			50	其他缴入国库的出版行政事业性收费
		18		安全生产行政事业性收费收入
			50	其他缴入国库的安全生产行政事业性收费
		19		档案行政事业性收费收入
			01	档案收费
			50	其他缴入国库的档案行政事业性收费
		20		港澳办行政事业性收费收入
			01	往来香港澳门通行证工本费及签注费
			02	派驻香港澳门身份证明工本费
			50	其他缴入国库的港澳办行政事业性收费
		22		贸促会行政事业性收费收入
			01	ATA 单证册收费
			50	其他缴入国库的贸促会行政事业性收费
		23		宗教行政事业性收费收入
			01	清真食品认证费
			50	其他缴入国库的宗教行政事业性收费
		24		人防办行政事业性收费收入
			01	防空地下室易地建设费
			50	其他缴入国库的人防办行政事业性收费
		25		中直管理局行政事业性收费收入
			02	工人培训考核费

续表

科目编码				科目名称
类	款	项	目	
			03	机要交通文件（物件）传递费
			04	会计从业资格考试费
			06	培训费
			07	住宿费
			08	学费
			50	其他缴入国库的中直管理局行政事业性收费
		26		文化行政事业性收费收入
			01	摄影师预备资格考试费
			50	其他缴入国库的文化行政事业性收费
		27		教育行政事业性收费收入
			06	教师资格考试费
			07	普通话水平测试费
			50	其他缴入国库的教育行政事业性收费
		28		科技行政事业性收费收入
			50	其他缴入国库的科技行政事业性收费
		29		体育行政事业性收费收入
			01	运动员或运动团体注册费
			02	俱乐部运动员转会手续费
			03	段位考评认定费
			04	比赛报名费
			05	运动马匹注册费
			06	兴奋剂检测费
			07	体育特殊专业招生考务费
			50	其他缴入国库的体育行政事业性收费
		30		发展与改革（物价）行政事业性收费收入
			03	非刑事案件财物价格鉴定费
			50	其他缴入国库的发展与改革（物价）行政事业性收费
		31		统计行政事业性收费收入
			01	统计专业技术资格考试考务费
			02	统计人员岗位培训费
			50	其他缴入国库的统计行政事业性收费
		32		国土资源行政事业性收费收入

续表

科目编码				科目名称
类	款	项	目	
			01	石油（天然气）勘查、开采登记费
			02	矿产资源勘查登记费
			03	采矿登记收费
			04	土地复垦费
			05	土地闲置费
			06	土地登记费
			07	征（土）地管理费
			08	耕地开垦费
			09	地质成果资料费
			10	土地评估师考试考务费
			50	其他缴入国库的国土资源行政事业性收费
		33		建设行政事业性收费收入
			02	房屋所有权登记费
			03	城市房屋安全鉴定费
			06	城市道路占用挖掘费
			07	白蚁防治费
			10	考试考务费
			11	人力资源开发中心收费
			12	城市污水处理费
			50	其他缴入国库的建设行政事业性收费
		34		知识产权行政事业性收费收入
			01	专利收费
			02	专利代理人资格考试报名考务费
			03	集成电路布图设计保护收费
			50	其他缴入国库的知识产权行政事业性收费
		35		环保行政事业性收费收入
			02	核安全技术审评费
			03	化学品进口登记费
			04	城市放射性废物送贮费
			05	环境监测服务费
			06	考试考务费
			07	进口废物环境保护审查登记费

续表

科目编码				科目名称
类	款	项	目	
			50	其他缴入国库的环保行政事业性收费
		36		旅游行政事业性收费收入
			01	入境签证费
			02	星级标牌工本费
			04	导游人员资格考试费和等级考核费
			05	工农业旅游示范点标牌工本费
			06	A级旅游景区标牌工本费
			50	其他缴入国库的旅游行政事业性收费
		37		海洋行政事业性收费收入
			01	海洋废弃物收费
			50	其他缴入国库的海洋行政事业性收费
		38		测绘行政事业性收费收入
			01	测绘成果成图资料收费
			02	测绘产品质量监督检验费
			03	测绘仪器检测收费
			50	其他缴入国库的测绘行政事业性收费
		40		铁路行政事业性收费收入
			01	考试考务费
			50	其他缴入国库的铁路行政事业性收费
		42		交通运输行政事业性收费收入
			02	证书工本费
			03	考试考务费
			04	船舶电信业务岸台费
			05	民用航空器国籍登记费
			06	民用航空器权利登记费
			08	航空业务权补偿费
			09	适航审查费
			10	船舶登记费
			11	船舶证明签证费
			12	船舶申请安全检查复查费
			13	油污水化验费
			14	海事调解费

续表

科目编码				科目名称
类	款	项	目	
			15	浮油回收费
			16	海岸电台无线电电报电话费
			17	特种船舶和水上水下工程护航费
			18	船舶及船用产品设施检验费
			50	其他缴入国库的交通运输行政事业性收费
		43		工业和信息产业行政事业性收费收入
			01	电子工程概预算人员培训费
			02	卫星转发器信道费
			03	无线电频率占用费
			04	无线电设备检测费
			06	考试考务费
			07	电信网码号资源占用费
			08	烟草制品及原辅材料检验费
			09	进网许可标志工本费
			50	其他缴入国库的工业和信息产业行政事业性收费
		44		农业行政事业性收费收入
			01	植物新品种保护权收费
			02	国内植物检疫费
			03	畜禽及畜禽产品检疫费
			04	水生野生动物资源保护费
			05	农药登记费
			06	新兽药审批费
			07	进口兽药注册登记审批、发证收费
			08	《进口兽药许可证》审批费
			10	生产审批费
			11	已生产兽药品种注册登记费
			12	农业转基因生物检测费
			13	农机监理费
			14	渔业资源增殖保护费
			15	渔业船舶登记或变更登记费
			16	海洋渔业船舶船员考试费
			18	农业转基因生物安全评价费

续表

科目编码				科目名称
类	款	项	目	
			19	农机产品测试检验费
			20	新饲料添加剂质量复核检验费
			21	进口饲料添加剂质量复核检验费
			22	饲料及饲料添加剂委托检验费
			23	进口兽药质量标准复核检验费
			24	进口兽药检验费
			25	出口兽药检验费
			26	新兽药质量复核检验费
			27	兽药委托检验费
			28	农作物委托检验费
			29	海事调解费
			30	渔业船舶和船用产品检验费
			31	档案使用费
			32	档案保管费
			33	工人技术等级考核或职业技能鉴定费
			34	农药实验费
			35	执业兽医资格考试考务费
			50	其他缴入国库的农业行政事业性收费
		45		林业行政事业性收费收入
			01	野生动植物进出口管理费
			02	森林植物检疫费
			03	绿化费
			04	陆生野生动物资源保护管理费
			05	林权勘测费
			06	植物新品种保护权收费
			07	林权证收费
			50	其他缴入国库的林业行政事业性收费收入
		46		水利行政事业性收费收入
			01	河道采砂管理费
			02	河道工程修建维护管理费
			04	水土流失防治费
			05	水土保持设施补偿费

续表

科目编码				科目名称
类	款	项	目	
			07	长江河道砂石资源费
			08	考试考务费
			09	灌溉水源灌排工程补偿费收入
			50	其他缴入国库的水利行政事业性收费
		47		卫生行政事业性收费收入
			06	卫生监测费
			07	卫生质量检验费
			08	预防性体检费
			09	预防接种劳务费
			10	委托性卫生防疫服务费
			11	疫情处理费
			12	医疗事故鉴定费
			13	考试考务费
			15	预防接种异常反应鉴定费
			16	进口药品注册审批费
			17	GMP 认证费
			18	GSP 认证费
			19	已生产药品登记费
			20	药品行政保护费
			21	生产药典、标准品种审批费
			22	新药审批费
			23	新药开发评审费
			28	中药品种保护费
			29	登记费
			30	造血干细胞配型费
			31	药品检验费
			32	医疗器械、制药机械检验费
			50	其他缴入国库的卫生行政事业性收费
		49		民政行政事业性收费收入
			01	婚姻登记证书工本费
			02	收养登记费
			05	学费

续表

科目编码				科目名称
类	款	项	目	
			07	住宿费
			08	殡葬收费
			50	其他缴入国库的民政行政事业性收费
		50		人力资源和社会保障行政事业性收费收入
			02	职业技能鉴定费
			03	人才流动中心收费
			04	考试考务费
			50	其他缴入国库的人力资源和社会保障行政事业性收费
		51		证监会行政事业性收费收入
			01	证券市场监管费
			02	期货市场监管费
			03	证券、期货从业人员资格报名考试费
			50	其他缴入国库的证监会行政事业性收费
		52		银监会行政事业性收费收入
			01	机构监管费
			02	业务监管费
			50	其他缴入国库的银监会行政事业性收费
		53		保监会行政事业性收费收入
			01	保险业务监管费
			02	考试考务费
			50	其他缴入国库的保监会行政事业性收费
		54		电力市场监管行政事业性收费收入
			01	电力监管费
			50	其他缴入国库的电力市场监管行政事业性收费
		55		仲裁委行政事业性收费收入
			01	仲裁收费
			50	其他缴入国库的仲裁委行政事业性收费
		56		编办行政事业性收费收入
			50	其他缴入国库的编办行政事业性收费
		57		党校行政事业性收费收入
			50	其他缴入国库的党校行政事业性收费
		58		监察行政事业性收费收入

续表

科目编码				科目名称
类	款	项	目	
			01	培训费
			02	住宿费
			03	资料工本费
			50	其他缴入国库的监察行政事业性收费
		59		外文局行政事业性收费收入
			01	翻译专业资格（水平）考试考务费
			50	其他缴入国库的外文局行政事业性收费
		60		南水北调办行政事业性收费收入
			50	其他缴入国库的南水北调办行政事业性收费
		61		国资委行政事业性收费收入
			01	考试考务费
			50	其他缴入国库的国资委行政事业性收费
		99		其他行政事业性收费收入
			50	其他缴入国库的行政事业性收费
	05			罚没收入
		01		一般罚没收入
			01	公安罚没收入
			02	检察院罚没收入
			03	法院罚没收入
			04	工商罚没收入
			05	新闻出版罚没收入
			06	技术监督罚没收入
			07	税务部门罚没收入
			08	海关罚没收入
			09	食品药品监督罚没收入
			10	卫生罚没收入
			11	检验检疫罚没收入
			12	证监会罚没收入
			13	保监会罚没收入
			14	交通罚没收入
			15	铁道罚没收入
			16	审计罚没收入

续表

科目编码				科目名称
类	款	项	目	
			17	渔政罚没收入
			18	银行监督罚没收入
			19	民航罚没收入
			20	电监会罚没收入
			21	交强险罚没收入
			22	物价罚没收入
			99	其他一般罚没收入
		02		缉私罚没收入
			01	公安缉私罚没收入
			02	工商缉私罚没收入
			03	海关缉私罚没收入
			04	边防武警缉私罚没收入
			99	其他部门缉私罚没收入
		03		缉毒罚没收入
		09		罚没收入退库
	06			国有资本经营收入
		01		利润收入
			01	中国人民银行上缴收入
			02	金融企业利润收入
			99	其他企业利润收入
		02		股利、股息收入
			01	金融业公司股利、股息收入
			99	其他股利、股息收入
		03		产权转让收入
			99	其他产权转让收入
		04		清算收入
			99	其他清算收入
		05		国有资本经营收入退库
		06		国有企业计划亏损补贴
			01	工业企业计划亏损补贴
			02	农业企业计划亏损补贴
			99	其他国有企业计划亏损补贴

续表

科目编码				科目名称
类	款	项	目	
		99		其他国有资本经营收入
	07			国有资源（资产）有偿使用收入
		01		海域使用金收入
			01	中央海域使用金收入
			02	地方海域使用金收入
		02		场地和矿区使用费收入
			01	陆上石油矿区使用费
			02	海上石油矿区使用费
			03	中央合资合作企业场地使用费收入
			04	中央和地方合资合作企业场地使用费收入
			05	地方合资合作企业场地使用费收入
			06	港澳台和外商独资企业场地使用费收入
		03		特种矿产品出售收入
		04		专项储备物资销售收入
		05		利息收入
			01	国库存款利息收入
			03	有价证券利息收入
			99	其他利息收入
		06		非经营性国有资产收入
			01	行政单位国有资产出租、出借收入
			02	行政单位国有资产处置收入
			03	事业单位国有资产处置收入
			99	其他非经营性国有资产收入
		07		出租车经营权有偿出让和转让收入
		08		无居民海岛使用金收入
			01	中央无居民海岛使用收入
			02	地方无居民海岛使用收入
		99		其他国有资源（资产）有偿使用收入
	99			其他收入
		01		捐赠收入
			01	国外捐赠收入
			02	国内捐赠收入

续表

科目编码				科目名称
类	款	项	目	
			03	汶川地震捐赠收入
		02		动用国储棉、糖、油上交财政收入
		03		动用国家储备粮油上交差价收入
		04		主管部门集中收入
		05		国际赠款有偿使用费收入
		06		乡镇自筹和统筹收入
		07		免税商品特许经营费收入
		08		基本建设收入
		09		石油特别收益金专项收入
			01	石油特别收益金专项收入
			02	石油特别收益金退库
		11		动用国储盐上交财政收入
		12		差别电价收入
		60		成品油价格和税费改革清退补缴收入
		99		其他收入
104				贷款转贷回收本金收入
	01			国内贷款回收本金收入
	02			国外贷款回收本金收入
		01		外国政府贷款回收本金收入
		02		国际组织贷款回收本金收入
		99		其他国外贷款回收本金收入
	03			国内转贷回收本金收入
	04			国外转贷回收本金收入
105				债务收入
	01			国内债务收入
		04		财政部代理发行地方政府债券收入
	02			国外债务收入
		04		地方向国外借款收入
			01	地方向外国政府借款收入
			02	地方向国际金融组织借款收入
110				转移性收入
	01			返还性收入

续表

科目编码				科目名称
类	款	项	目	
		01		增值税和消费税税收返还收入
		02		所得税基数返还收入
		03		成品油价格和税费改革税收返还收入
		99		其他税收返还收入
	02			一般性转移支付收入
		01		体制补助收入
		02		均衡性转移支付收入
		03		民族地区转移支付补助收入
		04		调整工资转移支付补助收入
		06		农村税费改革补助收入
		07		县级基本财力保障机制奖补资金收入
		08		结算补助收入
		09		体制上解收入
		10		出口退税专项上解收入
		11		化解债务补助收入
		12		资源枯竭型城市转移支付补助收入
		14		企业事业单位划转补助收入
		15		成品油价格和税费改革转移支付补助收入
		16		成品油价格和税费改革专项上解收入
		18		工商部门停征两费转移支付收入
		19		一般公共服务转移支付收入
		20		公共安全转移支付收入
		21		教育转移支付收入
		22		社会保障和就业转移支付收入
		23		医疗卫生转移支付收入
		24		农林水转移支付收入
		25		产粮（油）大县奖励资金收入
		26		重点生态功能区转移支付收入
		99		其他一般性转移支付收入
	03			专项转移支付收入
		01		一般公共服务
		02		外交

续表

科目编码				科目名称
类	款	项	目	
		03		国防
		04		公共安全
		05		教育
		06		科学技术
		07		文化体育与传媒
		08		社会保障和就业
		10		医疗卫生
		11		节能环保
		12		城乡社区事务
		13		农林水事务
		14		交通运输
		15		资源勘探电力信息等事务
		16		商业服务业等事务
		17		金融监管等事务
		18		地震灾后恢复重建
		20		国土资源气象等事务
		21		住房保障
		22		粮油物资储备事务
		51		专项上解收入
		99		其他收入
	07			地震灾后恢复重建补助收入
		01		地震灾后恢复重建补助收入（公共财政预算）
	08			上年结余收入
		01		公共财政预算上年结余收入
	09			调入资金

二、公共财政预算支出科目

科目编码			科目名称
类	款	项	
201			一般公共服务
	01		人大事务
		01	行政运行
		02	一般行政管理事务
		03	机关服务
		04	人大会议
		05	人大立法
		06	人大监督
		07	代表培训
		08	代表工作
		09	人大信访工作
		50	事业运行
		99	其他人大事务支出
	02		政协事务
		01	行政运行
		02	一般行政管理事务
		03	机关服务
		04	政协会议
		05	委员视察
		06	参政议政
		50	事业运行
		99	其他政协事务支出
	03		政府办公厅（室）及相关机构事务
		01	行政运行
		02	一般行政管理事务
		03	机关服务
		04	专项服务
		05	专项业务活动
		06	政务公开审批
		07	法制建设

续表

科目编码			科目名称
类	款	项	
		08	信访事务
		09	参事事务
		50	事业运行
		99	其他政府办公厅（室）及相关机构事务支出
	04		发展与改革事务
		01	行政运行
		02	一般行政管理事务
		03	机关服务
		04	战略规划与实施
		05	日常经济运行调节
		06	社会事业发展规划
		07	经济体制改革研究
		08	物价管理
		50	事业运行
		99	其他发展与改革事务支出
	05		统计信息事务
		01	行政运行
		02	一般行政管理事务
		03	机关服务
		04	信息事务
		05	专项统计业务
		06	统计管理
		07	专项普查活动
		08	统计抽样调查
		50	事业运行
		99	其他统计信息事务支出
	06		财政事务
		01	行政运行
		02	一般行政管理事务
		03	机关服务
		04	预算改革业务
		05	财政国库业务

续表

科目编码			科目名称
类	款	项	
		06	财政监察
		07	信息化建设
		08	财政委托业务支出
		50	事业运行
		99	其他财政事务支出
	07		税收事务
		01	行政运行
		02	一般行政管理事务
		03	机关服务
		04	税务办案
		05	税务登记证及发票管理
		06	代扣代收代征税款手续费
		07	税务宣传
		08	协税护税
		09	信息化建设
		50	事业运行
		99	其他税收事务支出
	08		审计事务
		01	行政运行
		02	一般行政管理事务
		03	机关服务
		04	审计业务
		05	审计管理
		06	信息化建设
		50	事业运行
		99	其他审计事务支出
	09		海关事务
		01	行政运行
		02	一般行政管理事务
		03	机关服务
		04	收费业务
		05	缉私办案

续表

科目编码			科目名称
类	款	项	
		07	口岸电子执法系统建设与维护
		08	信息化建设
		50	事业运行
		99	其他海关事务支出
	10		人力资源事务
		01	行政运行
		02	一般行政管理事务
		03	机关服务
		04	政府特殊津贴
		05	资助留学回国人员
		06	军队转业干部安置
		07	博士后日常经费
		08	引进人才费用
		09	公务员考核
		10	公务员培训
		11	公务员招考
		50	事业运行
		99	其他人事事务支出
	11		纪检监察事务
		01	行政运行
		02	一般行政管理事务
		03	机关服务
		04	大案要案查处
		05	派驻派出机构
		06	中央巡视
		50	事业运行
		99	其他纪检监察事务支出
	12		人口与计划生育事务
		01	行政运行
		02	一般行政管理事务
		03	机关服务
		04	人口规划与发展战略研究

续表

科目编码			科目名称
类	款	项	
		05	计划生育家庭奖励
		06	人口和计划生育统计及抽样调查
		07	人口和计划生育信息系统建设
		08	计划生育、生殖健康促进工程
		09	计划生育免费基本技术服务
		10	人口出生性别比综合治理
		11	人口和计划生育服务网络建设
		12	计划生育避孕药具经费
		13	人口和计划生育宣传教育经费
		14	流动人口计划生育管理和服务
		15	人口和计划生育目标责任制考核
		99	其他人口与计划生育事务支出
	13		商贸事务
		01	行政运行
		02	一般行政管理事务
		03	机关服务
		04	对外贸易管理
		05	国际经济合作
		06	外资管理
		07	国内贸易管理
		08	招商引资
		50	事业运行
		99	其他商贸事务支出
	14		知识产权事务
		01	行政运行
		02	一般行政管理事务
		03	机关服务
		04	专利审批
		05	国家知识产权战略
		06	专利试点和产业化推进
		07	专利执法
		08	国际组织专项活动

续表

科目编码			科目名称
类	款	项	
		09	知识产权宏观管理
		50	事业运行
		99	其他知识产权事务支出
	15		工商行政管理事务
		01	行政运行
		02	一般行政管理事务
		03	机关服务
		04	工商行政管理专项
		05	执法办案专项
		06	消费者权益保护
		07	信息化建设
		50	事业运行
		99	其他工商行政管理事务支出
	17		质量技术监督与检验检疫事务
		01	行政运行
		02	一般行政管理事务
		03	机关服务
		04	出入境检验检疫行政执法和业务管理
		05	出入境检验检疫技术支持
		06	质量技术监督行政执法及业务管理
		07	质量技术监督技术支持
		08	认证认可监督管理
		09	标准化管理
		10	信息化建设
		50	事业运行
		99	其他质量技术监督与检验检疫事务支出
	23		民族事务
		01	行政运行
		02	一般行政管理事务
		03	机关服务
		04	民族工作专项
		50	事业运行

续表

科目编码			科目名称
类	款	项	
		99	其他民族事务支出
	24		宗教事务
		01	行政运行
		02	一般行政管理事务
		03	机关服务
		04	宗教工作专项
		50	事业运行
		99	其他宗教事务支出
	25		港澳台侨事务
		01	行政运行
		02	一般行政管理事务
		03	机关服务
		04	港澳事务
		05	台湾事务
		06	华侨事务
		50	事业运行
		99	其他港澳台侨事务支出
	26		档案事务
		01	行政运行
		02	一般行政管理事务
		03	机关服务
		04	档案馆
		99	其他档案事务支出
	28		民主党派及工商联事务
		01	行政运行
		02	一般行政管理事务
		03	机关服务
		04	参政议政
		50	事业运行
		99	其他民主党派及工商联事务支出
	29		群众团体事务
		01	行政运行

续表

科目编码			科目名称
类	款	项	
		02	一般行政管理事务
		03	机关服务
		04	厂务公开
		05	工会疗养休养
		50	事业运行
		99	其他群众团体事务支出
	31		党委办公厅（室）及相关机构事务
		01	行政运行
		02	一般行政管理事务
		03	机关服务
		05	专项业务
		50	事业运行
		99	其他党委办公厅（室）及相关机构事务支出
	32		组织事务
		01	行政运行
		02	一般行政管理事务
		03	机关服务
		50	事业运行
		99	其他组织事务支出
	33		宣传事务
		01	行政运行
		02	一般行政管理事务
		03	机关服务
		50	事业运行
		99	其他宣传事务支出
	34		统战事务
		01	行政运行
		02	一般行政管理事务
		03	机关服务
		50	事业运行
		99	其他统战事务支出
	35		对外联络事务

续表

科目编码			科目名称
类	款	项	
		01	行政运行
		02	一般行政管理事务
		03	机关服务
		50	事业运行
		99	其他对外联络事务支出
	36		其他共产党事务支出
		01	行政运行
		02	一般行政管理事务
		03	机关服务
		50	事业运行
		99	其他共产党事务支出
	99		其他一般公共服务支出
		01	国家赔偿费用支出
		99	其他一般公共服务支出
202			外交
	01		外交管理事务
		01	行政运行
		02	一般行政管理事务
		03	机关服务
		04	专项业务
		50	事业运行
		99	其他外交管理事务支出
	02		驻外机构
		01	驻外使领馆（团、处）
		02	其他驻外机构支出
	03		对外援助
		01	对外成套项目援助
		02	对外一般物资援助
		03	对外科技合作援助
		04	对外优惠贷款援助及贴息
		05	对外医疗援助
		99	其他对外援助支出

续表

科目编码			科目名称
类	款	项	
	04		国际组织
		01	国际组织会费
		02	国际组织捐赠
		03	维和摊款
		04	国际组织股金及基金
		99	其他国际组织支出
	05		对外合作与交流
		01	出国活动
		02	招待活动
		03	在华国际会议
		99	其他对外合作与交流支出
	06		对外宣传
		01	对外宣传
	07		边界勘界联检
		01	边界勘界
		02	边界联检
		03	边界界桩维护
		99	其他支出
	99		其他外交支出
		01	其他外交支出
203			国防
	01		现役部队
		01	现役部队
	02		预备役部队
		01	预备役部队
	03		民兵
		01	民兵
	04		国防科研事业
		01	国防科研事业
	05		专项工程
		01	专项工程
	06		国防动员

续表

科目编码			科目名称
类	款	项	
		01	兵役征集
		02	经济动员
		03	人民防空
		04	交通战备
		05	国防教育
		99	其他国防动员支出
	99		其他国防支出
		01	其他国防支出
204			公共安全
	01		武装警察
		01	内卫
		02	边防
		03	消防
		04	警卫
		05	黄金
		06	森林
		07	水电
		08	交通
		99	其他武装警察支出
	02		公安
		01	行政运行
		02	一般行政管理事务
		03	机关服务
		04	治安管理
		05	国内安全保卫
		06	刑事侦查
		07	经济犯罪侦查
		08	出入境管理
		09	行动技术管理
		10	防范和处理邪教犯罪
		11	禁毒管理
		12	道路交通管理

续表

科目编码			科目名称
类	款	项	
		13	网络侦控管理
		14	反恐怖
		15	居民身份证管理
		16	网络运行及维护
		17	拘押收教场所管理
		18	警犬繁育及训养
		19	信息化建设
		50	事业运行
		99	其他公安支出
	03		国家安全
		01	行政运行
		02	一般行政管理事务
		03	机关服务
		04	安全业务
		50	事业运行
		99	其他国家安全支出
	04		检察
		01	行政运行
		02	一般行政管理事务
		03	机关服务
		04	查办和预防职务犯罪
		05	公诉和审判监督
		06	侦查监督
		07	执行监督
		08	控告申诉
		09	“两房”建设
		50	事业运行
		99	其他检察支出
	05		法院
		01	行政运行
		02	一般行政管理事务
		03	机关服务

续表

科目编码			科目名称
类	款	项	
		04	案件审判
		05	案件执行
		06	“两庭”建设
		50	事业运行
		99	其他法院支出
	06		司法
		01	行政运行
		02	一般行政管理事务
		03	机关服务
		04	基层司法业务
		05	普法宣传
		06	律师公证管理
		07	法律援助
		08	司法统一考试
		09	仲裁
		50	事业运行
		99	其他司法支出
	07		监狱
		01	行政运行
		02	一般行政管理事务
		03	机关服务
		04	犯人生活
		05	犯人改造
		06	狱政设施建设
		50	事业运行
		99	其他监狱支出
	08		劳教
		01	行政运行
		02	一般行政管理事务
		03	机关服务
		04	劳教人员生活
		05	劳教人员教育

续表

科目编码			科目名称
类	款	项	
		06	所政设施建设
		50	事业运行
		99	其他劳教支出
	09		国家保密
		01	行政运行
		02	一般行政管理事务
		03	机关服务
		04	保密技术
		05	保密管理
		50	事业运行
		99	其他国家保密支出
	10		缉私警察
		01	行政运行
		02	一般行政管理事务
		03	专项缉私活动支出
		04	缉私情报
		05	禁毒及缉毒
		06	网络运行及维护
		07	警服购置
		99	其他缉私警察支出
	99		其他公共安全支出
		01	其他公共安全支出
205			教育
	01		教育管理事务
		01	行政运行
		02	一般行政管理事务
		03	机关服务
		99	其他教育管理事务支出
	02		普通教育
		01	学前教育
		02	小学教育
		03	初中教育

续表

科目编码			科目名称
类	款	项	
		04	高中教育
		05	高等教育
		06	化解农村义务教育债务支出
		99	其他普通教育支出
	03		职业教育
		01	初等职业教育
		02	中专教育
		03	技校教育
		04	职业高中教育
		05	高等职业教育
		99	其他职业教育支出
	04		成人教育
		01	成人初等教育
		02	成人中等教育
		03	成人高等教育
		04	成人广播电视教育
		99	其他成人教育支出
	05		广播电视教育
		01	广播电视学校
		02	教育电视台
		99	其他广播电视教育支出
	06		留学教育
		01	出国留学教育
		02	来华留学教育
		99	其他留学教育支出
	07		特殊教育
		01	特殊学校教育
		02	工读学校教育
		99	其他特殊教育支出
	08		教师进修及干部继续教育
		01	教师进修
		02	干部教育

续表

科目编码			科目名称
类	款	项	
		99	其他教师进修及干部继续教育支出
	09		教育费附加安排的支出
		01	农村中小学校舍建设
		02	农村中小学教学设施
		03	城市中小学校舍建设
		04	城市中小学教学设施
		05	中等职业学校教学设施
		99	其他教育费附加安排的支出
	99		其他教育支出
		99	其他教育支出
206			科学技术
	01		科学技术管理事务
		01	行政运行
		02	一般行政管理事务
		03	机关服务
		99	其他科学技术管理事务支出
	02		基础研究
		01	机构运行
		02	重点基础研究规划
		03	自然科学基金
		04	重点实验室及相关设施
		05	重大科学工程
		06	专项基础科研
		07	专项技术基础
		99	其他基础研究支出
	03		应用研究
		01	机构运行
		02	社会公益研究
		03	高技术研究
		04	专项科研试制
		99	其他应用研究支出
	04		技术研究与开发

续表

科目编码			科目名称
类	款	项	
		01	机构运行
		02	应用技术研究与开发
		03	产业技术研究与开发
		04	科技成果转化与扩散
		99	其他技术研究与开发支出
	05		科技条件与服务
		01	机构运行
		02	技术创新服务体系
		03	科技条件专项
		99	其他科技条件与服务支出
	06		社会科学
		01	社会科学研究机构
		02	社会科学研究
		03	社科基金支出
		99	其他社会科学支出
	07		科学技术普及
		01	机构运行
		02	科普活动
		03	青少年科技活动
		04	学术交流活动
		05	科技馆站
		99	其他科学技术普及支出
	08		科技交流与合作
		01	国际交流与合作
		02	重大科技合作项目
		99	其他科技交流与合作支出
	09		科技重大专项
		01	科技重大专项
	99		其他科学技术支出
		01	科技奖励
		02	核应急
		03	转制科研机构

续表

科目编码			科目名称
类	款	项	
		99	其他科学技术支出
207			文化体育与传媒
	01		文化
		01	行政运行
		02	一般行政管理事务
		03	机关服务
		04	图书馆
		05	文化展示及纪念机构
		06	艺术表演场所
		07	艺术表演团体
		08	文化活动
		09	群众文化
		10	文化交流与合作
		11	文化创作与保护
		12	文化市场管理
		99	其他文化支出
	02		文物
		01	行政运行
		02	一般行政管理事务
		03	机关服务
		04	文物保护
		05	博物馆
		06	历史名城与古迹
		99	其他文物支出
	03		体育
		01	行政运行
		02	一般行政管理事务
		03	机关服务
		04	运动项目管理
		05	体育竞赛
		06	体育训练
		07	体育场馆

续表

科目编码			科目名称
类	款	项	
		08	群众体育
		09	体育交流与合作
		99	其他体育支出
	04		广播影视
		01	行政运行
		02	一般行政管理事务
		03	机关服务
		04	广播
		05	电视
		06	电影
		07	广播电视监控
		99	其他广播影视支出
	05		新闻出版
		01	行政运行
		02	一般行政管理事务
		03	机关服务
		04	新闻通讯
		05	出版发行
		06	版权管理
		07	出版市场管理
		99	其他新闻出版支出
	99		其他文化体育与传媒支出
		02	宣传文化发展专项支出
		99	其他文化体育与传媒支出
208			社会保障和就业
	01		人力资源和社会保障管理事务
		01	行政运行
		02	一般行政管理事务
		03	机关服务
		04	综合业务管理
		05	劳动保障监察
		06	就业管理事务

续表

科目编码			科目名称
类	款	项	
		07	社会保险业务管理事务
		08	金保工程
		09	社会保险经办机构
		10	劳动关系和维权
		11	公共就业服务和职业技能鉴定机构
		99	其他人力资源和社会保障管理事务支出
	02		民政管理事务
		01	行政运行
		02	一般行政管理事务
		03	机关服务
		04	拥军优属
		05	老龄事务
		06	民间组织管理
		07	行政区划和地名管理
		08	基层政权和社区建设
		09	部队供应
		99	其他民政管理事务支出
	03		财政对社会保险基金的补助
		01	财政对基本养老保险基金的补助
		02	财政对失业保险基金的补助
		03	财政对基本医疗保险基金的补助
		04	财政对工伤保险基金的补助
		05	财政对生育保险基金的补助
		06	财政对新型农村社会养老保险基金的补助
		99	财政对其他社会保险基金的补助
	04		补充全国社会保障基金
		99	用其他财政资金补充基金
	05		行政事业单位离退休
		01	归口管理的行政单位离退休
		02	事业单位离退休
		03	离退休人员管理机构
		04	未归口管理的行政单位离退休

续表

科目编码			科目名称
类	款	项	
		99	其他行政事业单位离退休支出
	06		企业改革补助
		01	企业关闭破产补助
		02	厂办大集体改革补助
		99	其他企业改革发展补助
	07		就业补助
		01	扶持公共就业服务
		02	职业培训补贴
		03	职业介绍补贴
		04	社会保险补贴
		05	公益性岗位补贴
		06	小额担保贷款贴息
		07	补充小额贷款担保基金
		09	职业技能鉴定补贴
		10	特定就业政策支出
		11	就业见习补贴
		99	其他就业补助支出
	08		抚恤
		01	死亡抚恤
		02	伤残抚恤
		03	在乡复员、退伍军人生活补助
		04	优抚事业单位
		05	义务兵优待
		99	其他优抚支出
	09		退役安置
		01	退役士兵安置
		02	军队移交政府的离退休人员安置
		03	军队移交政府离退休干部管理机构
		99	其他退役安置支出
	10		社会福利
		01	儿童福利
		02	老年福利

续表

科目编码			科目名称
类	款	项	
		03	假肢矫形
		04	殡葬
		05	社会福利事业单位
		99	其他社会福利支出
	11		残疾人事业
		01	行政运行
		02	一般行政管理事务
		03	机关服务
		04	残疾人康复
		05	残疾人就业和扶贫
		06	残疾人体育
		99	其他残疾人事业支出
	12		城市居民最低生活保障
		01	城市居民最低生活保障金支出
		02	城市居民最低生活保障对象临时补助
	13		其他城市生活救助
		01	流浪乞讨人员救助
		99	其他城市生活救助支出
	15		自然灾害生活救助
		01	中央自然灾害生活补助
		02	地方自然灾害生活补助
		03	自然灾害灾后重建补助
		99	其他自然灾害生活救助支出
	16		红十字事业
		01	行政运行
		02	一般行政管理事务
		03	机关服务
		99	其他红十字事业支出
	17		农村最低生活保障
		01	农村最低生活保障金支出
	18		其他农村生活救助

续表

科目编码			科目名称
类	款	项	
		01	农村五保供养
		99	其他农村生活救助支出
	24		补充道路交通事故社会救助基金
		01	交强险营业税补助基金支出
		02	交强险罚款收入补助基金支出
	99		其他社会保障和就业支出
		01	其他社会保障和就业支出
210			医疗卫生
	01		医疗卫生管理事务
		01	行政运行
		02	一般行政管理事务
		03	机关服务
		99	其他医疗卫生管理事务支出
	02		公立医院
		01	综合医院
		02	中医（民族）医院
		03	传染病医院
		04	职业病防治医院
		05	精神病医院
		06	妇产医院
		07	儿童医院
		08	其他专科医院
		09	福利医院
		10	行业医院
		11	处理医疗欠费
		99	其他公立医院支出
	03		基层医疗卫生机构
		01	城市社区卫生机构
		02	乡镇卫生院
		99	其他基层医疗卫生机构支出
	04		公共卫生
		01	疾病预防控制机构

续表

科目编码			科目名称
类	款	项	
		02	卫生监督机构
		03	妇幼保健机构
		04	精神卫生机构
		05	应急救治机构
		06	采供血机构
		07	其他专业公共卫生机构
		08	基本公共卫生服务
		09	重大公共卫生专项
		10	突发公共卫生事件应急处理
		99	其他公共卫生支出
	05		医疗保障
		01	行政单位医疗
		02	事业单位医疗
		03	公务员医疗补助
		04	优抚对象医疗补助
		05	城市医疗救助
		06	新型农村合作医疗
		07	农村医疗救助
		08	城镇居民基本医疗保险
		99	其他医疗保障支出
	06		中医药
		01	中医（民族医）药专项
		99	其他中医药支出
	10		食品和药品监督管理事务
		01	行政运行
		02	一般行政管理事务
		03	机关服务
		04	食品、药品及医疗器械检验
		05	注册审评事务
		06	标准事务
		07	认证事务
		08	食品药品评价

续表

科目编码			科目名称
类	款	项	
		09	药品保护
		10	执法办案
		11	食品药品安全
		50	事业运行
		99	其他食品和药品监督管理事务支出
	99		其他医疗卫生支出
		01	其他医疗卫生支出
211			节能环保
	01		环境保护管理事务
		01	行政运行
		02	一般行政管理事务
		03	机关服务
		04	环境保护宣传
		05	环境保护法规、规划及标准
		06	环境国际合作及履约
		07	环境保护行政许可
		99	其他环境保护管理事务支出
	02		环境监测与监察
		03	建设项目环评审查与监督
		04	核与辐射安全监督
		99	其他环境监测与监察支出
	03		污染防治
		01	大气
		02	水体
		03	噪声
		04	固体废弃物与化学品
		05	放射源和放射性废物监管
		06	辐射
		07	排污费安排的支出
		99	其他污染防治支出
	04		自然生态保护
		01	生态保护

续表

科目编码			科目名称
类	款	项	
		02	农村环境保护
		03	自然保护区
		04	生物及物种资源保护
		99	其他自然生态保护支出
	05		天然林保护
		01	森林管护
		02	社会保险补助
		03	政策性社会性支出补助
		04	职工分流安置
		05	职工培训
		06	天然林保护工程建设
		99	其他天然林保护支出
	06		退耕还林
		01	粮食折现挂账贴息
		02	退耕现金
		03	退耕还林粮食折现补贴
		04	退耕还林粮食费用补贴
		05	退耕还林工程建设
		99	其他退耕还林支出
	07		风沙荒漠治理
		01	京津风沙源禁牧舍饲粮食折现补助
		02	京津风沙源治理禁牧舍饲粮食折现挂账贴息
		03	京津风沙源治理禁牧舍饲粮食费用补贴
		04	京津风沙源治理工程建设
		99	其他风沙荒漠治理支出
	08		退牧还草
		01	退牧还草粮食折现补贴
		02	退牧还草粮食费用补贴
		03	退牧还草粮食折现挂账贴息
		04	退牧还草工程建设
		99	其他退牧还草支出
	09		已垦草原退耕还草

续表

科目编码			科目名称
类	款	项	
		01	已垦草原退耕还草
	10		能源节约利用
		01	能源节约利用
	11		污染减排
		01	环境监测与信息
		02	环境执法监察
		03	减排专项支出
		04	清洁生产专项支出
		99	其他污染减排支出
	12		可再生能源
		01	可再生能源
	13		资源综合利用
		01	资源综合利用
	14		能源管理事务
		01	行政运行
		02	一般行政管理事务
		03	机关服务
		04	能源预测预警
		05	能源战略规划与实施
		06	能源科技装备
		07	能源行业管理
		08	能源管理
		09	石油储备发展管理
		10	能源调查
		11	信息化建设
		50	事业运行
		99	其他能源管理事务支出
	99		其他节能环保支出
		01	其他节能环保支出
212			城乡社区事务
	01		城乡社区管理事务
		01	行政运行

续表

科目编码			科目名称
类	款	项	
		02	一般行政管理事务
		03	机关服务
		04	城管执法
		05	工程建设标准规范编制与监管
		06	工程建设管理
		07	市政公用行业市场监管
		08	国家重点风景区规划与保护
		09	住宅建设与房地产市场监管
		10	执业资格注册、资质审查
		99	其他城乡社区管理事务支出
	02		城乡社区规划与管理
		01	城乡社区规划与管理
	03		城乡社区公共设施
		03	小城镇基础设施建设
		99	其他城乡社区公共设施支出
	05		城乡社区环境卫生
		01	城乡社区环境卫生
	06		建设市场管理与监督
		01	建设市场管理与监督
	99		其他城乡社区事务支出
		99	其他城乡社区事务支出
213			农林水事务
	01		农业
		01	行政运行
		02	一般行政管理事务
		03	机关服务
		04	事业运行
		05	农垦运行
		06	技术推广与培训
		08	病虫害控制
		09	农产品质量安全
		10	执法监管

续表

科目编码			科目名称
类	款	项	
		11	统计监测与信息服务
		12	农业行业业务管理
		14	对外交流与合作
		19	灾害救助
		20	稳定农民收入补贴
		21	农业结构调整补贴
		22	农业生产资料与技术补贴
		23	农业生产保险补贴
		24	农业组织化与产业化经营
		25	农产品加工与促销
		26	农村公益事业
		29	综合财力补助
		35	农业资源保护与利用
		42	农村道路建设
		48	石油价格改革对渔业的补贴
		52	对高校毕业生到基层任职补助
		53	草原植被恢复费安排的支出
		99	其他农业支出
	02		林业
		01	行政运行
		02	一般行政管理事务
		03	机关服务
		04	林业事业机构
		05	森林培育
		06	林业技术推广
		07	森林资源管理
		08	森林资源监测
		09	森林生态效益补偿
		10	林业自然保护区
		11	动植物保护
		12	湿地保护

续表

科目编码			科目名称
类	款	项	
		13	林业执法与监督
		14	森林防火
		15	林业有害生物防治
		16	林业检疫检测
		17	防沙治沙
		18	林业质量安全
		19	林业工程与项目管理
		20	林业对外合作与交流
		21	林业产业化
		22	技能培训
		23	信息管理
		24	林业政策制定与宣传
		25	林业资金审计稽查
		26	林区公共支出
		27	林业贷款贴息
		31	林业救灾
		32	石油价格改革对林业的补贴
		99	其他林业支出
	03		水利
		01	行政运行
		02	一般行政管理事务
		03	机关服务
		04	水利行业业务管理
		05	水利工程建设
		06	水利工程运行与维护
		07	长江黄河等流域管理
		08	水利前期工作
		09	水利执法监督
		10	水土保持
		11	水资源管理与保护
		12	水质监测
		13	水文测报

续表

科目编码			科目名称
类	款	项	
		14	防汛
		15	抗旱
		16	农田水利
		17	水利技术推广和培训
		18	国际河流治理与管理
		19	三峡建设管理事务
		21	大中型水库移民后期扶持专项支出
		22	水利安全监督
		31	水资源费安排的支出
		32	砂石资源费支出
		33	信息管理
		34	水利建设移民支出
		35	农村人畜饮水
		99	其他水利支出
	04		南水北调
		01	行政运行
		02	一般行政管理事务
		03	机关服务
		04	南水北调工程建设
		05	政策研究与信息管理
		06	工程稽查
		07	前期工作
		08	南水北调技术推广和培训
		09	环境、移民及水资源管理与保护
		99	其他南水北调支出
	05		扶贫
		01	行政运行
		02	一般行政管理事务
		03	机关服务
		04	农村基础设施建设
		05	生产发展
		06	社会发展

续表

科目编码			科目名称
类	款	项	
		07	扶贫贷款奖补和贴息
		08	“三西”农业建设专项补助
		50	扶贫事业机构
		99	其他扶贫支出
	06		农业综合开发
		01	机构运行
		02	土地治理
		03	产业化经营
		04	科技示范
		99	其他农业综合开发支出
	07		农村综合改革
		01	对村级一事一议的补助
		03	实施减轻农业用水负担综合改革补助
		04	国有农场分离办社会职能改革补助
		05	对村民委员会和村党支部的补助
		06	对村集体经济组织的补助
		99	其他农村综合改革支出
	99		其他农林水事务支出
		01	化解其他公益性乡村债务支出
		99	其他农林水事务支出
214			交通运输
	01		公路水路运输
		01	行政运行
		02	一般行政管理事务
		03	机关服务
		04	公路新建
		05	公路改建
		06	公路养护
		07	特大型桥梁建设
		08	公路路政管理
		09	公路和运输信息化建设
		10	公路和运输安全

续表

科目编码			科目名称
类	款	项	
		11	公路还贷专项
		12	公路运输管理
		13	公路客货运站（场）建设
		14	公路和运输技术标准化建设
		22	港口设施
		23	航道维护
		24	安全通信
		25	三峡库区通航管理
		26	航务管理
		27	船舶检验
		28	救助打捞
		29	内河运输
		30	远洋运输
		31	海事管理
		33	航标事业发展支出
		36	水路运输管理支出
		38	口岸建设
		39	取消政府还贷二级公路收费专项支出
		99	其他公路水路运输支出
	02		铁路运输
		01	行政运行
		02	一般行政管理事务
		03	机关服务
		04	铁路路网建设
		05	铁路还贷专项
		06	铁路安全
		07	铁路专项运输
		99	其他铁路运输支出
	03		民用航空运输
		01	行政运行
		02	一般行政管理事务
		03	机关服务

续表

科目编码			科目名称
类	款	项	
		04	机场建设
		05	空管系统建设
		06	民航还贷专项支出
		07	民用航空安全
		08	民航专项运输
		09	民航政策性购机专项支出
		99	其他民用航空运输支出
	04		石油价格改革对交通运输的补贴
		01	对城市公交的补贴
		02	对农村道路客运的补贴
		03	对出租车的补贴
		99	石油价格改革补贴其他支出
	05		邮政业支出
		01	行政运行
		02	一般行政管理事务
		03	机关服务
		04	行业监管
		05	邮政普遍服务与特殊服务
		99	其他邮政业支出
	06		车辆购置税支出
		01	车辆购置税用于公路等基础设施建设支出
		02	车辆购置税用于农村公路建设支出
		03	车辆购置税用于老旧汽车报废更新补贴支出
		04	车辆购置税用于地震灾后恢复重建的支出
		99	车辆购置税其他支出
	99		其他交通运输支出
		01	公共交通运营补助
		99	其他交通运输支出
215			资源勘探电力信息等事务
	01		资源勘探开发和服务支出
		01	行政运行
		02	一般行政管理事务

续表

科目编码			科目名称
类	款	项	
		03	机关服务
		04	煤炭勘探开采和洗选
		05	石油和天然气勘探开采
		06	黑色金属矿勘探和采选
		07	有色金属矿勘探和采选
		08	非金属矿勘探和采选
		99	其他资源勘探业支出
	02		制造业
		01	行政运行
		02	一般行政管理事务
		03	机关服务
		04	纺织业
		05	医药制造业
		06	非金属矿物制品业
		07	通信设备、计算机及其他电子设备制造业
		08	交通运输设备制造业
		09	电气机械及器材制造业
		10	工艺品及其他制造业
		12	石油加工、炼焦及核燃料加工业
		13	化学原料及化学制品制造业
		14	黑色金属冶炼及压延加工业
		15	有色金属冶炼及压延加工业
		99	其他制造业支出
	03		建筑业
		01	行政运行
		02	一般行政管理事务
		03	机关服务
		99	其他建筑业支出
	04		电力监管支出
		01	行政运行
		02	一般行政管理事务
		03	机关服务

续表

科目编码			科目名称
类	款	项	
		04	电力监管
		05	电力稽查
		06	争议调节
		07	安全事故调查
		08	电力市场建设
		09	电力输送改革试点
		10	信息系统建设
		16	三峡库区移民专项支出
		18	农村电网建设
		50	事业运行
		99	其他电力监管支出
	05		工业和信息产业监管支出
		01	行政运行
		02	一般行政管理事务
		03	机关服务
		05	战备应急
		06	信息安全建设
		07	专用通信
		08	无线电监管
		09	工业和信息产业战略研究与标准制定
		10	工业和信息产业支持
		11	电子专项工程
		13	行业监管
		14	军工电子
		15	技术基础研究
		99	其他工业和信息产业监管支出
	06		安全生产监管
		01	行政运行
		02	一般行政管理事务
		03	机关服务
		04	国务院安委会专项
		05	安全监管监察专项

续表

科目编码			科目名称
类	款	项	
		06	应急救援支出
		07	煤炭安全
		99	其他安全生产监管支出
	07		国有资产监管
		01	行政运行
		02	一般行政管理事务
		03	机关服务
		04	国有企业监事会专项
		05	中央企业专项管理
		99	其他国有资产监管支出
	08		支持中小企业发展和管理支出
		01	行政运行
		02	一般行政管理事务
		03	机关服务
		04	科技型中小企业技术创新基金
		05	中小企业发展专项
		99	其他支持中小企业发展和管理支出
	99		其他资源勘探电力信息等事务支出
		01	黄金事务
		02	建设项目贷款贴息
		04	技术改造支出
		05	中药材扶持资金支出
		06	重点产业振兴和技术改造项目贷款贴息
		99	其他资源勘探电力信息等事务支出
216			商业服务业等事务
	02		商业流通事务
		01	行政运行
		02	一般行政管理事务
		03	机关服务
		16	食品流通安全补贴
		17	市场监测及信息管理
		18	民贸网点贷款贴息

续表

科目编码			科目名称
类	款	项	
		50	事业运行
		99	其他商业流通事务支出
	05		旅游业管理与服务支出
		01	行政运行
		02	一般行政管理事务
		03	机关服务
		04	旅游宣传
		05	旅游行业业务管理
		99	其他旅游业管理与服务支出
	06		涉外发展服务支出
		01	行政运行
		02	一般行政管理事务
		03	机关服务
		07	外商投资环境建设补助资金
		99	其他涉外发展服务支出
	99		其他商业服务业等事务支出
		01	服务业基础设施建设
		99	其他商业服务业等事务支出
217			金融监管等事务支出
	01		金融部门行政支出
		01	行政运行
		02	一般行政管理事务
		03	机关服务
		04	安全防卫
		50	事业运行
		99	金融部门其他行政支出
	02		金融部门监管支出
		01	货币发行
		02	金融服务
		03	反洗钱及反假币
		04	重点金融机构监管
		05	金融稽查与案件处理

续表

科目编码			科目名称
类	款	项	
		06	金融行业电子化建设
		07	从业人员资格考试
		99	金融部门其他监管支出
	03		金融发展支出
		01	政策性银行亏损补贴
		02	商业银行贷款贴息
		03	补充资本金
		04	风险基金补助
		99	其他金融发展支出
	04		金融调控支出
		01	中央银行亏损补贴
		99	其他金融调控支出
	05		农村金融发展支出
		01	金融机构涉农贷款增量奖励支出
		02	农村金融机构定向费用补贴支出
		99	其他农村金融发展支出
	99		其他金融监管等事务支出
		01	其他金融监管等事务支出
218			地震灾后恢复重建支出
	01		倒塌毁损民房恢复重建
		01	农村居民住宅恢复重建
		02	城镇居民住宅恢复重建
	02		基础设施恢复重建
		01	公路
		02	桥梁
		03	铁路路网
		04	机场
		05	水运港口设施
		06	运政设施
		08	邮政设施
		09	水利工程
		10	供水

续表

科目编码			科目名称
类	款	项	
		11	供气
		12	市政道路、桥梁
		13	排水管道
		14	污水处理设施
		15	公交设施
		99	其他基础设施恢复重建支出
	03		公益服务设施恢复重建
		01	学校和其他教育设施
		02	医院及其他医疗卫生食品药品监管设施
		04	科研院所科普场馆及其他科研科普设施
		05	文化馆图书馆及其他文化设施
		06	文物事业单位博物馆及其附属设施
		07	广播电视台（站）及其他广播影视设施
		08	体育场馆及其他体育设施
		09	儿童福利院及其他社会保障和社会福利设施
		10	环境保护事业单位及环保设施
		11	人口和计划生育事业单位及设施
		12	档案事业单位及设施
		13	地震事业单位及设施
		99	其他公益服务事业单位及设施
	04		农业林业恢复生产和重建
		01	农业生产资料补助
		02	损毁土地整理
		03	农田水利设施恢复重建
		04	规模化种养殖棚舍池恢复重建
		05	良种繁育设施恢复重建
		06	农林推广和服务设施恢复重建
		07	森林防火设施恢复重建
		08	受损林木恢复
		99	其他农业林业恢复生产和重建支出
	05		工商企业恢复生产和重建
		01	项目投资补助

续表

科目编码			科目名称
类	款	项	
		02	注入资本金
		03	贷款贴息
		19	其他工商企业恢复生产和重建支出
	06		党政机关恢复重建
		01	一般公共服务机关恢复重建支出
		02	公共安全机构恢复重建支出
		03	教育管理机构恢复重建支出
		04	科学技术管理机构恢复重建支出
		05	文化体育与传媒管理机构恢复重建支出
		06	社会保障和就业管理机构恢复重建支出
		07	医疗卫生及食品药品监督管理机构恢复重建支出
		08	环境保护管理机构恢复重建支出
		09	农林水管理机构恢复重建支出
		99	其他党政机关恢复重建支出
	07		军队武警恢复重建支出
		01	军队恢复重建支出
		02	武警恢复重建支出
	99		其他恢复重建支出
		01	震后地质灾害治理支出
		09	其他恢复重建支出
220			国土资源气象等事务
	01		国土资源事务
		01	行政运行
		02	一般行政管理事务
		03	机关服务
		04	国土资源规划及管理
		05	土地资源调查
		06	土地资源利用与保护
		07	国土资源社会公益服务
		08	国土资源行业业务管理
		09	国土资源调查
		10	国土整治

续表

科目编码			科目名称
类	款	项	
		11	地质灾害防治
		12	土地资源储备支出
		13	地质及矿产资源调查
		14	地质矿产资源利用与保护
		15	地质转产项目财政贴息
		16	国外风险勘查
		19	地质勘查基金（周转金）支出
		50	事业运行
		99	其他国土资源事务支出
	02		海洋管理事务
		01	行政运行
		02	一般行政管理事务
		03	机关服务
		04	海域使用管理
		05	海洋环境保护与监测
		06	海洋调查评价
		07	海洋权益维护
		08	海洋执法监察
		09	海洋防灾减灾
		10	海洋卫星
		11	极地考察
		12	海洋矿产资源勘探研究
		13	海港航标维护
		14	海域使用金支出
		15	海水淡化
		16	海洋工程排污费支出
		17	无居民海岛使用金支出
		50	事业运行
		99	其他海洋管理事务支出
	03		测绘事务
		01	行政运行

续表

科目编码			科目名称
类	款	项	
		02	一般行政管理事务
		03	机关服务
		04	基础测绘
		05	航空摄影
		06	测绘工程建设
		50	事业运行
		99	其他测绘事务支出
	04		地震事务
		01	行政运行
		02	一般行政管理事务
		03	机关服务
		04	地震台站、台网
		05	地震流动观测
		06	地震信息传输及管理
		07	震情跟踪
		08	地震预报预测
		09	地震灾害预防
		10	地震应急救援
		11	地震技术应用与培训
		50	地震事业机构
		99	其他地震事务支出
	05		气象事务
		01	行政运行
		02	一般行政管理事务
		03	机关服务
		04	气象事业机构
		05	气象技术研究应用与培训
		06	气象探测
		07	气象信息传输及管理
		08	气象预报预测
		09	气象服务
		10	气象装备保障维护

续表

科目编码			科目名称
类	款	项	
		11	气象台站建设与运行保障
		12	气象卫星
		13	气象法规与标准
		14	气象资金审计稽查
		99	其他气象事务支出
	99		其他国土资源气象等事务支出
221			住房保障支出
	01		保障性安居工程支出
		01	廉租住房
		02	沉陷区治理
		03	棚户区改造
		04	少数民族地区游牧民定居工程
		05	农村危房改造
		06	公共租赁住房
		99	其他保障性安居工程支出
	02		住房改革支出
		01	住房公积金
		02	提租补贴
		03	购房补贴
	03		城乡社区住宅
		01	公有住房建设和维修改造支出
		99	其他城乡社区住宅支出
222			粮油物资储备事务
	01		粮油事务
		01	行政运行
		02	一般行政管理事务
		03	机关服务
		04	粮食财务与审计支出
		05	粮食信息统计
		06	粮食专项业务活动
		07	国家粮油差价补贴
		12	粮食财务挂账利息补贴

续表

科目编码			科目名称
类	款	项	
		13	粮食财务挂账消化款
		14	处理陈化粮补贴
		15	粮食风险基金
		18	粮油市场调控专项资金
		50	事业运行
		99	其他粮油事务支出
	02		物资事务
		01	行政运行
		02	一般行政管理事务
		03	机关服务
		04	铁路专用线
		05	护库武警和民兵支出
		06	物资保管与保养
		07	专项贷款利息
		09	物资转移
		10	物资轮换
		11	仓库建设
		12	仓库安防
		50	事业运行
		99	其他物资事务支出
	03		能源储备
		01	公共财政预算石油储备支出
		02	国家留成油串换石油储备支出
		03	天然铀能源储备
		04	煤炭储备
		99	其他能源储备
	04		粮油储备
		01	储备粮油补贴支出
		02	储备粮油差价补贴
		03	储备粮（油）库建设
		04	最低收购价政策支出
		99	其他粮油储备支出

续表

科目编码			科目名称
类	款	项	
	05		重要商品储备
		01	棉花储备
		02	食糖储备
		03	肉类储备
		04	化肥储备
		05	农药储备
		06	边销茶储备
		07	羊毛储备
		08	医药储备
		09	食盐储备
		10	战略物资储备
		99	其他重要商品储备支出
227			预备费
228			国债还本付息支出
	07		地方向国外借款还本
		01	地方向外国政府借款还本
		02	地方向国际金融组织借款付息
	08		国内债务付息
	09		国外债务付息
		01	中央向外国政府借款付息
		02	中央向国际金融组织借款付息
		03	地方向外国政府借款付息
		04	地方向国际金融组织借款付息
	10		国内外债务发行
		01	国内债务发行费用
		02	国外债务发行费用
	11		补充还贷准备金
	12		财政部代理发行地方政府债券还本
	13		财政部代理发行地方政府债券付息
229			其他支出
	02		年初预留
	06		汶川地震捐赠支出

续表

科目编码			科目名称
类	款	项	
		01	地震灾后恢复重建捐赠支出
		09	其他捐赠支出
	99		其他支出
		01	其他支出
230			转移性支出
	01		返还性支出
		01	增值税和消费税税收返还支出
		02	所得税基数返还支出
		03	成品油价格和税费改革税收返还支出
		99	其他税收返还支出
	02		一般性转移支付
		01	体制补助支出
		02	均衡性转移支付支出
		03	民族地区转移支付支出
		04	调整工资转移支付支出
		06	农村税费改革转移支付支出
		07	县级基本财力保障机制奖补资金支出
		08	结算补助支出
		09	体制上解支出
		10	出口退税专项上解支出
		11	化解债务补助支出
		12	资源枯竭型城市转移支付补助支出
		14	企业事业单位划转补助支出
		15	成品油价格和税费改革转移支付补助支出
		16	成品油价格和税费改革专项上解支出
		18	工商部门停征两费转移支付支出
		19	一般公共服务转移支付支出
		20	公共安全转移支付支出
		21	教育转移支付支出
		22	社会保障和就业转移支付支出
		23	医疗卫生转移支付支出
		24	农林水转移支付支出
		25	产粮（油）大县奖励资金支出

续表

科目编码			科目名称
类	款	项	
		26	重点生态功能区转移支付支出
		99	其他一般性转移支付支出
	03		专项转移支付
		01	一般公共服务
		02	外交
		03	国防
		04	公共安全
		05	教育
		06	科学技术
		07	文化体育与传媒
		08	社会保障和就业
		10	医疗卫生
		11	节能环保
		12	城乡社区事务
		13	农林水事务
		14	交通运输
		15	资源勘探电力信息等事务
		16	商业服务业等事务
		17	金融监管等事务
		18	地震灾后恢复重建
		20	国土资源气象等事务
		21	住房保障
		22	粮油物资储备事务
		51	专项上解支出
		99	其他支出
	07		地震灾后恢复重建补助支出
		01	地震灾后恢复重建补助支出（公共财政预算）
	08		调出资金
		01	公共财政预算调出资金
	09		年终结余
		01	公共财政预算年终结余
	11		债券转贷支出
		01	转贷财政部代理发行地方政府债券支出

附录2：政府性基金预算收支科目

一、政府性基金预算收入科目

科目编码				科目名称
类	款	项	目	
103				非税收入
	01			政府性基金收入
		02		农网还贷资金收入
			01	中央农网还贷资金收入
			02	地方农网还贷资金收入
		03		山西省煤炭可持续发展基金收入
		06		铁路建设基金收入
		08		民航基础设施建设基金收入
		09		民航机场管理建设费收入
		12		海南省高等级公路车辆通行附加费收入
		14		转让政府还贷道路收费权收入
			01	转让政府还贷公路收费权收入
			02	转让政府还贷城市道路收费权收入
		15		港口建设费收入
		18		散装水泥专项资金收入
		19		新型墙体材料专项基金收入
		21		旅游发展基金收入
		26		文化事业建设费收入
			01	中央文化事业建设费收入
			02	地方文化事业建设费收入
		27		地方教育附加收入
		29		国家电影事业发展专项资金收入
		31		新菜地开发建设基金收入
		33		新增建设用地土地有偿使用费收入

续表

科目编码				科目名称
类	款	项	目	
			01	中央新增建设用地土地有偿使用费收入
			02	地方新增建设用地土地有偿使用费收入
		35		育林基金收入
			01	中央育林基金收入
			02	地方育林基金收入
		36		森林植被恢复费
			01	中央森林植被恢复费
			02	地方森林植被恢复费
		37		中央水利建设基金收入
			01	中央水利建设基金划转收入
			02	中央其他水利建设基金收入
		38		地方水利建设基金收入
			01	地方水利建设基金划转收入
			02	地方其他水利建设基金收入
		39		南水北调工程基金收入
		42		残疾人就业保障金收入
		43		政府住房基金收入
			01	上缴管理费用
			02	计提廉租住房资金
			03	廉租住房租金收入
			04	公共租赁住房租金收入
			99	其他政府住房基金收入
		44		城市公用事业附加收入
		46		国有土地收益基金收入
		47		农业土地开发资金收入
		48		国有土地使用权出让收入
			01	土地出让价款收入
			02	补缴的土地价款
			03	划拨土地收入
			98	缴纳新增建设用地土地有偿使用费
			99	其他土地出让收入
		49		大中型水库移民后期扶持基金收入
		50		大中型水库库区基金收入
			01	中央大中型水库库区基金收入
			02	地方大中型水库库区基金收入

续表

科目编码				科目名称
类	款	项	目	
		52		三峡水库库区基金收入
		53		中央特别国债经营基金收入
		54		中央特别国债经营基金财务收入
		55		彩票公益金收入
			01	福利彩票公益金收入
			02	体育彩票公益金收入
		56		城市基础设施配套费收入
		57		小型水库移民扶助基金收入
		58		国家重大水利工程建设基金收入
			01	南水北调工程建设资金
			02	三峡工程后续工作资金
			03	省级重大水利工程建设资金
		59		车辆通行费
		60		船舶港务费
		63		体育部门收费
			01	外国团体来华登山注册费
			02	车手等级认定费
		64		司法部门的涉外、涉港澳台公证书工本费
		65		贸促会收费
			01	证书工本费
		66		核电站乏燃料处理处置基金收入
		70		长江口航道维护收入
		72		铁路资产变现收入
		73		电力改革预留资产变现收入
		99		其他政府性基金收入
110				转移性收入
	04			政府性基金转移收入
		01		政府性基金补助收入
		02		政府性基金上解收入
	07			地震灾后恢复重建补助收入
		02		地震灾后恢复重建补助收入（基金预算）
	08			上年结余收入
		02		政府性基金预算上年结余收入
	09			调入资金
		02		政府性基金预算调入资金

二、政府性基金预算支出科目

科目编码			科目名称
类	款	项	
201			一般公共服务
	13		商贸事务
		70	贸促会收费安排的支出
204			公共安全
	06		司法
		70	涉外、涉港澳台公证书工本费安排的支出
205			教育
	10		地方教育附加安排的支出
		01	农村中小学校舍建设
		02	农村中小学教学设施
		03	城市中小学校舍建设
		04	城市中小学教学设施
		05	中等职业学校教学设施
		99	其他地方教育附加安排的支出
206			科学技术
	10		核电站乏燃料处理处置基金支出
		01	乏燃料运输
		02	乏燃料离堆贮存
		03	乏燃料后处理
		04	高放废物的处理处置
		05	乏燃料后处理厂的建设、运行、改造和退役
		99	其他乏燃料处理处置基金支出
207			文化体育与传媒
	03		体育
		70	外国团体来华登山注册费安排的支出
		71	车手等级认定费安排的支出
	06		文化事业建设费安排的支出
		01	精神文明建设
		02	人才培训教学
		03	文化创作

续表

科目编码			科目名称
类	款	项	
		04	文化事业单位补助
		05	爱国主义教育基地
		99	其他文化事业建设费安排的支出
	07		国家电影事业发展专项资金支出
		01	资助国产影片放映
		02	资助城市影院
		03	资助少数民族电影译制
		99	其他国家电影事业发展专项资金支出
208			社会保障和就业
	22		大中型水库移民后期扶持基金支出
		01	移民补助
		02	基础设施建设和经济发展
		99	其他大中型水库移民后期扶持基金支出
	23		小型水库移民扶助基金支出
		01	移民补助
		02	基础设施建设和经济发展
		99	其他小型水库移民扶助基金支出
	60		残疾人就业保障金支出
		01	就业和培训
		02	职业康复
		03	扶持农村残疾人生产
		04	奖励残疾人就业单位
		99	其他残疾人就业保障金支出
212			城乡社区事务
	07		政府住房基金支出
		01	管理费用支出
		02	廉租住房支出
		03	廉租住房维护和管理支出
		04	公共租赁住房支出
		05	公共租赁住房租金支出
		99	其他政府住房基金支出
	08		国有土地使用权出让收入安排的支出

续表

科目编码			科目名称
类	款	项	
		01	征地和拆迁补偿支出
		02	土地开发支出
		03	城市建设支出
		04	农村基础设施建设支出
		05	补助被征地农民支出
		06	土地出让业务支出
		07	廉租住房支出
		08	教育资金安排的支出
		09	支付破产或改制企业职工安置费
		10	棚户区改造支出
		11	公共租赁住房支出
		12	农田水利建设资金安排的支出
		99	其他国有土地使用权出让收入安排的支出
	09		城市公用事业附加安排的支出
		01	城市公共设施
		02	城市环境卫生
		03	公有房屋
		04	城市防洪
		99	其他城市公用事业附加安排的支出
	10		国有土地收益基金支出
		01	征地和拆迁补偿支出
		02	土地开发支出
		99	其他国有土地收益基金支出
	11		农业土地开发资金支出
	12		新增建设用地土地有偿使用费安排的支出
		01	耕地开发专项支出
		02	基本农田建设和保护支出
		03	土地整理支出
		04	用于地震灾后恢复重建的支出
	13		城市基础设施配套费安排的支出
		01	城市公共设施
		02	城市环境卫生

续表

科目编码			科目名称
类	款	项	
		03	公有房屋
		04	城市防洪
		99	其他城市基础设施配套费安排的支出
213			农林水事务
	60		新菜地开发建设基金支出
		01	开发新菜地工程
		02	改造老菜地工程
		03	设备购置
		04	技术培训与推广
		99	其他新菜地开发建设基金支出
	61		育林基金支出
		01	森林培育
		02	林业有害生物防治
		03	森林防火
		04	森林资源监测
		05	林业技术推广
		06	林区公共支出
		99	其他育林基金支出
	62		森林植被恢复费安排的支出
		01	林地调查规划设计
		02	林地整理
		03	森林培育
		04	林业有害生物防治
		05	森林防火
		06	森林资源管护
		99	其他森林植被恢复费安排的支出
	63		中央水利建设基金支出
		01	水利工程建设
		02	水利工程维护
		03	防洪工程含应急度汛
		99	其他中央水利建设基金支出
	64		地方水利建设基金支出

续表

科目编码			科目名称
类	款	项	
		01	水利工程建设
		02	水利工程维护
		03	水土保持
		04	城市防洪
		99	其他地方水利建设基金支出
	66		大中型水库库区基金支出
		01	基础设施建设和经济发展
		02	解决移民遗留问题
		03	库区防护工程维护
		99	其他大中型水库库区基金支出
	67		三峡水库库区基金支出
		01	基础设施建设和经济发展
		02	解决移民遗留问题
		03	库区维护和管理
		99	其他三峡水库库区基金支出
	68		南水北调工程基金支出
		01	南水北调工程建设
		02	偿还南水北调工程贷款本息
	69		国家重大水利工程建设基金支出
		01	南水北调工程建设
		02	三峡工程后续工作
		03	地方重大水利工程建设
		99	其他重大水利工程建设基金支出
214			交通运输
	01		公路水路运输
		90	船舶港务费安排的支出
		91	长江口航道维护支出
	02		铁路运输
		80	铁路资产变现收入安排的支出
	60		海南省高等级公路车辆通行附加费安排的支出
		01	公路建设
		02	公路养护
		03	公路还贷

续表

科目编码			科目名称
类	款	项	
		99	其他海南省高等级公路车辆通行附加费安排的支出
	61		转让政府还贷道路收费权收入安排的支出
		01	公路还贷
		02	公路建设
		99	其他转让政府还贷道路收费权收入安排的支出
	62		车辆通行费安排的支出
		01	公路还贷
		02	政府还贷公路养护
		03	政府还贷公路管理
		99	其他车辆通行费安排的支出
	63		港口建设费安排的支出
		01	港口设施
		02	航道建设和维护
		03	航运保障系统建设
		99	其他港口建设费安排的支出
	64		铁路建设基金支出
		01	铁路建设投资
		02	购置铁路机车车辆
		03	铁路还贷
		04	建设项目铺底资金
		05	勘测设计
		06	注册资本金
		07	周转资金
		99	其他铁路建设基金支出
	66		民航基础设施建设基金支出
		01	民航机场建设
		02	空管系统建设
		03	民航安全
		04	民航科教和信息
		99	其他民航基础设施建设基金支出
	67		民航机场管理建设费安排的支出
		01	民航机场建设
		02	空管系统建设

续表

科目编码			科目名称
类	款	项	
		03	民航安全
		04	民航科教和信息
		05	航线和机场补贴
		99	其他民航机场管理建设费安排的支出
215			资源勘探电力信息等事务
	60		散装水泥专项资金支出
		01	建设专用设施
		02	专用设备购置和维修
		03	贷款贴息
		04	技术研发与推广
		05	宣传
		99	其他散装水泥专项资金支出
	61		新型墙体材料专项基金支出
		01	技改贴息和补助
		02	技术研发和推广
		03	示范项目补贴
		04	宣传和培训
		99	其他新型墙体材料专项基金支出
	62		农网还贷资金支出
		01	中央农网还贷资金支出
		02	地方农网还贷资金支出
		99	其他农网还贷资金支出
	63		山西省煤炭可持续发展基金支出
		01	生态环境治理
		02	资源地区转型和接替产业发展
		03	解决社会问题
		99	其他山西省煤炭可持续发展基金支出
	64		电力改革预留资产变现收入安排的支出
		01	920 万千瓦变现资产支出
		02	647 万千瓦变现资产支出
216			商业服务业等事务
	60		旅游发展基金支出
		01	宣传促销

续表

科目编码			科目名称
类	款	项	
		02	行业规划
		03	旅游事业补助
		04	地方旅游开发项目补助
		99	其他旅游发展基金支出
217			金融监管等事务支出
	04		金融调控支出
		02	中央特别国债经营基金支出
		03	中央特别国债经营基金财务支出
229			其他支出
	04		其他政府性基金支出
	60		彩票公益金安排的支出
		01	用于补充全国社会保障基金的彩票公益金支出
		02	用于社会福利的彩票公益金支出
		03	用于体育事业的彩票公益金支出
		04	用于教育事业的彩票公益金支出
		05	用于红十字事业的彩票公益金支出
		06	用于残疾人事业的彩票公益金支出
		07	用于城市医疗救助的彩票公益金支出
		08	用于农村医疗救助的彩票公益金支出
		10	用于文化事业的彩票公益金支出
		11	用于扶贫的彩票公益金支出
		12	用于法律援助的彩票公益金支出
		99	用于其他社会公益事业的彩票公益金支出
230			转移性支出
	04		政府性基金转移支付
		01	政府性基金补助支出
		02	政府性基金上解支出
	07		地震灾后恢复重建补助支出
		02	地震灾后恢复重建补助支出（基金预算）
	08		调出资金
		02	政府性基金预算调出资金
	09		年终结余
		02	政府性基金年终结余

附录3：国有资本经营预算收支科目

一、国有资本经营预算收入分类科目

科目编码				科目名称
类	款	项	目	
103				非税收入
	06			国有资本经营收入
		01		利润收入
			02	金融企业利润收入
			03	烟草企业利润收入
			04	石油石化企业利润收入
			05	电力企业利润收入
			06	电信企业利润收入
			07	煤炭企业利润收入
			08	有色冶金采掘企业利润收入
			09	钢铁企业利润收入
			12	化工企业利润收入
			13	运输企业利润收入
			14	电子企业利润收入
			15	机械企业利润收入
			16	投资服务企业利润收入
			17	纺织轻工企业利润收入
			18	贸易企业利润收入
			19	建筑施工企业利润收入
			20	房地产企业利润收入
			21	建材企业利润收入

续表

科目编码				科目名称
类	款	项	目	
			22	境外企业利润收入
			23	对外合作企业利润收入
			24	医药企业利润收入
			25	农林牧渔企业利润收入
			26	邮政企业利润收入
			27	军工企业利润收入
			28	转制科研院所利润收入
			29	地质勘查企业利润收入
			30	卫生体育福利企业利润收入
			31	教育文化广播企业利润收入
			32	科学研究企业利润收入
			33	机关社团所属企业利润收入
			98	其他国有资本经营预算企业利润收入
		02		股利、股息收入
			02	国有控股公司股利、股息收入
			03	国有参股公司股利、股息收入
			98	其他国有资本经营预算企业股利、股息收入
		03		产权转让收入
			01	其他国有股减持收入
			04	国有股权、股份转让收入
			05	国有独资企业产权转让收入
			06	金融类企业国有股减持收入
			98	其他国有资本经营预算企业产权转让收入
		04		清算收入
			01	国有股权、股份清算收入
			02	国有独资企业清算收入
			98	其他国有资本经营预算企业清算收入
		98		其他国有资本经营预算收入
110				转移性收入
	07			地震灾后恢复重建补助收入
		03		地震灾后恢复重建补助收入（国有资本经营预算）

二、国有资本经营预算支出功能分类科目

科目编码			科目名称
类	款	项	
205			教育
	99		其他教育支出
		51	教育企业国有资本经营预算支出
206			科学技术
	99		其他科学技术支出
		51	科学技术企业国有资本经营预算支出
207			文化体育与传媒
	01		文化
		51	文化企业国有资本经营预算支出
	03		体育
		51	体育企业国有资本经营预算支出
	04		广播影视
		51	广播影视企业国有资本经营预算支出
	05		新闻出版
		51	新闻出版企业国有资本经营预算支出
		51	国有资本经营预算补充基金支出
211			节能环保
	03		污染防治
		51	污染防治企业国有资本经营预算支出
212			城乡社区事务
	99		其他城乡社区事务支出
		51	城乡社区事务企业国有资本经营预算支出
213			农林水事务
	01		农业
		51	农业企业国有资本经营预算支出
	02		林业
		51	林业企业国有资本经营预算支出
	03		水利
		51	水利企业国有资本经营预算支出
214			交通运输

续表

科目编码			科目名称
类	款	项	
	01		公路水路运输
		51	公路水路运输企业国有资本经营预算支出
	02		铁路运输
		51	铁路运输企业国有资本经营预算支出
	03		民用航空运输
		51	民用航空企业国有资本经营预算支出
	05		邮政业支出
		51	邮政业企业国有资本经营预算支出
	99		其他交通运输支出
		51	其他企业国有资本经营预算支出
215			资源勘探电力信息等事务
	01		资源勘探开发和服务支出
		51	资源勘探业企业国有资本经营预算支出
	02		制造业
		16	烟草企业国有资本经营预算支出
		51	制造业企业国有资本经营预算支出
	03		建筑业
		51	建筑业企业国有资本经营预算支出
	04		电力监管支出
		51	电力企业国有资本经营预算支出
	05		工业和信息产业监管支出
		51	工业和信息产业企业国有资本经营预算支出
	99		其他资源勘探电力信息等事务支出
		51	其他企业国有资本经营预算支出
216			商业服务业等事务
	02		商业流通事务
		51	商业流通企业国有资本经营预算支出
	05		旅游业管理与服务支出
		51	旅游业企业国有资本经营预算支出
	06		涉外发展服务支出
		51	涉外发展企业国有资本经营预算支出
	99		其他商业服务业等事务支出

续表

科目编码			科目名称
类	款	项	
		51	其他企业国有资本经营预算支出
218			地震灾后恢复重建支出
	05		工商企业恢复生产和重建
		51	国有资本经营预算补助项目支出
		52	国有资本经营预算注入资本金
		53	国有资本经营预算安排的贷款贴息
		59	国有资本经营预算安排的其他支出
229			其他支出
	99		其他支出
		51	其他国有资本经营预算支出
230			转移性支出
	07		地震灾后恢复重建补助支出

三、国有资本经营预算支出经济分类科目

科目编码		科目名称
类	款	
304		对企事业单位的补贴
	04	国有资本经营预算费用性支出
311		贷款转贷及产权参股
	06	国有资本经营预算资本性支出
399		其他支出
	05	国有资本经营预算其他支出

附录4：政府财务会计科目表

政府财务会计科目表

编号	科目名称	编号	科目名称
（一）资产类		（二）负债类	
1401	现金	2301	短期借款
1402	银行存款	2305	应缴预算款
1404	财政用款额度	2307	应缴财政专户款
1406	其他货币资金	2309	应拨下级财政资金
1501	应收票据	2401	应付票据
1502	应收账款	2402	应付账款
1503	预付账款	2405	应付职工工资
1505	其他应收款	2409	预收账款
1506	坏账准备	2411	应交税费
1601	材料	2412	应付利息
1602	产成品	2413	其他应付款
1604	存货跌价准备	2415	受托代管负债
1607	受托代管资产	2503	预计负债
1701	对外投资	2504	长期借款
1703	固定资产	2505	长期应付款
1704	累计折旧	……	……
1705	在建工程	（三）净资产类	
1708	待核销基建支出	3301	国有资本
1709	自然资源	3402	普通基金
1710	无形资产	3403	专用基金
1711	累计摊销	3404	社会保险基金
1712	储备资产	3405	储备基金
1713	待处理财产损益	3406	补助基金
……	……	3501	结余

续表

编号	科目名称	编号	科目名称
3502	结余分配	5504	生产成本
……	……	5505	劳务成本
（四）收入类		5506	研发支出
4301	政府收入	5507	项目成本
4402	行政事业活动收入	5508	折旧费
4501	财政补助收入	5509	销售税金
4502	上级补助收入	5510	财务费用
4605	拨入专款	5511	所得税费用
4701	经营收入	5601	资产减值损失
4801	投资收益	5701	其他费用
4901	其他收入	……	……
……	……	（六）结余类	
（五）成本费用类		6001	结余
5301	行政费用	6002	结余分配
5401	事业费用	……	……
5501	经营活动费用		

附录5：财政总预算会计制度

第一章　总　　则

第一条　为了规范各级财政部门总预算会计（以下简称总预算会计）的核算，充分发挥总预算会计的职能作用，根据《中华人民共和国会计法》、《中华人民共和国预算法》，制定本制度。

第二条　本制度适用于中央，省、自治区、直辖市，设区的市、自治州，县、自治县、不设区的市、市辖区，乡、民族乡、镇等各级财政部门的总预算会计。

第三条　总预算会计是各级政府财政部门核算、反映、监督政府预算执行和财政周转金等各项财政性资金活动的专业会计。

第四条　总预算会计的主要职责是进行会计核算，反映预算执行，实行会计监督，参与预算管理，合理调度资金。基本任务如下：

一、处理总预算会计的日常核算事务。办理财政各项收支、资金调拨及往来款项的会计核算工作；及时组织年度政府决算、行政事业单位决算的编审和汇总工作，进行上下级财政之间的年终结算工作。

二、调度财政资金。根据财政收支的特点，妥善解决财政资金库存和用款单位需求的矛盾，在保证按计划及时供应资金的基础上，合理调度资金，提高资金使用效益。

三、实行会计监督，参与预算管理。通过会计核算和反映，提出预算执行情况分析，并对总预算、部门预算和单位预算的执行实施会计监督。

协调参与预算执行的国库会计、收入征解会计等之间的业务关系，共同做好预算执行的核算、反映和监督工作。

四、组织和指导本行政区域预算会计工作。省、自治区、直辖市（含计划单列城市，下同）总预算会计在与本制度不相违背的前提下，负责制定或审定本行政区域预算会计有关具体核算办法的补充规定；组织预算会计人员的培训活动；组织检查、辅导本单位会计和下级总预算会计工作，不断提高政策、业务水平。

五、做好预算会计的事务管理工作。负责预算会计的基础工作管理，参与预算会计人员专业技术资格考试、评定及核发会计证工作。

第五条 各级财政部门应当根据工作需要，设置与其工作任务相适应的总预算会计机构，配备一定数量的专职总预算会计，负责组织与管理预算会计工作，并要保持相对的稳定。

第六条 总预算会计工作应按工作任务建立岗位责任制，明确会计人员分工。

总预算会计机构应建立健全内部稽核制度。

总预算会计人员，不得兼任单位会计，不得收付现金和经管收缴的物资。

第七条 总预算会计核算应当按会计期间结算账目和编制会计报表。会计期间分为年度、季度和月份。会计年度、季度和月份以公历起讫日期为准。

年度终了后，可根据工作特殊需要设置一定期限的上年决算清理期。清理期限和清理事项，由各省、自治区、直辖市财政部门，根据财政部规定的原则作出具体规定。

第八条 总预算会计记账采用借贷记账法。

第九条 总预算会计核算以人民币为记账本位币，以元为金额单位，元以下记至角、分。有外币收支的，在登记外币金额的同时应根据国家银行公布的人民币外汇汇率折算成人民币记账。

第十条 总预算会计记录文字使用中文，少数民族地区可以同时使用本民族文字。

第二章 一般原则

第十一条 总预算会计核算应当以实际发生的经济业务为依据，如实反映财政收支执行情况和结果。

第十二条 总预算会计信息，应当符合预算法的要求，适应国家宏观经济管理和上级财政部门及本级政府对财政管理的需要。

第十三条 总预算会计核算应当按照规定的会计处理方法进行。

第十四条 财政部门管理的各项财政资金（包括一般预算资金、纳入预算管理的政府性基金、专用基金、财政周转金等）都应当纳入总预算会计核算管理。

第十五条 总预算会计处理方法前后各期应当一致，不得随意变更。如确有必要变更，应将变更的情况、原因和对会计报表的影响在预算执行报告中说明。

第十六条 总预算会计核算，应当及时进行。

第十七条 总预算会计记录和会计报表应当清晰明了，便于理解；对于重要的经济业务，应当单独反映。

第十八条 总预算会计核算以收付实现制为基础。

第十九条 凡是有指定用途的资金，必须按规定用途使用。

第三章 资 产

第二十条 资产是一级财政掌管或控制的能以货币计量的经济资源。包括财政性存款、有价证券、暂付及应收款项、预拨款项、财政周转金放款、借出财政周转金以及待处理周转金等。

第二十一条 财政性存款是财政部门代表政府所掌管的财政资金。包括国库存款及其他财政存款。财政性存款的支配权属于同级政府财政部门，并由总预算会计负责管理，统一收付。总预算会计在管理财政性存款中，应当遵循以下原则：

一、集中资金，统一调度。各种应由财政部门掌管的资金，都应纳入总预算会计的存款账户。调度资金，应根据事业进度和资金使用情况，保证满足计划内各项正常支出的需求，并要充分发挥资金效益，把资金用活用好。

二、严格控制存款开户。财政部门的预算资金除财政部有明确规定者外，一律由总预算会计统一在国库或指定的银行开立存款账户。不得在国家规定之外将预算资金或其他财政性资金任意转存其他金融机构。

三、根据年度预算或季度分月用款计划拨付资金。不得办理超预算、无用款计划的拨款。

四、转账结算。总预算会计的各种会计凭证不得用以提取现金。

五、在存款余额内支付，不得透支。

第二十二条 有价证券是中央财政以信用方式发行的国家公债。各级财政只能用各项财政结余购买国家指定由地方各级政府购买的有价证券。

有价证券应按取得时实际支付的价款记账，购入有价证券（含债券收款单）应视同货币妥善保管。

当期取得有价证券的兑付利息及转让有价证券取得的收入与账面成本的差额，记入当期收入。

第二十三条 暂付及应收款项属于往来结算中形成的债权。包括在预算执行过程中上下级财政结算形成的债权以及对用款单位借垫款形成的债权。

暂付及应收款项应按实际发生数额记账，并应及时清理结算，不得长期挂账。

第二十四条 预拨款项是按规定预拨给用款单位的待结算资金，包括预拨经费和基建拨款。

预拨经费是用预算资金预拨给用款单位的款项。凡年度预算执行中总预算会计用预算资金预拨出应在以后各期列支的款项以及会计年度终了前预拨给用款单位的下年度经费款，均应作为预拨经费管理。

基建拨款是预拨给受托经办基本建设支出的专业银行或拨付基本建设财务管理部门的基本建设款项。

各项预拨款项应按实际预拨数额记账。预拨经费（不含预拨下年度经费）应在年终前转列支出或清理收回。基建拨款应按建设单位银行支出数（限额部分）和拨付建设单位数（非限额部分）转列支出账。

对行政事业单位拨款，应按照单位领报关系转拨。凡有上级主管部门的单位，不能作为主管会计单位，直接与各级财政部门发生领报关系。

第二十五条 财政周转金放款是直接贷付给用款单位的财政有偿资金。

借出财政周转金是指上级财政部门借给下级财政部门用于周转使用的有偿资金。

财政周转金的贷付、借出和回收，应按实际发生数额记账。

待处理财政周转金是指周转金放款超过约定的还款期限，经审核已成呆账，但尚未按规定程序报批核销的财政周转金。

待处理财政周转金应按实际转入数额记账。

第四章 负 债

第二十六条 负债是一级财政所承担的能以货币计量、需以资产偿付的债务。包括应付及暂收款项、按法定程序及核定的预算举借的债务、借入财政周转金等。

第二十七条 应付及暂收款项是在预算执行期间，上下级财政或财政与其他部门结算中形成的债务，包括结算中发生的暂存款、与上级往来款以及收到其他性质不明的款项等。

第二十八条 按法定程序及核定的预算举借的债务，是指中央预算按全国人民代表大会批准的数额举借的国内和国外债务以及地方预算根据国家法律或国务院特别规定举借的债务。

第二十九条 借入财政周转金是指下级财政部门从上级财政部门借入的用于周转使用的有偿资金。

第三十条 各种负债应按实际发生数额和偿还数额记账。

第三十一条 各种债务应及时结算。属于应付暂收款及不明性质的款项应及时清理转账。

第五章 净 资 产

第三十二条 净资产是指资产减去负债的差额。包括各项结余、预算周转金及财政周转基金等。

第三十三条 结余是财政收支的执行结果。财政各项结余包括一般预算结余、基金预算结余和专用基金结余。

各项结余必须分别核算，不得混淆。

第三十四条 各项结余应每年结算一次。年终将各项收入与相应的支出冲销后，即成为该项资金的当年结余。当年结余加上年年末滚存结余为本年年末滚存结余。

第三十五条 预算周转金是为调剂预算年度内季节性收支差额，保证及时用款而设置的周转资金。预算周转金一般用年度预算结余资金设置、补充或由上级财政部门拨入。

第三十六条 财政周转基金是财政用于有偿使用的资金，在列报财政支出的同时转入。周转金的利息收入（或占用费收入）按规定扣除必要的业务费用后应用于补充财政周转金。

第六章 收 入

第三十七条 财政收入是国家为实现其职能，根据法令和法规所取得的非偿还性资金，是一级财政的资金来源。收入包括一般预算收入、基金预算收入、专用基金收入、资金调拨收入和财政周转金收入等。

第三十八条 一般预算收入是通过一定的形式和程序，有计划组织的由国家支配，纳入预算管理的资金。预算收入项目的具体划分和内容，按《国家预算收入科目》（政府收支分类改革后，应按照《政府收支分类科目》）办理。

各级预算收入的收纳、划分和报解，应通过国家金库，按《中华人民共和国国家金库条例》、《中华人民共和国国家金库条例实施细则》规定办理。

第三十九条 一般预算收入一般以本年度缴入基层国库（支金库）的数额为准。

已建乡（镇）国库的地区，乡（镇）财政的本级收入以乡（镇）国库收到数为准。县（含县本级）以上各级财政的各项预算收入（含固定收入与共享收入）仍以缴入基层国库数额为准。

未建乡（镇）国库的地区，乡（镇）财政的本级收入以乡（镇）总预算会计收到县级财政返回数额为准。

第四十条 基层国库在年度库款报解整理期内收到经收处报来的上年度收入，记入上年度账。整理期结束后，收到上年度收入一律记入新年度账。

第四十一条 基金预算收入是按规定收取、转入或通过当年财政安排，由财政管理并具有指定用途的政府性基金等。

各项基金预算收入以缴入国库数或总预算会计实际收到数额为准。

第四十二条 专用基金收入是指总预算会计管理的各项专用基金，如粮食风险基金。专用基金收入以总预算会计实际收到数额为准。

第四十三条 资金调拨收入是根据财政体制规定在各级财政之间进行资金调拨以及在本级财政各项资金之间的调剂所形成的收入。包括补助收入、上解收入和调入资金。

补助收入是上级财政按财政体制规定或因专项需要补助给本级财政的款项。

上解收入是按财政体制规定由下级财政上交给本级财政的款项。

调入资金是为平衡一般预算收支，从预算外资金结余调入预算的资金，以及按规定从其他渠道调入的资金。

乡（镇）财政部门收到由预算外资金财政专户拨付的自筹资金，视同调入资金处理。但乡镇财政的统筹资金不得作为调入资金，调入预算。

资金调拨收入应按上级财政部门的规定或实际发生数额记账。

第四十四条 财政周转金收入是指财政部门在办理财政周转金借出或放款业务中收取的资金占用费收入和利息收入。

财政周转金收入按实际收到数额记账。

第四十五条 各级总预算会计应加强各项收入的管理，严格会计核算手续。对于各项收入的事务处理必须以审核无误的国库入库凭证、预算收入日报表和其他合法的凭证为依据。发现错误，应在发现错误的月份按《中华人民共和国国家金库条例实施细则》及其他有关规定，及时通知有关单位共同更正。

对于已入库的预算收入和其他财政收入的退库，要严格把关，强化监督。凡不属于国家规定的退库项目，一律不得冲退预算收入。

属于国家规定的退库事项，按财政部规定的退库手续办理审批。

第七章　支　　出

第四十六条　财政支出是一级政府为实现其职能，对财政资金的再分配。包括一般预算支出、基金预算支出、专用基金支出、资金调拨支出和财政周转金支出等。

第四十七条　一般预算支出是国家对集中的预算收入有计划地分配和使用而安排的支出。预算支出项目的具体划分和内容，按《国家预算支出科目》（政府收支分类改革后，应按照《政府收支分类科目》）规定执行。

第四十八条　一般预算支出列报口径如下：

实行限额管理的基本建设支出按用款单位银行支出数列报支出。不实行限额管理的基本建设支出按拨付用款单位的拨款数列报支出。

对行政事业单位的非包干性支出和专项支出，平时按财政拨款数列报支出，清理结算收回拨款时，再冲销已列支出。对于收回以前年度已列支出的款项，除财政部门另有规定者外，应冲销当年支出。

除以上两款以外的其他各项支出均以财政拨款数列报支出。

第四十九条　凡是预拨以后各期的经费，不得直接按预拨数列作本期支出，应作为预拨款处理。到期后，按第四十八条规定的列报口径转列支出。

第五十条　总预算会计按拨款数办理预算支出必须认真做到以下几点：

一、严格执行《中华人民共和国预算法》。办理拨款支出必须以预算为准。预备费的动用必须经同级人民政府批准。

二、对主管部门（主管会计单位）提出的季度分月用款计划及分“款”、“项”填制的“预算经费请拨单”，应认真审核。根据经审核批准的拨款申请，结合库款余存情况按时向用款单位拨款。

三、总预算会计应根据预算管理要求和拨款的实际情况，分“款”、“项”核算、列报当期预算支出。

四、主管会计单位应按计划控制用款，不得随意改变资金用途。“款”、“项”之间如确需调剂，应填制“科目流通用申请书”，报经同级财政部门核准后使用。总预算会计凭核定的流用数调整预算支出明细账。

总预算会计不得列报超预算的支出；不得任意调整预算支出科目；未拨付的经费，原则上不得列报当年支出。因特殊情况确需在当年预留的支出，应严格控制，并按规定的审批程序办理。

第五十一条 基金预算支出是用基金预算收入安排的支出。基金预算支出的会计事务处理，比照预算支出的有关规定办理。

专用基金支出是用专用基金收入安排的支出。

基金预算支出和专用基金支出应按规定的用途开支，并做到先收后支，量入为出。

第五十二条 资金调拨支出是根据财政体制规定在各级财政之间进行资金调拨以及在本级财政各项资金之间的调剂所形成的支出。资金调拨支出包括补助支出、上解支出、调出资金等等。

补助支出是本级财政按财政体制规定或因专项需要补助给下级财政的款项及其他转移支付的支出。

上解支出是按财政体制规定由本级财政上交给上级财政的款项。

调出资金是为平衡一般预算收支而从基金预算的地方财政税费附加收入结余中调出，补充预算的资金。

资金调拨支出按上级财政部门的规定或实际发生数额记账。

第五十三条 财政周转金支出是指地方财政部门从上级借入财政周转金所支付的占用费以及周转金管理使用过程中按规定开支的相关费用。

财政周转金支出应按实际支付数额记账。

第八章 会计科目

第五十四条 会计科目是各级总预算会计设置账户、确定核算内容的依据。各级总预算会计必须按以下要求使用会计科目：

一、各级总预算会计应按本制度规定设置会计科目，按本科目使用说明使用。不需要的可以不用，不得擅自更改科目名称。

二、明细科目的设置，除本制度已有规定者外，各级总预算会计可根据需要，自行设置。

三、为便于编制会计凭证、登记账簿、查阅账目和实行会计电算化，本制度统一规定了会计科目编码。各级总预算会计不得随意变更或打乱科目编码。

四、总预算会计在填制会计凭证、登记账簿时，应填列会计科目的名称或者同时填列名称和编码，不得只填编码，不填名称。

五、有关财政周转金的会计核算，可由各级财政的预算部门或专门管理机构按本制度规定的科目办理。

第五十五条 各级总预算会计适用的会计科目如下：

会 计 科 目 表

序号	编 码	科 目 名 称
		一、资产类
1	101	国库存款
2	102	其他财政存款
3	104	有价证券
4	105	在途款
5	111	暂付款
6	112	与下级往来
7	121	预拨经费
8	122	基建拨款
9	131	财政周转金放款
10	132	借出财政周转金
11	133	待处理财政周转金
		二、负债类
12	211	暂存款
13	212	与上级往来
14	222	借入款
15	223	借入财政周转金
		三、净资产
16	301	预算结余
17	305	基金预算结余
18	307	专用基金结余
19	321	预算周转金
20	322	财政周转基金
		四、收入类
21	401	一般预算收入
22	405	基金预算收入
23	407	专用基金收入
24	411	补助收入
25	412	上解收入
26	414	调入资金
27	425	财政周转金收入

续表

序号	编　码	科　目　名　称
		五、支出类
28	501	一般预算支出
29	505	基金预算支出
30	507	专用基金支出
31	511	补助支出
32	512	上解支出
33	514	调出资金
34	524	财政周转金支出

第五十六条　会计科目使用说明

一、资产类

第101号科目　国库存款

1. 本科目核算各级总预算会计在国库的预算资金（含一般预算和基金预算）存款。

2. 本科目借方，记国库存款增加数；贷方，记国库存款减少数。本科目借方余额，反映国库存款的结存数。

3. 总预算会计收到预算收入时，根据国库报来的预算收入日报表入账。收到上级预算补助时，根据国库转来有关结算凭证入账。办理库款支付时，根据支付凭证回单入账。

4. 有外币收支业务的总预算会计应按外币的种类设置外币存款明细账。发生外币收支业务时，应根据中国人民银行公布的人民币外汇汇率折合为人民币记账，并登记外国货币金额和折合率。年度终了，应将外币账户余额按照期末国家银行颁布的人民币外汇汇价折合为人民币，作为外币账户期末人民币余额。调整后的各种外币账户人民币余额与原账面余额的差额，作为汇兑损溢列入有关支出科目。

本科目可分一般预算和基金预算存款进行明细核算。

第102号科目　其他财政存款

1. 本科目核算各级总预算会计未列入“国库存款”科目反映的各项财政性存款。包括财政周转金、未设国库的乡（镇）财政在专业银行的预算资金存款以及部分由财政部指定存入专业银行的专用基金存款等。

2. 本科目借方，记其他财政存款增加数；贷方，记其他财政存款减少数。

本科目借方余额，反映其他财政存款的实际结存数，其年终余额结转下年。

3. 总预算会计应根据经办行报来的收入日报表或银行收款通知入账。

总预算会计支付其他财政存款时，应根据有关支付凭证的回单入账。

4. 为便于分类管理，“其他财政存款”总账科目下应按交存地点和资金性质分设明细账。

第 104 号科目　有价证券

1. 本科目核算各级政府按国家统一规定用各项财政结余购买有价证券的库存数。

2. 购入有价证券，借记本科目，贷记“国库存款”、“其他财政存款”科目；到期兑付有价证券时，其兑付本金部分，借记“国库存款”、“其他财政存款”科目，贷记本科目。利息收入通过有关收入科目核算。

3. 本科目借方余额反映有价证券的实际库存数。

4. 本科目应按有价证券种类和资金性质设置明细账。

第 105 号科目　在途款

1. 本科目核算决算清理期和库款报解整理期内发生的上下年度收入、支出业务及需要通过本科目过渡处理的资金数。

2. 决算清理期内收到属于上年度收入时，借记本科目，贷记“一般预算收入”、“补助收入”、“上解收入”等收入科目；收回属于上年度拨款或支出时，借记本科目，贷记“预拨经费”或“一般预算支出”等科目；冲转在途款时，借记“国库存款”科目，贷记本科目。

第 111 号科目　暂付款

1. 本科目核算各级财政部门借给所属预算单位或其他单位临时急需的款项。

2. 借出时，借记本科目，贷记“国库存款”、“其他财政存款”科目；收回或转作预算支出时，借记“国库存款”、“其他财政存款”或有关支出科目，贷记本科目。

3. 本科目应及时清理结算。年终，原则上应无余额。

4. 本科目应按资金性质及借款单位名称设置明细账。

第 112 号科目　与下级往来

1. 本科目核算与下级财政的往来待结算款项。

2. 借给下级财政款时，借记本科目，贷记“国库存款”科目。体制结算中应由下级财政上交的收入数，借记本科目，贷记“上解收入”科目；借款收回、转作补助支出或体制结算应补助下级财政数时，借记“国库存款”、“补助支出”

等有关科目，贷记本科目。

3. 本科目借方余额，反映下级财政应归还本级财政的款项；本科目贷方余额，反映本级财政欠下级财政的款项。

4. 本科目应及时清理结算。应转作补助支出的部分，应在当年结清；其他年终未能结清的余额，结转下年。

5. 本科目是往来性质的科目，如发生贷方余额，在编制“资产负债表”时应以负数反映。

6. 本科目应按资金性质和下级财政部门名称设置明细账。

第121号科目　预拨经费

1. 本科目核算财政部门预拨给行政事业单位、尚未列为预算支出的经费。

2. 预拨经费时，借记本科目，贷记“国库存款”科目（未设国库的乡（镇）总预算会计，贷记“其他财政存款”科目，下同）；转列支出或收到用款单位交回数时，借记“一般预算支出”、“国库存款”等科目，贷记本科目。

3. 本科目借方余额反映尚未转列支出或尚待收回的预拨经费数。

4. 本科目应按拨款单位设明细账。

第122号科目　基建拨款

1. 本科目核算拨付给经办基本建设支出的专业银行或拨付基本建设财务管理部门的基本建设拨款和贷款数。直接拨给建设单位的基本建设资金，不通过本科目核算。

2. 拨出款项时，借记本科目，贷记“国库存款”科目；收到基本建设财务管理部门或受委托的专业银行报来拨付建设单位数及缴回财政数时，借记“一般预算支出”、“国库存款”等有关科目，贷记本科目。

3. 本科目借方余额反映尚未列报支出数。

4. 本科目应按拨款单位设明细账。

第131号科目　财政周转金放款

1. 本科目核算财政有偿资金的拨出、贷付及收回情况。

2. 将财政周转金贷给用款单位时，借记本科目，贷记“其他财政存款”科目；收回时，借记“其他财政存款”科目，贷记本科目。

3. 本科目借方余额，反映总预算会计掌握的财政有偿资金放款数。

4. 本科目应按拨（放）款的对象及放款期限设分户明细账。对于周转金放款业务较多的地区，可以由总预算会计或周转金管理机构进行总分类核算，财政业务部门进行明细核算。

第 132 号科目　借出财政周转金

1. 本科目核算上级财政部门借给下级财政部门周转金的借出和收回情况。

2. 借给下级财政部门周转金时，借记本科目，贷记“其他财政存款”科目；下级财政部门归还时作相反会计分录。

3. 本科目借方余额反映借出周转金尚未收回数。

4. 本科目应按借款对象设明细账。

第 133 号科目　待处理财政周转金

1. 本科目核算经审核已经成为呆账，但尚未按规定程序报批核销的逾期财政周转金转入和核销情况。

2. 逾期未还的周转金经批准转入时，借记本科目，贷记“财政周转金贷款”科目；按规定程序报经核销时，借记“财政周转基金”科目，贷记本科目。

3. 本科目借方余额反映尚待核销的待处理资金数。

4. 本科目应按欠款单位名称设明细账。

二、负债类

第 211 号科目　暂存款

1. 本科目核算各级财政临时发生的应付、暂收和收到不明性质的款项。

2. 收到暂存款时，借记“国库存款”、“其他财政存款”科目，贷记本科目；冲转退还或转作收入时，借记本科目，贷记“国库存款”、“其他财政存款”或有关收入科目。

3. 本科目贷方余额，反映尚未结清的暂存款数额。

4. 本科目应按资金性质、债权单位或款项来源设明细账。

第 212 号科目　与上级往来

1. 本科目核算与上级财政的往来待结算款项。

2. 从上级财政借入款或体制结算中发生应上交上级财政款项时，借记“国库存款”或“上解支出”科目，贷记本科目；归还借款、转作上级补助收入数或体制结算中应由上级补给款项时，借记本科目，贷记“国库存款”、“补助收入”等科目。

3. 本科目贷方余额，为本级财政欠上级财政的款项；借方余额，为上级财政欠本级财政的款项。

4. 本科目应及时清理结算，年终未能结清的余额，结转下年。

5. 本科目是往来性质的科目，如发生借方余额，在编制“资产负债表”时，应以负数反映。

有基金预算往来的地区，可按资金性质分设明细账。

第222号科目　借入款

1. 本科目核算中央财政和地方财政按照国家法律、国务院规定向社会以发行债券等方式举借的债务。上下级财政之间临时性借垫款，不通过本科目核算。

2. 发行债券或举借债务时，借记“国库存款”科目，贷记本科目；到期偿还本金时，借记本科目，贷记“国库存款”科目。

3. 本科目贷方余额，反映尚未偿还的债务。

4. 本科目应按债券种类或债权人设明细账。

第223号科目　借入财政周转金

1. 本科目核算地方财政部门向上级财政部门借入有偿使用的财政周转金。

2. 借入时，借记“其他财政存款”科目，贷记本科目；还款时，作相反会计分录。

3. 本科目贷方余额，反映尚未归还的借入财政周转金数。

三、净资产类

第301号科目　预算结余

1. 本科目核算各级财政预算收支的年终执行结果。

2. 年终转账时，财政部门应将“一般预算收入”、“补助收入——一般预算补助”、“上解收入”、“调入资金”等科目贷方余额转入本科目贷方；将“预算支出”、“补助支出——一般预算补助”、“上解支出”等科目借方余额转入本科目借方。

根据本年预算结余增设周转金时，按增设数借记本科目，贷记“预算周转金”。

3. 本科目年终贷方余额，反映本年的预算滚存结余（含有价证券），转入下年度。

第305号科目　基金预算结余

1. 本科目核算各级财政管理的政府性基金收支的年终执行结果。

2. 年终转账时，应将“基金预算收入”、“补助收入——基金预算补助”科目余额转入本科目贷方；将“基金预算支出”、“补助支出——基金预算补助”、“调出资金”科目余额转入本科目借方。

3. 本科目年终贷方余额，反映本年基金预算滚存结余，转入下年度。

本科目应根据基金预算科目所列的基金项目逐一反映各项基金的结余。

第307号科目　专用基金结余

1. 本科目用于核算总预算会计管理的专用基金收支的年终执行结果。

2. 年终转账时，将“专用基金收入”科目余额转入本科目，借记“专用基金收入”，贷记本科目；将“专用基金支出”科目余额转入本科目数，借记本科目，贷记“专用基金支出”科目。

3. 本科目年终贷方余额，反映本年专用基金的滚存结余，转入下年度。

第321号科目　预算周转金

1. 本科目核算各级财政设置的用于平衡季节性预算收支差额周转使用的资金。预算周转金应根据《中华人民共和国预算法》要求设置，并不得随意减少。

2. 设置和补充预算周转金时，借记“预算结余”科目，贷记本科目。本科目借方一般无发生额。

第322号科目　财政周转基金

1. 本科目核算各级财政部门设置的有偿使用资金。

2. 用预算资金增补有偿使用周转基金时，借记有关预算支出科目，贷记“国库存款”科目；同时借记“其他财政存款”科目，贷记本科目。收回财政周转基金时，借记本科目，贷记有关预算支出科目。用财政周转金收入补充财政周转基金时，借记“财政周转金收入”科目，贷记本科目。

3. 本科目贷方余额，反映财政部门财政周转基金总额，年终余额结转下年。

4. 本科目可根据实际需要设置相应的明细账。

四、收入类

第401号科目　一般预算收入

1. 本科目核算各级财政部门组织的纳入预算的各项收入。

2. 根据国库报来的预算收入日报表所列当日预算收入数，借记“国库存款”科目，贷记本科目；当日收入数为负数时，以红字记入（采用计算机记账的，用负数反映）。年终结账时，将本科目贷方余额全数转入“预算结余”科目，借记本科目，贷记“预算结余”科目。

3. 未设国库的乡（镇）总预算会计根据征收机关（如税务所）报来的预算收入日报表登记预算收入辅助账，待收到县财政返回收入时，再做收入的账务处理。

4. 本科目平时贷方余额，反映预算收入累计数。

5. 本科目应根据《国家预算收支科目》中的“一般预算收入科目”（不含一般预算调拨收入类）设置相应明细账。

第405号科目　基金预算收入

1. 本科目核算各级财政部门管理的政府性基金预算收入。

2. 取得基金预算收入时，借记“国库存款”科目，贷记本科目。

对于财政部明文规定在指定银行存储的基金，应按规定办理转存手续。基金预算收入在银行的存款利息收入，作为基金预算收入处理。

年终转账时，将本科目贷方余额全数转入“基金预算结余”科目，借记本科目，贷记“基金预算结余”科目。

3. 本科目平时贷方余额，反映当年基金预算收入累计数。

4. 本科目应按“基金预算收入科目”（不含基金预算调拨收入类）规定设置明细账。

第407号科目　专用基金收入

1. 本科目核算财政部门按规定设置或取得的专用基金收入。

2. 从上级财政部门或通过本级预算支出安排取得专用基金收入时，借记“其他财政存款”科目，贷记本科目；退回专用基金收入时，做相反的会计分录。

3. 年终转账时，将本科目余额全部转入“专用基金结余”科目，借记本科目，贷记“专用基金结余”科目。

本科目年终无余额。

第411号科目　补助收入

1. 本科目核算上级财政部门拨来的补助款。包括：

（1）税收返还收入；

（2）按财政体制规定由上级财政补助的款项；

（3）上级财政对本级的专项补助和临时性补助。

2. 收到上级拨入的补助款，借记“国库存款”科目，贷记本科目；从“与上级往来”科目转入本科目时，借记“与上级往来”科目，贷记本科目；退还上级补助，借记本科目，贷记“国库存款”等有关科目。年终本科目贷方余额，应转入“预算结余”科目，借记本科目，贷记“预算结余”科目。

3. 本科目平时贷方余额，反映上级补助收入累计数。

4. 上级财政的“补助支出”应与所属下级财政的“补助收入”的数额相等。

5. 有基金预算补助收入的地区，应将基金预算补助通过明细科目核算。

第412号科目　上解收入

1. 本科目核算下级财政上缴的预算上解款。包括：

（1）按体制规定由国库在下级预算收入中直接划解给本级财政的款项；

（2）按体制结算后由下级财政补缴给本级财政的款项和各种专项上解款项。

2. 收到下级上解款时，借记“国库存款”科目，贷记本科目；收入退还时，作相反的会计分录。年终，本科目贷方余额，应全数转入“预算结余”科目，借记本科目，贷记“预算结余”科目。

3. 本科目平时贷方余额，反映下级上解收入累计数。

4. 本级财政的“上解收入”应与所属下级财政的“上解支出”的数额相等。

5. 本科目应按上解地区设明细账。

第 414 号科目　调入资金

1. 本科目核算各级财政部门因平衡一般预算收支从预算外资金结余以及其他渠道调入的资金。

2. 调入资金，借记“国库存款”科目，贷记本科目。

3. 年终，本科目贷方余额转入“预算结余”科目，借记“调入资金”，贷记“预算结余”科目。

第 425 号科目　财政周转金收入

1. 本科目核算财政周转金利息及占用费的收入情况。

2. 本科目应设置“利息收入”和“占用费收入”二个明细科目。取得利息收入时，借记“其他财政存款”科目，贷记本科目（利息）；取得占用费收入时，借记“其他财政存款”科目，贷记本科目（占用费）。

3. 年终结账时，应将“财政周转金支出”科目余额转入本科目，借记本科目，贷记“财政周转金支出”科目。本科目余额为当年财政周转金收支结余数，应全数转入“财政周转基金”科目，借记本科目，贷记“财政周转基金”科目，结转后，本科目无余额。

五、支出类

第 501 号科目　一般预算支出

1. 本科目核算各级总预算会计办理的应由预算资金支付的各项支出。

2. 总预算会计办理预算直接支出时，借记本科目，贷记“国库存款”等有关科目；将预拨行政事业单位经费转列支出时，借记本科目，贷记“预拨经费”科目；办理基本建设支出时，实行限额管理的，根据建设银行报来的银行支出数借记本科目，不实行限额管理的，根据拨付用款单位数，借记本科目。支出收回或冲销转账时，借记有关科目，贷记本科目。年终，本科目借方余额应全数转入“预算结余”科目，借记“预算结余”科目，贷记本科目。

3. 本科目平时借方余额，反映预算支出累计数。

4. 本科目应根据《国家预算收支科目》中的“一般预算支出科目”（不含一般预算调拨支出类）分“款”、“项”设明细账。

第505号科目　基金预算支出

1. 本科目核算各级财政部门用基金预算收入安排的支出。

2. 发生基金预算支出时，借记本科目，贷记“国库存款（其他财政存款）”等有关科目；支出收回或冲销转账时，借记有关科目，贷记本科目。年终，本科目借方余额应全数转入“基金预算结余”科目冲销，借记“基金预算结余”科目，贷记本科目。

3. 本科目平时借方余额，反映基金预算支出累计数。

4. 本科目根据“基金预算支出科目”（不含基金预算调拨支出类）设置明细账。

第507号科目　专用基金支出

1. 本科目用于核算各级财政部门用专用基金收入安排的支出。

2. 发生专用基金支出时，借记本科目，贷记“国库存款”（对于根据国家规定将基金存在指定银行的，应为“其他财政存款”，下同）科目。支出收回时，做相反的会计分录。

3. 年终转账时，将本科目余额全部转入“专用基金结余”科目，借记“专用基金结余”科目，贷记本科目。

4. 本科目平时借方余额，反映专用基金支出累计数。

第511号科目　补助支出

1. 本科目核算本级财政对下级财政的补助支出。包括：

（1）税收返还支出；

（2）按原财政体制结算应补助给下级财政的款项；

（3）专项补助或临时性补助。

2. 发生补助支出或从“与下级往来”科目转入时，借记本科目，贷记“国库存款”、“与下级往来”科目；支出退转时，作相反的会计分录。年终，本科目借方余额应转入“预算结余”科目冲销，借记“预算结余”科目，贷记本科目。

3. 本科目平时借方余额，反映补助支出累计数。

4. 本科目应按补助地区设明细账。

5. 用基金预算资金补助下级财政的地区，应分设基金预算补助明细账。

第513号科目　上解支出

1. 本科目核算解缴上级财政的款项。包括：

（1）按体制由国库在本级预算收入中直接划解给上级财政的款项；

（2）按体制结算补解给上级财政款项和各种专项上解款项。

2. 发生上解支出时，借记本科目，贷记“国库存款”等有关科目；支出退转时，借记有关科目，贷记本科目。年终，本科目借方余额转入“预算结余”科目，借记“预算结余”科目，贷记本科目。

3. 本科目平时借方余额，反映上解支出累计数。

4. 本科目一般可不设明细账。

第514号科目　调出资金

1. 本科目用于核算各级财政部门从基金预算的地方财政税费附加收入结余中调出，用于平衡预算收支的资金。

2. 调出基金预算结余时，借记本科目，贷记“调入资金”科目。凡是一般预算与基金预算分设存款账户的地区，应同时调整国库存款的明细账。

3. 年终转账时，应将本科目借方余额转入“基金预算结余”科目，借记“基金预算结余”，贷记本科目。

第524号科目　财政周转金支出

1. 本科目核算借入上级财政周转金支付的占用费及周转金管理使用过程中按规定开支的相关费用支出情况。

2. 本科目应设置“占用费支出”、“业务费支出”等二个明细科目。

“占用费支出”核算因借入上级财政周转金而支付的资金占用费；

“业务费支出”核算委托银行放款支付的手续费以及经财政部门确定的有关费用支出。

3. 支付占用费时，借记本科目（占用费支出），贷记“其他财政存款”科目；支付手续费时，借记本科目（手续费支出），贷记“其他财政存款”科目。

4. 本科目平时借方余额为已支付的周转金占用费及手续费。

5. 年终结账时将本科目借方余额转入“财政周转金收入”科目冲销，借记“财政周转金收入”科目，贷记本科目。年终结账后本科目无余额。

第九章　会计结账和结算

第五十七条　各级总预算会计应当定期、及时地进行会计结账。结账期限为每月一次。结账的具体方法，按《会计基础工作规范》办理。

第五十八条　各级总预算会计，在会计年度结束前，应当全面进行年终清理结算。年终清理结算的主要事项如下：

一、核对年度预算。预算数字是考核决算和办理收支结算的依据，也是进行会计结算的依据。年终前，各级总预算会计，应配合预算管理部门把本级财政总预算与上、下级财政总预算和本级各单位预算之间的全年预算数核对清楚。追加追减、上划下划数字，必须在年度终了前核对完毕。为了便于年终清理，本年预算的追加追减和企事业单位的上划下划，一般截至11月底为止。各项预算拨款，一般截至12月25日为止。

二、清理本年预算收支。凡属本年的一般预算收入，都要认真清理，年终前必须如数缴入国库。督促国库在年终库款报解整理期内，迅速报齐当年的预算收入。应在本年预算支领列报的款项，非特殊原因，应在年终前办理完毕。

清理基金预算收支和专用基金收支。凡属应列入本年的收入，应及时催收，并缴入国库或指定的银行账户。

三、组织征收机关和国库进行年度对账。年度终了后，按照国库制度的规定，支库应设置十天的库款报解整理期（设置决算清理期的年度，库款报解整理期相应顺延）。各经收处12月31日前所收款项均应在“库款报解整理期”内报达支库，列入当年决算。同时，各级国库要按年度决算对账办法编制收入对账单，分送同级财政部门、征收机关核对签章。保证财政收入数字的一致。

四、清理核对当年拨款支出。各级总预算会计对本级各单位的拨款支出应与单位的拨款收入核对清楚。对于当年安排的非包干使用的拨款，其结余部分应根据具体情况处理。属于单位正常周转占用的资金，可仍作为预算支出处理；属于应收回的拨款，应及时收回，并按收回数相应冲减预算支出。属于预拨下年度的经费，不得列入当年预算支出。

五、清理往来款项。各级财政的暂收、暂付等各种往来款项，要在年度终了前认真清理结算，做到人欠收回，欠人归还。应转作各项收入或各项支出的款项，要及时转入本年有关收支账。

六、清理财政周转金收支。各级财政预算部门或周转金管理机构应对财政周转金收支款项、上下级财政之间的财政周转金借入借出款项进行清理。同时对于各项财政周转金贷放款进行清理。财政周转金明细账由财政业务部门核算的，各预算部门或周转金管理机构应与业务部门的明细账进行核对，做到账账相符。

七、进行年终财政结算。各级财政要在年终清理的基础上，结清上下级财政总预算之间的预算调拨收支和往来款项。要按照财政管理体制的规定，计算出全年应补助、应上解和应返还数额，与年度预算执行过程中已补助、已上解和已返还数额进行比较，结合借垫款项，计算出全年最后应补或应退数额，填制“年终财政决算结算单”，经核对无误后，作为年终财政结算凭证，据以入账。

第五十九条 各级总预算会计，对年终决算清理期内发生的会计事项，应当划清会计年度。属于清理上年度的会计事项，记入上年度账内；属于新年度的会计事项，记入新账。要防止错记漏记。

第六十条 经过年终清理和结算，把各项结算收支记入旧账后，即可办理年终结账。年终结账工作一般分为年终转账、结清旧账和记入新账三个环节，依次作账。

一、年终转账。计算出各账户 12 月份合计数和全年累计数，结出 12 月末余额，编制结账前的“资产负债表”。再将应对冲转账的各个收入、支出账户余额，填制 12 月份的记账凭证（凭证按 12 月份连续编号，填制实际处理日期），分别转入“预算结余”、“基金预算结余”和“专用基金结余”科目冲销。将当年“财政周转金支出”转入“财政周转金收入”科目冲销，并将财政周转金收支相抵后的余额转入“财政周转基金”。

二、结清旧账。将各个收入和支出账户的借方、贷方结出全年总计数，然后在下面划双红线，表示本账户全部结清。

对年终有余额的账户，在“摘要”栏内注明“结转下年”字样，表示转入新账。

三、记入新账。根据本年度各个总账账户和明细账户年终转账后的余额编制年终决算“资产负债表”和有关明细表（不编记账凭证），将表列各账户的余额直接记入新年度有关总账和明细账各账户预留空行的余额栏内，并在“摘要”栏注明“上年结转”字样，以区别新年度发生数。

决算经本级人民代表大会常务委员会（或人民代表大会）审查批准后，如需更正原报决算草案收入、支出数字时，则要相应调整旧账，重新办理结账和记入新账。

第十章 会计报表的编审

第六十一条 总预算会计报表是各级预算收支执行情况及其结果的定期书面报告，是各级政府和上级财政部门了解情况、掌握政策、指导预算执行工作的重要资料，也是编制下年度预算的基础。

各级总预算会计必须定期编制和汇总预算会计报表。

第六十二条 总预算会计报表有资产负债表、预算执行情况表、财政周转金收支情况表、财政周转金设放情况表、预算执行情况说明书及其他附表等。其他附表有基本数字表、行政事业单位收支汇总表以及所附会计报表。报表格式及说明详见本制度附件三。

各级总预算会计报表按旬、按月、按年编报。旬报、月报和年报的报送期限及编报内容应根据上级财政部门具体要求和本行政区域预算管理的需要办理。

第六十三条 各级总预算会计报表要做到数字正确，报送及时，内容完整。

一、各级总预算会计要加强日常会计核算工作，督促有关单位及时记账、结账。所有预算会计单位都应在规定的期限内报出报表，以便主管部门和财政部门及时汇总。

二、总预算会计报表的数字，必须根据核对无误的账户记录汇总。切实做到账表相符，有根有据。不能估列代编，更不能弄虚作假。

三、总预算会计报表要严格按照统一规定的种类、格式、内容、计算方法和编制口径填制，以保证全国统一汇总和分析。汇总报表的单位，要把所属单位的报表汇集齐全，防止漏报。

第六十四条 总预算会计的年报，即各级政府决算，反映着年度预算收支的最终结果。各级总预算会计在财政部门首长的领导下，参与或具体负责组织下列决算草案编审工作：

一、参与组织制定决算草案编审办法。根据上级财政部门的统一要求和本行政区域预算管理的需要，提出年终收支清理、数字编列口径、决算审查和组织领导等具体要求，并对财政结算、结余处理等具体问题规定处理办法。

参与组织制定本级单位决算草案编审办法。

二、参与制发或根据上级财政部门的要求结合本行政区域的具体情况转（制）发本行政区域财政总决算统一表格和本级单位决算统一表格。协同财务部门设计基本数字表及其他附表。

三、办理全年各项收支、预拨款项、往来款项等会计对账、结账工作。

四、对下级财政部门和同级单位预算主管部门布置决算草案编审工作，并督促检查其及时汇总报送决算。

五、审查、汇总所属财政决算草案收支各表，并负责全部决算草案的审查汇总工作。

六、编写决算说明书，向上级财政部门汇报决算编审工作情况，进行上下级财政之间的财政体制结算以及财政总决算的文件归档工作。

第六十五条 各级财政部门应将汇总编制的本级决算草案及时报本级政府审

定。各级财政部门应按照上级财政部门规定的时限和份数，将经本级人民政府审定的本行政区域决算草案逐级及时报送备案。计划单列城市的会计报表和年度财政决算在报送省级财政部门的同时，直接报送财政部。

第十一章　会计电算化

第六十六条　为了保证总预算会计电算化核算的准确、安全，省级（含省本级）以上财政部门必须制订相应的会计电算化管理办法并严格执行。省以下各级财政部门应相应制定有关具体实施办法。

第六十七条　随着计算机在会计领域的开发和运用，各级总预算会计人员要熟练掌握计算机在会计上的运用，实现会计操作技术的现代化。

第六十八条　总预算会计电算化软件，必须符合本制度规定的核算方法，并经财政部鉴定通过后，才能投入使用。

第十二章　会计监督

第六十九条　各级总预算会计应加强各项财政性资金的核算管理与会计监督。严格依法办事，对于不合法的会计事项，应及时予以纠正或及时向领导反映。

第七十条　各级总预算会计应自觉接受审计及监察部门的监督，按规定向审计及监察部门提供有关资料。

第七十一条　各级总预算会计应加强对用款单位拨出款项的管理，及时了解掌握有关单位的用款情况，发现问题及时纠正。

第十三章　附　　则

第七十二条　本制度未规定的一般会计处理方法，按财政部发布的《会计基础工作规范》处理。会计档案的管理，按财政部、国家档案局颁发的《会计档案管理办法》执行。

第七十三条　有关预算外资金的核算，由我部另行发文规定。财政周转金由专设的周转金管理部门管理的，其核算应由周转金管理部门参照本制度的规定执行。

第七十四条　本制度解释权属财政部。

第七十五条　本制度自 1998 年 1 月 1 日起执行。财政部 1988 年制发的《财政机关总预算会计制度》及有关补充规定，同时废止。

附录6：医院会计制度

财政部关于印发《医院会计制度》的通知

2010年12月31日　财会［2010］27号

各省、自治区、直辖市、计划单列市财政厅（局），新疆生产建设兵团财务局：

为了适应社会主义市场经济和医疗卫生事业发展的需要，进一步规范医院的会计核算，提高会计信息质量，根据《中华人民共和国会计法》以及国家有关法律法规的规定，结合医院特点，我部修订了《医院会计制度》。现将修订后的《医院会计制度》印发给你们，请遵照执行。执行中有何问题，请及时反馈我部。

附件：医院会计制度

附件：

医院会计制度

目　录

第一部分　总说明

一、为了规范医院的会计核算，保证会计信息的真实、完整，根据《中华人民共和国会计法》、事业单位会计准则及国家有关法律法规的规定，制定本制度。

二、本制度适用于中华人民共和国境内各级各类独立核算的公立医院（以下简称医院），包括综合医院、中医院、专科医院、门诊部（所）、疗养院等，不包括城市社区卫生服务中心（站）、乡镇卫生院等基层医疗卫生机构。

企业事业单位、社会团体及其他社会组织举办的非营利性医院可参照本制度执行。

三、医院会计采用权责发生制基础。

医院会计要素包括资产、负债、净资产、收入和费用。

四、医院应当按照下列规定运用会计科目：

（一）医院应当按照本制度的规定，设置和使用会计科目。在不影响会计处理和编报会计报表的前提下，可以自行设置本制度规定之外的明细科目。

（二）本制度统一规定会计科目的编号，以便于编制会计凭证、登记账簿、查阅账目，实行会计信息化管理。医院不得随意打乱重编。

（三）医院在编制会计凭证、登记会计账簿时，应当填列会计科目的名称，或者同时填列会计科目的名称和编号，不得只填列科目编号、不填列科目名称。

五、医院财务报告是反映医院某一特定日期的财务状况和某一会计期间的收入费用、现金流量等的书面文件。医院财务报告由会计报表、会计报表附注和财务情况说明书组成。

六、医院财务报告分为中期财务报告和年度财务报告。以短于一个完整的会计年度的期间（如季度、月度）编制的财务报告称为中期财务报告。年度财务报告则是以整个会计年度为基础编制的财务报告。

医院对外提供的年度财务报告应按有关规定经过注册会计师审计。

七、医院对外提供的财务报告的内容、会计报表的种类和格式、会计报表附注应予披露的主要内容等，由本制度规定；医院内部管理需要的会计报表由医院自行规定。

八、医院财务报告中的会计报表包括资产负债表、收入费用总表、现金流量表、财政补助收支情况表以及有关附表。

医院应当根据本制度有关会计报表的编制基础、编制依据、编制原则和方法的要求，对外提供真实、完整的会计报表。医院不得违反规定，随意改变会计报表的编制基础、编制依据、编制原则和方法，不得随意改变本制度规定的会计报表有关数据的会计口径。

医院会计报表应当根据登记完整、核对无误的账簿记录和其他有关资料编制，要做到数字真实、计算准确、内容完整、报送及时。

九、医院会计报表附注是为便于会计报表使用者理解会计报表的内容而对会计报表的编制基础、编制依据、编制原则和方法及主要项目等所作的解释。医院会计报表附注至少应当包括下列内容：

（一）遵循《医院会计制度》的声明；

（二）重要会计政策、会计估计及其变更情况的说明；

（三）重要资产转让及其出售情况的说明；

（四）重大投资、借款活动的说明；

（五）会计报表重要项目及其增减变动情况的说明；

（六）以前年度结余调整情况的说明；

（七）有助于理解和分析会计报表需要说明的其他事项。

十、医院财务情况说明书至少应当对医院的下列情况做出说明：

（一）业务开展情况；

（二）年度预算执行情况；

（三）资产利用、负债管理情况；

（四）成本核算及控制情况；

（五）绩效考评情况；

（六）需要说明的其他事项。

医院财务情况说明书中对上述事项（四）的说明应附有成本报表（成本报表参考格式参见本制度第六部分）。

十一、医院对外提供的财务报告应当由单位负责人和主管会计工作的负责人、会计机构负责人（会计主管人员）签名并盖章；设置总会计师的单位，还应当由总会计师签名并盖章。

十二、医院会计机构设置、会计人员配备、会计档案管理、内部会计监督与控制以及相关会计基础工作等，按照《中华人民共和国会计法》、会计基础工作规范、会计档案管理办法等规定执行。

十三、医院对基本建设投资的会计核算除按照本制度执行外，还应按国家有关规定单独建账、单独核算。

十四、本制度由财政部负责解释。

十五、本制度自 2011 年 7 月 1 日起在公立医院改革国家联系试点城市施行，自 2012 年 1 月 1 日起在全国施行。1998 年 11 月 17 日财政部、卫生部印发的《医院会计制度》（财会字［1998］58 号）同时废止。

第二部分　会计科目名称和编号

序号	编号	名称	序号	编号	名称
一、资产类			29	2204	预收职工薪酬
1	1001	库存现金	30	2205	应付福利费
2	1002	银行存款	31	2206	应付社会保障费
3	1003	零余额账户用款额度	32	2207	应交税费
4	1004	其他货币资金	33	2209	其他应付款
5	1101	短期投资	34	2301	预提费用
6	1201	财政应返还额度	35	2401	长期借款
	120101	财政直接支付	36	2402	长期应付款
	120102	财政授权支付	三、净资产类		
7	1211	应收在院病人医疗款	37	3001	事业基金
8	1212	应收医疗款	38	3101	专用基金
9	1215	其他应收款	39	3201	待冲基金
10	1221	坏账准备		320101	待冲财政基金
11	1231	预付账款		320102	待冲科教项目基金
12	1301	库存物资	40	3301	财政补助结转（余）
13	1302	在加工物资	41	3302	科教项目结转（余）
14	1401	待摊费用	42	3401	本期结余
15	1501	长期投资	43	3501	结余分配
	150101	股权投资	四、收入类		
	150102	债权投资	44	4001	医疗收入
16	1601	固定资产		400101	门诊收入
17	1602	累计折旧		400102	住院收入
18	1611	在建工程	45	4101	财政补助收入
19	1621	固定资产清理		410101	基本支出
20	1701	无形资产		410102	项目支出
21	1702	累计摊销	46	4201	科教项目收入
22	1801	长期待摊费用	47	4301	其他收入
23	1901	待处理财产损溢	五、费用类		
二、负债类			48	5001	医疗业务成本
24	2001	短期借款	49	5101	财政项目补助支出
25	2101	应缴款项	50	5201	科教项目支出
26	2201	应付票据	51	5301	管理费用
27	2202	应付账款	52	5302	其他支出
28	2203	预收医疗款			

第三部分　会计科目使用说明

一、资　产　类

1001 库存现金

一、本科目核算医院的库存现金。

二、医院应当严格按照国家有关现金管理的规定收支现金，并按照本制度规定核算现金的各项收支业务。

三、库存现金的主要账务处理如下：

（一）从银行提取现金，按照提取金额，借记本科目，贷记“银行存款”科目；将现金存入银行，按照存入金额，借记“银行存款”科目，贷记本科目。

（二）从零余额账户中提取现金，借记本科目，贷记“零余额账户用款额度”科目。

（三）因支付内部职工出差等原因所需的现金，按照借出金额，借记“其他应收款”科目，贷记本科目；收到出差人员交回的差旅费剩余款并结算时，按实际收回的现金，借记本科目，按应报销的金额，借记有关科目，按实际借出的现金，贷记“其他应收款”科目。

（四）因其他原因收到现金，借记本科目，贷记有关科目；支出现金，借记有关科目，贷记本科目。

四、医院应当设置“现金日记账”，按照业务发生顺序逐笔登记。每日终了，应当计算当日的现金收入合计数、现金支出合计数和结余数，并将结余数与实际库存数核对，做到账款相符。

每日账款核对中发现现金溢余或短缺的，应当及时进行处理。如发现现金溢余，属于应支付给有关人员或单位的部分，借记本科目，贷记“其他应付款”科目；属于无法查明的其他原因的部分，借记本科目，贷记“其他收入”科目。如发现现金短缺，属于应由责任人赔偿的部分，借记“其他应收款”科目，贷记本科目；属于无法查明原因的部分，报经批准后，借记“其他支出”科目，贷记本科目。

五、本科目期末借方余额，反映医院实际持有的库存现金。

1002 银行存款

一、本科目核算医院存入银行的各种存款。

医院的银行本票存款、银行汇票存款、信用卡存款等在“其他货币资金”科目核算，不在本科目核算。

二、医院应当严格按照国家有关支付结算办法的规定办理银行存款收支业务，并按照本制度规定核算银行存款的各项收支业务。

三、银行存款的主要账务处理如下：

（一）将款项存入银行，借记本科目，贷记“库存现金”、“应收医疗款”、“医疗收入”、“科教项目收入”等科目。

（二）提取和支出存款时，借记“库存现金”、“应付账款”、“医疗业务成本”、“科教项目支出”、“管理费用”等科目，贷记本科目。

四、医院发生外币业务的，应当按照业务发生当日（或当期期初）的即期汇率，将外币金额折算为人民币记账，并登记外币金额和汇率。

期末，各种外币账户的外币余额应当按照期末汇率折合为人民币。按照期末汇率折合的人民币金额与原账面人民币金额之间的差额，作为汇兑损益计入当期管理费用。

（一）以外币购入库存物资、设备等，按照购入当日（或当期期初）的即期汇率将支付的外币或应支付的外币折算为人民币金额，借记“固定资产”、“库存物资”等科目，贷记本科目、“应付账款”等科目的外币账户。

（二）会计期末，根据各外币账户按期末汇率调整后的人民币余额与原账面人民币余额的差额，作为汇兑损益，借记或贷记本科目、“应付账款”等科目，贷记或借记“管理费用——其他费用”科目。

五、医院应当按开户银行、存款种类及币种等，分别设置“银行存款日记账”，按照业务的发生顺序逐笔登记，每日终了应结出余额。“银行存款日记账”应定期与“银行对账单”核对，至少每月核对一次。月度终了，医院银行存款账面余额与银行对账单余额之间如有差额，必须逐笔查明原因并进行处理，按月编制“银行存款余额调节表”，调节相符。

六、本科目期末借方余额，反映医院实际存放在银行的款项。

1003 零余额账户用款额度

一、本科目核算实行国库集中支付的医院根据财政部门批复的用款计划收到的零余额账户用款额度。

二、零余额账户用款额度的主要账务处理如下：

（一）在财政授权支付方式下，收到授权支付到账额度时，根据收到的额度金额，借记本科目，贷记“财政补助收入”科目。

（二）支用零余额账户用款额度时，按照支付金额，借记“医疗业务成本”、“财政项目补助支出”等科目，贷记本科目；对于支用额度为购建固定资产、无形资产或购买药品等库存物资发生的支出，还应借记“在建工程”、“固定资产”、“无形资产”、“库存物资”等科目，贷记“待冲基金——待冲财政基金”科目。

（三）从零余额账户提取现金时，借记“库存现金”科目，贷记本科目。

（四）年度终了，依据代理银行提供的对账单中的注销额度，借记“财政应返还额度——财政授权支付”科目，贷记本科目。医院本年度财政授权支付预算指标数大于零余额账户用款额度下达数的，根据未下达的用款额度，借记“财政应返还额度——财政授权支付”科目，贷记“财政补助收入”科目。

医院依据下年初代理银行提供的额度恢复到账通知书中的恢复额度，借记本科目，贷记“财政应返还额度——财政授权支付”科目。下年度医院收到财政部门批复的上年末未下达零余额账户用款额度时，借记本科目，贷记“财政应返还额度——财政授权支付”科目。

三、本科目期末借方余额，反映医院尚未支用的零余额账户用款额度。本科目年末应无余额。

1004 其他货币资金

一、本科目核算医院的银行本票存款、银行汇票存款、信用卡存款等各种其他货币资金。

二、本科目应设置“银行本票存款”、“银行汇票存款”、“信用卡存款”等明细科目，进行明细核算。

三、其他货币资金的主要账务处理如下：

（一）将款项交存银行取得银行本票、银行汇票，按照取得的银行本票、银行汇票金额，借记本科目，贷记“银行存款”科目。使用银行本票、银行汇票发生支付，按照实际支付金额，借记“库存物资”等科目，贷记本科目。如有余款或因本票、汇票超过付款期等原因而退回款项，按照退款金额，借记“银行存款”科目，贷记本科目。

（二）将款项交存银行取得信用卡，按照交存金额，借记本科目，贷记“银行存款”科目。用信用卡购物或支付有关费用，借记有关科目，贷记本科目。医院信用卡在使用过程中，需向其账户续存资金的，按照续存金额，借记本科目，贷记“银行存款”科目。

四、医院应加强对其他货币资金的管理，及时办理结算，对于逾期尚未办理结算的银行汇票、银行本票等，应按规定及时转回，按上述规定进行相应账务处理。

五、本科目期末借方余额，反映医院实际持有的其他货币资金。

1101 短期投资

一、本科目核算医院购入能随时变现并且持有时间不准备超过1年（含1年）的投资，主要指短期国债。

二、本科目应按债券的种类设置明细账，进行明细核算。

三、短期投资的主要账务处理如下：

（一）医院的短期投资在取得时，应当按照取得时的实际成本（包括购买价款以及税金、手续费等相关费用）作为投资成本，借记本科目，贷记“银行存款”等科目。

（二）短期投资持有期间收到利息等投资收益时，按实际收到的金额，借记“银行存款”等科目，贷记“其他收入——投资收益”科目。

（三）出售短期投资或到期收回短期债券本息，按实际收到的金额，借记“银行存款”科目，按出售或收回短期投资的成本，贷记本科目，按其差额，借记或贷记“其他收入——投资收益”科目。

四、本科目期末借方余额，反映医院持有的短期投资的实际成本。

1201 财政应返还额度

一、本科目核算实行国库集中支付的医院应收财政返还的资金额度。

二、本科目应设置“财政直接支付”和“财政授权支付”两个明细科目，进行明细核算。

三、财政应返还额度的主要账务处理如下：

（一）财政直接支付

年度终了，医院根据本年度财政直接支付预算指标数与当年财政直接支付实际支出数的差额，借记本科目（财政直接支付），贷记“财政补助收入”科目。

下年度财政直接支付上年未支付的预算指标数时，借记相关科目，贷记本科目（财政直接支付）。

（二）财政授权支付

年度终了，医院依据代理银行提供的对账单中的注销额度，借记本科目（财政授权支付），贷记“零余额账户用款额度”科目。医院本年度财政授权支付预算指标数大于零余额账户用款额度下达数的，根据未下达的用款额度，借记本科目（财政授权支付），贷记“财政补助收入”科目。

下年初，医院依据代理银行提供的额度恢复到账通知书中的恢复额度，借记“零余额账户用款额度”科目，贷记本科目（财政授权支付）。下年度医院收到财政部门批复的上年末未下达零余额账户用款额度时，借记“零余额账户用款额度”科目，贷记本科目（财政授权支付）。

四、本科目期末借方余额，反映医院应收财政返还的资金额度。

1211 应收在院病人医疗款

一、本科目核算医院因提供医疗服务而应向住院病人收取的医疗款。

二、医院应当按照住院病人对应收在院病人医疗款进行明细核算。

三、应收在院病人医疗款的主要账务处理如下：

（一）发生应收住院病人医疗款时，按照应收未收金额，借记本科目，贷记“医疗收入”科目。

（二）住院病人办理出院手续，结算医疗费时，如病人应付的医疗款金额大于其预交金额，应按病人补付金额，借记“库存现金”、“银行存款”等科目，按病人预交金额，借记“预收医疗款”科目，按病人应付的医疗款金额，贷记本科目；如病人应付的医疗款金额小于其预交金额，应按病人预交金额，借记“预收医疗款”科目，按病人应付的医疗款金额，贷记本科目，按退还给病人的差额，贷记“库存现金”、“银行存款”等科目。结转住院病人自负部分以外的应收医疗款或结转病人结算欠费，按应收在院病人医疗款总额中扣除病人自负部分以外的金额，或病人结算欠费金额，借记“应收医疗款”科目，贷记本科目。

四、本科目期末借方余额，反映医院尚未结算的应收在院病人医疗款。

1212 应收医疗款

一、本科目核算医院因提供医疗服务而应向门诊病人、出院病人、医疗保险机构等收取的医疗款。

二、本科目应当按照门诊病人、出院病人、医疗保险机构等设置明细账，进行明细核算。

三、应收医疗款的主要账务处理如下：

（一）结算门诊病人医疗费时，发生病人欠费的，按应收未收金额，借记本科目，贷记“医疗收入”科目。

门诊病人发生的医疗费中应由医疗保险机构等负担的部分，借记本科目，贷记“医疗收入”科目。

（二）住院病人办理出院手续结算医疗费时，结转出院病人自负部分以外的应收医疗款或结转出院病人结算欠费，按应收在院病人医疗款总额中扣除病人自负部分以外的金额，或病人结算欠费金额，借记本科目，贷记“应收在院病人医疗款”科目。

（三）收到病人等交来的医疗欠费时，按照实际收到的金额，借记“银行存款”、“库存现金”等科目，贷记本科目。

（四）同医疗保险机构结算应收医疗款时，按照实际收到的金额，借记“银行存款”科目，按照医院因违规治疗等管理不善原因被医疗保险机构拒付的金额，借记“坏账准备”科目，按照应收医疗保险机构的金额，贷记本科目，按照借贷方之间的差额，借记或贷记“医疗收入——门诊收入、住院收入（结算差额）”科目。

四、医院应当于每年年度终了，对应收医疗款进行全面检查，计提坏账准备。对于账龄超过规定年限、确认无法收回的应收医疗款，应当按照有关规定报经批准后，按照无法收回的应收医疗款金额，借记“坏账准备”科目，贷记本科目。

如果已转销的应收医疗款在以后期间又收回，应按实际收回的金额，借记本科目，贷记“坏账准备”科目；同时，借记“银行存款”等科目，贷记本科目。

五、本科目期末借方余额，反映医院尚未收回的应收医疗款金额。

1215 其他应收款

一、本科目核算医院除财政应返还额度、应收在院病人医疗款、应收医疗款、预付账款以外的其他各项应收、暂付款项，包括职工预借的差旅费、拨付的备用金、应向职工收取的各种垫付款项、应收长期投资的利息或利润等。

二、本科目应按其他应收款的项目分类以及不同的债务人设置明细账，进行明细核算。

三、其他应收款的主要账务处理如下：

（一）持有长期股权投资期间，被投资单位宣告分派利润时，按应享有的份额，借记本科目，贷记“其他收入——投资收益”科目。实际收到所分派的利润，按照实际收到的金额，借记“银行存款”科目，贷记本科目。

（二）持有的分期付息、到期还本的长期债券投资，已到付息期而尚未领取的利息，应于确认利息收入时，借记本科目，贷记“其他收入——投资收益”科目。实际收到利息，按实际收到的金额，借记“银行存款”科目，贷记本科目。

到期一次还本付息的长期债券投资应收取的利息，在“长期投资”科目核算，不在本科目核算。

（三）发生的其他各种应收、暂付款项等，借记本科目，贷记“银行存款”、“库存现金”等科目；收回或转销各种款项时，借记“库存现金”、“银行存款”等科目，贷记本科目。

实行定额备用金制度的医院，对于领用的备用金应定期向财会部门报销。财会部门根据报销数用现金补足备用金定额时，借记有关科目，贷记“库存现金”、“银行存款”科目，报销数和拨补数都不再通过本科目核算。

四、医院应当于每年年度终了，对其他应收款进行全面检查，计提坏账准备。对于账龄超过规定年限、确认无法收回的其他应收款，应当按照有关规定报经批准后，按照无法收回的其他应收款金额，借记“坏账准备”科目，贷记本科目。

如果已转销的其他应收款在以后期间又收回，应按实际收回的金额，借记本科目，贷记“坏账准备”科目；同时，借记“银行存款”等科目，贷记本科目。

五、本科目期末借方余额，反映医院尚未收回的其他应收款金额。

1221 坏账准备

一、本科目核算医院对应收医疗款和其他应收款提取的坏账准备。

二、医院应当于每年年度终了，对应收医疗款和其他应收款进行全面检查，分析其可收回性，对预计可能产生的坏账损失计提坏账准备、确认坏账损失并计入当期管理费用。

三、医院可以采用应收款项余额百分比法、账龄分析法、个别认定法等方法计提坏账准备。坏账准备提取方法一经确定，不得随意变更。如需变更，应当按照规定权限报经批准，并在会计报表附注中予以说明。

四、当期应补提或冲减的坏账准备金额的计算公式如下：

当期应补提或冲减的坏账准备＝当期按应收医疗款和其他应收款计算应计提的坏账准备金额－本科目贷方余额（或＋本科目借方余额）

五、坏账准备的主要账务处理如下：

（一）提取坏账准备时，借记“管理费用”科目，贷记本科目；冲减坏账准备时，借记本科目，贷记“管理费用”科目。

（二）医院同医疗保险机构结算时，存在医院因违规治疗等管理不善原因被医疗保险机构拒付情况的，按照拒付金额，借记本科目，贷记“应收医疗款”科目。

（三）对于账龄超过规定年限并确认无法收回的应收医疗款或其他应收款，应当按照有关规定报经批准后，按照无法收回的应收款项金额，借记本科目，贷记“应收医疗款”、“其他应收款”科目。

如果已转销的应收医疗款、其他应收款在以后期间又收回，按照实际收回的金额，借记“应收医疗款”、“其他应收款”科目，贷记本科目；同时，借记“银行存款”等科目，贷记“应收医疗款”、“其他应收款”科目。

六、本科目期末贷方余额，反映医院提取的坏账准备金额。

1231 预付账款

一、本科目核算医院预付给商品供应单位或者服务提供单位的款项。

二、本科目应按商品供应单位或服务提供单位设置明细账，进行明细核算。

三、预付账款的主要账务处理如下：

（一）因采购设备等而预付款项时，按照实际预付的金额，借记本科目，贷记“银行存款”等科目。

（二）收到所购设备等时，按照应计入购入资产成本的金额，借记“固定资产”等科目，按预付的款项，贷记本科目，按退回或补付的款项，借记或贷记“银行存款”等科目。

四、医院应当于每年年度终了，对预付账款进行检查。如果有确凿证据表明预付账款并不符合预付款项性质，或者因供货单位破产、撤销等原因已无望再收到所购货物的，应当先将其转入其他应收款，然后再按规定进行处理。预付账款转入其他应收款前后的账龄可连续计算。将预付账款账面余额转入其他应收款时，借记“其他应收款”科目，贷记本科目。

五、本科目期末借方余额，反映医院实际预付尚未结算的款项。

1301 库存物资

一、本科目核算医院为开展医疗服务及其辅助活动而储存的药品、卫生材料、低值易耗品和其他材料的实际成本。

二、本科目应当按照库存物资的类别，如“药品”、“卫生材料”、“低值易耗品”、“其他材料”等设置一级明细科目。“药品”一级明细科目下应设置“药库”、“药房”两个二级明细科目，并按“西药”、“中成药”、“中草药”进行明细核算。

医院物资管理等部门应当在本科目明细账下，按品名、规格等设置数量金额明细账。

三、库存物资的主要账务处理如下：

（一）库存物资在取得时，应当以其成本入账。取得库存物资单独发生的运杂费，能够直接计入医疗业务成本的，计入医疗业务成本；不能直接计入医疗业务成本的，计入管理费用。

1. 外购的库存物资，其成本按照采购价格（含增值税额，下同）确定。外购的物资验收入库，按确定的成本，借记本科目，贷记“银行存款”、“应付账款”等科目。使用财政补助、科教项目资金购入的物资验收入库，按确定的成本，借记本科目，贷记“待冲基金”科目；同时，按照实际支出金额，借记“财政项目补助支出”、“科教项目支出”等科目，贷记“财政补助收入”、“零余额账户用款额度”、“银行存款”等科目。

2. 自制的库存物资加工完成并验收入库，按照所发生的实际成本（包括耗用的直接材料费用、发生的直接人工费用和分配的间接费用），借记本科目，贷记“在加工物资”科目。

3. 委托外单位加工收回的库存物资，按照所发生的实际成本（包括加工前发出物资的成本和支付的加工费），借记本科目，贷记“在加工物资”科目。

4. 接受捐赠的库存物资，其成本比照同类或类似物资的市场价格或有关凭据注明的金额确定。接受捐赠的物资验收入库，按照确定的成本，借记本科目，贷记“其他收入”科目。

（二）库存物资在发出时，应当根据实际情况采用个别计价法、先进先出法或者加权平均法确定发出物资的实际成本。计价方法一经确定，不得随意变更。

1. 开展业务活动领用或加工发出库存物资，按照其实际成本，借记“医疗业务成本”、“管理费用”、“在加工物资”等科目，贷记本科目。低值易耗品应当于内部领用时一次性摊销，个别价值较高或领用报废相对集中的，可采用五五摊销法。

2. 药房从药库领取药品，按照领取药品的成本，借记本科目（药品——药房），贷记本科目（药品——药库）。确认药品收入结转药品成本时，按照发出药品的实际成本，借记“医疗业务成本”科目，贷记本科目（药品——药房）。

3. 确认卫生材料收入结转材料成本时，按照发出材料的实际成本，借记“医疗业务成本”科目，贷记本科目。

4. 对外捐赠发出库存物资，按照其实际成本，借记“其他支出”科目，贷记本科目。

5. 使用财政补助、科教项目资金形成的库存物资，应在发出、领用物资时，按发出物资对应的待冲基金金额，借记“待冲基金”科目，贷记本科目。

6. 低值易耗品报废时，按照报废低值易耗品的残料变价收入扣除相关处置费用后的金额，借记“库存现金”、“银行存款”等科目，贷记“医疗业务成本”、“管理费用”等科目或“应缴款项”科目［按规定上缴时］。

四、医院的各种库存物资，应当定期进行清查盘点，每年至少盘点一次。对于发生的盘盈、盘亏以及变质、毁损等物资，应当先记入“待处理财产损溢”科目，并及时查明原因，根据管理权限报经批准后及时进行账务处理：

（一）盘盈的库存物资，按比照同类或类似物资的市场价格确定的价值，借记本科目，贷记“待处理财产损溢——待处理流动资产损溢”科目。报经批准处理时，借记“待处理财产损溢——待处理流动资产损溢”科目，贷记“其他收入”科目。

（二）盘亏、变质、毁损的库存物资，按照库存物资账面余额减去该物资对应的待冲基金数额后的金额，借记“待处理财产损溢——待处理流动资产损溢”科目，按该库存物资对应的待冲基金数额，借记“待冲基金”科目，按该库存物资账面余额，贷记本科目。

报经批准处理时，按照相关待处理财产损溢金额扣除可以收回的保险赔偿和过失人的赔偿等后的金额，借记“其他支出”科目，按照已收回或应收回的保险赔偿和过失人赔偿等，借记“库存现金”、“银行存款”、“其他应收款”等科目，按照相关待处理财产损溢的账面余额，贷记“待处理财产损溢——待处理流动资产损溢”科目。

五、本科目期末借方余额，反映医院库存物资的实际成本。

1302 在加工物资

一、本科目核算医院自制或委托外单位加工的各种药品、卫生材料等物资的实际成本。

二、本科目应设置“自制物资”、“委托加工物资”两个一级明细科目，并按照物资类别或品种设置明细账，进行明细核算。

自制药品、卫生材料等的，应当在本科目的相关明细科目下归集自制物资发生的直接材料、直接人工（专门从事物资制造工人的人工费）等直接费用；自制多种药品、卫生材料发生的间接费用，在本科目的“自制物资”一级明细科目下单独设置“间接费用”二级明细科目予以归集，会计期末，再按一定的分配标准和方法，分配计入有关药品、卫生材料的成本。

三、在加工物资的主要账务处理如下：

（一）自制物资

1. 为自制物资领用库存药品、材料等，借记本科目（自制物资——××药品、材料），贷记“库存物资”科目。

2. 专门从事物资制造的人员发生的直接人工费用，借记本科目（自制物资——××药品、材料），贷记“应付职工薪酬”、“应付福利费”、“应付社会保障费”等科目。

3. 为自制物资发生其他直接费用，借记本科目（自制物资——××药品、材料），贷记“银行存款”等科目。

4. 为自制物资发生的间接费用，借记本科目（自制物资——间接费用），贷记“银行存款”、“应付职工薪酬”等科目。

期末按照受益对象及规定的标准和方法分配间接费用时，借记本科目（自制物资——××药品、材料），贷记本科目（自制物资——间接费用）。

间接费用一般可以按生产工人工资、生产工人工时、机器工时、耗用材料的数量或成本、直接费用（直接材料和直接人工）或药品、材料产量等进行分配。医院可根据自己的具体情况自行选择分配方法。分配方法一经确定，不得随意变更。

5. 已经制造完成并验收入库的药品、卫生材料，按所发生的实际成本（包括耗用的直接材料费用、发生的直接人工费用和分配的间接费用），借记“库存物资”科目，贷记本科目（自制物资）。

（二）委托加工物资

1. 发给外单位加工的药品、卫生材料等，按照其实际成本，借记本科目（委托加工物资），贷记“库存物资”科目。

2. 支付加工费用，按实际支付的金额，借记本科目（委托加工物资），贷记“银行存款”等科目。

3. 委托加工完成的药品、卫生材料等验收入库，按加工前发出物资的成本和加工成本，借记“库存物资”科目，贷记本科目（委托加工物资）。

四、本科目期末借方余额，反映医院自制或委托外单位加工但尚未完工的各种物资的实际成本。

1401 待摊费用

一、本科目核算医院已经支出，但应当由本期和以后各期分别负担的分摊期在1年以内（含1年）的各项费用，如预付保险费、预付租金等。

二、医院的待摊费用应当按照其受益期限在1年内分期平均摊销，计入当期费用。如果某项待摊费用已经不能使医院受益，应当将其摊余价值一次全部转入当期费用。

三、本科目应当按照摊销费用种类设置明细账，进行明细核算。

四、待摊费用的主要账务处理如下：

（一）发生待摊费用时，借记本科目，贷记“银行存款”等科目。

（二）按照受益期限分期平均摊销时，借记“医疗业务成本”、“管理费用”等科目，贷记本科目。

五、本科目期末借方余额，反映医院各种已支出但尚未摊销的费用。

1501 长期投资

一、本科目核算医院持有时间准备超过1年（不含1年）的各种股权性质的投资，以及购入的在1年内（含1年）不能变现或不准备随时变现的债权性质的投资。

二、本科目应当设置“股权投资”、“债权投资”两个一级明细科目，并在一级明细科目下按股权投资被投资单位和债权投资的种类设置明细账，进行明细核算。到期一次还本付息的长期债权投资，还应在“债权投资”一级明细科目下设置“成本”、“应收利息”两个明细科目，进行明细核算。

三、长期投资的主要账务处理如下：

（一）股权投资

1. 长期股权投资在取得时，应当按照取得时的实际成本作为其初始投资成本。

(1) 以货币资金取得的长期股权投资，按照实际支付的全部价款（包括购买价款以及税金、手续费等相关费用）作为投资成本，借记本科目（股权投资），贷记“银行存款”等科目。

(2) 以固定资产取得的长期股权投资，按照评估价加上发生的相关税费作为投资成本，借记本科目（股权投资），按照投出固定资产已提的折旧，借记“累计折旧”科目，按发生的相关税费，贷记“银行存款”、“应交税费”等科目，按投出固定资产的账面余额，贷记“固定资产”科目，按其差额，贷记“其他收入”科目或借记“其他支出”科目。

(3) 以已入账无形资产取得的长期股权投资，按照评估价加上发生的相关税费作为投资成本，借记本科目（股权投资），按照投出无形资产已提的摊销额，借记“累计摊销”科目，按发生的相关税费，贷记“银行存款”、“应交税费”等科目，按照投出无形资产的账面余额，贷记“无形资产”科目，按其差额，贷记“其他收入”科目或借记“其他支出”科目。以未入账的无形资产取得的长期股权投资，按照评估价加上发生的相关税费作为投资成本，借记本科目（股权投资），按发生的相关税费，贷记“银行存款”、“应交税费”等科目，按其差额，贷记“其他收入”科目。

(4) 无偿调入的长期股权投资，按在调出单位的原账面价值加上发生的相关税费作为其投资成本，借记本科目（股权投资），按发生的相关税费，贷记“银行存款”、“应交税费”等科目，按其差额，贷记“其他收入”科目。

2. 长期股权投资持有期间，应当采用成本法核算。采用成本法核算的长期股权投资，除非追加（或收回）投资，长期股权投资的账面价值一般保持不变。

被投资单位宣告分派利润时，按照宣告分派的利润中属于医院应享有的份额，确认当期投资收益，借记“其他应收款”科目，贷记“其他收入——投资收益”科目。实际收到利润时，按照实际收到的金额，借记“银行存款”等科目，贷记“其他应收款”科目。

3. 处置长期股权投资时，按照实际取得的价款，借记“银行存款”等科目，按照所处置长期股权投资的账面余额，贷记本科目（股权投资），按照尚未领取的已宣告分派的利润，贷记“其他应收款”科目，按照其差额，借记或贷记“其他收入——投资收益”科目。

（二）债权投资

1. 长期债权投资在取得时，应当按照取得时的实际成本作为其初始投资成本。

（1）以货币资金购入的长期债权投资，按照实际支付的全部价款（包括购买价款以及税金、手续费等相关费用）作为其投资成本，借记本科目（债权投资），贷记“银行存款”等科目。

（2）无偿调入的长期债权投资，按在调出单位的原账面价值加上发生的相关税费作为其投资成本，借记本科目（债权投资），按发生的相关税费，贷记“银行存款”、“应交税费”等科目，按其差额，贷记“其他收入”科目。

2. 长期债权投资持有期间，应当按照票面价值与票面利率按期计算确认利息收入。如为到期一次还本付息的债权投资，借记本科目（债权投资——应收利息），贷记“其他收入——投资收益”科目；如为分期付息、到期还本的债权投资，借记“其他应收款”科目，贷记“其他收入——投资收益”科目。

3. 出售长期债权投资或到期收回长期债权投资本息，按照实际收到的金额，借记“银行存款”等科目，按照债券初始投资成本和已计未收利息金额，贷记本科目（债权投资——成本、应收利息）［到期一次还本付息债券］，或本科目（债权投资）、“其他应收款”科目［分期付息债券］，按照其差额，贷记或借记“其他收入——投资收益”科目。

四、本科目期末借方余额，反映医院持有的长期投资的价值。

1601 固定资产

一、本科目核算医院固定资产的原价。

固定资产是指医院持有的预计使用年限在1年以上（不含1年）、单位价值在规定标准以上、在使用过程中基本保持原有物质形态的有形资产，单位价值虽未达到规定标准，但预计使用年限在1年以上（不含1年）的大批同类物资，应作为固定资产管理。

二、医院固定资产包括房屋及建筑物、专用设备、一般设备和其他固定资产。相关说明如下：

1. 对于应用软件，如果其构成相关硬件不可缺少的组成部分，应当将该软件价值包括在所属硬件价值中，一并作为固定资产进行核算；如果其不构成相关硬件不可缺少的组成部分，应当将该软件作为无形资产核算。

2. 医院的图书应当参照固定资产进行管理，不计提折旧。

三、医院应当设置“固定资产登记簿”和“固定资产卡片”，按固定资产类别、使用部门和每项固定资产设置明细账，进行明细核算。医院应当在固定资产明细账中登记每项固定资产原价中财政补助资金、科教项目资金、其他资金的金额及其所占的比例。

出租、出借或作为担保的固定资产，应设置备查簿进行登记。

经营租入的固定资产，应当另设辅助簿进行登记，不在本科目核算。

四、固定资产的主要账务处理如下：

（一）固定资产的取得

医院取得的固定资产，应当按取得时的实际成本作为入账成本。

1. 外购的固定资产，其成本包括实际支付的买价、相关税费以及使固定资产达到交付使用状态前所发生的可直接归属于该项资产的运输费、装卸费、安装费和专业人员服务费等。

以一笔款项购入多项没有单独标价的固定资产，按照各项固定资产同类或类似资产市场价格的比例对总成本进行分配，分别确定各项固定资产的入账成本。

购入不需要安装的固定资产，借记本科目，贷记“银行存款”、“应付账款”等科目。购入需要安装的固定资产，借记“在建工程”科目，贷记“银行存款”、“应付账款”等科目。发生安装费用，借记“在建工程”科目，贷记“银行存款”等科目。安装完毕交付使用时，借记本科目，贷记“在建工程”科目。

购入固定资产扣留质量保证金的，应当在取得固定资产时，按照确定的成本，借记本科目［不需安装］或“在建工程”科目［需要安装］，按照实际支付的价款，贷记“银行存款”、“应付账款”等科目，按照扣留的质量保证金，贷记“其他应付款”科目；质保期满支付质量保证金时，借记“其他应付款”科目，贷记“银行存款”等科目。

使用财政补助、科教项目资金购入固定资产的，按构成固定资产成本的支出金额，借记本科目［不需安装］或“在建工程”科目［需要安装］，贷记“待冲基金”科目；同时，借记“财政项目补助支出”、“科教项目支出”科目，贷记“财政补助收入”、“零余额账户用款额度”、“银行存款”等科目。

2. 自行建造的固定资产，其成本包括该项资产完工交付使用前所发生的全部必要支出。工程完工交付使用时，按自行建造过程中发生的实际支出，借记本科目，贷记“在建工程”科目。

3. 在原有固定资产基础上进行改建、扩建、大型修缮后的固定资产，其成本按照原固定资产账面价值（“固定资产”科目账面余额减去“累计折旧”科目账面余额后的净值）（注：本制度所称账面价值，是指某会计科目的账面余额减去相关备抵科目（如“坏账准备”、“累计折旧”、“累计摊销”）账面余额后的净值。本制度所称账面余额，是指某会计科目的账面实际余额。）加上改建、扩建、修缮发生的支出，减去改建、扩建、修缮过程中的变价收入，再扣除固定资产拆除部分的账面价值后的金额确定。

将固定资产转入改建、扩建、大型修缮时，应按固定资产的账面价值，借记“在建工程”科目，按已计提的折旧，借记“累计折旧”科目，按固定资产的原价，贷记本科目。工程完工交付使用时，按工程实际成本，借记本科目，贷记“在建工程”科目。

4. 融资租入的固定资产，其成本按照租赁协议或者合同确定的价款、运输费、途中保险费、安装调试费等确定。按照确定的成本，借记本科目，按租赁协议或合同确定的租赁价款，贷记“长期应付款”科目，按照实际支付的运输费、保险费、安装调试费等相关费用，贷记“银行存款”等科目。

5. 无偿调入或接受捐赠的固定资产，其成本比照同类或类似资产的市场价格或有关凭据注明的金额加上相关税费确定。按确定的成本，借记本科目［不需安装］或“在建工程”科目［需要安装］，按发生的相关税费，贷记“银行存款”等科目，按其差额，贷记“其他收入”科目。

（二）按月提取固定资产折旧时，按照财政补助、科教项目资金形成的金额部分，借记“待冲基金”科目，按照应提折旧额中的其余金额部分，借记“医疗业务成本”、“管理费用”等科目，按照应计提的折旧额，贷记“累计折旧”科目。

（三）与固定资产有关的更新改造等后续支出，应分别以下情况处理：

1. 为增加固定资产的使用效能或延长其使用寿命而发生的改建、扩建或大型修缮等后续支出，应当计入固定资产账面价值，通过“在建工程”科目核算。有关账务处理参见“在建工程”科目。

2. 为了维护固定资产的正常使用而发生的修理费等后续支出，应当计入当期费用，借记“医疗业务成本”、“管理费用”等科目，贷记“银行存款”等科目。

（四）固定资产在处置（包括出售、报废、毁损、对外投资、无偿调出、对外捐赠等）时，应分别以下情况处理：

1. 出售、报废、毁损的固定资产，按照所处置固定资产的账面价值减去该资产对应的尚未冲减完毕的待冲基金余额后的金额，借记“固定资产清理”科目，按照已提取的折旧，借记“累计折旧”科目，按照相关待冲基金余额，借记“待冲基金”科目，按照固定资产的账面余额，贷记本科目。

2. 以固定资产对外投资，按照评估价加上发生的相关税费作为投资成本，借记“长期投资——股权投资”科目，按照投出固定资产已提的折旧，借记“累计折旧”科目，按发生的相关税费，贷记“银行存款”、“应交税费”等科目，按投出固定资产的账面余额，贷记本科目，按其差额，贷记“其他收入”科目或借记“其他支出”科目。

3. 无偿调出、对外捐赠固定资产，按照发出固定资产已提的折旧，借记“累计折旧”科目，按照发出固定资产对应的尚未冲减完毕的待冲基金余额，借记“待冲基金”科目，按发出固定资产的账面余额，贷记本科目，按其差额，借记“其他支出”科目。

五、医院的固定资产应当定期进行清查盘点，每年至少盘点一次。对于盘盈、盘亏的固定资产，应当及时查明原因，根据规定的管理权限报经批准后及时进行账务处理。盘盈的固定资产，应当按照同类或类似资产市场价格确定的价值入账，并确认为当期收入；盘亏的固定资产，应先扣除可以收回的保险赔偿和过失人的赔偿等，将净损失确认为当期支出。

（一）盘盈的固定资产，按照同类或类似资产市场价格确定的价值，借记本科目，贷记“待处理财产损溢——待处理非流动资产损溢”科目。报经批准处理时，借记“待处理财产损溢——待处理非流动资产损溢”科目，贷记“其他收入”科目。

（二）盘亏的固定资产，按照固定资产账面价值减去该资产对应的尚未冲减完毕的待冲基金余额后的金额，借记“待处理财产损溢——待处理非流动资产损溢”，按已计提的折旧，借记“累计折旧”科目，按相关待冲基金余额，借记“待冲基金”科目，按固定资产的账面余额，贷记本科目。

报经批准处理时，按照相关待处理财产损溢金额扣除可以收回的保险赔偿和过失人的赔偿等后的金额，借记“其他支出”科目，按照已收回或应收回的保险赔偿和过失人赔偿等，借记“库存现金”、“银行存款”、“其他应收款”等科目，按照相关待处理财产损溢余额，贷记“待处理财产损溢——待处理非流动资产损溢”科目。

六、本科目期末借方余额，反映医院固定资产的原价。

1602 累计折旧

一、本科目核算医院固定资产计提的累计折旧。

二、本科目应当按照所对应固定资产的类别及项目设置明细账，进行明细核算。

三、医院应当对除图书外的固定资产计提折旧，在固定资产的预计使用年限内系统地分摊固定资产的成本。医院原则上应当根据固定资产的性质，采用年限平均法或工作量法计提折旧。折旧方法一经确定，不得随意变更。确需采用其他折旧方法的，应按规定报经审批，并在会计报表附注中予以说明。医院计提固定资产折旧不考虑预计净残值。

医院一般应当按月提取折旧，当月增加的固定资产，当月不提折旧，从下月起计提折旧；当月减少的固定资产，当月照提折旧，从下月起不提折旧。

固定资产提足折旧后，无论能否继续使用，均不再提取折旧；提前报废的固定资产，也不再补提折旧。

计提融资租入固定资产折旧时，应当采用与自有固定资产相一致的折旧政策。能够合理确定租赁期届满时将会取得租入固定资产所有权的，应当在租入固定资产尚可使用年限内计提折旧；无法合理确定租赁期届满时能够取得租入固定资产所有权的，应当在租赁期与租入固定资产尚可使用年限两者中较短的期间内计提折旧。

固定资产发生更新改造等后续支出而延长其使用年限的，应当按照更新改造后重新确定的固定资产的成本以及重新确定的折旧年限，重新计算折旧额。

四、累计折旧的主要账务处理如下：

（一）按月提取固定资产折旧时，按照财政补助、科教项目资金形成的金额部分，借记“待冲基金”科目，按照应提折旧额中的其余金额部分，借记“医疗业务成本”［医疗及其辅助活动用固定资产］、“管理费用”［行政及后勤管理部门用固定资产］、“其他支出”［经营出租用固定资产］等科目，按照应计提的折旧额，贷记本科目。

对于具有多种用途、混合使用的房屋等固定资产，其应提的折旧额应采用合理的方法分摊计入有关科目。

（二）固定资产处置或盘亏时，按照所处置或盘亏固定资产的账面价值减去该资产对应的尚未冲减完毕的待冲基金余额后的金额，借记有关科目，按已提取的折旧，借记本科目，按相关待冲基金余额，借记“待冲基金”科目，按固定资产账面余额，贷记“固定资产”科目。

五、本科目期末贷方余额，反映医院提取的固定资产折旧累计数。

1611 在建工程

一、本科目核算医院为建造、改建、扩建及修缮固定资产以及安装设备而进行的各项建筑、安装工程所发生的实际成本。

二、本科目应当按照具体工程项目等进行明细核算。

三、在建工程的主要账务处理如下：

（一）建筑工程

1. 将固定资产转入改建、扩建或大型修缮等时，应按固定资产的账面价值，借记本科目，按已计提的折旧，借记“累计折旧”科目，按固定资产的原价，贷记“固定资产”科目。

2. 根据工程价款结算账单与施工企业结算工程价款时，按医院应承付的工程价款，借记本科目，贷记“银行存款”等科目。

使用财政补助资金向施工企业支付工程款时，按照支付金额，借记“财政项目补助支出”科目，贷记“财政补助收入”、“零余额账户用款额度”等科目；同时，借记本科目，贷记“待冲基金——待冲财政基金”科目。

3. 在改建、扩建、大型修缮过程中收到的变价收入，按收到的金额，借记“银行存款”等科目，贷记本科目。

4. 医院为建筑工程借入的专门借款的利息，属于建设期间发生的，计入在建工程成本，借记本科目，贷记“长期借款”科目。

5. 工程完工交付使用时，按建筑工程所发生的实际成本，借记“固定资产”科目，贷记本科目。

（二）设备安装

1. 购入或融资租入需要安装的设备，借记本科目，贷记“银行存款”、“应付账款”、“长期应付款”等科目。

使用财政补助资金购入需安装设备时，按照支付金额，借记“财政项目补助支出”等科目，贷记“财政补助收入”、“零余额账户用款额度”等科目；同时，借记本科目，贷记“待冲基金——待冲财政基金”科目。

2. 发生安装费用，借记本科目，贷记“银行存款”等科目。

使用财政补助资金支付安装费用时，按照支付金额，借记“财政项目补助支出”等科目，贷记“财政补助收入”、“零余额账户用款额度”等科目；同时，借记本科目，贷记“待冲基金——待冲财政基金”科目。

3. 设备安装完毕交付使用时，借记“固定资产”科目，贷记本科目。

四、本科目期末借方余额，反映医院尚未完工的在建工程发生的实际成本。

1621 固定资产清理

一、本科目核算医院因出售、报废、毁损等原因转入清理的固定资产净值及其清理过程中所发生的清理费用和清理收入等。

二、本科目应当按照“处置资产净额”、“处置净收入”以及被清理的固定资产项目设置明细账，进行明细核算。

三、固定资产清理的主要账务处理如下：

（一）出售、报废、毁损固定资产转入清理时，按照固定资产的账面价值减去该资产对应的尚未冲减完毕的待冲基金余额后的金额，借记本科目（处置资产净额），按照已提取的折旧，借记“累计折旧”科目，按照相关待冲基金余额，借记“待冲基金”科目，按照固定资产账面余额，贷记“固定资产”科目。

（二）清理过程中发生的费用和相关税金，按照实际发生额，借记本科目（处置净收入），贷记“应交税费”、“银行存款”等科目。

（三）固定资产出售、报废、毁损所收回的价款、残料价值和变价收入等，借记“银行存款”等科目，贷记本科目（处置净收入）；应当由保险公司或过失人赔偿的损失，借记“库存现金”、“银行存款”、“其他应收款”等科目，贷记本科目（处置净收入）。

（四）出售、报废、毁损固定资产清理完毕，借记本科目（处置净收入），贷记“其他收入”科目或“应缴款项”科目［按规定上缴时］；同时，借记“其他支出”科目，贷记本科目（处置资产净额）。

四、本科目期末如为借方余额，反映医院尚未清理完毕的固定资产清理净损失；如为贷方余额，反映医院尚未清理完毕的固定资产清理净收益。

1701 无形资产

一、本科目核算医院为开展医疗服务等活动或为管理目的而持有的且没有实物形态的非货币性长期资产，包括专利权、非专利技术、商标权、著作权、土地使用权等。

医院购入的不构成相关硬件不可缺少组成部分的应用软件，应当作为无形资产核算。

二、本科目应当按照无形资产的类别和项目设置明细账，进行明细核算。

医院应当在无形资产明细账中登记每项无形资产入账成本中财政补助资金、

科教项目资金、其他资金的金额及其所占的比例。

三、无形资产的主要账务处理如下：

（一）无形资产在取得时，应当按照取得时的实际成本入账。

1. 购入的无形资产，其成本包括实际支付的购买价款、相关税费以及可归属于该项资产达到预定用途所发生的其他支出。按确定的成本，借记本科目，贷记“银行存款”等科目。

使用财政补助、科教项目资金购入无形资产的，按构成无形资产成本的支出金额，借记本科目，贷记“待冲基金”科目；同时，借记“财政项目补助支出”、“科教项目支出”科目，贷记“财政补助收入”、“零余额账户用款额度”、“银行存款”等科目。

2. 自行开发并按法律程序申请取得的无形资产，按依法取得时发生的注册费、聘请律师费等费用，借记本科目，贷记“银行存款”等科目。

（二）按月计提无形资产摊销时，按照财政补助、科教项目资金形成的金额部分，借记“待冲基金”科目，按照应提摊销额中的其余金额部分，借记“医疗业务成本”、“管理费用”等科目，按照应计提的摊销额，贷记“累计摊销”科目。

（三）与无形资产有关的后续支出，应分别以下情况处理：

1. 为增加无形资产的使用效能而发生的后续支出，如对软件进行升级或扩展其功能等所发生的支出，应当计入无形资产账面价值，借记本科目，贷记“银行存款”等科目。

2. 为了维护无形资产的正常使用而发生的后续支出，如对软件进行漏洞修补等所发生的支出，应当计入当期费用，借记“医疗业务成本”、“管理费用”等科目，贷记“银行存款”等科目。

（四）无形资产在处置（包括转让、对外投资、核销等）时，应当分别以下情况处理：

1. 经批准转让无形资产，按照收到的价款，借记“银行存款”等科目，按所发生的相关税费，贷记“应交税费”、“银行存款”等科目，按收到的转让价款扣除相关税费后的金额，贷记“其他收入”科目或“应缴款项”科目［按规定上缴时］；同时，按无形资产账面价值减去该资产对应的尚未冲减完毕的待冲基金余额后的金额，借记“其他支出”科目，按已计提的累计摊销，借记“累计摊销”科目，按相关待冲基金余额，借记“待冲基金”科目，按无形资产账面余额，贷记本科目。

2. 以已入账无形资产对外投资，按照评估价加上发生的相关税费作为投资成本，借记“长期投资——股权投资”科目，按照投出无形资产已提的摊销额，借记“累计摊销”科目，按发生的相关税费，贷记“银行存款”、“应交税费”等科目，按照投出无形资产的账面余额，贷记本科目，按其差额，贷记“其他收入”科目或借记“其他支出”科目。

3. 无形资产预期不能为医院带来服务潜力或经济利益的，应当将该无形资产的账面价值及相关待冲基金余额予以核销。报经批准后，按准核销无形资产的账面价值减去该资产对应的尚未冲减完毕的待冲基金余额后的金额，借记“其他支出”科目，按准核销无形资产已计提的摊销，借记“累计摊销”科目，按相关待冲基金余额，借记“待冲基金”科目，按准核销无形资产的账面余额，贷记本科目。

四、本科目期末借方余额，反映医院已入账无形资产的原价。

1702 累计摊销

一、本科目核算医院无形资产计提的累计摊销。

二、本科目应当按照所对应无形资产的类别及项目设置明细账，进行明细核算。

三、医院无形资产应当自取得当月起，在预计使用年限内采用年限平均法分期平均摊销。如预计使用年限超过了相关合同规定的受益年限或法律规定的有效年限，该无形资产的摊销年限按如下原则确定：

1. 合同规定了受益年限但法律没有规定有效年限的，摊销期不应超过合同规定的受益年限；

2. 合同没有规定受益年限但法律规定了有效年限的，摊销期不应超过法律规定的有效年限；

3. 合同规定了受益年限，法律也规定了有效年限的，摊销期不应超过受益年限和有效年限两者之中较短者。

如果合同没有规定受益年限，法律也没有规定有效年限的，摊销期不应超过10 年。

四、累计摊销的主要账务处理如下：

（一）按月计提无形资产摊销时，按照财政补助、科教项目资金形成的金额部分，借记“待冲基金”科目，按照应提摊销额中的其余金额部分，借记“医疗业务成本”、“管理费用”等科目，按照应计提的摊销额，贷记本科目。

（二）处置无形资产时，按无形资产账面价值减去该资产对应的尚未冲减完毕的待冲基金余额后的金额，借记有关科目，按已计提的累计摊销，借记本科目，按相关待冲基金余额，借记“待冲基金”科目，按无形资产账面余额，贷记“无形资产”科目。

五、本科目期末贷方余额，反映医院提取的无形资产累计摊销额。

1801 长期待摊费用

一、本科目核算医院已经发生但应由本期和以后各期负担的分摊期限在1年以上（不含1年）的各项费用，如以经营租赁方式租入的固定资产发生的改良支出等。

二、本科目应当按照费用项目进行明细核算。

三、医院发生的长期待摊费用，借记本科目，贷记“银行存款”等科目。摊销长期待摊费用时，借记“管理费用”等科目，贷记本科目。

四、本科目期末借方余额，反映医院尚未摊销完毕的长期待摊费用。

1901 待处理财产损溢

一、本科目核算医院在清查财产过程中查明的各种财产盘盈、盘亏和毁损的价值。

二、本科目应当设置“待处理流动资产损溢”、“待处理非流动资产损溢”明细科目，进行明细核算。

三、医院发现盘盈、盘亏、毁损的财产物资，应当先记入本科目，并及时查明原因，根据管理权限报经批准后及时进行账务处理。年度终了结账前一般应处理完毕。待处理财产损溢的主要账务处理如下：

（一）盘盈的库存物资，按比照同类或类似物资市场价格确定的价值，借记“库存物资”科目，贷记本科目（待处理流动资产损溢）。

盘亏、变质、毁损的库存物资，按其账面余额减去该物资对应的待冲基金数额后的金额，借记本科目（待处理流动资产损溢），按相关待冲基金数额，借记“待冲基金”科目，按该物资账面余额，贷记“库存物资”科目。

（二）盘盈的固定资产，按比照同类或类似资产市场价格确定的价值，借记“固定资产”科目，贷记本科目（待处理非流动资产损溢）。

盘亏的固定资产，按照固定资产账面价值减去该资产对应的尚未冲减完毕的待冲基金余额后的金额，借记本科目（待处理非流动资产损溢），按已计提的折旧，借记“累计折旧”科目，按相关待冲基金余额，借记“待冲基金”科目，按固定资产账面余额，贷记“固定资产”科目。

（三）上述财产物资的盘盈、盘亏、毁损在查明原因，报经批准处理时，作如下账务处理：

盘盈的库存物资、固定资产等，借记本科目，贷记“其他收入”科目。

盘亏、变质、毁损的库存物资以及盘亏的固定资产，按照相关待处理财产损溢金额扣除可以收回的保险赔偿和过失人的赔偿等后的金额，借记“其他支出”科目，按照已收回或应收回的保险赔偿和过失人赔偿等，借记“库存现金”、“银行存款”、“其他应收款”等科目，按照相关待处理财产损溢余额，贷记本科目。

四、本科目期末如为借方余额，反映医院尚未处理的各种财产物资的净损失；如为贷方余额，反映尚未处理的各种财产物资的净溢余。年度终了报经批准处理后，本科目一般应无余额。

二、负　债　类

2001 短期借款

一、本科目核算医院向银行或其他金融机构等借入的期限在1年以下（含1年）的各种借款。

二、本科目应当按照贷款单位和贷款种类进行明细核算。

三、短期借款的主要账务处理如下：

（一）借入各种短期借款时，按照实际借得的金额，借记“银行存款”科目，贷记本科目。

（二）发生短期借款利息时，借记“管理费用”科目，贷记“预提费用”、“银行存款”等科目。

（三）归还借款时，借记本科目，贷记“银行存款”科目。

四、本科目期末贷方余额，反映医院尚未偿还的短期借款本金。

2101 应缴款项

一、本科目核算医院按规定应缴入国库或应上缴行政主管部门的款项。

二、本科目应按应缴款项类别进行明细核算。

三、应缴款项的主要账务处理如下：

（一）出售、报废、毁损固定资产清理后，按照清理收入（包括保险理赔收入）扣除清理费用后的净额，借记“固定资产清理——处置净收入”科目，贷记“其他收入”科目或本科目［按规定上缴时］。

（二）经批准转让无形资产，按照收到的价款，借记“银行存款”等科目，按所发生的相关税费，贷记“应交税费”、“银行存款”等科目，按收到的转让价款扣除相关税费后的金额，贷记“其他收入”科目或本科目［按规定上缴时］。

（三）按规定计算确定或实际取得的其他应缴款项，借记有关科目，贷记本科目。

（四）上缴款项时，借记本科目，贷记“银行存款”等科目。

四、本科目期末贷方余额，反映医院的应缴未缴款项。年终缴清后，本科目应无余额。

2201 应付票据

一、本科目核算医院购买库存物资、医疗设备，接受服务供应等而开出、承兑的商业汇票，包括银行承兑汇票和商业承兑汇票。

二、应付票据的主要账务处理如下：

（一）因购买物资、设备，接受服务供应等开出、承兑商业汇票时，借记“库存物资”、“固定资产”等科目，贷记本科目。

支付银行承兑汇票的手续费时，借记“管理费用”科目，贷记“银行存款”科目。

以商业承兑汇票抵付应付账款时，借记“应付账款”科目，贷记本科目。

（二）应付票据到期时，应当分别以下情况处理：

1. 收到银行支付到期票据的付款通知时，借记本科目，贷记“银行存款”科目。

2. 无力支付票款的，按照应付票据的账面余额，借记本科目，贷记“应付账款”科目。

（三）如果为带息应付票据，应当在会计期末或票据到期时计算应付利息，借记“管理费用”科目，贷记本科目。

到期不能支付的带息应付票据，转入“应付账款”科目核算后，期末时不再计提利息。

三、医院应当设置“应付票据备查簿”，详细登记每一应付票据的种类、号数、签发日期、到期日、票面金额、票面利率、合同交易号、收款人姓名或单位名称，以及付款日期和金额等资料。应付票据到期结清时，应当在备查簿内逐笔注销。

四、本科目期末贷方余额，反映医院持有的尚未到期的应付票据本息。

2202 应付账款

一、本科目核算医院因购买库存物资、固定资产和接受服务供应等而应付给供应单位的款项。

二、本科目应当按照债权人等进行明细核算。

三、应付账款的主要账务处理如下：

（一）发生应付账款时，按照应付未付金额，借记“库存物资”、“固定资产”等科目，贷记本科目。

（二）偿付应付账款时，借记本科目，贷记“银行存款”等科目。

（三）开出、承兑商业汇票抵付应付账款时，借记本科目，贷记“应付票据”科目。

（四）确实无法支付或由其他单位承担的应付账款，借记本科目，贷记“其他收入”科目。

四、本科目期末贷方余额，反映医院尚未支付的应付账款。

2203 预收医疗款

一、本科目核算医院从住院病人、门诊病人等预收的款项。

二、医院应当按照住院病人、门诊病人等，对预收医疗款进行明细核算。

三、预收医疗款的主要账务处理如下：

（一）收到住院病人、门诊病人预交金，按实际预收的金额，借记“银行存款”、“库存现金”等科目，贷记本科目。

（二）与门诊病人结算医疗费时，如病人应付的医疗款金额大于其预交金额，按病人补付金额，借记“库存现金”、“银行存款”等科目，按病人预交金额，借记本科目，按病人应付的医疗款金额，贷记“医疗收入”科目。如病人应付的医疗款金额小于其预交金额，按病人应付的医疗款金额，借记本科目，贷记“医疗收入”科目；退还病人差额的，还应按退还金额，借记本科目，贷记“库存现金”、“银行存款”等科目。

（三）住院病人办理出院手续，结算医疗费时，如病人应付的医疗款金额大于其预交金额，应按病人补付金额，借记“库存现金”、“银行存款”等科目，按病人预交金额，借记本科目，按病人欠费金额，借记“应收医疗款”科目，按病人应付的医疗款金额，贷记“应收在院病人医疗款”科目；如病人应付的医疗款金额小于其预交金额，应按病人预交金额，借记本科目，按病人应付的医疗款金额，贷记“应收在院病人医疗款”科目，按退还给病人的差额，贷记“库存现金”、“银行存款”等科目。

四、本科目期末贷方余额，反映医院向住院病人、门诊病人等预收但尚未结算的款项。

2204 应付职工薪酬

一、本科目核算医院按有关规定应付给职工（包括离退休人员）的各种薪酬，包括工资、津补贴、奖金等。

二、本科目应当按国家有关规定设置明细科目，进行明细核算。

三、应付职工薪酬的主要账务处理如下：

（一）计算分配应付的职工薪酬，借记“医疗业务成本”、“在加工物资”[专门从事物资自制人员发生]、“管理费用”等科目，贷记本科目。

（二）从应付职工薪酬中代扣代缴的各种款项（如职工基本养老保险费、失业保险费、基本医疗保险费、住房公积金、个人所得税等），借记本科目，贷记“应付社会保障费”、“应交税费”等科目。

（三）支付职工薪酬，借记本科目，贷记“财政补助收入”、“零余额账户用款额度”、“银行存款”等科目。

四、本科目期末贷方余额，反映医院应付未付的职工薪酬。

2205 应付福利费

一、本科目核算医院按国家有关规定从成本费用中提取的职工福利费。

二、应付福利费的主要账务处理如下：

（一）提取职工福利费时，按提取金额，借记“医疗业务成本”、“在加工物资”、“管理费用”等科目，贷记本科目。

（二）按规定的开支范围支付职工福利费时，借记本科目，贷记“库存现金”、“银行存款”等科目。

三、本科目期末贷方余额，反映医院已提取但尚未支付的职工福利费金额。

2206 应付社会保障费

一、本科目核算医院按有关规定应付给社会保障机构的各种社会保障费，包括城镇职工基本养老保险费、失业保险费、基本医疗保险费、住房公积金等。

二、本科目应按社会保障费类别设置明细账，进行明细核算。

三、应付社会保障费的主要账务处理如下：

（一）从应付职工薪酬中代扣代缴的社会保障费，借记“应付职工薪酬”科目，贷记本科目。

（二）计算确定应由医院为职工负担的社会保障费，借记“医疗业务成本”、“在加工物资”、“管理费用”等科目，贷记本科目。

（三）支付社会保障费，借记本科目，贷记“财政补助收入”、“零余额账户用款额度”、“银行存款”等科目。

四、本科目期末贷方余额，反映医院应付但尚未支付给社会保障机构的社会保障费。

2207 应交税费

一、本科目核算医院按照国家有关税法规定应当交纳或代扣代缴的各种税费，包括营业税、城市维护建设税、教育费附加、个人所得税、车船使用税、房产税等。

医院应交纳的印花税不需要预提应交税费，直接通过“管理费用”科目核算，不在本科目核算。

二、本科目应当按应交的税费种类设置明细账，进行明细核算。

三、应交税费的主要账务处理如下：

（一）发生营业税、城市维护建设税、教育费附加纳税义务的，按照税法规定计算的应交税费金额，借记“固定资产清理”［出售不动产应交的税费］、“其他支出”等科目，贷记本科目。实际交纳时，借记本科目，贷记“银行存款”等科目。

（二）发生代扣代缴个人所得税纳税义务的，按照税法规定计算应代扣代交的个人所得税，借记“应付职工薪酬”科目，贷记本科目。实际交纳时，借记本科目，贷记“银行存款”等科目。

（三）按税法规定计算的应交房产税、车船使用税等，借记“管理费用”科目，贷记本科目。实际交纳时，借记本科目，贷记“银行存款”等科目。

（四）发生其他纳税义务的，按照应交纳的税金，借记有关科目，贷记本科目。实际交纳时，借记本科目，贷记“银行存款”等科目。

四、本科目期末贷方余额，反映医院尚未交纳的税费。

2209 其他应付款

一、本科目核算医院除应缴款项、应付票据、应付账款、预收医疗款、应付职工薪酬、应付福利费、应付社会保障费、应交税费以外的其他各项应付、暂收款项，如存入保证金等。

二、本科目应当按照应付、暂收款项的类别和单位或个人设置明细账，进行明细核算。

三、其他应付款的主要账务处理如下：

（一）发生的各项应付、暂收款项，借记“银行存款”等科目，贷记本科目。

（二）支付款项时，借记本科目，贷记“银行存款”等科目。

（三）确实无法支付或由其他单位承担的其他应付款，借记本科目，贷记“其他收入”科目。

四、本科目期末贷方余额，反映医院尚未支付的其他应付款项。

2301 预提费用

一、本科目核算医院预先提取的已经发生但尚未支付的费用，如预提的短期借款利息等。

二、本科目应当按照预提费用种类设置明细账，进行明细核算。

三、预提费用的主要账务处理如下：

（一）按规定预提短期借款利息等时，按照预提的金额，借记“管理费用”等科目，贷记本科目。

（二）实际支付款项时，借记本科目，贷记“银行存款”等科目。

四、本科目期末贷方余额，反映医院已预提但尚未支付的各项费用。

2401 长期借款

一、本科目核算医院按规定向银行或其他金融机构借入的偿还期限在1年以上（不含1年）的各项借款及发生的相关利息。

二、本科目应当按贷款单位、具体贷款种类等进行明细核算。

三、长期借款的主要账务处理如下：

（一）借入长期借款时，按照实际借入额，借记“银行存款”科目，贷记本科目。

（二）为购建固定资产发生的专门借款利息，属于工程项目建设期间发生的，计入工程成本，借记“在建工程”科目，贷记本科目；属于工程完工交付使用后发生的，计入管理费用，借记“管理费用”科目，贷记本科目。

其他的长期借款利息应当计入管理费用，借记“管理费用”科目，贷记本科目。

（三）归还长期借款本息时，借记本科目，贷记“银行存款”科目。

四、本科目期末贷方余额，反映医院尚未偿还的长期借款本息。

2402 长期应付款

一、本科目核算医院发生的偿还期限在1年以上（不含1年）的应付款项，如融资租入固定资产的租赁费等。

二、本科目应当按照长期应付款的种类设置明细账，进行明细核算。

三、长期应付款的主要账务处理如下：

（一）发生长期应付款时，借记“固定资产”等科目，贷记本科目。

（二）支付长期应付款时，借记本科目，贷记“银行存款”科目。

四、本科目期末贷方余额，反映医院尚未支付的各种长期应付款。

三、净资产类

3001 事业基金

一、本科目核算医院拥有的非限定用途的净资产，主要包括滚存的结余资金和科教项目结余解除限定后转入的金额等。

二、事业基金的主要账务处理如下：

（一）按规定将科教项目结项后的结余资金转入事业基金时，借记“科教项目结转（余）”科目，贷记本科目。

（二）年末，将当年未分配结余转入事业基金时，借记“结余分配——转入事业基金”科目，贷记本科目。

（三）年末，用事业基金弥补亏损时，借记本科目，贷记“结余分配——事业基金弥补亏损”科目。

三、医院发生需要调整以前年度结余的事项，凡国家另有规定的，从其规定；没有规定的，应通过本科目进行核算，并在会计报表附注中予以说明。

四、本科目期末贷方余额，反映医院非限定用途净资产的金额。

3101 专用基金

一、本科目核算医院按规定设置、提取的具有专门用途的净资产，如职工福利基金、医疗风险基金等。

二、本科目应按照基金类别设置明细账，进行明细核算。

三、专用基金的主要账务处理如下：

（一）按照有关规定提取职工福利基金时，借记“结余分配——提取职工福利基金”科目，贷记本科目（职工福利基金）。

（二）按照有关规定提取医疗风险基金时，借记“医疗业务成本”科目，贷记本科目（医疗风险基金）。

（三）按规定使用专用基金时，借记本科目，贷记“银行存款”等科目。所提取的医疗风险基金不足支付时，按照超出部分的金额，借记“医疗业务成本”科目，贷记“银行存款”等科目。

四、本科目期末贷方余额，反映医院按规定设置、提取的具有专门用途净资产的金额。

3201 待冲基金

一、本科目核算医院使用财政补助、科教项目收入购建固定资产、无形资产或购买药品、卫生材料等物资所形成的，留待计提资产折旧、摊销或领用发出库存物资时予以冲减的基金。

二、本科目应设置“待冲财政基金”和“待冲科教项目基金”两个明细科目，进行明细核算。其中，“待冲财政基金”明细科目核算使用财政补助购建固定资产、无形资产或购买药品、卫生材料等物资所形成的，留待计提资产折旧、摊销或领用发出库存物资时予以冲减的基金；“待冲科教项目基金”明细科目核算使用科教项目收入购入固定资产、无形资产或购买药品、卫生材料等物资所形成的，留待计提资产折旧、摊销或领用发出库存物资时予以冲减的基金。

三、待冲基金应当在使用财政补助、科教项目收入购建固定资产、无形资产或购买药品、卫生材料等物资发生支出时予以确认，并在相关固定资产、无形资产按期计提折旧、摊销或领用发出库存物资时予以冲减。领用发出库存物资一并冲减的待冲基金金额为发出库存物资所对应的待冲基金金额。随相关固定资产、无形资产各期计提折旧、摊销一并冲减的待冲基金金额按照以下公式计算确定：

相关资产计提折旧、摊销时应冲减的待冲基金金额 = 相关资产应计提的折旧、摊销额 × 相关资产入账成本中财政补助资金或科教项目资金所占的比例

相关固定资产、无形资产在提足折旧、摊销前处置、盘亏的，以及相关库存物资在领用发出前发生盘亏、变质、毁损的，应当在将该资产予以冲销的同时，将该资产所对应的尚未冲减完毕的待冲基金一并冲销。

四、待冲基金的主要账务处理如下：

（一）使用财政补助资金为购建固定资产、无形资产或购买药品、卫生材料等库存物资发生支出时，按照实际支出金额，借记“财政项目补助支出”等科目，贷记“财政补助收入”、“零余额账户用款额度”、“银行存款”等科目；同时，借记“在建工程”、“固定资产”、“无形资产”、“库存物资”等科目，贷记“待冲基金——待冲财政基金”科目。

（二）使用科教项目资金为购入固定资产、无形资产或购买药品、卫生材料等库存物资发生支出时，按照实际支出金额，借记“科教项目支出”科目，贷记“银行存款”等科目；同时，借记“固定资产”、“无形资产”、“库存物资”等科目，贷记“待冲基金——待冲科教项目基金”科目。

（三）财政补助、科教项目资金形成的固定资产、无形资产计提折旧、摊销时，按照财政补助、科教项目资金形成的金额部分，借记本科目，按照应提折旧、摊销额中的其余金额部分，借记“医疗业务成本”、“管理费用”等科目，按照应计提的折旧、摊销额，贷记“累计折旧”、“累计摊销”科目。

（四）领用、发出财政补助、科教项目资金形成的库存物资时，按发出物资所对应的待冲基金金额，借记本科目，贷记“库存物资”科目。

（五）处置、盘亏财政补助、科教项目资金形成的固定资产、无形资产，以及财政补助、科教项目资金形成的库存物资发生盘亏、变质、毁损的，应当在进行相关账务处理的同时，按该项资产对应的尚未冲减完毕的待冲基金数额，借记本科目，贷记“固定资产”、“无形资产”、“库存物资”等科目。

五、本科目期末贷方余额，反映医院尚未冲减完毕的待冲基金数额。

3301 财政补助结转（余）

一、本科目核算医院历年滚存的财政补助结转和结余资金，包括基本支出结转、项目支出结转和项目支出结余。

二、本科目应当设置“财政补助结转”、“财政补助结余”两个一级明细科目。

（一）“财政补助结转”明细科目

“财政补助结转”一级明细科目下应设置“基本支出结转”、“项目支出结转”两个二级明细科目。

“基本支出结转”二级明细科目下应按照《政府收支分类科目》中“支出功能分类科目”的相关科目进行明细核算。

“项目支出结转”二级明细科目下应按照《政府收支分类科目》中“支出功能分类科目”的“医疗卫生”、“科学技术”、“教育”等相关科目以及具体项目进行明细核算。

（二）“财政补助结余”明细科目

“财政补助结余”一级明细科目下应当按照《政府收支分类科目》中“支出功能分类科目”的相关科目进行明细核算。

三、财政补助结转（余）的主要账务处理如下：

（一）期末，将本期财政项目补助收入结转入财政补助结转（余）时，借记“财政补助收入——项目支出”科目，贷记本科目（财政补助结转——项目支出结转）；将本期财政项目补助支出结转入财政补助结转（余）时，借记本科目（财政补助结转——项目支出结转），贷记“财政项目补助支出”科目。

（二）年末，将本年财政基本补助结转转入财政补助结转（余）时，按“财政补助收入——基本支出”明细科目本年发生额减去“医疗业务成本”、“管理费用”科目下“财政基本补助支出”备查簿中登记的本年发生额合计后的金额，借记“本期结余”科目，贷记本科目（财政补助结转——基本支出结转）。

（三）年末，完成上述（一）、（二）结转后，应当对本科目下“财政补助结转——项目支出结转”明细科目下所属各明细项目的执行情况进行分析，按照有关规定将符合财政补助结余资金性质的对应项目的贷方余额转入本科目下“财政补助结余”明细科目。按照各项目结转金额，借记本科目（财政补助结转——项目支出结转——××项目），贷记本科目（财政补助结余）。

（四）按规定向主管部门等上缴财政补助结转和结余资金、注销财政补助结转和结余额度等时，按实际上缴资金数额或注销的资金额度数额，借记本科目，贷记“财政应返还额度”、“零余额账户用款额度”、“银行存款”等科目。

四、本科目期末贷方余额，反映医院财政补助结转和结余资金数额。

3302 科教项目结转（余）

一、本科目核算医院尚未结项的非财政资助科研、教学项目累计所取得收入减去累计发生支出后的，留待下期按原用途继续使用的结转资金，以及医院已经结项但尚未解除限定的非财政科教项目结余资金。

这里的“项目”，指医院从财政部门以外的部门或单位取得的、具有指定用途、项目完成后需要报送项目资金支出决算和使用效果书面报告的资金所对应的项目。

这里的“累计发生支出”，指使用非财政科研、教学项目收入累计所发生的支出。

二、本科目应设置“科研项目结转（余）”、“教学项目结转（余）”两个明细科目，并按具体项目进行明细核算。

三、科教项目结转（余）的主要账务处理如下：

（一）期末，结转本期科教项目收入，借记“科教项目收入”科目，贷记本科目。

（二）期末，结转本期科教项目支出，借记本科目，贷记“科教项目支出”科目。

（三）科教项目结项后如有结余资金并解除限定可以转入事业基金的，按照结转金额，借记本科目，贷记“事业基金”科目。

四、本科目期末贷方余额，反映医院留待下期按原用途继续使用的非财政科研、教学项目结转资金数额以及尚未解除限定的非财政科研、教学项目结余资金数额。

3401 本期结余

一、本科目核算医院本期除财政项目补助收支、科教项目收支以外的各项收入减去各项费用后的结余。

二、本期结余的主要账务处理如下：

（一）期末，应将除财政项目补助收支、科教项目收支以外的其他各收入、费用类科目的本期发生额结转入本期结余。按照应结转的各收入类科目的本期发生额，借记“医疗收入”、“财政补助收入——基本支出”、“其他收入”科目，贷记本科目；同时，按照应结转的各费用类科目的本期发生额，借记本科目，贷记“医疗业务成本”、“管理费用”、“其他支出”科目。

（二）年末，经过上述（一）结转后，首先，应将本年财政基本补助结转转入财政补助结转（余），按“财政补助收入——基本支出”明细科目本年发生额减去“医疗业务成本”、“管理费用”科目下“财政基本补助支出”备查簿中登记的本年发生额合计后的金额，借记本科目，贷记“财政补助结转（余）——财政补助结转（基本支出结转）”科目。

其次，将扣除财政基本补助结转后本年实现的业务结余（或发生的业务亏损）结转入结余分配。如扣除财政基本补助结转后本科目为贷方余额（即为本年实现的业务结余），借记本科目，贷记“结余分配”科目；如扣除财政基本补助结转后本科目为借方余额（即为本年发生的业务亏损），借记“结余分配”科目，贷记本科目。

三、本科目期末如为贷方余额，反映医院自年初至报告期末累计实现的业务结余；如为借方余额，反映医院自年初至报告期末累计发生的业务亏损。年末结转后，本科目应无余额。

3501 结余分配

一、本科目核算医院当年提取职工福利基金、未分配结余结转事业基金、用事业基金弥补亏损等的情况和结果。

二、本科目应设置“事业基金弥补亏损”、“提取职工福利基金”、“转入事业基金”等明细科目，进行明细核算。

三、结余分配的主要账务处理如下：

（一）年末，将本年扣除财政基本补助结转后实现的业务结余结转入结余分配时，借记“本期结余”科目，贷记本科目；将本年扣除财政基本补助结转后发生的业务亏损结转入结余分配时，借记本科目，贷记“本期结余”科目。

（二）经过上述（一）结转后，本科目为贷方余额的，可以按国家有关规定提取职工福利基金，剩余部分转入事业基金。提取职工福利基金时，借记本科目（提取职工福利基金），贷记“专用基金”科目；将提取职工福利基金后本科目的贷方余额转入事业基金时，借记本科目（转入事业基金），贷记“事业基金”科目。

（三）经过上述（一）结转后，本科目为借方余额的，应由事业基金弥补，不得进行其他分配；事业基金不足以弥补的，为累计未弥补亏损。以事业基金弥补亏损时，借记“事业基金”科目，贷记本科目（事业基金弥补亏损）。

四、年末将未分配结余转入事业基金后，本科目一般应无余额。本科目年末有借方余额的，表示医院累计未弥补的亏损。

四、收 入 类

4001 医疗收入

一、本科目核算医院开展医疗服务活动取得的收入，包括门诊收入和住院收入。

二、本科目应设置“门诊收入”、“住院收入”两个一级明细科目。

（一）“门诊收入”一级明细科目

“门诊收入”一级明细科目核算医院为门诊病人提供医疗服务所取得的收入。该一级明细科目下应当设置“挂号收入”、“诊察收入”、“检查收入”、“化验收入”、“治疗收入”、“手术收入”、“卫生材料收入”、“药品收入”、“药事服务费收入”、“其他门诊收入”、“结算差额”等二级明细科目，进行明细核算。其中：

“药品收入”二级明细科目下，应设置“西药”、“中成药”、“中草药”等三级明细科目。

“结算差额”二级明细科目核算医院同医疗保险机构结算时，因医院按照医疗服务项目收费标准计算确认的应收医疗款金额与医疗保险机构实际支付金额不同，而产生的需要调整医院医疗收入的差额（不包括医院因违规治疗等管理不善原因被医疗保险机构拒付所产生的差额）。医院因违规治疗等管理不善原因被医疗保险机构拒付而不能收回的应收医疗款，应按规定确认为坏账损失，不通过本明细科目核算。

（二）“住院收入”一级明细科目

“住院收入”一级明细科目核算医院为住院病人提供医疗服务所取得的收入。该一级明细科目下应当设置“床位收入”、“诊察收入”、“检查收入”、“化验收入”、“治疗收入”、“手术收入”、“护理收入”、“卫生材料收入”、“药品收入”、“药事服务费收入”、“其他住院收入”、“结算差额”等二级明细科目，进行明细核算。其中：

“药品收入”二级明细科目下，应设置“西药”、“中成药”、“中草药”等三级明细科目。

“结算差额”二级明细科目的核算内容同“门诊收入”一级明细科目所属的“结算差额”二级明细科目。

三、医疗收入应当在提供医疗服务（包括发出药品）并收讫价款或取得收款权利时，按照国家规定的医疗服务项目收费标准计算确定的金额确认入账。医院给予病人或其他付费方的折扣不计入医疗收入。

医院同医疗保险机构结算时，医疗保险机构实际支付金额与医院确认的应收医疗款金额之间存在差额的，对于除医院因违规治疗等管理不善原因被医疗保险机构拒付所产生的差额以外的差额，应当调整医疗收入。

四、医疗收入的主要账务处理如下：

（一）实现医疗收入时，按照依据规定的医疗服务项目收费标准计算确定的金额（不包括医院给予病人或其他付费方的折扣），借记“库存现金”、“银行存款”、“应收在院病人医疗款”、“应收医疗款”等科目，贷记本科目。

（二）同医疗保险机构结算应收医疗款时，按照实际收到的金额，借记“银行存款”科目，按照医院因违规治疗等管理不善原因被医疗保险机构拒付的金额，借记“坏账准备”科目，按照应收医疗保险机构的金额，贷记“应收医疗款”科目，按照借贷方之间的差额，借记或贷记本科目（门诊收入、住院收入——结算差额）。

（三）期末，将本科目余额转入本期结余，借记本科目，贷记“本期结余”科目。

五、期末结转后，本科目应无余额。

4101 财政补助收入

一、本科目核算医院按部门预算隶属关系从同级财政部门取得的各类财政补助。

二、本科目应设置“基本支出”和“项目支出”两个一级明细科目。其中，“基本支出”明细科目核算医院由财政部门拨入的符合国家规定的离退休人员经费、政策性亏损补贴等经常性补助；“项目支出”明细科目核算医院由财政部门拨入的主要用于基本建设和设备购置、重点学科发展、承担政府指定公共卫生任务等的专项补助。

“基本支出”一级明细科目下应按照《政府收支分类科目》中“支出功能分类科目”的相关科目进行明细核算。

“项目支出”一级明细科目下应按照《政府收支分类科目》中“支出功能分类科目”的“医疗卫生”、“科学技术”、“教育”等相关科目以及具体项目进行明细核算。

三、财政补助采用国库集中支付方式下拨时，在财政直接支付方式下，应在收到代理银行转来的《财政直接支付入账通知书》时，按照通知书中的直接支付入账金额确认财政补助收入；在财政授权支付方式下，应在收到代理银行转来的《授权支付到账通知书》时，按照通知书中的授权支付额度确认财政补助收入。

其他方式下拨的财政补助，应在实际取得补助时确认财政补助收入。

四、财政补助收入的主要账务处理如下：

（一）财政直接支付方式下，按照财政直接支付金额，借记“医疗业务成本”、“财政项目补助支出”等科目，贷记本科目；对于为购建固定资产、无形资产或购买药品等库存物资而由财政直接支付的支出，还应借记“在建工程”、“固定资产”、“无形资产”、“库存物资”等科目，贷记“待冲基金——待冲财政基金”科目。

年度终了，医院根据本年度财政直接支付预算指标数与当年财政直接支付实际支出数的差额，借记“财政应返还额度——财政直接支付”科目，贷记本科目。

（二）财政授权支付方式下，按照财政授权支付到账额度金额，借记“零余额账户用款额度”科目，贷记本科目。

年度终了，医院本年度财政授权支付预算指标数大于零余额账户用款额度下达数的，借记“财政应返还额度——财政授权支付”科目，贷记本科目。

（三）其他方式下，实际收到财政补助收入时，按照实际收到的金额，借记“银行存款”等科目，贷记本科目。

（四）期末，将本科目的贷方余额分别转入本期结余和财政补助结转（余）。按本科目（基本支出）的贷方余额，借记本科目（基本支出），贷记“本期结余”科目；按本科目（项目支出）的贷方余额，借记本科目（项目支出），贷记“财政补助结转（余）——财政补助结转（项目支出结转）”科目。

五、期末结转后，本科目应无余额。

4201 科教项目收入

一、本科目核算医院取得的除财政补助收入外专门用于科研、教学项目的补助收入。

二、本科目应设置“科研项目收入”、“教学项目收入”两个明细科目，并按具体项目进行明细核算。

三、科教项目收入应当在实际收到时，按照实际收到的金额予以确认。

四、科教项目收入的主要账务处理如下：

（一）取得除财政补助收入以外的科研、教学项目资金时，按收到的金额，借记“银行存款”等科目，贷记本科目。

（二）期末，将本科目余额转入科教项目结转（余），借记本科目，贷记“科教项目结转（余）”科目。

五、期末结转后，本科目应无余额。

4301 其他收入

一、本科目核算医院除医疗收入、财政补助收入、科教项目收入以外的其他收入，包括培训收入、食堂收入、银行存款利息收入、租金收入、投资收益、财产物资盘盈收入、捐赠收入、确实无法支付的应付款项等。

二、本科目应当按照其他收入的种类设置明细账，进行明细核算。其中，医院对外投资实现的投资净损益，应单设“投资收益”明细科目进行核算。

三、其他收入的主要账务处理如下：

（一）取得培训收入、食堂收入、银行存款利息收入等时，按照实际收到的金额，借记“库存现金”、“银行存款”等科目，贷记本科目。

（二）固定资产出租收入，在租赁期内各个期间按直线法确认收入。

采用预付租金方式的，收到预付的租金时，借记“银行存款”等科目，贷记“其他应收款”科目；分期确认租金收入时，借记“其他应收款”科目，贷记本科目。

采用后付租金方式的，每期确认租金收入时，借记“其他应收款”科目，贷记本科目。收到租金时，借记“银行存款”等科目，贷记“其他应收款”科目。

采用分期收取租金方式的，每期收取租金时，借记“银行存款”等科目，贷记本科目。

（三）投资收益

1. 短期投资持有期间收到利息等投资收益时，按实际收到的金额，借记“银行存款”等科目，贷记本科目（投资收益）。

出售或到期收回短期债券本息，按实际收到的金额，借记“银行存款”科目，按出售或收回短期投资的成本，贷记“短期投资”科目，按其差额，借记或贷记本科目（投资收益）。

2. 长期股权投资持有期间，被投资单位宣告分派利润时，按照宣告分派的利润中属于医院应享有的份额，借记“其他应收款”科目，贷记本科目（投资收益）。

处置长期股权投资时，按照实际取得的价款，借记“银行存款”等科目，按照所处置长期股权投资的账面余额，贷记“长期投资——股权投资”科目，按照尚未领取的已宣告分派的利润，贷记“其他应收款”科目，按照其差额，借记或贷记本科目（投资收益）。

3. 持有的长期债券投资，应在债券持有期间按照票面价值与票面利率按期计算确认利息收入，如为到期一次还本付息的债券投资，借记“长期投资——债权投资（应收利息）”科目，贷记本科目（投资收益）；如为分期付息、到期还本的债券投资，借记“其他应收款”科目，贷记本科目（投资收益）。

出售长期债权投资或到期收回长期债权投资本息，按照实际收到的金额，借记“银行存款”等科目，按照债券初始投资成本和已计未收利息金额，贷记“长期投资——债权投资（成本、应收利息）”科目［到期一次还本付息债券］，或“长期投资——债权投资”、“其他应收款”科目［分期付息债券］，按照其差额，贷记或借记本科目（投资收益）。

（四）盘盈的库存物资、固定资产等，在经批准处理时，借记“待处理财产损溢”科目，贷记本科目。

（五）接受的捐赠资金，按照实际收到的金额，借记“银行存款”等科目，贷记本科目；接受的实物资产捐赠，按照同类或类似资产的市场价格或有关凭据注明的金额加上相关税费，借记“固定资产”等科目，按发生的相关税费金额，贷记“银行存款”等科目，按其差额，贷记本科目。

（六）确实无法支付的应付款项，按照经批准核销的金额，借记“应付账款”、“其他应付款”科目，贷记本科目。

（七）期末，将本科目余额转入本期结余，借记本科目，贷记“本期结余”科目。

四、期末结转后，本科目应无余额。

五、费　用　类

5001 医疗业务成本

一、本科目核算医院开展医疗服务及其辅助活动发生的各项费用，包括人员经费、耗用的药品及卫生材料费、固定资产折旧费、无形资产摊销费、提取医疗风险基金和其他费用，不包括财政补助收入和科教项目收入形成的固定资产折旧和无形资产摊销。

医院统一负担的离退休人员经费在“管理费用”科目核算，不在本科目核算。

使用财政基本补助发生的归属于医疗业务成本的支出，在本科目核算；使用财政项目补助发生的支出，在“财政项目补助支出”科目核算，不在本科目核算。

医院开展科研、教学项目使用自筹配套资金发生的支出，以及医院开展的不与本制度规定的特定“项目”相关的医疗辅助科研、教学活动发生的相关人员经费、专用材料费、资产折旧（摊销）费等费用，在本科目核算，不在“财政项目补助支出”、“科教项目支出”科目核算。

二、本科目应设置“人员经费”、“卫生材料费”、“药品费”、“固定资产折旧费”、“无形资产摊销费”、“提取医疗风险基金”、“其他费用”等一级明细科目，并按照各具体科室进行明细核算，归集临床服务、医疗技术、医疗辅助类各科室发生的，能够直接计入各科室或采用一定方法计算后计入各科室的直接成本。

“人员经费”、“其他费用”明细科目下还应参照《政府收支分类科目》中“支出经济分类科目”的相关科目进行明细核算。

医院应当在本科目下设置“财政基本补助支出”备查簿，按《政府收支分类科目》中“支出功能分类科目”以及“支出经济分类科目”的相关科目，对各项归属于医疗业务成本的财政基本补助支出进行登记。

三、医疗业务成本的主要账务处理如下：

（一）为从事医疗活动及其辅助活动人员计提的薪酬、福利费等，借记本科目（人员经费），贷记“应付职工薪酬”、“应付福利费”、“应付社会保障费”等科目。

（二）开展医疗活动及其辅助活动中，内部领用或出售发出的药品、卫生材料等，按其实际成本，借记本科目（卫生材料费、药品费），贷记“库存物资”科目。

（三）开展医疗活动及其辅助活动所使用固定资产、无形资产计提的折旧、摊销，按照财政补助、科教项目资金形成的金额部分，借记“待冲基金”科目，按照应提折旧、摊销额中的其余金额部分，借记本科目（固定资产折旧费、无形资产摊销费），按照应计提的折旧、摊销额，贷记“累计折旧”、“累计摊销”科目。

（四）计提的医疗风险基金，按照计提金额，借记本科目（提取医疗风险基金），贷记“专用基金——医疗风险基金”科目。

（五）开展医疗活动及其辅助活动中发生的其他各项费用，借记本科目（其他费用），贷记“银行存款”、“待摊费用”等科目。

（六）期末，将本科目余额转入本期结余，借记“本期结余”科目，贷记本科目。

四、期末结转后，本科目应无余额。

5101 财政项目补助支出

一、本科目核算医院本期使用财政项目补助（包括当年取得的财政补助和以前年度结转或结余的财政补助）发生的支出。

二、本科目应当按照《政府收支分类科目》中“支出功能分类科目”的“医疗卫生”、“科学技术”、“教育”等相关科目以及具体项目进行明细核算。

三、财政项目补助支出的主要账务处理如下：

（一）财政直接支付方式下，发生财政直接支付的项目补助时，按照支付金额，借记本科目，贷记“财政补助收入”科目；对于为购建固定资产、无形资产或购买药品等物资而由财政直接支付的支出，还应借记“在建工程”、“固定资产”、“无形资产”、“库存物资”等科目，贷记“待冲基金——待冲财政基金”科目。

（二）财政授权支付方式下，使用零余额账户用款额度发生项目补助支付时，按照支付金额，借记本科目，贷记“零余额账户用款额度”科目；对于为购建固定资产、无形资产或购买药品等物资而由财政授权支付的支出，还应借记“在建工程”、“固定资产”、“无形资产”、“库存物资”等科目，贷记“待冲基金——待冲财政基金”科目。

（三）其他方式下，发生财政项目补助支出时，按照实际支付的金额，借记本科目，贷记“银行存款”等科目；对于为购建固定资产、无形资产或购买药品等物资发生的支出，还应借记“在建工程”、“固定资产”、“无形资产”、“库存物资”等科目，贷记“待冲基金——待冲财政基金”科目。

（四）期末，将本科目余额转入财政补助结转（余），借记“财政补助结转（余）——财政补助结转（项目支出结转）”科目，贷记本科目。

四、期末结转后，本科目应无余额。

5201 科教项目支出

一、本科目核算医院使用除财政补助收入以外的科研、教学项目收入开展科研、教学项目活动所发生的各项支出。

二、本科目应设置“科研项目支出”、“教学项目支出”两个明细科目，并按具体项目进行明细核算。

医院还应设置相应的辅助账，登记开展各科研、教学项目所使用自筹配套资金的情况。

三、科教项目支出的主要账务处理如下：

（一）使用科教项目收入发生的各项支出，按实际支出金额，借记本科目，贷记“银行存款”等科目；形成固定资产、无形资产、库存物资的，还应同时借记“固定资产”、“无形资产”、“库存物资”等科目，贷记“待冲基金——待冲科教项目基金”科目。

（二）期末，将本科目余额转入科教项目结转（余），借记“科教项目结转（余）”科目，贷记本科目。

四、期末结转后，本科目应无余额。

5301 管理费用

一、本科目核算医院行政及后勤管理部门为组织、管理医疗、科研、教学业务活动所发生的各项费用，包括医院行政及后勤管理部门发生的人员经费、公用经费、资产折旧（摊销）费等费用，以及医院统一负担的离退休人员经费、坏账损失、银行借款利息支出、银行手续费支出、汇兑损益、聘请中介机构费、印花税、房产税、车船使用税等。

为购建固定资产取得的专门借款，在工程项目建设期间的借款利息应予资本化，不在本科目核算；在工程完工交付使用后发生的专门借款利息，在本科目核算。

使用财政基本补助发生的归属于管理费用的支出，在本科目核算；使用财政项目补助发生的支出，在“财政项目补助支出”科目核算，不在本科目核算。

二、本科目应设置“人员经费”、“固定资产折旧费”、“无形资产摊销费”、“其他费用”等一级明细科目。其中：“人员经费”、“其他费用”明细科目下应参照《政府收支分类科目》中“支出经济分类科目”的相关科目进行明细核算。

医院应当在本科目下设置“财政基本补助支出”备查簿，按《政府收支分类科目》中“支出功能分类科目”以及“支出经济分类科目”的相关科目，对各项归属于管理费用的财政基本补助支出进行登记。

三、管理费用的主要账务处理如下：

（一）为行政及后勤管理部门人员以及离退休人员计提的薪酬、福利费等，借记本科目（人员经费），贷记“应付职工薪酬”、“应付福利费”、“应付社会保障费”等科目。

（二）行政及后勤管理部门所使用固定资产、无形资产计提的折旧、摊销，按照财政补助、科教项目资金形成的金额部分，借记“待冲基金”科目，按照应提折旧、摊销额中的其余金额部分，借记本科目（固定资产折旧费、无形资产摊销费），按照应计提的折旧、摊销额，贷记“累计折旧”、“累计摊销”科目。

（三）提取坏账准备时，借记本科目（其他费用），贷记“坏账准备”科目；冲减坏账准备时，借记“坏账准备”科目，贷记本科目（其他费用）。

（四）发生应计入管理费用的银行借款利息支出时，借记本科目（其他费用），贷记“预提费用”、“银行存款”、“长期借款”等科目。

发生汇兑净收益时，借记“银行存款”、“应付账款”等科目，贷记本科目（其他费用）；发生汇兑净损失时，借记本科目（其他费用），贷记“银行存款”、“应付账款”等科目。

（五）发生其他各项管理费用时，借记本科目（其他费用），贷记“库存现金”、“银行存款”、“库存物资”、“待摊费用”等科目。

（六）期末，将本科目余额转入本期结余，借记“本期结余”科目，贷记本科目。

四、期末结转后，本科目应无余额。

5302 其他支出

一、本科目核算医院本期发生的，无法归属到医疗业务成本、财政项目补助支出、科教项目支出、管理费用中的支出，包括培训支出，食堂提供服务发生的支出，出租固定资产的折旧费，营业税、城市维护建设税、教育费附加等税费，财产物资盘亏或毁损损失，捐赠支出，罚没支出等。

二、本科目应当按照其他支出的种类和项目设置明细账，进行明细核算。

三、其他支出的主要账务处理如下：

（一）为出租固定资产计提的折旧额，按照财政补助、科教项目资金形成的金额部分，借记“待冲基金”科目，按照应提折旧额中的其余金额部分，借记本科目，按照应计提的折旧额，贷记“累计折旧”科目。

（二）盘亏、变质、毁损的财产物资，按照相关待处理财产损溢金额扣除可以收回的保险赔偿和过失人的赔偿等后的金额，借记本科目，按照已收回或应收回的保险赔偿和过失人赔偿等，借记“库存现金”、“银行存款”、“其他应收款”等科目，按照相关待处理财产损溢余额，贷记“待处理财产损溢”科目。

（三）发生营业税、城市维护建设税、教育费附加等纳税义务的，按照税法规定计算的应交税费金额，借记本科目、“固定资产清理”等科目，贷记“应交税费”科目。

（四）发生培训支出、食堂支出、捐赠支出、罚没支出等其他支出，借记本科目，贷记“银行存款”等科目。

（五）期末，将本科目余额转入本期结余，借记“本期结余”科目，贷记本科目。

四、期末结转后，本科目应无余额。

第四部分　会计报表明细

编号	会计报表名称	编制期
会医 01 表	资产负债表	月度、季度、年度
会医 02 表	收入费用总表	月度、季度、年度
会医 02 表附表 01	医疗收入费用明细表	月度、季度、年度
会医 03 表	现金流量表	年度
会医 04 表	财政补助收支情况表	年度

资 产 负 债 表

会医01表

编制单位：　　　　　　　　　　年　　月　　日　　　　　　　　　　单位：元

资产	期末余额	年初余额	负债和净资产	期末余额	年初余额
流动资产：			流动负债：		
货币资金			短期借款		
短期投资			应缴款项		
财政应返还额度			应付票据		
应收在院病人医疗款			应付账款		
应收医疗款			预收医疗款		
其他应收款			应付职工薪酬		
减：坏账准备			应付福利费		
预付账款			应付社会保障费		
存货			应交税费		
待摊费用			其他应付款		
一年内到期的长期债权投资			预提费用		
流动资产合计			一年内到期的长期负债		
非流动资产：			流动负债合计		
长期资产			非流动负债：		
固定资产			长期借款		
固定资产原价			长期应付款		
减：累计折旧			非流动负债合计		
在建工程			负债合计		
固定资产清理			净资产：		
无形资产			事业基金		
无形资产原价			专用基金		
减：累计摊销			待冲基金		
长期待摊费用			财政补助结转（余）		
待处理财产损溢			科教项目结转（余）		
非流动资产合计			本期结余		
			未弥补亏损		
			净资产合计		
资产总计			负债和净资产总计		

收入费用总表

会医 02 表

编制单位：　　　　　　　　　　　年　　月　　　　　　　　　　单位：元

项　　目	本月数	本年累计数
一、医疗收入		
加：财政基本补助收入		
减：医疗业务成本		
减：管理费用		
二、医疗结余		
加：其他收入		
减：其他支出		
三、本期结余		
减：财政基本补助结转		
四、结转入结余分配		
加：年初未弥补亏损		
加：事业基金弥补亏损		
减：提取职工福利基金		
转入事业基金		
年末未弥补亏损		
五、本期财政项目补助结转（余）：		
财政项目补助收入		
减：财政项目补助支出		
六、本期科教项目结转（余）：		
科教项目收入		
减：科教项目支出		

医疗收入费用明细表

会医02表附表01

编制单位：　　　　　　　　　　　　年　　月　　日　　　　　　　　　　　单位：元

项　　目	本月数	本年累计数	项　目	本月数	本年累计数
医疗收入			医疗成本		
1. 门诊收入			（一）按性质分类		
其中：挂号收入			1. 人员经费		
诊察收入			2. 卫生材料费		
检查收入			3. 药品费		
化验收入			4. 固定资产折旧费		
医疗收入			5. 无形资产摊销费		
手术收入			6. 提取医疗风险基金		
卫生材料收入			7. 其他费用		
药品收入			（二）按功能分类		
其中：西药收入			1. 医疗业务成本		
中草药收入			其中：临床服务成本		
中成药收入			医疗技术成本		
药事服务费收入			医疗辅助成本		
其他门诊收入			2. 管理费用		
2. 住院收入					
其中：床位收入					
诊察收入					
检查收入					
化验收入					
治疗收入					
手术收入					
卫生材料收入					
药品收入					
其中：西药收入					
中草药收入					
中成药收入					
药事服务费收入					
其他住院收入					

现金流量表

会医 03 表

编制单位： 年度 单位：元

项　　目	行次	金　　额
一、业务活动产生的现金流量：		
开展医疗服务活动收到的现金		
财政基本支出补助收到的现金		
财政非资本性项目补助收到的现金		
从事科教项目活动收到的除财政补助以外的现金		
收到的其他与业务活动有关的现金		
现金流入小计		
发生人员经费支付的现金		
购买药品支付的现金		
购买卫生材料支付的现金		
使用财政非资本性项目补助支付的现金		
使用科教项目收入支付的现金		
支付的其他与业务活动有关的现金		
现金流出小计		
业务活动产生的现金流量净额		
二、投资活动产生的现金流量：		
收回投资所收到的现金		
取得投资收益所收到的现金		
处置固定资产、无形资产收回的现金净额		
现金流入小计		
购建固定资产、无形资产支付的现金		
对外投资支出的现金		
上缴处置固定资产、无形资产收回现金净额支付的现金		
支付的其他与投资活动有关的现金		
现金流出小计		
投资活动产生的现金流量净额		
三、筹资活动产生的现金流量：		
取得财政资本性项目补助收到的现金		
借款收到的现金		
收到的其他与筹资活动有关的现金		
现金流入小计		
偿还借款支付的现金		
偿付利息支付的现金		
支付的其他与筹资活动有关的现金		
现金流入小计		
筹资活动产生的现金流量净额		
四、汇率变动对现金的影响额		
五、现金净增加额		

财政补助收支情况表

会医04表

编制单位：　　　　　　　　　　　　　　年度　　　　　　　　　　　　　　单位：元

项　　目	结转本年数	—
一、上年结转		—
（一）财政补助结转		—
1. 基本支出结转		—
2. 项目支出结转		—
其中：医疗卫生项目		—
科学技术项目		—
教育项目		—
（二）财政补助结余		—
项　　目	本年数	上年数
二、本年财政补助收入		
（一）基本支出		
（二）项目支出		
其中：医疗卫生项目		
科学技术项目		
教育项目		
三、本年财政补助支出		
（一）基本支出		
（二）项目支出		
其中：医疗卫生项目		
科学技术项目		
教育项目		
四、财政补助上缴		
（一）财政补助结转上缴		
（二）财政补助结余上缴		
项　　目	结转下年数	—
五、结转下年		—
（一）财政补助结转		—
1. 基本支出结转		—
2. 项目支出结转		—
其中：医疗卫生项目		—
科学技术项目		—
教育项目		—
（二）财政补助结余		—

附录7：权责发生制政府综合财务报告试编

附件1.

2010年度权责发生制政府综合财务报告试编指南

2010年度权责发生制政府综合财务报告试编指南

第一章　试编政府综合财务报告概述

一、试编政府综合财务报告的意义

目前，我国实行的是以收付实现制为基础的预算会计，尚未建立以权责发生制为基础的政府财务会计体系。虽然预算会计能够满足预算管理的需要，但是单纯实行预算会计存在较多弊端：仅能够核算反映政府财政预算收支情况，无法完整反映政府拥有的资源、政府的各类负债、政府的运行成本和费用，对政府财政能力和财政责任不能进行科学有效的会计记录、分析评价和报告披露。因此，在保留和完善现行预算会计的基础上，亟须建立政府财务会计体系，以全面反映政府财务状况、运营情况和履行受托责任情况，为实现公共财政可持续发展，加强宏观经济调控提供坚实的会计信息基础和管理手段。

在尚未制定政府财务会计制度情况下，通过转换预算会计数据以及搜集整理并汇总反映政府相关财务信息，试编权责发生制政府财务报告具有十分重要的意义：一是有利于全面梳理资产、负债事项，更加真实、完整地反映政府的“家底”，为领导宏观决策提供有用的信息支持。二是有利于将推行政府会计改革可

能遇到的问题和困难充分暴露出来，为政府会计改革的全面正式推行探索路子、积累经验。三是有利于在试编过程中培养出一批既熟悉财政财务管理，又通晓政府财务会计的人才。四是有利于发现现行预算会计管理中的问题，更好地完善预算会计制度。

二、政府综合财务报告的主要内容

从国际上看，政府综合财务报告通常由文字说明、财务报表、财务报表附注等部分构成。其中，文字说明要阐述政府整体财政财务状况、运营情况等，并结合经济运行和政策要求，分析政府财政财务情况未来走势；政府财务报表一般都有资产负债表和收入费用表，一些国家也包含了现金流量表等其他有关报表；报表附注要对报表包括的主体范围、会计政策、报表项目明细以及未在报表中反映的一些重要事项等进行解释说明。

借鉴国际通行做法，并结合国内实际情况，我国政府综合财务报告包括以下内容：

1. 政府财务报表，主要包括资产负债表和收入费用表。鉴于以收付实现制为基础的预算执行报表，基本上能反映出政府现金流量情况，因此，暂不要求编制现金流量表。

2. 政府财务报表附注，主要包括报表包括的主体范围及合并汇总方法、会计政策和方法、报表项目明细信息、未在报表列示但对政府财务状况有重大影响的事项等，帮助报告使用者更好地理解财务报告。

3. 政府财政经济状况。利用政府财务报表及报表附注中的有关信息，结合国民经济形势、相关政策要求等，分析政府财务状况、运营情况，研究政府财政能力、财政责任以及财政中长期可持续性等，更好地为领导决策服务。

4. 政府财政财务管理情况。反映政府财政财务管理的政策要求、主要措施和取得成效等，帮助报告使用者了解政府财政财务管理情况。

政府财务报告标题统一为《关于上报××省试行编制的2011年权责发生制政府综合财务报告的函》。

三、政府综合财务报告的范围

（一）政府综合财务报告包含的主体范围

政府综合财务报告包含的主体范围的界定，主要有受托责任法、控制法和基金授权分配法。（1）受托责任法，以社会公众委托政府的职责作为确定政府财务报告范围的标准，即政府报告主体包括所有履行政府职责的主体。由于政府会计最主要的目标是反映政府受托责任履行情况，因此受托责任法是界定政府会计主体较好的方法，但有效运用该方法的前提是对政府受托责任有清晰的界定。(2) 控制法，以政府对主体或交易是否具有控制力作为确定政府财务报告范围的标准。控制法最大的难题是采用什么样的“控制”标准，特别是在转轨经济国家，受历史影响，政府对许多社会组织机构还有较强的控制力，如果没有合理的“控制”标准，政府财务报告范围将过大。(3) 基金授权分配法，以财政性资金的分配作为确定报告范围的标准，即凡是由政府提供资金维持其营运的组织均被纳入政府财务报告范围。该方法的主要优点是操作方便；主要缺点是，有些履行政府公共服务职能的机构会因某些年度没有得到政府资金支持而被排除在报告范围之外，导致政府财务报告无法全面反映政府受托责任履行情况。

由于“控制”法较难把握，试编阶段主要采用受托责任法和基金授权分配法界定政府综合财务报告范围。纳入政府综合财务报告合并范围的主体主要包括两个层面：一是本级政府财政。二是纳入部门决算管理范围的行政单位、事业单位和社会团体。此外，为了反映政府管理国有资产受托责任履行情况，国有、国有控股企业，物资储备资金，土地储备资金等也需要将其国有权益列入政府综合财务报告。

国有参股企业的国有股权益也是政府的资产，因此，应尽可能掌握国有参股企业国有股权益信息，并将国有参股企业纳入政府综合财务报告范围。

（二）政府综合财务报告包含的事项范围

从国际经验看，大多数国家在实施政府会计改革过程中，大多采取逐步扩大报告事项范围的做法，即改革初期先报告应收款项、存货、应付款项、借入款项、短期债券等短期资产负债事项，以及相应的收入费用事项等；在改革中期，随着相关配套措施完善后，逐步将政府股权、固定资产、基础设施资产、公务员养老金负债等长期资产负债事项，以及投资收益、已确认未支付的雇员薪酬、折旧费用、财务费用等收入费用事项纳入报告范围；在改革后期，再逐步报告文物资产、社会福利负债等复杂性强、难度大的事项。

鉴于我国现行预算会计不仅包含了银行存款、暂存款、暂付款、存货等事项，也包含了部分政府固定资产、对外投资等信息，同时，相关政府部门还掌握税收和非税征收过程明细信息，政府债券明细信息，相关政策规定明细信息等。因此，政府综合财务报告中的资产负债表除了有货币资金、借出款项、应收利息、应收股利、应收款项、借入款项、应付利息、应付款项等短期资产负债项目外，也包含了存货、对外投资、固定资产、在建工程、无形资产、应付薪酬、应付政府补助、政府债券等长期资产负债项目，以及应收税款、应收非税款、应退税款、应退非税款等政府特有资产项目；收入费用表除了有税收收入、非税收入、事业收入、经营收入、转移性收入、工资福利支出、商品和服务支出、对个人和家庭补助支出、对企事业单位补贴、转移性支出、捐赠支出、经营性支出等现行预算会计已经存在的项目外，还包括投资收益、折旧费用、财务费用等新项目。

四、政府综合财务报告与决算报告的关系

（一）政府综合财务报告与决算报告的联系

政府综合财务报告、财政总决算报告和部门决算报告都是反映政府财政财务情况的报告，三者之间互为补充、配合使用，从不同角度满足政府、人大和社会监督管理预算执行、了解政府财务状况和政府运营情况、评估财政长期可持续性等多方面的需要。财政总决算报告、部门决算报告是试编政府综合财务报告的重要信息来源。

（二）政府综合财务报告与决算报告的区别

一是编制基础不同。政府综合财务报告以权责发生制为基础，即以权利和责任的发生来决定确认收入和费用的归属期，凡应属本期的收入和费用，无论款项是否收付，都予以确认；否则即便有实际款项的收付，也不予确认。决算报告主要以收付实现制为基础，即以资金的实际流入和流出作为确认相关会计要素的标准。

二是编报范围不同。政府综合财务报告将一级政府作为报告主体，反映政府整体层面的财务状况。财政总决算报告和部门决算报告分别将财政和各个部门作为报告主体。

三是报告重点和用途不同。政府综合财务报告主要反映政府财务状况和运营情况，通过对当前经济形势的分析，对未来财政收支缺口的预测，以及对财政可持续性的评估等，为中长期财政发展和宏观调控服务。决算报告主要反映年度预算执行结果，为加强和改进预算管理服务。

五、政府综合财务报告的编报流程与职责分工

根据我国政府财政财务管理体制，以及财政总决算、部门决算、基建项目财务决算和国有企业财务决算等的管理要求，政府综合财务报告的编报流程与职责分工为（见附图7-1）。

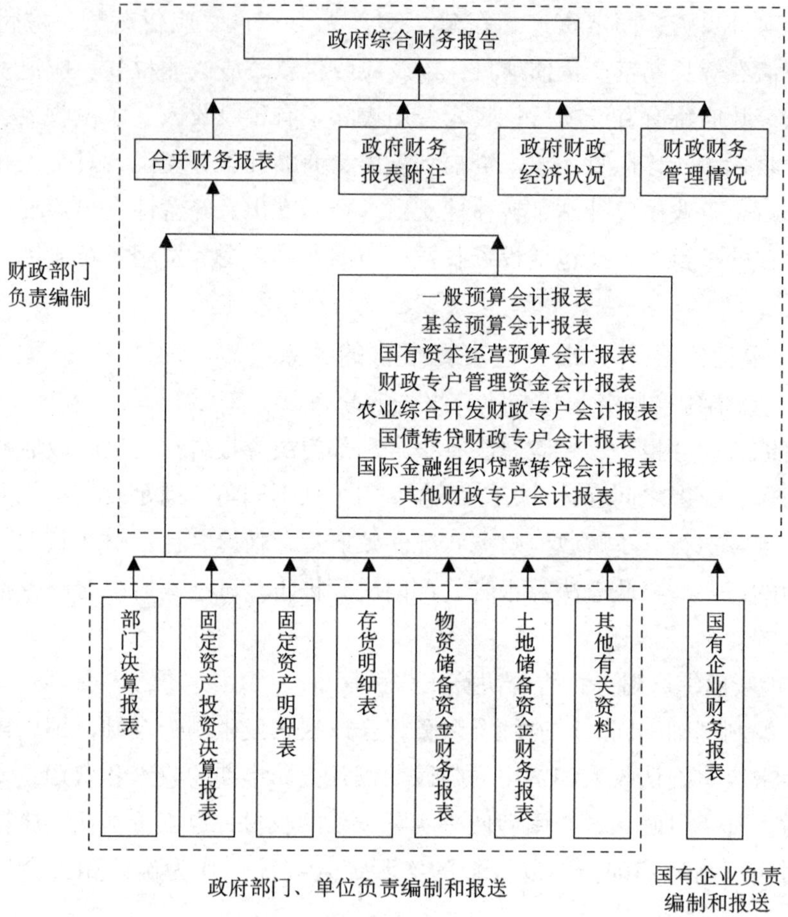

附图7－1　政府综合财务报告编报流程

（一）财政部门负责

（1）编制一般预算会计报表、基金预算会计报表、国有资本经营预算会计报表和财政专户会计报表等。（2）将上述报表与部门决算报表、固定资产投资决算报表等合并。（3）撰写财政经济状况、财政财务管理情况，形成政府综合财务报告。

（二）行政单位、事业单位、社会团体负责

（1）编报本单位（部门）的部门决算报表、固定资产投资决算报表。（2）编报本单位（部门）存货明细表（附件3）、固定资产明细表（附件4）。（3）国家物资储备局和地方土地储备中心还应分别编报物资储备资金财务报表和土地储备资金财务报表。

（三）公益性和非公益性国有企业负责编报本企业财务报告

试编阶段，除另有规定外，行政单位、事业单位、社会团体暂不报送权责发生制单位财务报告。

第二章　政府财务报表的编制方法

一、政府财务报表的主要内容

政府财务报表包括资产负债表和收入费用表。

资产负债表，反映政府资产、负债、净资产情况，是一张静态报表。通常情况下，资产负债表要同时反映报表各项目的期初数和期末数。鉴于今年是第一次试编政府财务报表，为确保试编工作顺利开展，2010 年政府资产负债表只要求反映年末数。

收入费用表，反映政府收入、费用情况。收入费用表中一些项目名称与预算收支报表有关项目名称虽然相同，但由于政府综合财务报告以权责发生制为基础，而预算会计是以收付实现制为基础，因此其内涵不尽相同。例如：收入费用表中的收入不仅包括当期已实现并取得款项的收入，还包括当期已实现但尚未取得款项的收入，后一种收入在预算收支表中不予反映。

二、政府财务报表的会计要素及计量方法

（一）政府财务报表包含的会计要素

1. 资产

（1）关于资产的定义。资产是政府过去交易或事项形成并由其拥有或控制的资源，该资源预期会导致政府服务潜能增强或经济利益流入。

一是过去交易或事项，包括过去购买、生产开发、建造等。

二是政府拥有或者控制的资源，即政府拥有资源的所有权，或者虽然只拥有部分所有权但能够决定资源的使用、处置等。

三是资产预期会带来服务潜能增强或经济利益流入，即政府能够利用该资产提供公共服务，或获取经济利益。带来服务潜能是政府会计资产定义与企业会计资产定义的主要区别。

（2）资产的确认条件。资产的确认不仅要符合资产的定义，还必须满足两个条件：一是该资源很可能（概率大于 50%）增强服务潜能或带来经济利益。二是资产的成本或价值能可靠计量。

（3）资产包含的项目。资产项目包括货币资金、借出款项、应收利息、应

收股利、应收款项、应收税款、应收非税款、存货、对外投资、固定资产、在建工程、无形资产、其他资产等项目。

资产项目的设计，一方面参考了我国现行的预算会计项目，即采用了现行预算会计报表项目，或对相关报表项目进行了归并、提炼，例如，货币资金（包括现金、银行存款等）、存货、对外投资、固定资产、在建工程等。另一方面也充分借鉴了政府会计管理比较成熟国家的做法，以及我国现行政府财政财务管理实际情况，例如，应收税款、应收非税款等，这些项目虽然没有在现行预算会计中反映，但实际上都是政府的资产，符合资产确认条件，而且具备条件对其计量。

资产类项目排列顺序主要考虑了其变现能力，即变现能力相对较强的排在前面，如货币资金、应收款项等；变现能力相对较弱的排在后面，如固定资产（尤其是公共基础设施）等。

2. 负债

（1）负债的定义。负债是政府因过去交易或事项形成的现时义务，履行该义务预期会导致政府服务潜能降低或经济利益流出。

一是过去的交易或者事项形成，政府将在未来发生的承诺、签订的合同等交易或事项，不形成负债。

二是现时义务，即现行条件下已经承担的义务，未来发生的交易或事项形成的义务，不属于现时义务。

三是预期会导致服务潜能降低或经济利益的流出，即政府提供公共服务的能力可能会降低，或者偿还资金、物资等。

（2）负债的确认条件。负债的确认不仅要符合负债的定义，还必须满足两个条件：一是与该义务有关的服务潜能很可能（概率大于50%）降低或经济利益很可能流出。二是未来降低的服务潜能或流出的经济利益能够可靠计量。

（3）负债包含的项目。负债项目包括借入款项、应付利息、应付款项、应退税款、应退非税款、应付薪酬、应付政府补助、政府债券、其他负债等。

负债项目的设计与资产项目类似，一方面参考了我国现行的预算会计项目，即采用了现行预算会计报表项目，或对相关报表项目进行了归并、提炼。例如，应付款项（包括现行应付账款、应付票据、预收账款等）、应付职工薪酬（包括现行的应付工资、应付福利费等）、借入款项、其他负债等。另一方面也充分借鉴了政府会计管理比较成熟国家的做法，以及我国现行政府财政财务管理实际情况，例如，短期债券、应付利息、应退税款、应退非税款、应付政府补助、长期债券等，这些项目虽然没有在现行预算会计中反映，但实际上都是政府承担的负债，符合负债确认条件，而且对其进行计量具备可操作性。

负债类项目排序主要考虑了其还款期限，即还款期限相对较短的排在前面，例如应付利息、应退税款、应退非税款等；还款期限相对较长的排在后面，例如应付政府补助、政府债券等。

3. 净资产

（1）净资产的定义。净资产是政府资产总额减去负债总额后的差额。鉴于编制政府综合财务报告合并抵消、新增调整等事项较多，为降低编制难度，在编制政府综合财务报告初期，暂不要求通过对相关报表的净资产数据进行加总、调整等得出合并财务报表净资产，而是根据政府财务报表的资产合计数与负债合计数的差额填列。由于试编相关办法对抵消、调整事项做了详细规定，并要求编制相关分录，上述两种方法得到的净资产数据应当一致。

（2）净资产类项目。净资产包括当期盈余和以前年度累积净资产两个明细项目。

4. 收入

（1）收入的定义。收入是政府在日常活动中形成的、会导致净资产增加的服务潜能总增强或经济利益总流入。

（2）收入的确认条件。确认收入时，除了满足收入的定义外，还应满足以下条件时才能确认：一是收入应具有可计量性、相关性和可靠性；二是收入的确认应符合实现原则，也即当服务潜能或经济利益已实现或很有可能实现；三是收入的结果会导致资产的增加或负债的减少。

（3）收入包含的项目。收入项目包括税收收入、非税收入、事业收入、经营收入、投资收益、转移性收入和其他收入。收入项目主要根据政府收入的经济性质设置。

5. 费用

（1）费用的定义。费用是政府为提供公共产品和公共服务所发生的、会导致净资产减少的服务潜能总降低或经济利益总流出。

费用不同于支出，在权责发生制基础下，当期发生只为当期带来收益的支出属于当期费用；当期发生但为当期及以后多个期间带来收益的支出是资本性支出，即属于投资，而不是当期费用。

（2）费用的确认条件。确认费用时，除了符合费用的定义外，应在满足以下条件时才能予以确认：一是与费用相关的服务潜能很可能降低或经济利益很可能流出；二是服务潜能的降低额或经济利益的流出额能够可靠计量；三是费用的结果会导致资产的减少或负债的增加。

（3）费用包含的项目。费用项目包括工资福利支出、商品和服务支出、对个人和家庭补助支出、对企事业单位补贴、捐赠支出、转移性支出、经营支出、折旧费用、财务费用和其他费用。费用项目主要根据政府支出或运营费用的经济性质设置。

（二）政府财务报表会计要素的计量方法

会计计量方法主要包括历史成本、重置成本、可变现净值、现值和公允价值等。政府综合财务报告中会计要素的计量一般应当采用历史成本，在无法取得历史成本的情况下，可采用重置成本或可变现净值等进行计量，主要原因：

一是政府资产主要是用于提供公共产品或服务，满足社会公众对公共产品或服务的需求，而不是为了出售获取经济利益的增值。因此，历史成本法能够满足对政府资产信息的需求，而现值或公允价值法操作难度大，不符合成本效益原则。

二是公允价值法通常要求有公允的市场交易价格，但政府拥有或控制的许多资产（如基础设施资产等）缺乏有效的市场交易价格，难以执行。

三是政府承担宏观调控职能，对宏观经济进行逆周期调节。如果政府资产和负债采用公允价值计量，则与市场形成顺周期效应，将对政府宏观调控带来负面影响。

四是现行预算会计以历史成本为主，有利于与现行做法衔接。

三、编制政府财务报表所需资料及合并方法

（一）编制政府财务报表所需资料

编制财务报表的资料主要包括：一般预算会计报表、基金预算会计报表和国有资本经营预算会计报表（主要是资产负债表和收入支出表），农业综合开发财政专户会计报表、财政专户管理资金会计报表、国际金融组织贷款转贷会计报表、外国政府贷款转贷会计报表以及其他财政专户会计报表（主要是资产负债表和收入支出表），部门决算报表（主要是资产负债表和收入支出表），固定资产投资决算报表（主要是资金平衡表），公益性和非公益性国有企业财务报表，物资储备资金财务报表（中央专用），土地储备资金财务报表，相关单位报送的存货明细表、固定资产明细表等。

（二）编制政府财务报表的方法

1. 不同类型单位的报表并入政府财务报表的方法

采用分项法并入财务报表的主体：一是属于政府核心层的单位，如主要向社会提供公共服务的行政事业单位等；二是公益性国有企业，即主要从事公益性项目融资、建设或运营任务的国有企业；三是土地储备资金财务报表。

部分并入财务报表的主体：属于政府外围层的单位，如非公益性国有企业，他们主要承担国有资产保值增值的职责，只需将其国有权益并入政府合并财务报表，以反映政府国有资产管理职责履行情况。

不并入财务报表的主体：部门决算包含部分国有企业所属事业单位，为避免重复，如果相关国有企业财务报表中已包含了有关事业单位，这些事业单位的部门决算报表不再并入政府财务报表。

2. 不同报表项目并入政府财务报表的方法

（1）对于不涉及内部交易的原报表项目，直接将原报表有关项目金额加总填入政府财务报表对应项目。

（2）对于涉及内部交易的原报表项目，要尽可能对相关项目进行抵消处理。一是财政层面相关会计报表项目，由于财政掌握明细信息，应当对财政内部（即一般预算会计报表、基金预算会计报表和国有资本经营预算会计报表、国债转贷财政专户会计报表、农业综合开发财政专户会计报表、财政专户管理资金会计报表、国际金融组织贷款转贷会计报表、外国政府贷款转贷会计报表、其他财政专户会计报表之间）交易事项，以及财政与单位之间的交易事项进行抵消处理。二是单位层面相关会计报表项目，虽然部门决算报表应对部门内部单位之间的交易事项进行抵消处理，单位部门决算会计报表与固定资产投资决算报表之间的交易事项应进行抵消处理（固定资产投资决算报表有专门的项目反映其与行政事业单位会计之间的事项，可以直接抵消），但由于财政缺乏更详细的信息，暂不要求对不同部门单位之间的交易事项进行抵消处理。

对于内部交易事项的抵消处理，主要有两种方法：一是将相关报表项目先填入汇总工作表（用于合并相关会计报表的工作报表），再编制抵消分录。二是直接将抵消后的报表项目净值填入汇总工作表，抵消后金额为零的项目不再填列，抵消后仍有余额的项目填列抵消后余额（其效果与编制抵消分录相同）。例如，一般预算会计报表、基金预算会计报表、国有资本经营预算会计报表中的“暂存款”项目，应与部门决算报表和固定资产投资决算报表中的“财政应返还额度”项目抵消（“暂存款”金额大于“财政应返还额度”金额），因此“财政应返还额度”不再填入汇总工作表，“暂存款”只将扣除“财政应返还额度”后的余额填入汇总工作表，相当于编制抵消分录：借记“暂存款”，贷记

“财政应返还额度”。

（3）按权责发生制应确认但未在原报表中反映的项目，以及已在原报表中反映但按权责发生制原则需要调整的项目，应编制调整分录，填入政府财务报表相应项目。其中，对于部分已在原报表中反映但按权责发生制原则需要调整的项目，也可以将原报表项目填入到净资产或其他对应项目（即相当于编制了调整分录）。例如，一般预算会计报表中的“债务收入”、“债务转贷收入”等，按照权责发生制原则不属于收入，可以将其金额直接填入“政府债券”或“借入款项”等，即相当于编制调整分录：借记“债务收入”、“债务转贷收入”，贷记“政府债券”或“借入款项”。调整分录只用于编制权责发生制政府财务报表，不影响日常会计核算。

四、编制政府财务报表的步骤

编制政府财务报表主要包括以下四步：一是将一般预算会计报表、基金预算会计报表、国有资本经营预算会计报表、财政专户会计报表、部门决算报表、固定资产投资决算报表、公益性国有企业财务报表、土地储备资金财务报表（以下简称原报表）中有关项目金额填列到汇总工作表对应栏中。二是对涉及原报表之间的内部交易事项，编制抵消分录，填入汇总工作表“抵消分录”栏。三是对按权责发生制应当确认但未在原报表反映的事项，编制调整分录，填入汇总工作表“调整分录”栏。四是对汇总工作表数据进行汇总处理，生成合并政府财务报表。

对财政专户会计报表项目，只规定了财政专户管理资金会计报表、农业综合开发财政专户会计报表、国债转贷财政专户会计报表、国际金融组织贷款转贷会计报表相关项目的填列方法，其他财政专户会计报表项目的填列方法，由试编地区根据《2010年度权责发生制政府综合财务报告试编办法》有关原则性规定，结合本地实际情况研究确定。

（一）将原报表项目填入汇总工作表

按照“政府财务报表项目与原报表项目对照表”（附表1）中相关项目的对应关系，将原报表有关项目金额分别加总填入汇总工作表（附表2）中“原报表对应项目”栏下对应项目。

1. 将原报表相关项目填入汇总工作表“货币资金”行

（1）一般预算会计报表、基金预算会计报表、国有资本经营预算会计报表中的“国库存款”、“其他财政存款和在途款”。

（2）财政专户管理资金会计报表中的“财政专户存款”。

（3）农业综合开发财政专户会计报表中的“现金”、“银行存款”。

（4）国债转贷财政专户会计报表中的“其他财政存款”。

（5）国际金融组织贷款转贷会计报表中的“银行存款”。

（6）部门决算报表中的“现金”、“银行存款”、“货币资金”。

（7）固定资产投资决算报表中的“现金”、“银行存款”。

［**例1**］ 货币资金填列事例：某省一般预算会计报表中列示国库存款、其他财政存款和在途款分别为78160万元、5640万元、5246万元；财政专户管理资金会计报表中的财政专户存款为3445万元；行政单位部门决算报表中列示的现金、银行存款分别为25450万元、48520万元，事业单位部门决算报表中列示的现金、银行存款分别为59564万元、8545万元；固定资产投资决算报表中列示的现金、银行存款分别为3296万元、5696万元。填入汇总工作报表时，一般预算会计报表栏下的货币资金合计数为89046万元（78160+5640+5246）；财政专户管理资金会计报表栏下的货币资金数为3445万元；部门决算报表行政单位栏下的货币资金合计数为73970万元（25450+48520），部门决算报表事业单位栏下的货币资金合计数为68109万元（59564+8545），固定资产投资决算报表栏下的货币资金合计数为8992万元（3296+5696）。

2. 将原报表相关项目填入汇总工作表“借出款项”行

（1）一般预算会计报表、基金预算会计报表、国有资本经营预算会计报表的“暂付款”中有计息要求的款项。

（2）财政专户管理资金会计报表的“应收款”中有计息要求的款项。

（3）农业综合开发财政专户会计报表中的“有偿资金放款”、“委托贷款”、“借出有偿资金”。

（4）国债转贷财政专户会计报表中的“暂付款”、“与下级往来”。

（5）国际金融组织贷款转贷会计报表中的“应收统借自还款”、“国家统借统还款”、“应收本金”、“应收联合融资款”、“应收垫付款”（只包括垫付本金部分）。

［**例2**］ 借出款项填列事例：某省一般预算会计报表暂付款中列示有计息要求款项为7132万元，财政专户管理资金会计报表应收款中列示有计息要求款项为4235万元。填入汇总工作报表时，一般预算会计报表栏下的借出款项合计数为7132万元，财政专户管理资金会计报表栏下的借出款项合计数为4235万元。

3. 将原报表相关项目填入汇总工作表“应收利息”行

（1）一般预算会计报表、基金预算会计报表、国有资本经营预算会计报表“暂付款”中垫付下级地方债务利息款项。

（2）国债转贷财政专户会计报表中的“应收款”。

（3）国际金融组织贷款转贷会计报表中的“应收利息”、“应收垫付款”（利息）、“应收汇兑风险损益”、“应收承诺费”。

4. 将原报表相关项目填入汇总工作表“应收款项”行

（1）一般预算会计报表、基金预算会计报表、国有资本经营预算会计报表的“暂付款”中属于无计息要求的款项（不包括垫付下级地方债务利息），以及“与下级往来”（以财政结算后数据为准）。

（2）财政专户管理资金会计报表的“应收款”中属于无计息要求的款项。

（3）农业综合开发财政专户会计报表中的“应收款项”。

（4）国际金融组织贷款转贷会计报表中的“借出周转款”、“应收串换款”、“其他应收款”、“已生效未提取贷款”。

（5）部门决算报表中的“暂付款”、“应收票据”、“应收账款”、“预付账款”、“其他应收款”。

（6）固定资产投资决算报表中的“预付及应收款合计”。

（7）对应收款项暂不提坏账准备，原有报表中已有单独列示坏账准备的，应收款项按照抵减坏账准备后的净额填列。

［**例3**］ 应收款项填列事例：某省一般预算会计报表暂付款中列示无计息要求款项为35120万元，与下级往来款14520万元；财政专户管理资金会计报表的应收款中属于无计息要求的款项14587万元；行政单位部门决算报表列示的暂付款2089万元，事业单位部门决算报表列示的应收票据1035万元、应收账款3287万元、预付账款4258万元、其他应收款1452万元；固定资产投资决算报表列示的预付及应收款合计3687万元。填入汇总工作报表时，一般预算会计报表栏下的应收款项合计数为49640万元（35120＋14520），财政专户管理资金会计报表栏下的应收款项数为14587万元，部门决算报表行政单位栏下的应收款项数为2089万元，部门决算报表事业单位栏下的应收款项合计数为10032万元（1035＋3287＋4258＋1452），固定资产投资决算报表栏下的应收款项数为3687万元。

5. 将原报表相关项目填入汇总工作表“存货”行

（1）部门决算报表中的“库存材料”、“材料”、“产成品”、“存货”、“受托代理资产”等。

（2）固定资产投资决算报表中的“器材”（不包括待处理器材损失）。

（3）国家物资储备资金财务报表中的“净资产”（地方不必填列）。

［例4］ 存货填列事例：某省行政单位部门决算报表中列示的库存材料为204452万元，事业单位部门决算报表中列示的材料和产成品分别为548001万元、358662万元，固定资产投资决算报表中列示的器材9568万元（其中待处理器材损失1289万元）。填入汇总工作报表时，部门决算报表行政单位栏下的存货合计数为204452万元，部门决算报表事业单位栏下的存货合计数为906663万元（548001+358662），固定资产投资决算报表栏下的存货为8279万元（9568-1289）。

6. 将原报表相关项目填入汇总工作表“对外投资”行

（1）一般预算会计报表、基金预算会计报表、国有资本经营预算会计报表中的“有价证券”。

（2）财政专户管理资金会计报表中的“有价证券”。

（3）国际金融组织贷款转贷会计报表中的“有价证券”、“缴付国际金融组织股本”。

（4）部门决算报表中的“有价证券”、“对外投资”、“短期投资”、“长期投资”。

（5）固定资产投资决算报表中的“有价证券”。

［例5］ 对外投资填列事例：某省一般预算会计报表中列示有价证券为1542万元，财政专户管理资金会计报表中列示有价证券为2567万元，行政单位部门决算报表列示有价证券为5560万元，事业单位部门决算报表中列示对外投资22457万元，固定资产投资决算报表中列示的有价证券3289万元。填入汇总工作报表时，一般预算会计报表栏下对外投资为1542万元，财政专户管理资金会计报表栏下对外投资为2567万元，部门决算报表行政单位栏下的对外投资为5560万元，部门决算报表事业单位栏下的对外投资为22457万元，固定资产投资决算报表栏下的对外投资为3289万元。

同时，将原报表相关项目填入汇总工作表“对外投资——政府主权投资”行：

国际金融组织贷款转贷会计报表中的缴付国际金融组织股本。

7. 将原报表相关项目填入汇总工作表“固定资产原值”行

（1）部门决算报表中的“固定资产”、“固定资产原值”。

（2）固定资产投资决算报表中的“固定资产原值”。

（3）土地储备资金财务报表中的“净资产”。

同时，将原报表相关项目填入汇总工作表“固定资产——累计折旧”行：

（1）部门决算报表中的“累计折旧”。

（2）固定资产投资决算报表中的“累计折旧”。

［**例6**］　固定资产填列事例：某省行政单位部门决算会计报表中列示固定资产为353699万元；事业单位部门决算报表列示固定资产为665560万元，其中，累计折旧为144143万元；固定资产投资决算报表列示固定资产为45875万元，其中累计折旧5642万元。填入汇总工作报表时，部门决算会计报表行政单位栏下的固定资产为353699万元，部门决算报表事业单位栏下的固定资产为665560万元，累计折旧为144143万元，固定资产投资决算报表栏下的固定资产为45875万元，累计折旧为5642万元。

8. 将原报表相关项目填入汇总工作表“在建工程”行

（1）部门决算报表中的“在建工程”、“工程物资”。

（2）固定资产投资决算报表中的“在建工程”。

［**例7**］　在建工程填列事例：某省固定资产投资决算报表中列示在建工程13568万元。填入汇总工作报表时，固定资产投资决算报表栏下的在建工程为13568万元。

9. 将原报表相关项目填入汇总工作表“无形资产”行

部门决算报表中的“无形资产”。

［**例8**］　无形资产填列事例：某省事业单位部门决算报表中列示无形资产5795万元。填入汇总工作报表时，部门决算报表事业单位栏下的无形资产为5795万元。

10. 将原报表相关项目填入汇总工作表“其他资产”行

（1）一般预算会计报表、基金预算会计报表、国有资本经营预算会计报表中的“待处理财政周转金”。

（2）农业综合开发财政专户会计报表中的“待处理有偿资金”。

（3）部门决算报表中的“其他资产”、“其他流动资产”、“固定资产清理”、“待处理固定资产净损失”、“递延税款借项”、“其他”、“文物文化资产”。

（4）固定资产投资决算报表中的“待处理器材损失”、“待核销基建支出”、“转出投资”、“固定资产清理”、“待处理固定资产损失”等。

根据国家政策规定，地方不应存在财政周转金，但考虑到有些地方财政周转金尚未按规定清理完毕，为客观反映实际情况，应当将其纳入政府财务报表（下同）。

［例9］ 其他资产填列事例：某省事业单位部门决算报表中列示其他资产33541万元，固定资产投资决算报表中列示的待处理器材损失325万元、待核销基建支出8682万元、转出投资3526万元、固定资产清理587万元、待处理固定资产损失158万元。填入汇总工作报表时，部门决算报表事业单位栏下的其他资产为33541万元，固定资产投资决算报表栏下的其他资产为13278万元（325+8682+3526+587+158）。

11. 将原报表相关项目填入汇总工作表“借入款项”行

（1）一般预算会计报表、基金预算会计报表、国有资本经营预算会计报表中的“借入财政周转金”，以及“暂存款”中有计息要求的款项。

（2）财政专户管理资金会计报表“暂存款”中有计息要求的款项。

（3）农业综合开发财政专户会计报表中的“借入有偿资金”。

（4）国债转贷财政专户会计报表中的“与上级往来”。

（5）国际金融组织贷款转贷会计报表中的“应付本金”、“贷款协定总额”。

（6）部门决算报表中的“借入款项”、“短期借款”、“长期借款”。

（7）固定资产投资决算报表中的“基建借款”。

［例10］ 借入款项填列事例：某省一般预算会计报表中列示暂存款中有计息要求的款项为78442万元，财政专户管理资金会计报表暂存款中有计息要求的款项为56892万元，事业单位部门决算报表列示借入款项为224551万元，固定资产投资决算报表列示基建借款为35289万元。填入汇总工作报表时，一般预算会计报表栏下借入款项为78442万元，财政专户管理资金会计报表栏下借入款项为56892万元，部门决算报表事业单位栏下借入款项为224551万元，固定资产投资决算报表栏下借入款项为35289万元。

12. 将原报表相关项目填入汇总工作表“应付利息”行

国际金融组织贷款转贷会计报表中的“应付利息”、“应付承诺费”、“应付汇兑风险损益”。

13. 将原报表相关项目填入汇总工作表“应付款项”行

（1）一般预算会计报表、基金预算会计报表、国有资本经营预算会计报表的“暂存款”中属于无计息要求的款项（扣除应返还部门单位的用款额度），以及“与上级往来”（以财政结算后数据为准）等。

（2）财政专户管理资金会计报表的“暂存款”中属于无计息要求的款项，以及“应缴代收上级财政专户款”。

（3）农业综合开发财政专户会计报表中的“其他应付款”。

（4）国债转贷财政专户会计报表中的“暂存款”。

（5）国际金融组织贷款转贷会计报表中的“提前回收贷款”、“借入周转款”、“应付串换款”、“预算周转款”、“应付人行款”、“其他应付款”。

（6）部门决算报表中的“暂存款”、“应付票据”、“应付账款”、“预收账款”、“其他应付款”、“应付款项”、“长期应付款”。

（7）固定资产投资决算报表“预收下年度财政性资金拨款”（扣除“部门自筹”），以及“应付器材款”、“应付工程款”、“应付有偿调入器材及工程款”、“应付票据”、“其他应付款”、“未交款合计”。

在将原报表相关项目填入汇总工作表“应付款项”行过程中，需要把握以下几个方面：

一是一般预算会计报表中的“暂存款”应与部门决算报表中的“财政应返还额度”进行抵消，抵消额为“财政应返还额度”的金额。为简化操作，只需将一般预算会计报表、基金预算会计报表、国有资本经营预算会计报表中“暂存款”扣除“财政应返还额度”后的余额填入汇总工作表，不再要求填列部门决算报表中的“财政应返还额度”。

二是部门决算报表中的“应缴财政专户款”、“应缴预算款”等，属于政府内部交易事项，应与财政相关报表项目进行抵消处理，但由于财政相关报表通常未反映对这部分款项的债权，因此不要求在汇总工作表中填列（不填列上述项目，相当于编制了调整分录：借“应缴财政专户款”、“应缴预算款”，贷“净资产”）。此外，对于政府整体而言，当年的“应缴财政专户款”、“应缴预算款”本应计入当年收入，但由于部门决算报表不反映这些款项的发生期间，无法区分出当年发生的“应缴财政专户款”、“应缴预算款”，因此暂不将其确认为当年收入。

三是固定资产投资决算报表中的“未交款合计”包括“未交税金”、“未交基建收入”、“其他未交款”，其中有的属于应缴本级财政或主管部门的款项（有的属于应缴上级财政等的款项），本应进行抵消。但由于固定资产投资决算报表中没有更明细的信息反映此类款项，暂不要求对此进行抵消处理。与此类似，“预收下年度财政性资金拨款”也应进行抵消处理，但由于无法区分为哪级财政拨款，暂不要求对此进行抵消处理。

［例11］ 应付款项填列事例：某省一般预算会计报表列示无计息要求的暂存款为78816万元，与上级往来款为28660万元；财政专户管理资金会计报表列示无计息要求的暂存款为32568万元，应缴代收上级财政专户款为25846万元；

行政单位部门决算报表列示暂存款为95423万元，事业单位部门决算报表列示应付票据26120万元，应付账款44891万元，预收账款8455万元，其他应付款55462万元；固定资产投资决算报表列示预收下年度财政性资金拨款1598万元（其中部门自筹389万元），应付器材款368万元，应付工程款38560万元，应付有偿调入器材及工程款1386万元，应付票据5620万元，其他应付款3820万元，未交款合计8950万元。填入汇总工作报表时，一般预算会计报表栏下应付款项为107476万元（78816+28660），财政专户管理资金会计报表栏下应付款项为58414万元（32568+25846），部门决算报表行政单位栏下应付款项为95423万元，部门决算报表事业单位栏下应付款项为134928万元（26120+44981+8455+55462），固定资产投资决算报表栏下应付款项为59913万元（1598－389+368+38560+1386+5620+3820+8950）。

14. 将原报表相关项目填入汇总工作表“应付薪酬”行

（1）部门决算报表中的“应付工资（离退休费）”、“应付地方（部门）津贴补贴”、“应付其他个人收入”、“应付福利费”。

（2）固定资产投资决算报表中的“应付工资及福利费”。

［**例12**］ 应付薪酬填列事例：某省行政单位部门决算报表中列示应付工资（离退休费）、应付地方（部门）津贴补贴”、“应付其他个人收入”分别为14523万元、14622万元、1452万元；事业单位部门决算报表中列示“应付工资（离退休费）、应付地方（部门）津贴补贴”、“应付其他个人收入”分别为15611万元、16589万元、1442万元；固定资产投资决算报表中列示应付工资及福利费5823万元。填入汇总工作报表时，部门决算报表行政单位栏下的“应付薪酬”为30597万元（14523+14622+1452），部门决算报表事业单位栏下“应付薪酬”为33642万元（15611+16589+1442），固定资产投资决算报表栏下的“应付薪酬”为5823万元。

15. 将原报表相关项目填入汇总工作表“其他负债”行

部门决算报表中的“应交税金”、“其他流动负债”、“长期负债”、“其他”、“递延税款贷项”、“其他长期负债”、“受托代理负债”。

16. 将原报表相关项目填入汇总工作表“税收收入”行

一般预算会计报表中的“税收收入”。

［**例13**］ 税收收入填列事例：某省一般预算会计报表中列示税收收入为85621万元。填入汇总工作报表时，一般预算会计报表栏下税收收入为85621万元。

17. 将原报表相关项目填入汇总工作表“非税收入”行

（1）一般预算会计报表、基金预算会计报表、国有资本经营预算会计报表“一般预算收入”中的“非税收入”（不包括国有资本经营收入、有价证券利息收入、基本建设收入、国内其他政府的捐赠收入）、“基金预算收入”。

（2）财政专户管理资金会计报表中的“一般预算外收入”（不包括有价证券利息收入、基本建设收入、国内其他政府的捐赠收入），当年发生的“代收款”。

（3）农业综合开发财政专户会计报表中的“资金占用费收入”。

（4）国债转贷财政专户会计报表中的“其他收入”中的利息收入。

（5）国际金融组织贷款转贷会计报表中收入合计减去支出合计的余额（如果收入大于支出）。

在将原报表相关项目填入汇总工作表“非税收入”行过程中，需要把握以下几个方面：

一是一般预算会计报表、基金预算会计报表、国有资本经营预算会计报表的“非税收入”中的国有资本经营收入，按照权责发生制属于以前年度投资收益或资产交易；有价证券利息收入属于投资收益；基本建设收入（基建过程中形成的收入和结余资金）属于政府内部抵消事项；国内其他政府捐赠收入属于转移性收入。因此，以上事项均不属于政府财务报告中的“非税收入”。国有土地使用权出让金收入等，按权责发生制本应确认部分（1/使用年限）收入，其他作为递延收入（负债项目），但考虑到相关信息的可获得性，为减小操作难度，目前仍按当年收入处理。

二是代收款是缴入国库前暂存在预算外资金财政专户的预算内资金，属于政府内部交易事项，本应进行抵消处理。但由于一般预算会计报表、基金预算会计报表、国有资本经营预算会计报表中通常未反映对这部分款项的债权，因此只能对财政专户管理资金会计报表自身进行调整，即当年代收款列入非税收入（对于政府整体而言，非税资金无论进入预算外资金财政专户还是国库，非税收入都已经实现），以前年度代收款列入净资产（上述处理的结果，相当于对当年发生的代收款编制调整分录：借记“代收款”，贷记“非税收入”；对以前年度发生的代收款编制调整分录：借记“代收款”，贷记“净资产——以前年度累积净资产”）。

三是农业综合开发财政专户中的“资金占用费收入”、国债转贷财政专户“其他收入”中的利息收入，以及国际金融组织贷款转贷中收入大于支出的余额，均是政府借出款项或存款产生的利息收入，属于非税收入。

［**例14**］　非税收入填列事例：某省一般预算会计报表中列示非税收收入为429768万元（其中有价证券利息收入890万元，基本建设收入5684万元，国内其他政府的捐赠收入68595万元），财政专户管理资金会计报表中的一般预算外收入260473万元（其中有价证券利息收入320万元，国内其他政府的捐赠收入3260万元），当期的代收款为8695万元。填入汇总工作报表时，一般预算会计报表栏下非税收收入为354599万元（429768－890－5684－68595），预算外资金财政专户报表栏下非税收入为265588万元（260473－320－3260＋8695）。

18. 将原报表相关项目填入汇总工作表“事业收入”行

部门决算报表中的“未缴留用”（财决07－3表“预算外资金收入支出决算表”），以及“事业收入”与“预算外资金收入”之间的差额。

［**例15**］　事业收入填列事例：某省事业单位部门决算报表（收支决算总表）中列示事业收入为95733万元，其中预算外资金收入为62213万元。财决07－3表“未缴留用”数额为16454万元。填入汇总工作报表时，部门决算报表事业单位栏下事业收入为49974万元（95733－62213＋16454）。

19. 将原报表相关项目填入汇总工作表“经营收入”行

部门决算报表中的“经营收入”。

［**例16**］　经营收入填列事例：某省事业单位部门决算报表（收支决算总表）中列示经营收入为784456万元。填入汇总工作报表时，部门决算报表事业单位栏下经营收入为784456万元。

20. 将原报表相关项目填入汇总工作表“投资收益”行

（1）一般预算会计报表“非税收入”中的有价证券利息收入。

（2）财政专户管理资金会计报表“一般预算外收入”中的有价证券利息收入。

国有资本经营预算会计报表中的“国有资本经营预算收入”反映的是政府上年度投资收益，不记入当年投资收益。

21. 将原报表相关项目填入汇总工作表“转移性收入”行

（1）一般预算会计报表、基金预算会计报表、国有资本经营预算会计报表中的“补助收入”、“上解收入”，以及“非税收入”中的国内其他政府捐赠收入。

（2）财政专户管理资金会计报表中的“上级补助收入”，以及“一般预算外收入”中的国内其他政府捐赠收入。

（3）农业综合开发财政专户会计报表中的“拨入上级财政资金”、“乡级财政缴入资金”。

(4) 部门决算报表中的“上级补助收入”、“附属单位缴款”、“非本级财政拨款”。

(5) 固定资产投资决算报表中“本年拨款”中非本级财政拨款、交回结余资金（非本级财政，负数）。

在将原报表相关项目填入汇总工作表“转移性收入”行过程中，需要把握以下几个方面：

一是根据部门决算编制有关规定，部门内部上下级单位之间的“上级补助收入”和“附属单位缴款”应分别与“对附属单位补助支出”和“上缴上级支出”进行抵消处理，因此部门决算报表中的“上级补助收入”和“附属单位缴款”项目如有余额，主要是不同级政府的单位之间的补助收入和缴款，应属于转移性收入。

二是对于省级项目，基建拨款中的省级拨款属于内部抵消事项，中央财政性资金拨款及其他级次财政拨款属于转移性收入；对于市、县级项目，基建拨款中市、县级财政性资金拨款属于内部抵消事项，中央和省级财政性资金拨款等非本级财政资金拨款属于转移性收入。

［**例 17**］ 转移性收入填列事例：某省一般预算会计报表中列示补助收入 83953 万元，非税收入中国内其他政府的捐赠收入 68595 万元；财政专户管理资金会计报表中上级补助收入 154975 万元，非税收入中国内其他政府的捐赠收入 3260 万元；行政单位部门决算报表（收支决算总表）中列示上级补助收入、附属单位缴款、非本级财政拨款分别为 12414 万元、22346 万元、5321 万元，事业单位部门决算报表（收支决算总表）中列示上级补助收入、附属单位缴款、非本级财政拨款分别为 29654 万元、34516 万元、7171 万元；固定资产投资决算报表中属于省级项目的中央财政性资金拨款 15230 万元，交中央财政 -5980 万元。填入汇总工作报表时，一般预算会计报表栏下的转移性收入为 152548 万元（83953 + 68595），财政专户管理资金会计报表栏下的转移性收入为 158235 万元（154975 + 3260），部门决算报表行政单位栏下的转移性收入为 40081 万元（12414 + 22346 + 5321），部门决算报表事业单位栏下的转移性收入为 71341 万元（29654 + 34516 + 7171），固定资产投资决算报表栏下的转移性收入为 9250 万元（15230 - 5980）。

22. 将原报表相关项目填入汇总工作表“其他收入”行

(1) 一般预算会计报表、基金预算会计报表、国有资本经营预算会计报表中的“财政周转金收入”。

（2）农业综合开发财政专户会计报表中的“其他收入”。

（3）国债转贷财政专户会计报表中的“其他收入”（不包括利息收入）。

（4）部门决算报表中的“其他收入”（不包括“非本级财政拨款”）。

［**例18**］　其他收入填列事例：某省行政单位部门决算报表（收支决算总表）中列示其他收入为55213万元，其中非本级财政拨款为5321万元；事业单位部门决算报表（收支决算总表）中列示其他收入为87444万元，其中非本级财政拨款为7171万元。填入汇总工作报表时，部门决算报表行政单位栏下其他收入为49892万元（55213－5321），部门决算报表事业单位栏下其他收入为80273万元（87444－7171）。

23. 将原报表相关项目填入汇总工作表“工资福利支出”行

（1）部门决算报表中的“工资福利支出”。

（2）财政部门代列相关工资福利支出。

财政部门代列支出是指未列入部门决算报表中的本级财政支出，包括一般预算会计报表、基金预算会计报表、国有资本经营预算会计报表、财政专户会计报表中的有关支出。对于一般预算会计报表、基金预算会计报表、国有资本经营预算会计报表已列支出，但尚未支付资金的，如果根据相关法律法规或政策规定已经确定是政府当期支出义务，属于财政部门代列支出。对于将国库资金拨入相关财政专户的情况，应先进行抵消处理，如确属相关法律法规或政策确定的当期支出义务，应在第三步“编制调整分录”中，按权责发生制原则新增有关支出（下同）。

［**例19**］　工资福利支出填列事例：某省财政代列工资福利支出2300万元，行政单位部门决算报表（收支决算总表）中列示工资福利支出为72146万元，事业单位部门决算报表（收支决算总表）中列示资福利支出为82533万元。填入汇总工作报表时，一般预算会计报表栏下工资福利支出2300万元，部门决算报表行政单位栏下工资福利支出为72146万元，部门决算报表事业单位栏下资福利支出为82533万元。

24. 将原报表相关项目填入汇总工作表“商品和服务支出”行

（1）部门决算报表中的“商品和服务支出”。

（2）财政部门代列相关商品和服务支出。

［**例20**］　商品和服务支出填列事例：某省财政代列商品和服务支出1240万元，行政单位部门决算报表（收支决算总表）中列示商品和服务支出为22455万

元，事业单位部门决算报表（收支决算总表）中列示商品和服务支出为 31747 万元。填入汇总工作报表时，一般预算会计报表栏下商品和服务支出 1240 万元，部门决算报表行政单位栏下商品和服务支出为 22455 万元，部门决算报表事业单位栏下商品和服务支出为 31747 万元。

25. 将原报表相关项目填入汇总工作表“对个人和家庭的补助”行

（1）部门决算报表中的“对个人和家庭的补助支出”。

（2）财政部门代列相关对个人和家庭的补助支出。

［**例 21**］　对个人和家庭的补助填列事例：某省财政代列个人和家庭的补助为 3240 万元，行政单位部门决算报表（收支决算总表）中列示对个人和家庭的补助为 9275 万元，事业单位部门决算报表（收支决算总表）中列示对个人和家庭的补助为 4542 万元。填入汇总工作报表时，一般预算会计报表栏下对个人和家庭的补助支出 3240 万元，部门决算报表行政单位栏下对个人和家庭的补助为 9275 万元，部门决算报表事业单位栏下对个人和家庭的补助为 4542 万元。

26. 将原报表相关项目填入汇总工作表“对企事业单位的补贴”行

（1）部门决算报表中的“对企事业单位的补贴支出”。

（2）财政部门代列相关对企事业单位的补贴支出。

［**例 22**］　对企事业单位的补贴填列事例：某省财政代列企事业单位的补贴支出 4640 万元，行政单位部门决算报表（收支决算总表）中列示对企事业单位的补贴为 105411 万元，事业单位部门决算报表（收支决算总表）中列示对企事业单位的补贴为 24122 万元。填入汇总工作报表时，一般预算会计报表栏下对企事业单位的补贴支出 4640 万元，部门决算报表行政单位栏下对企事业单位的补贴为 105411 万元，部门决算报表事业单位栏下对企事业单位的补贴为 24122 万元。

27. 将原报表相关项目填入汇总工作表“捐赠支出”行

（1）部门决算报表中的“赠与”。

（2）财政部门代列的赠与支出。

捐赠给其他政府的资金填列为转移性支出，不列为捐赠支出。

［**例 23**］　捐赠支出填列事例：某省财政代列捐赠支出 1060 万元，行政单位部门决算报表（收支决算总表）中列示赠与为 2253 万元，事业单位部门决算报表（收支决算总表）中列示赠与为 3387 万元。填入汇总工作报表时，一般预算会计报表栏下捐赠支出 1060 万元，部门决算报表行政单位栏下捐赠支出为 2253 万元，部门决算报表事业单位栏下捐赠支出为 3387 万元。

28. 将原报表相关项目填入汇总工作表“转移性支出”行

（1）一般预算会计报表、基金预算会计报表、国有资本经营预算会计报表中的“补助支出”、“上解支出”。

（2）财政专户管理资金会计报表中的“补助下级支出”。

（3）农业综合开发财政专户会计报表中的“拨出资金”（拨付给下级财政的资金）。

（4）部门决算报表中“上缴上级支出”和“对附属单位补助支出”。

（5）财政部门代列的支付给其他政府的支出。

在将原报表相关项目填入汇总工作表“转移性支出”行过程中，需要把握以下几个方面：

一是将部门决算报表中“上缴上级支出”和“对附属单位补助支出”填列到“转移性支出”的理由同将部门决算报表中的“上级补助收入”、“附属单位缴款”填列到“转移性收入”。

二是政府部门支付给除上、下级政府之外其他政府的支出（例如A省某高校援助B省10万元），本应属于转移性支出，但由于无法通过部门决算获得此类信息，暂不要求将此类支出列入转移性支出。如果能够通过财政层面相关会计账簿提取此类信息，应将相关支出列为转移性支出。

［例24］ 转移性支出填列事例：某省一般预算会计报表中列示补助支出114399万元、上解支出24051万元，财政专户管理资金会计报表中的补助下级支出30251万元，行政单位部门决算报表（收支决算总表）中列示上缴上级支出、对附属单位补助支出分别为13665万元、20489万元，事业单位部门决算报表（收支决算总表）中列示上缴上级支出、对附属单位补助支出分别为5223万元、6124万元。填入汇总工作报表时，一般预算会计报表栏下的转移性支出为138450万元（114399+24051），财政专户管理资金会计报表栏下的转移性支出为30251万元，部门决算报表行政单位栏下的转移性支出为34154万元（13665+20489），部门决算报表事业单位栏下的转移性支出为11347万元（5223+6124）。

29. 将原报表相关项目填入汇总工作表“经营支出”行

部门决算报表中的“经营支出”、“交纳所得税”。

［例25］ 经营支出填列事例：某省事业单位部门决算报表（收支决算总表）中列示经营支出、缴纳所得税分别为58869万元、37432万元。填入汇总工作报表时，部门决算报表事业单位栏下经营支出为96301万元（58869+37432）。

30. 将原报表相关项目填入汇总工作表“财务费用”行

（1）一般预算会计报表、基金预算会计报表、国有资本经营预算会计报表中的“一般预算支出”中的利息支出、“国内外债务发行费支出”、“财政周转金支出”。

（2）农业综合开发财政专户会计报表中的“占用费支出”。

（3）国际金融组织贷款转贷会计报表支出合计减去收入合计余额（如果支出大于收入）。

（4）部门决算报表中的“债务利息支出”。

固定资产投资决算报表的基建投资借款产生的借款利息已记入“在建工程”中的“待摊投资”，即已资本化处理，不在本项目反映。

[例26] 财务费用填列事例：某省一般预算会计报表列示国债付息支出1542万元，行政单位部门决算报表（收支决算总表）中列示债务利息支出为2019万元，事业单位部门决算报表（收支决算总表）中列示债务利息支出为5488万元。填入汇总工作报表时，一般预算会计报表栏下财务费用为1542万元，部门决算报表行政单位栏下财务费用为2019万元，部门决算报表事业单位栏下财务费用为5488万元。

31. 将原报表相关项目填入汇总工作表“其他费用”行

（1）农业综合开发财政专户会计报表中的“其他支出”。

（2）国债转贷财政专户会计报表中的“其他支出”。

（3）部门决算报表中的“其他支出”。

在将原报表项目填入汇总工作表过程中，对于部分应进行内部抵消的原报表收支项目以及按权责发生制不属于收入或支出的原报表收支项目，本应编制抵消分录或调整分录。为简化试编工作，不再要求将其填入汇总工作表。此类收支项目主要包括：

一是一般预算会计报表、基金预算会计报表、国有资本经营预算会计报表中的“调入资金”、“调入预算稳定调节基金”，以及一般预算会计报表、基金预算会计报表、国有资本经营预算会计报表中的“调出资金”、“国有资本经营预算调出资金”、“安排预算稳定调节基金”，以及预算外资金财政专户的“政府调剂支出”等。上述项目属政府内部交易事项，本应进行抵消处理，由于抵消后上述项目余额为零，不再要求填列到汇总工作表（不填列上述项目，相当于编制抵消分录，理由详见第二章第三部分的“（二）编制政府财务报表的方法”，下同）。

二是部门决算报表中的“财政拨款”、“行政单位预算外资金收入”、“事业单位预算外资金收入”，以及基建会计报表中的当年本级财政的“基建拨款”、“交回本级财政的结余资金”（负数）等。上述项目应与一般预算会计报表、基金预算会计报表、国有资本经营预算会计报表、财政专户管理资金会计报表等的“一般预算支出”、“基金预算支出”、“专用基金支出”、“一般预算外支出”等进行抵消。

三是一般预算会计报表、基金预算会计报表非税收入中的“基本建设收入”（在非税收入中的其他收入明细项目中，反映基本建设过程中形成的各项收入和竣工项目结余资金、投资包干结余收入）。该项目是政府内部交易事项。

四是一般预算会计报表中的“债务收入”、“债务转贷收入”。根据权责发生制原则，发行债券获得的资金不属于收入，而是负债增加。为准确反映该事项，本应编制调整分录：借记“债务收入”、“债务转贷收入”，贷记“政府债券”或“借入款项”。但由于在第三步“编制调整分录”环节，会根据记录的债券余额或转贷余额编制相关调整分录，即：借记“净资产”，贷记“政府债券”或“借入款项”，所以在此环节不填列“债务收入”、“债务转贷收入”即可（下同）。

五是国有资本经营预算会计报表中的“国有资本经营预算收入”。其中，利润收入、股利和股息收入是报告年度之前年份应收国有资本经营收益所对应的现金流入，产权转让收入、清算收入等属于资产交易，按照权责发生制原则都不属于收入。

六是一般预算会计报表、基金预算会计报表、国有资本经营预算会计报表中的“债务还本支出”、“债务转贷支出”、“国有资本经营预算支出”，以及财政部门代列用于贷款转贷和产权参股等方面的支出项目，按照权责发生制不属于费用。为准确反映该事项，本应编制调整分录：借记“政府债券”、“借入款项”，贷记“债务还本支出”、“债务转贷支出”。但由于在第三步“编制调整分录”环节，会根据记录的债券余额或转贷余额编制相关调整分录，所以在此环节不填列“债务收入”、“债务转贷收入”即可（下同）。

七是部门决算报表中的“基本建设支出”、“其他资本性支出”、“贷款转贷及产权参股”等支出项目，按照权责发生制不属于费用。

（二）编制抵消分录

在将原报表有关项目填入汇总工作表阶段，通过不填列相关项目或少填列项目金额等方法，相当于对部分政府内部事项进行了抵消处理。除此以外，还应通过编制抵消分录的手段，对其他内部事项进行抵消处理。

1. 抵消政府内部借入借出事项

实际中，政府内部借入借出事项主要是财政借给单位资金。借出款项主要包括一般预算会计报表、基金预算会计报表、国有资本经营预算会计报表和相关财政专户会计报表的“暂付款”、“应收款”等项目中有计息要求的款项；借入款项主要包括部门决算报表、固定资产投资决算报表的“暂存款”、“应付款”、“应付账款”等项目中有计息要求的款项。抵消分录为，借记“借入款项”（部门决算报表、固定资产投资决算报表等），贷记“借出款项”（一般预算会计报表、基金预算会计报表、国有资本经营预算会计报表和相关财政专户会计报表等）。

[例27] 借入借出事项抵消事例：某省一般预算会计报表中“暂付款”，包含一笔借给该省某科研所的200万元资金（年利息3%）尚未到期收回。该笔款项的抵消分录如下：

借：借入款项（部门决算报表——事业单位——应付账款）2000000

　　贷：借出款项（一般预算会计报表——暂付款）　　　　2000000

与此类似，该省所有需要抵消的政府内部借入借出事项共计3500万元。最终抵消分录如下：

借：借入款项　　　　　　　　　　　　　　　　35000000

　　贷：借出款项　　　　　　　　　　　　　　　　35000000

2. 抵消政府内部应收应付事项

政府内部应收应付事项主要包括以下三个层面：

（1）财政层面内部：应付款项包括一般预算会计报表、基金预算会计报表、国有资本经营预算会计报表、相关财政专户会计报表的“暂存款”、“其他应付款”等，应收款项包括上述相关会计报表的“暂付款”、“应收款”等。财政层面内部应收应付项目进行抵消时，编制抵消分录：借记“应付款项”，贷记“应收款项”。

（2）财政层面与单位层面之间：

一是财政应收单位的款项。应付款项包括部门决算报表、固定资产投资决算报表的“暂存款”、“应付款”、“预收下年财政性资金拨款”、“应付账款”等项目中无计息要求的款项，应收款项包括一般预算会计报表、基金预算会计报表、国有资本经营预算会计报表和财政专户会计报表的“暂付款”、“应收款”、“预拨经费”等项目中无计息要求的款项。抵消分录为，借记“应付款项”（部门决算报表、固定资产投资决算报表等），贷记“应收款项”（一般预算会计报表、基金预算会计报表、国有资本经营预算会计报表和财政专户会计报表等）。

［例28］ 财政应收单位事项抵消事例：某省财政紧急预拨给该省民政部门50万元作为自然灾害救灾款项，暂未落实预算资金来源。该笔款项抵消分录如下：

借：应付款项（部门决算报表——行政单位——暂存款） 500000

贷：应收款项（一般预算会计报表——暂付款） 500000

与此类似，该省所有需要抵消的财政应收单位的款项共计2510万元。最终抵消分录如下：

借：应付款项 25100000

贷：应收款项 25100000

二是单位应收财政的款项。应付款项包括一般预算会计报表、基金预算会计报表、国有资本经营预算会计报表和财政专户会计报表的“暂存款”、“应付款”等项目；应收款项包括部门决算报表、固定资产投资决算报表的“暂付款”、“应收票据”、“应收账款”、“其他应收款”、“应收款项”、“预付及应收款合计”等项目。抵消分录为：借记“应付款项”（一般预算会计报表、基金预算会计报表、国有资本经营预算会计报表和财政专户会计报表），贷记“应收款项”（部门决算报表、固定资产投资决算报表）。

［例29］ 单位应收财政事项抵消事例：某省财政专户暂存款中有45万元属于单位资金。该笔款项抵消分录如下：

借：应付款项（财政专户会计报表——暂存款） 450000

贷：应收款项（部门决算报表——行政单位——暂付款） 450000

与此类似，该省所有需要抵消的单位应收财政的款项共计950万元。最终抵消分录如下：

借：应付款项 9500000

贷：应收款项 9500000

（3）单位层面内部：由于部门决算报表应对部门内部单位之间的应收应付事项进行抵消处理，而财政部门目前又难以掌握部门之间的应收应付信息，因此，试编过程中暂不考虑单位与单位之间应收应付事项进行抵消的问题。

3. 抵消政府内部收入支出事项

（1）财政层面内部：一般预算会计报表、基金预算会计报表、国有资本经营预算会计报表、财政专户管理资金会计报表、国债转贷财政专户会计报表、农业综合开发财政专户会计报表、国际金融组织贷款转贷会计报表、外国政府贷款转贷会计报表以及其他财政专户会计报表之间，除上述已进行抵消处理的“调入资金”、“调入预算稳定调节基金”、“调出资金”、“安排预算稳定调节基金”、“国有资本经营预算调出资金”、“政府调剂支出” 等外，还应对相关收入、支出进行抵消。

（2）财政层面与单位层面之间：一般预算会计报表、基金预算会计报表、国有资本经营预算会计报表、财政专户管理资金会计报表、国债转贷财政专户会计报表、农业综合开发财政专户会计报表、国际金融组织贷款转贷会计报表、外国政府贷款转贷会计报表以及其他财政专户会计报表，与部门决算报表、固定资产投资决算报表之间，除上述已进行抵消处理的“一般预算支出”、“基金预算支出”、“专用基金支出”、“一般预算外支出”、“财政拨款”、“预算外资金收入” 等事项之外，还应对相关收入支出进行抵消。

（三）编制调整分录

在将原报表有关项目填入汇总工作表阶段，对于按权责发生制不应反映为相关收入或支出的项目，已经采取不填入汇总工作表的做法，相当于编制了相关调整分录。对于未在原报表反映但按权责发生制应确认为资产、负债、收入或费用的项目，以及其他按权责发生制不应反映为相关收入或支出的原报表项目，应编制调整分录，填入汇总工作表。以下为部分事项的处理方法及相关例子：

1. 新增应收利息的填入方法

根据“有价证券”、抵消后的“借出款项”以及“银行存款”等计提应收利息。

（1）根据有价证券计提应收利息，应编制调整分录，属于当年应收利息，借记“应收利息”，贷记“投资收益”；属于往年应收利息，借记“应收利息”，贷记“净资产——以前年度累积净资产”。

（2）根据抵消后借出款项计提应收利息，应编制调整分录，属于当年应收利息，借记“应收利息”，贷记“非税收入”；属于往年应收利息，借记“应收利息”，贷记“净资产——以前年度累积净资产”。

[**例 30**] 新增借出款项应收利息事例：2010 年 7 月 1 日，某省财政转贷该省市县 500 万元债务，年利息为 5%，期限 3 年。当年应获得利息 12.5 万元。至编制该年度综合财务报告时，此项借款利息尚未收到。该应收利息调整分录如下：

借：应收利息　　　　125000（5000000 × 5% × 1/2）

　　贷：非税收入　　　　125000（5000000 × 5% × 1/2）

与此类似，该省财政当年应获借款利息共计 1250 万元。最终应收利息调整分录如下：

借：应收利息　　　　　　　　　　　　　　　　　　　　12500000

　　贷：非税收入　　　　　　　　　　　　　　　　　　　　12500000

（3）根据财政性存款计提应收利息，应编制调整分录，属于当年应收利息，借记“应收利息”，贷记“非税收入”；属于往年应收利息，借记“应收利息”，贷记“净资产——以前年度累积净资产”。

由于部门决算报表不能反映单位银行存款的存款期限，无法计提当年应收利息，因此该项目只计提财政专户存款的应收利息。

［**例31**］　新增存款应收利息事例：2010年4月1日，某省财政存入某银行1年期存款200万元，年利率4%，当年应获得利息6万元。该应收利息调整分录如下：

借：应收利息　　　　　　　　　　60000（200000 ×4% ×3/4）

　　贷：非税收入　　　　　　　　　　60000（200000 ×4% ×3/4）

与此类似，该省政府当年共计应获得利息600万元。最终应收利息调整分录如下：

借：应收利息　　　　　　　　　　　　　　　　　　　　6000000

　　贷：非税收入　　　　　　　　　　　　　　　　　　　　6000000

2. 新增应收股利的填入方法

应收股利，反映政府股权投资产生的已宣告但尚未收到的应收未收利润、现金股利和股息年末余额。根据国有企业应上缴利润、股利和股息等年末余额分析加总确定。如果编制政府综合财务报告时，2011年国有资本经营预算已经编制完成，即国有企业2010年实现的利润中应上缴财政的部分已经确定，应收股利等于预算数；如果国有资本经营预算尚未确定，根据2010年国有企业利润数及上缴比例测算应收股利。

（1）如果国有企业已将应上缴利润、股利和股息等反映在其财务报表“应交股利”中，根据其“应交股利”金额编制调整分录，借记“应收股利”，贷记“净资产——以前年度累积净资产”。

［**例32**］　新增应上缴利润、股利等已确定的事例：某省已确定国有企业应上缴利润共计111123万元。应收股利调整分录如下：

借：应收股利　　　　　　　　　　　　　　　　　　　1111230000

　　贷：净资产——以前年度累积净资产　　　　　　　　　　1111230000

（2）对于国有企业应上缴利润、股利等尚未确定的，其财务报表“应交股利”应当没有反映应上缴政府的利润、股利和股息，因此，在调增政府财务报表“应收股利”时，应相应调减“对外投资”，调整分录为借记“应收股利”（根据相关规定测算上缴股利数），贷记“对外投资”。

［**例33**］ 新增应上缴股利尚未确定的事例：某省尚未确定国有企业应上缴股利32273万元。应收股利调整分录如下：

借：应收股利　　　　　　　　　　　　　　　　　322730000

　　贷：对外投资　　　　　　　　　　　　　　　　　322730000

3. 新增应收款项的填入方法

对于未在原报表中反映的应收款项，应编制调整分录。不属于当年应收款项，借记“应收款项”，贷记“净资产——以前年度累积净资产”；属于当年应收款项，借记“应收款项”，贷记“其他收入”。

4. 新增应收税款的填入方法

目前，国际上确认应收税款的方法主要有两种：一是根据经济事项发生情况，即纳税人应税事项或交易已发生但尚未缴纳税款。该方法符合会计确认资产的一般原理，但要求税务部门能够准确掌握纳税人的经济活动，操作难度较大，准确性相对较低。二是根据纳税人申报情况，即纳税人已经申报纳税但尚未缴纳税款。与第一种方法相比，第二种方法准确性高，且操作难度相对较低，因此试编阶段采用第二种方法。

对于应收未收税收收入，应编制调整分录。属于往年应收税收收入，借记“应收税款”，贷记“净资产——以前年度净资产”；属于当年应收税收收入，借记“应收税款”，贷记“税收收入”。

应收税款，对于税务、海关等部门不能提供分级应收未收税款数据的，按照各税种在政府间的分成比例计算本级的应收未收税款金额。

［**例34**］ 新增当年应收税款事例：某省财政厅从地税局获知当年已申报但尚未缴纳的税款按本级财政分成比例计提后为2亿元。应收税款调整分录如下：

借：应收税款　　　　　　　　　　　　　　　　　200000000

　　贷：税收收入　　　　　　　　　　　　　　　　　200000000

5. 新增应收非税款的填入方法

与应收税款类似，确认应收非税款也有两种方法：一是根据经济事项发生情况；二是根据非税缴款书开具情况。试编阶段采用第二种方法。属于往年应收非税款，编制调整分录，借记“应收非税款”，贷记“净资产——以前年度净资产”；属于当年应收非税款，编制调整分录，借记“应收非税款”，贷记“非税收入”。

对于部分服务性收费项目，单位开具缴款书后，缴款人可以不接受相关服务且不缴纳相关费用，此类非税收入项目不应确认为应收非税款。

［**例35**］ 新增当年应收非税款事例：某省财政从该省公安部门获知当年已开票未上缴的交通罚没收入有5340万元。该应收非税款调整分录如下：

借：应收非税款　　53400000

　　贷：非税收入　　53400000

与此类似，该省年末共有当年应收非税款6000万元。最终应收非税款调整分录如下：

借：应收非税款　　60000000

　　贷：非税收入　　60000000

6. 新增存货的填入方法

对比存货明细表与部门决算报表，对于相关单位管理但未在部门决算报表中反映的存货，根据其年末价值余额编制调整分录，借记“存货”，贷记“净资产——以前年度累积净资产”。

在对新增存货编制调整分录过程中，需要把握以下几个方面：

一是公共储备物资是政府财务报表存货中新增的明细项目，原报表无对应项目。在信息完备的情况下，应对存货中的公共储备物资与其他一般性存货分开编制调整分录，但由于部门决算报表中的存货未设公共储备物资明细项目，无法计算出政府单位管理但未在部门决算报表上反映的公共储备物资价值。因此，只编制新增存货调整分录，不再单独编制新增公共储备物资调整分录。公共储备物资价值在最后形成政府财务报表时直接填入。

二是某些未在部门决算报表反映的存货可能是当年新购置的，获取时已按支出处理，本应调减当年支出，并相应调增当期盈余。考虑到相关信息难以获取，为简化处理，一并计入以前年度累积净资产。

［**例36**］ 新增存货事例：对比存货明细表与部门决算报表，某省当年共有4510万元存货未在部门决算报表反映。存货调整分录如下：

借：存货　　45100000

　　贷：净资产——以前年度累积净资产　　45100000

7. 新增对外投资的填入方法

对于未在原报表中反映的国有企业国有股权益，根据国有企业财务报表中的国有权益项目金额编制调整分录。首先，根据国有企业财务报表国有权益项目的年初数，借记“对外投资”，贷记“净资产——以前年度累积净资产”。其次，根据国有企业财务报表中国有权益项目当年增加额（国有权益年末数－国有权益年初数）与一般预算会计报表、基金预算会计报表、国有资本经营预算会计报表的“产权参股”支出的差额，借记“对外投资”，贷记“投资收益”。最后，在“对外投资”中增加“产权参股”支出金额，借记“对外投资”（产权参股支出金额），贷记“净资产——当期盈余”。

在对新增对外投资编制调整分录过程中，需要把握以下几个方面：

一是关于对外投资、投资收益、应收股利之间的关系。如果按照权责发生制原则进行会计核算，政府应在初始投资国有企业时，借记“对外投资”，贷记“货币资金”（或其他资产项目）。随着国有企业的发展，根据“国有股权益”增加额，借记“对外投资”，贷记“投资收益”。当明确国有企业上缴股利时，借记“应收股利”，贷记“对外投资”。试编阶段，只要求反映2010年的情况，即只反映2010年末“对外投资”、“应收股利”，以及当年“投资收益”。其中，“对外投资”根据国有企业财务报表中国有权益项目的年末数，减去未在国有企业“应交股利”中反映的应上缴利润、股利和股息（等于政府应收国有企业的利润、股利和股息）的差额得到（未在国有企业“应交股利”反映的应上缴利润、股利和股息将通过编制调整分录，体现在政府财务报表“应收股利”中）；投资收益根据国有企业财务报表中国有权益项目当年增加额与财政层面报表的“产权参股”支出的差额得到（国有权益增加额中当年新增加的参股金额非属当年的投资收益，因此予以剔除）；应收股利根据国有企业财务报告“应交股利”金额与未在国有企业财务报告“应交股利”中反映的应上缴利润、股利和股息加总得到。

二是中央政府持有中投公司的权益列示在“对外投资”的明细项目“政府主权投资”中。

［**例37**］ 新增国有股权益事例：某省所有国有企业财务报表上列示的国有权益项目年初数为110000万元，年末数为165650万元，一般预算会计报表、基金预算会计报表、国有资本经营预算会计报表的“产权参股”支出合计5680万元。对外投资调整分录如下：

借：对外投资　　　　1656500000
　　贷：净资产——以前年度累积净资产　　　　1100000000
　　　　投资收益　　　　499700000
　　　　当期盈余　　　　56800000

8. 新增固定资产原值的填入方法

对比固定资产明细表与部门决算报表，对于政府单位拥有或控制但未在部门决算报表上反映的固定资产原值，编制调整分录，借记“固定资产原值”，贷记“净资产——以前年度累积净资产”。

在对新增固定资产编制调整分录过程中，需要把握以下几个方面：

一是公共基础设施是政府财务报表固定资产中新增的明细项目，原报表无对应项目。一般情况下，应对固定资产中的公共基础设施与其他一般性固定资产分别编制调整分录，但由于部门决算报表中的固定资产未设公共基础设施明细项目，无法计算出政府单位管理但未在部门决算报表上反映的公共基础设施价值。因此只编制新增固定资产调整分录，不再单独编制新增公共基础设施调整分录。公共基础设施价值在最后形成政府财务报表时直接填入。

二是某些未在原报表反映的固定资产可能是当年新购置的，获取时已按支出处理，本应调减当年支出、调增当期盈余。考虑到相关信息难以获取，为简化处理，一并计入以前年度累积净资产。

［例38］ 新增固定资产事例：对比固定资产明细表和部门决算报表，某省政府行政、事业单位拥有和控制的固定资产原值共计30020万元未在部门决算报表上反映。固定资产调整分录如下：

借：固定资产原值　　300200000

　　贷：净资产——以前年度累积净资产　　300200000

9. 新增累计折旧的填入方法

对比固定资产明细表与部门决算报表，根据固定资产明细表中累计折旧与部门决算报表累计折旧差额编制调整分录。属于当年折旧（可根据固定资产明细表中累计折旧项目年初数与年末数的差额分析计算确定），借记“折旧费用”，贷记“固定资产——累计折旧”；属于以前年度累计折旧（可根据固定资产明细表中累计折旧年末数减去原报表累积折旧，再减去新增折旧费用分析计算确定），借记“净资产——以前年度累积净资产”，贷记“固定资产——累计折旧”。

在对新增累计折旧编制调整分录的过程中，需要把握以下几个方面：

一是对于行政单位和未计提折旧的事业单位，采用平均年限法（无法获得固定资产使用年限的，以本级政府同类固定资产平均使用年限近似），计量出截至报告期末的累计折旧金额。

二是与公共储备物资类似，不再编制新增公共基础设施累计折旧的调整分录。该明细项目的填列工作在最后形成政府财务报表时完成。

［**例 39**］ 新增累计折旧事例：某省民政厅台式和笔记本电脑合计 26.5 万元，尚未计提折旧。按规定电脑平均折旧年限为 5 年，截至年底已使用 3 年整。该固定资产累计折旧调整分录如下：

借：净资产——以前年度累积净资产　　106000（265000×2/5）

　　折旧费用　　53000（265000×1/5）

　　贷：固定资产——累计折旧　　159000（265000×3/5）

与此类似，该省行政、事业单位固定资产共计提折旧 28102 万元，其中当年计提折旧 4102 万元。最终固定资产累计折旧调整分录如下：

借：净资产——以前年度累积净资产　　240000000

　　折旧费用　　41020000

　　贷：固定资产——累计折旧　　281020000

10. 新增应付利息的填入方法

根据“政府债券”和“借入款项”等计提的应付未付利息编制调整分录，属于当年发生的，借记“财务费用”，贷记“应付利息”；属于以前年度发生的，借记“净资产”，贷记“应付利息”。

［**例 40**］ 新增当年应付利息事例：某省累计发行地方债（中央代发）共计 20 亿元。截至年末，所有地方债 12 月份利息尚未支付，总计 1000 万元。该应付利息调整分录如下：

借：财务费用　　10000000

　　贷：应付利息　　10000000

11. 新增应退税款的填入方法

根据税务、海关、财政监察专员办等提供的政策规定或纳税人已申报且经审核应退但尚未退付的税款年末余额编制调整分录，属于往年应退税款，借记“净资产——以前年度累积净资产”，贷记“应退税款”；属于当年应退税款，借记“税收收入”，贷记“应退税款”。

对于税务、海关等部门不能提供分级数据的应退税款，按照各税种在政府间的分成比例计算本级的应退未退税款金额。

［**例 41**］ 新增往年应退税款事例：某省税务部门提供资料显示，往年应退税款为 5000 万元。该应退税款调整分录如下：

借：净资产——以前年度累积净资产　　50000000

　　贷：应退税款　　50000000

12. 新增应退非税款的填入方法

根据非税收入执收单位提供的政策规定或缴款人已申请且经审核应退但尚未退付的非税款编制调整分录，属于往年应退非税款，借记“净资产——以前年度累积净资产”，贷记“应退非税款”；属于当年应退非税款，借记“非税收入”，贷记“应退非税款”。

［例42］ 新增当年应退非税款事例：某省当年应退非税款共计1012万元。应退非税款调整分录如下：

借：非税收入　　10120000

　　贷：应退非税款　　10120000

13. 新增应付薪酬的填入方法

对于政府已出台薪酬调整政策但尚未支付的款项，应编制调整分录。应付以前年度薪酬，借记“净资产——以前年度累计净资产”，贷记“应付薪酬”；应付当年薪酬，借记“工资福利支出”或“对个人和家庭补助”，贷记“应付薪酬”。

［例43］ 新增当年应付薪酬事例：国务院有关政策规定，从当年7月开始发放绩效工资。由于时间原因，某省当年未予以支付，计划第二年发放，此项支出合计为20000万元，该年仅此一项应付薪酬，调整分录如下：

借：工资福利支出　　200000000

　　贷：应付薪酬　　200000000

14. 新增应付政府补助的填入方法

根据相关政府部门提供的应付未付政府补助款年末余额，编制调整分录，当年发生且尚未支付的政府补助款，借记“对个人和家庭补助”或“对企事业单位的补贴”，贷记“应付政府补助”；往年发生且尚未支付的政府补助款，借记“净资产——以前年度累计净资产”，贷记“应付政府补助”。

［例44］ （新增当年应付政府补助事例）：2010年，国务院出台提高低收入人员廉租住房补贴标准，要求从该年7月开始将该项补助标准提高10%。受时间因素影响，某省当年未予以支付，计划第二年发放，此项资金合计为2300万元。该年仅此一项需调整应付政府补助事项，调整分录如下：

借：对个人和家庭补助　　23000000

　　贷：应付政府补助　　23000000

15. 新增政府债券的填入方法

根据财政部门记录的尚未兑付债券余额编制调整分录，借记“净资产——以前年度累积净资产”，贷记“政府债券”。其中，1年内到期政府债券，反映将于

1 年内（含 1 年）到期的政府债券年末余额。根据财政部门记录的将于 1 年内到期且尚未兑付的政府债券余额填列“1 年内到期政府债券”。

在对新增政府债券编制调整分录的过程中，需要把握以下几个方面：

一是对于当年发行的政府债券，原报表记为收入，其调整分录本应为借记“债务收入”，贷记“政府债券”。由于在第一步将原报表项目填入汇总工作表阶段，采取不填入“债务收入”的做法，相当于已经编制调整分录借记“债务收入”，贷记“净资产”。因此，此处只需编制分录借记“净资产”，贷记“政府债券”。同时，与前述有关调整事项类似，对于净资产项的调整，一并计入以前年度累积净资产，不影响最后的结果。

二是目前地方政府债券的主体是省级政府，省级政府转贷给下级政府的资金是省级政府的“借出款项”、下级政府的“借入款项”。因此市县政府综合财务报告暂不反映“政府债券”项目。

[**例 45**]　新增政府债券事例：截至 2010 年末，某省财政厅共有 3300 万元地方债（中央代发）本金尚未偿付，其中将于 1 年内到期的债数量为 500 万元。该政府债券调整分录如下：

借：净资产——以前年度累积净资产　　33000000

　贷：政府债券　　33000000

16. 新增其他负债的填入方法

对于中央财政应付未付共管基金，根据财政部记录的尚未支付共管基金年末余额，编制调整分录，借记“净资产——以前年度累积资产”，贷记“其他负债”。

17. 新增投资收益的填入方法

（1）根据国有企业国有权益当年增加额（国有权益年末数 - 国有权益年初数）与当年股权参股支出的差额填列。调整分录见“新增对外投资”。

（2）根据有价证券应收未收当年利息收入填列。调整分录见新增应收利息。

18. 收到属期非本年度的税收收入的处理方法

对于收到属期非本年度的税收收入，原报表反映为当年“税收收入”，按照权责发生制原则应进行调整。根据税务、海关等部门提供的当年税收收入中属期非本年度的收入金额，编制调整分录，借记“税收收入”，贷记“净资产——以前年度累计净资产”。

19. 收到属期非本年度的非税收入的处理方法

与属期非本年度税收收入的处理方法相同，对于收到属期非本年度的非税收入，根据非税收入执收单位提供的当年非税收入中属期非本年度的收入金额，编制调整分录，借记“非税收入”，贷记“净资产——以前年度累计净资产”。

（四）形成政府财务报表

先将汇总工作表中“原报表对应项目”栏、“抵消分录”栏、“调整分录”栏数据相加或相减填入“合计”栏，再将“合计”栏数据填入政府财务报表中“资产负债表”的“年末数”栏（附表3），“收入费用表”的“本年累计数”栏（附表4）。

1. 资产类项目

资产类项目中，除“累计折旧”项目外，其他项目“合计”栏金额等于该项目“原报表对应项目”栏金额加总，减去该项目“抵消分录”栏贷方金额，加上该项目“调整分录”借方金额，减去“调整分录”贷方金额。“累计折旧”项目的“合计”栏金额等于该项目“原报表对应项目”栏金额加总，加上该项目“调整分录”贷方金额。

“固定资产”等于“固定资产原值”与“累计折旧”的差额。

2. 负债类项目

负债类项目“合计”栏金额等于该项目“原报表对应项目”栏金额加总，减去该项目“抵消分录”借方金额，加上“调整分录”栏贷方金额，减去“调整分录”栏借方金额。

3. 净资产类项目

净资产类项目中，“当期盈余”金额等于收入减去费用的差额；“以前年度累计净资产”金额等于资产负债差额，再减去“当期盈余”后的差额。

4. 收入类项目

收入类项目“合计”栏金额等于该项目“原报表对应项目”栏的金额加总，减去该项目“抵消分录”借方金额，加上“调整分录”栏贷方金额，减去“调整分录”栏借方金额。

5. 费用类各项目

费用类项目“合计”栏金额等于该项目“原报表对应项目”栏金额加总，减去该项目“抵消分录”栏贷方金额，加上该项目“调整分录”借方金额，减去“调整分录”贷方金额。

第三章　政府财务报表附注的编制方法

政府财务报表附注主要对政府财务报表包含的主体范围，报表项目的列报方法和明细内容，以及未在报表中列报但对政府财务状况有重大影响的事项进行说明。

一、报表包含的主体范围

（一）说明政府财务报表包含的单位主体及资金主体

其中，单位主体主要包括：纳入部门决算编报范围的行政单位、事业单位和社会团体，以及编报基建项目决算的国有建设单位，需要说明各类单位的数量；政府直接管理的国有企业（包括国资委管理的国有企业）和政府部门管理的国有企业，政府直接管理的国有企业需要列示企业名单，政府部门管理的国有企业可以只列示企业数量，规模较大的，应列示名单。资金主体主要包括财政一般预算资金、政府性基金预算资金、国有资本经营预算资金，国债转贷资金、农业综合开发资金、预算外资金财政专户资金、国际金融组织贷款资金、外国政府贷款资金和其他财政专户资金，以及物资储备资金、土地储备资金等，需要说明资金的类型。

（二）说明合并、汇总相关主体的方法

分别对各类单位主体、资金主体合并或汇总到政府财务报表的方法进行说明，包括哪些采用分项合并法，哪些仅反映在政府财务报表的某个项目中，等等。

参考示例1：

《2009～2010年度香港特区政府综合财务报表（按应计制编制）》

——财务报表附注（节选）

2. 汇报单位及综合汇报基准

2.1 汇报单位

纳入这套综合财务报表的单位包括：

a. 政府一般收入账目；

b. 根据《公共财政条例》（第二章）第二十九条设立的基金；

政府为特定目的而设立的其他基金，其财政资源主要来自政府，而政府须就其用途负责；

c. 政府持有不少于20%控股投资并分享其净收益的政府企业；

d. 香港房屋委员会（房委会）；

e. 香港五隧一桥有限公司；

f. 外汇基金。

2.2 其他非政府部门的公共机构

这些单位所耗用的资源已按补助金及资助金形式，在这些综合财务报表内汇报有关开支，以反映政府与这些单位之间存在服务购买者与服务供应者的关系，所以不作综合汇报。

2.3 综合汇报基准

附注2.1（a）、（b）、（c）、（e）及（f）所述的单位，采用分项总计法方式作综合汇报，即收入、开支、资产及负债等相同项目予以合并，犹如一个单一单位，以反映政府的整体财务表现及状况。这些单位之间的重大交易和负债余额已互相抵消。至于年结日期不同的单位，亦已作适当调整，以反映截至3月31日止的财务表现及状况。

附注2.1（d）及（g）所述的单位，采用权益法方式作综合汇报，即政府在其当年度经营结算净额中的应占金额在综合财务表现表分开披露，而政府在其资产净值中的应占金额则于扣除已确认入账的减值亏损后，纳入综合财务状况表的投资项目内。

2.4 作综合汇报而财政年度并非在3月31日结束的单位

采用分项总计法方式作综合汇报，而财政年度结算日期并非为3月31日的单位，综合汇报是以该单位截至3月31日止12个月的未经审计账目为基础。

采用权益法方式作综合汇报，而财政年度结算日期并非为3月31日的单位，综合汇报是以该单位最近期的财政年度的经审计账目为基础。但财政年度在12月31日结束的外汇基金则除外，其账目已作调整，以涵盖截至3月31日止的12个月。

二、报表项目遵循的会计政策和使用的具体会计方法

对政府财务报表中主要的资产项目、负债项目、净资产项目、收入项目、费用项目的含义、范围、确认原则、计量方法等，并就政府财务报表项目与预算会计相关报表项目的差异进行解释。

参考示例2：

《2009～2010年度香港特区政府综合财务报表（按应计制编制）》

——财务报表附注（节选）

3. 主要会计政策

h）固定资产

除土地、部分基建资产（主要为道路及雨水渠）及文物资产外，政府和香港房屋委员会（其账目已用分项总计法方式在这份财务报表综合汇报）的固定资产，均在这份应计制财务报表内汇报。

固定资产按成本扣除累计折旧后汇报。成本包括购置固定资产或把固定资产设定在添置、建造或发展时所需的状况和地点的开支。固定资产添置后的开支，如能提高日后从该资产得到的经济利益，则计入该资产的账面值内。

对于未能可靠地取得成本数字的楼宇，其成本由独立合资格估价师采用折旧后的重置成本（于2004年3月31日）估值。海底隧道在建造、经营及移交安排届满后于1999年9月1日移交政府，其价值按原来建造费用扣除折旧（累计至移交日）后计算。

在这份财务报表汇报的基建资产为供水服务、污水处理服务、客运码头、收费隧道、青屿干线、堆填区及其他环保设施等。

折旧是以直线法计算，按固定资产的预计可供使用年期摊销其成本或估值。各类资产的预计可供使用年期如下：

——基建资产大多为50年

——楼宇10～50年

——计算机软件及硬件5～10年

——土木工程30～50年

——船只4～20年

——照明及通风设备20年

——其他机器及设备5～15年

进行中的基本工程/项目不计算折旧。

出售或撤除固定资产的盈亏，均按该资产出售所得的净额（如有的话）与其账面净值的差额厘定，并在有关年度的综合财务表内入账。

三、未在报表中列示但对政府财务状况有重大影响的项目

（一）国际货币性资产的列示方法

国际货币性资产，反映国家持有并可以随时兑换成外国货币的资产，包括外汇、货币黄金、存放在国际货币基金组织等国际金融组织的储备头寸和特别提款权等，是中央政府专用事项。国际货币性资产作为报表附注进行表外披露，同时注明该资产对应的人民币负债。

（二）公共自然资源的列示方法

公共自然资源，反映政府拥有的自然资源的价值或实物数量，包括矿产、土地、森林、草原等。相关数据由国土资源、林业、农业、旅游等管理部门提供。该项目的列示应遵循“谁管理，谁列报”的原则，即由公共自然资源的管理主体列示其管理范围内的公共自然资源。

（三）政府职工养老金的列示方法

政府职工养老金，反映政府需在未来一定时期内支付给政府职工养老金的现值，根据相关部门测算出来的政府职工养老金负债列示。在列示时，需要把握以下几个方面：一是政府职工专指政府负有支付养老金义务的相关行政单位、事业单位的职工；二是期限的确定。

参考示例3：

《2009～2010年度香港特区政府综合财务报表（按应计制编制）》

——财务报表附注（节选）

23. 退休金准备

政府主要提供四类退休金计划：

a）公务员退休金计划。指受《退休金条例》（第89章）、《退休金利益条例》（第99章）、《退休金（增加）条例》（第305章）、《退休金（特别规定）（医院管理局）条例》（第80章）、《退休金（特别规定）（香港理工学院）条例》（第90章）、《退休金（特别规定）（职业训练局）条例》（第387章）及《退休金（特别规定）（香港教育学院）条例》（第477章）规管的

退休金福利；

b）司法人员退休金计划。指受《退休金利益（司法人员）条例》（第401章）及《退休金（增加）条例》（第305章）规管的退休金福利；

c）孤寡抚恤金计划。指受《孤寡抚恤金条例》（第94章）及《孤寡抚恤金（增加）条例》（第205章）规管的抚恤金福利；

d）尚存配偶及子女抚恤金计划。指受《尚存配偶及子女抚恤金条例》（第79章）及《退休金（增加）条例》（第305章）规管的抚恤金福利。

上述各项退休金、抚恤金计划（统称退休金计划）均为界定福利计划……这些退休金计划的运作和资金来源，一律由相关的退休金法例规管。在应计制的会计模式下，政府就这些计划截至2010年3月31日止的财政负债，以及2009～2010年度的现行服务成本，已由独立合资格精算师使用预计单位给付成本法作出评估。在评估过程中，采用了以下的主要精算假设：

贴现率	4.75%
退休金计划资产的预期回报率	不适用（注（a））
未来的薪酬增幅：	
——通胀及生产力	
2009～2010年度	-5.38%～0
2010～2011年度（注（b））	0～1.6%
2011～2012年及往后	2.5%
——晋升及按年增薪额	
（根据一套与服务年资相关的比率计算）	0～3.7%

注：

(a) 政府基本上没有为退休金负债作出资金准备，所以没有退休金计划资产的预期回报率。根据退休金法例的规定，退休金福利须全数由政府一般收入支付。因此，政府每年都在一般收入账目预留款项，以应付退休金的开支。政府由1995年起设立了公务员退休金储备基金（金额相当于一年的退休金开支预算），当万一政府未能由政府一般收入支付公务员退休金时，用以支付有关款项。这基金于2010年3月31日的结余为216.31亿元（2009年为202.54亿元）。

(b) 已计及2010至2011年度公务员薪酬调整（首长级和高层薪金级别的公务员薪酬增加1.6%，中层和低层薪金级别的公务员薪酬增加0.56%）以及2010至2011年度法官及司法人员薪酬调整（法官及司法人员薪酬冻结）。

在综合财务状况表确认入账的负债的变动：

	2010年	2009年
	百万元	百万元
年首退休金承担额现值	443018	427602
在综合财务表现表确认入账的开支	43152	30752
已支付的福利	（16530）	（15336）
年终退休金承担额现值	469640	443018

在综合财务表现表确认入账的开支：

	2010年	2009年
	百万元	百万元
利息费用	21736	20997
现行服务成本	11791	11783
精算亏损/（收益）	9625	（2028）
	43152	30752

（四）或有负债的列示方法

或有负债反映政府未决诉讼或仲裁、为其他单位提供债务担保等事项，预计产生的财务影响，根据相关方面提供的情况分析列示。

参考示例4：

《2009～2010年度香港特区政府综合财务报表（按应计制编制）》

——财务报表附注

31. 或有负债

于2010年3月31日，政府的或有负债如下：

a）对香港出口信用保险局根据保险合约所负责任的保证214.83亿元（2009年为171.2亿元）。

b）对中小企业信贷保证计划所作的保证49.35亿元（2009年为40.53亿元）。

c）为特别信贷保证计划所作的保证466.06亿元（2009年为32.48亿元）。

d）诉讼3.64亿元（2009年为0.23亿元）。

e）可能向亚洲开发银行认购的股本21.14亿元（2009年为20.7亿元）。

f）对海洋公园的商业贷款所作出的保证13.88亿元（2009年为11.9亿元）。

g）房委会就居屋计划及私人参建计划下兴建和出售的单位提供的还款保证，属于居屋第一市场的为376.31亿元（2009年为427.93亿元），属于居屋第二市场的则为71.15亿元（2009年为67.84亿元）。然而，房委会认为，除非有关单位重售所得的款项，不足以抵消未偿还给银行及其他财务机构的按揭债项，否则无须承担财务风险。房委会据此估计其财务风险，属于居屋第一市场的为1.63亿元（2009年为6.93亿元），属于居屋第二市场的则为7000万元（2009年为2.04亿元）。

h）房委会就已售出的租置计划单位作出的还款保证，属第一市场的为28.22亿元（2009年为33.01亿元），属第二市场的则为2.53亿元（2009年为2亿元）。然而，根据上文第（g）项的理据，并且假设有关物业能在转让限制期首两年内以原价重售、在转让限制期第3至5年内以当时的租置计划单位价格（减去第一市场单位折上折优惠所涉及的实际金额）重售，以及在转让限制期届满后以当时市值扣除应付补价后的价格重售，房委会估计在第一市场并无财务风险（2009年没有），在第二市场的财务风险则为1500万元（2009年为3200万元）。

i）两个私人参建计划发展项目的发展商指称房委会及政府违反批地条件，向房委会及律政司司长发出传讯令状，提出索偿，索偿金额有待估算。房委会及政府均会就此提出抗辩，现阶段暂未能在合理情况下确定此事对房委会造成的财政影响。

j）所有新落成的居屋计划及私人参建计划屋苑均享有楼宇结构安全保证，保证由屋苑竣工日期起计10年内（天水围地区则为20年内）有效，这项保证亦适用于在2000年4月13日仍在相关楼宇结构安全保证期限内的现存屋苑。2007年出售居屋计划和私人参建计划的剩余单位，亦会获提供10年楼宇结构安全保证（天水围地区则为20年），以未发售大厦首个推售期的选楼日首天起计。于2010年3月31日，仍在楼宇结构安全保证期限内的居屋计划及私人参建计划单位有65601个（2009年为77411个）。然而，房委会无法在合理情况下确定为作出楼宇结构安全保证而须承担的负债，因此，除用于楼宇结构安全保证的实际维修费用外，财务报表没有反映房委会因有关保证而须承担的负债。本年度的维修费用为270万元（2009年为180万元）。

k）对存放于香港所有认可机构的所有客户存款提供担保。为进一步巩固市民对香港银行体系的信心，财政司司长于2008年10月14日宣布运用外汇基金为存放于香港所有认可机构的客户存款提供担保。除《存款保障计划条例》所界定的存放于所有持牌银行的受保存款外，担保的涵盖范围扩大至包括所有其他认可机构（包括有限制牌照银行及接受存款公司）的存款，以及超出存款保障计划受保存款上限的存款。担保有效期至2010年年底。

（五）有关特许经营项目的列示方法

有关特许经营项目，主要是指政府委托私营部门投资建设相关设施，政府赋予其一定期限的经营权，到期后相关设施将移交政府。反映相关设施目前运行管理基本情况、预期移交给政府的时间和价值等。

四、相关报表项目的明细信息

（一）货币资金明细信息

填列《货币资金明细表》，分别列示财政和政府单位两个层面货币资金的构成明细，即现金、国库存款、银行存款、其他货币资金金额等。

（二）借出款项明细信息

填列《借出款项明细表》，分别列示财政和政府单位两个层面1年期以内、1～3年期、3年期以上借出款项金额，并就借出事项作出具体说明。

借出款项期限根据2010年12月31日至借款到期时间的剩余期限计算确定。

对于政府单位，由于部门决算报表中通常难以提取借出款项信息，若无法通过其他途径获取相关信息，可暂不列示政府单位的借出款项明细信息。

（三）应收利息明细信息

填列《应收利息明细表》，分别列示财政和政府单位两个层面借出款项、证券投资、银行存款计提的应收利息金额。

对于政府单位，由于部门决算报表中通常难以提取借出款项信息，也无法了解证券投资、银行存款的明细信息，若无法通过其他途径获取相关信息，可暂不列示政府单位的应收利息明细信息。

（四）应收股利明细信息

填列《应收股利明细表》，按照国有企业管理主体的不同，分别列示政府直接管理和部门管理国有企业的当年应收股利金额。

（五）应收款项明细信息

填列《应收款项明细表》，分别列示财政和政府单位两个层面应收款项金额。

（六）对外投资明细信息

填列《对外投资明细表》，按照对外投资的种类，分别列示财政和政府单位两个层面的国有企业（即政府直接管理和部门管理的国有企业）的国有权益，以及有价证券的投资金额（财政层面要细分为国债、其他债券、股票、其他）等。

有条件的地区，还可以按行业类型明细反映政府对国有企业的投资情况。

（七）公共基础设施明细信息

填列《公共基础设施明细表》，分别列示各类公共基础设施资产金额。

（八）借入款项明细信息

填列《借入款项明细表》，分别列示财政和政府单位两个层面 1 年以内、1 年以上借入款项金额。

（九）应付利息明细信息

填列《应付利息明细表》，分别列示财政和政府单位两个层面借入款项、政府债券事项计提的应付利息。

对于政府单位，由于部门决算报表中通常难以提取应付利息信息，若无法通过其他途径获取相关信息，可暂不列示政府单位的应付利息明细信息。

（十）应付款项明细信息

填列《应付款项明细表》，分别列示财政和政府单位两个层面应付款项金额。

（十一）政府债券明细信息

填列《政府债券明细表》，分别列示财政和政府单位两个层面 1 年内到期、1～3 年到期、3～10 年到期、10 年期以上的债券金额。

政府单位债券主要是政企合一单位对外发行的债券，如铁道部发行的铁路建设债券等。如果相关债券已经反映在企业财务报表中，此处不再列示。

（十二）税收收入明细信息

分别列示各税种税收收入的明细信息。

（十三）非税收入明细信息

分别列示各非税收入项目的明细信息。

（十四）事业收入明细信息

分别列示不同性质单位中事业收入的明细信息。

有条件的地区，还可以按事业收入性质明细反映事业收入情况。

（十五）投资收益明细信息

分别列示财政和政府单位两个层面投资收益的情况。

有条件的地区，还可以分行业类型明细反映政府对外投资收益情况。

（十六）转移性收入明细信息

分别列示从上级、下级和其他政府取得款项的明细信息。

（十七）转移性支出明细信息

分别列示支付给上级、下级或其他政府的款项明细信息。

（十八）折旧费用明细信息

分别列示公共基础设施与非公共基础设施计提的折旧费用明细信息。

（十九）财务费用明细信息

分别列示财政与政府单位两个层面财务费用的明细信息。也可分别列示债务利息费用与其他财务费用明细信息。

第四章　政府财政经济状况的撰写方法

政府财政经济状况以政府财务报表为依据，结合国民经济形势，分析政府财务状况、运营情况，以及财政中长期可持续性等，主要包括以下内容：

一、分析政府财务状况和运营情况

即反映政府拥有的资产和承担的债务的总体情况，以及政府获得的收入和发生的费用的总体情况。例如，结合政府公共投资、储备物资调控政策、国有企业改革与发展情况等，分析政府资产特点；结合国债政策、政府融资平台、公务人员离退休政策、社会保障政策等，分析政府债务特点。结合本地区经济运行、相关行业发展、税收政策、收费政策等，分析政府收入特点。结合社会事业政策、政府行政运行、政府融资情况等，分析政府费用的特点。

在分析方法上，可以运用以下相关指标进行分析说明（见附表7－1）。

附表 7－1

指标名称		指标公式	指 标 用 途
偿债能力比率	现金比率	现金比率＝现金和现金等价物/流动负债	反映政府利用现金和现金等价物偿还短期债务的能力
	流动比率	流动比率＝流动资产/流动负债	通过将短期负债和用以偿还这些负债的资金来源进行匹配，反映政府偿还短期债务的能力
	长期负债比率	长期负债比率＝长期负债/资产总额	反映政府长期负债总额占全部资产的比例。一般而言，长期负债比率越高，说明政府借助于债务获取财务资源的程度越高，财务风险就越大，偿债能力也相对较低
	负债比率	负债比率＝负债总额/资产总额	反映政府偿付债务本息的能力。负债比率越高，政府的财务风险越大
持续运营能力比率	现金储备比率	现金储备比率＝现金和相当于现金的资产/年度支出总额	反映政府在完全无法获得新资金流入的极端情况下，还能正常运营的时间
财务灵活度比率	非税收收入比重	非税收收入比重＝年度非税收收入/年度收入总额	反映政府对非税收收入的依赖程度。该比率越高，说明政府财务稳定性越弱
	债务收入比重	债务收入比重＝年度债务收入/年度收入总额	反映政府对于债务收入的依赖程度。该比率越高，说明政府财务灵活度越低

参考示例 5：

《2010 财年美国联邦政府财务报告》
——公民指南
（政府资产负债状况分析）

截至 2010 年 9 月 30 日，政府拥有 2.9 万亿美元的净资产，包括大部分净不动产、厂房和设备（8289 亿美元，2010 财年），以及 9425 亿美元应收净贷款和投资。在 2010 财年，政府的总资产增加了 2159 亿美元，主要是近 1000 亿美元应收净贷出款和投资。

如附图 7－2 所示，政府最大的债务是：（1）公众持有和累计利息产生的联邦债务。2010 财年，由于持续增加的预算赤字，联邦债务余额从 7.6 万亿美元增加到 9.1 万亿美元。（2）联邦雇员养老金和退伍老兵福利。2010 财年，该部分支出从 5.3 万亿美元增加到 5.7 万亿美元。

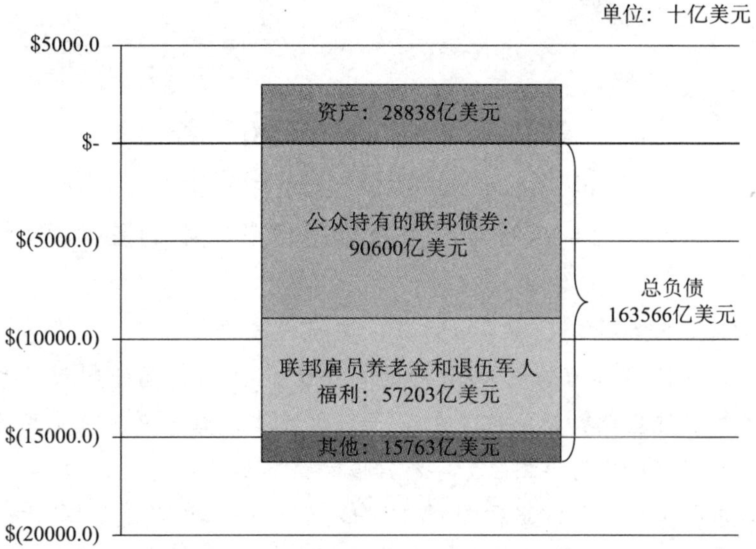

附图7-2　美国政府的净资产和负债

除了公众债务，政府财务报告还清楚地显示，有4.6万亿美元的债务属于政府间债务，即一个政府借款给另一个政府。它代表了政府基金所借出的资金，包括社会保障和医疗信托基金。这些基金通常需要把额外的年度收入投入到联邦债务有价证券。由于这些资金既是财政的负债，又是政府的信托基金，因此它们被排除在政府范围的合并财务报表之外。公众持有的政府债务和政府间债务之和等于联邦总债务（截至2010年9月30日为13.7万亿美元），该数额（经过调整）受到法定限额的限制（例如，债务限额）。截至2010年9月30日，债务限额是14.3万亿美元。近年来，该限额增长了数倍。

如果预算赤字持续恶化，政府将不得不向公众借更多的资金。事实上，公众债务的增加速度长时间超过经济增长速度，可能会引起其他的问题，如财政可持续性。

二、比较收付实现制下预算收支与权责发生制下政府收入费用的差异

重点比较支出与费用的差异。例如，结合国有资产经营收入、投资收益、债务收入、当年应收税款、应收非税款等，比较收付实现制下预算收入与权责发生制下政府收入的差异；结合产权参股支出、基建支出、其他资产支出、折旧费用、财务费用等比较收付实现制下预算支出与权责发生制下政府费用的差异。

参考示例6：

《2010财年美国联邦政府财务报告——管理当局阐述与分析》

（政府预算赤字与财务报告净运营成本的差异）

2010财年，按权责发生制方法计算，政府的净运营成本（已经从2009年创纪录的约1.3万亿美元增加到2010年近2.1万亿美元）显著超过了预算赤字，主要原因是权责发生制计算的成本包含了应付成本，如未来养老金引发的负债。附表7-2显示了2010财年预算赤字和净营运成本的主要差异。差异的主要来源是政府的军事和文职雇员的退休福利（2793亿美元），以及退伍军人支出（2238亿美元）。由于这些项目属于长期保险精算项目，因此包括在以权责发生制计算的政府净运行成本中，但大部分不包括在收付实现制为基础的预算赤字中。类似的，机构和他们的精算师估计的未来长期福利导致的负债也属于政府净运营成本，但资金实际上并未支付。2010年，新的会计准则需要机构更加清楚地表明，会计假设的变化是如何影响其整体净成本。如附表7-2显示，产生政府的净运营成本与预算赤字差异的另一个重要原因是政府因支持其主办的企业而产生的长期负债，如房利美和房地美。这部分差额为2680亿美元。

附表7-2　2010财年美国政府预算赤字与财务报告净运营成本的差异　（单位：十亿美元）

	2010年	2009年	2010年比2009年增加
净运营成本	(2080.3)	1253.7	(826.6)
差额来源：			
退伍军人补偿金	223.8	(149.2)	373.0
军事和文职雇员的退休福利	279.3	114.0	165.3
政府支持的企业	268.0	78.1	189.9
不良资产救助计划重估	86.4	(110.0)	196.4
其他	(71.3)	(96.3)	25.0
预算赤字	(1294.1)	(1417.1)	123

三、分析财政中长期可持续性

基于政府当前资产负债状况和运营情况，结合本地区经济形势、经济社会发展规划、财政体制、财税政策、人口结构、公务员离退休政策、社会保障政策等，分析政府财政财务运行走势，预测财政中长期发展的可持续性。

参考示例7：

《2010财年美国联邦政府财务报告——公民指南》

（美国政府财政可持续性）

政府财务报告的重要目的，是帮助公民和政策制定者评估当前财政状况的可持续性。如果当前的财政政策难以持续，必须进行必要的改革，以保证其可持续性。衡量财政政策可持续性的主要指标是债务与GDP的比率是否长期保持不变。在当前的政策下，债务与GDP的比率将在未来75年持续增长，最终在2085年时超过350%。如果未来75年其他假设条件不变，按照这种预测，2085年以后财政赤字（不含利息）将随着人口老龄化不断增长。这意味着，2085年以后，债务与GDP的比率还将继续增长。这种增长表明当前的政策是不可持续的。

基本赤字、利息和债务

基本赤字是无息债务与收入之差。它是在决定公共债务与GDP比率大小的各种因素中，政府唯一可以直接控制的（其他的决定因素包括利率和国内生产总值的增长速度）。2008年和2009年，在金融危机、经济衰退和政策的应对中，主要赤字占GDP的比重不断提高。预计随着经济的恢复，未来几年中该比重将迅速落至接近零。2020年之后，基本赤字与GDP比重将增加，预计到2030年达到2%以上，在未来75年预计期结束乃至更远的将来，都将保持或超过1.8%。

由于经济衰退，以及经济复兴法案中有关税收减免政策，财政收入占GDP的比例在2009年和2010年持续下滑，预计随着经济恢复和经济复兴法案减税政策到期，该比例将逐渐回复至平均水平。经济完全复苏后，实际收入的增加将导致更多的人群进入高的个人所得税征收区间，财政收入增长的速度将略高于GDP。

主要是由于医疗保险、医疗补助和社会保障支出的增加，预计非利息支出占GDP的比重将上升。从2017年基本赤字降为零，到2035年非利息支出占GDP的比例达到上升后稳定状态，在此期间，上述各类支出（医疗保险、医疗补助和社会保障支出）是抬高非利息支出占GDP比例的主要原因。这些支出增长反映了随着婴儿潮一代的退休，人口迅速发生老龄化，医疗成本不断上涨。预计2035年以后，人均寿命持续增长将导致社会人口年龄继续老化，但老化的速度会非常缓慢。

随着基本赤字占GDP比重不断提高，公共债务占GDP的比例也将水涨船高。2010财年，这一比例是62%。在现行政策下，预计2020年这一比例将超过70%，2040年达到130%，2085达到350%。75年以后，如果政策没有变化，日益增长的人均寿命以及由此导致严重的老龄化将继续给上述问题带来压力。

由于可负担保健法案（ACA）要求降低医疗支出、增加收入，2010年预测的未来的公共债务占GDP的比例情况好于2009年预测情况。作为用于讨论的财务报告，对于削减卫生保健费用增长幅度能否完全实现，本报告的预测存在不确定性。

财政缺口与延迟政策改革的成本

据估计，为防止未来75年债务占GDP的比例上升，一段时间内需要平均0.5个百分点的GDP运行基本盈余。考虑到当前政策下，基本赤字占GDP的比重平均为1.9%，因此，未来75年的“财政缺口”将达到GDP的2.4%。

填补未来75年的财政缺口需要采用减少支出和增加收入的组合政策，数量上平均达到GDP的2.4%。安排这些政策的时点，对子孙后代的福利具有重要意义。例如，据估计，如果改革集中在未来75年的后55年，其成本要比在整个75年改革多50%。

结论

通过可负担保健法案（ACA），美国已经在2010年采取潜在措施保持财政的可持续性。医疗保险、医疗补助和其他健康保健体系的立法变化，已经显示了降低长期医疗费用增长趋势和显著减少未来财政缺口的前景。但是即使有新的法律，如果目前的政策保持不变的话，债务占GDP的比重预计仍将在未来75年及以后不断增长，这意味着目前的政策是不能持久的。重要的提示是：如果政策改变太突然，他们将延缓经济的复苏；越早实施政策以改变上述的趋势，收入的增长或支出减少的程度越小。

当然，财务报告预计的当前政策下的收入和支出是非常不确定的，当前政策不可持续性的判断也存在很多问题。

四、分析其他有关方面的内容

除以上三个方面内容外，还可利用政府财务报表反映的信息，就政府提供公共服务过程中涉及政府财务状况、运营情况等方面的重要事项进行分析。

第五章　政府财政财务管理情况的撰写方法

政府财政财务管理情况反映政府财政财务管理的政策要求、主要措施和取得的成效等，主要包括以下内容：

一、反映政府预算管理情况

重点反映政府预算编制、预算执行、财政监督、决算编制管理等方面的政策要求、主要措施和取得的成效。

参考示例8：

政府预算管理情况

一、加强预算编制管理

（一）细化预算编制。要求“一上”预算编制全部细化到“项”级科目，落实到具体执行项目。基本支出预算要如实准确地反映预算单位机构编制、人员、经费类型等基础数据及变化情况。项目支出预算在“一上”时要求有明确的项目绩效目标、实施计划和时间进度，保证项目可执行。

……

二、强化预算执行管理

（一）强化部门预算支出执行主体责任。及时督促部门制定预算执行的量化目标计划，将责任落实到项目主管单位、具体执行单位和负责人。不断加强分析和动态监控，建立起预算支出执行情况定期分析、通报、约谈、提醒等制度。

……

三、强化财政监督管理

（一）推进中央基层预算单位综合监管。在规范中央部门对基层预算单位纵向管理的同时，充分发挥专员办就地监管的优势，完善监管职能，建立专员办对中央基层预算单位的横向监管机制，实现财政监督纵横联动。

……

四、加强决算管理

（一）建立一套标准化、规范化的部门决算会审工作程序。进一步修订了

"中央部门决算会审工作规范"和"地方部门决算会审工作规范"，使审核人员按照统一的审核流程、运用统一的审核工具进行审核，尽量减少因审核人员变动或能力不同而产生审核水平差异。

……

二、反映政府资产负债管理情况

重点反映政府资产管理、债务管理等方面的政策要求、主要措施和取得的成效。

参考示例9：

政府资产负债管理情况

一、加强政府资产管理

（一）加强行政事业单位资产收入管理。督促各部门按时向财政部门报送资产出租出借事项汇总表，及时、全面掌握各部门出租出借事项的总体情况。将大部分行政单位国有资产处置收入和出租出借收入以及事业单位国有资产处置收入，纳入公共财政预算管理，并优先用于行政事业单位新增资产配置。

……

二、加强政府债务管理

（一）完善地方政府债券代理发行。采取多个省区市债券合并招标尤其是合并上市的措施，改善债券交易状况，提高债券市场流动性。在继续发行3年期债券基础上，新增5年期品种，缓解地方政府债券集中到期还本压力。

……

三、反映政府收支管理情况

重点反映政府收入管理、支出管理等方面的政策要求、主要措施和取得的成效。

参考示例10：

政府收支管理情况

一、政府收入管理情况

（一）继续推行财税库银税收收入电子缴库横向联网。督促地方全面扩大横向联网上线范围，要求尚未实施横向联网的省（自治区、直辖市、计划单列市）2010年都要上线。完善相关制度办法，规范税收收入电子退库、电子更正、电子免抵调等业务操作。

……

二、政府支出管理情况

（一）严格控制一般性支出。在根据部门编制内增人增支和公用经费正常增长情况核定部门公用经费的基础上，部门公用经费统一压缩5%，项目支出原则上按零增长控制，出国（境）经费、车辆购置及运行费、公务接待费支出，不超过2009年压缩三项经费后的规模。

……

四、反映政府财政财务管理制度建设情况

反映政府各项财政财务管理制度建立健全情况。

参考示例11：

政府财政财务管理制度建设情况

一、预算编制管理制度

1.《财政部关于印发〈中央部门财政拨款结转和结余资金管理办法〉的通知》（财预［2010］7号）

……

二、预算执行管理制度

1.《财政部关于中央预算单位2011年深化国库集中支付改革若干问题的通知》（财库［2010］138号）

……

三、财政监督管理

1.《财政部关于加强财政监督基础工作和基层建设的若干意见》（财监［2010］81号）

……

……

附表7－3为政府财务报表项目与原报表项目对照表

附表7－4为政府财务报表汇总工作表

附录A为原报表项目处理方法清单

附录B为抵消事项清单

附录C调整事项清单

附录D固定资产折旧年限表

附录E固定资产投资决算报表的处理方法

附表 7－3－1

政府财务报表项目与原报表项目对照表

政府财务报表项目	原报表对应项目										
	财政层面会计报表						部门决算报表				
	一般预算会计报表、基金预算会计报表、国有资本经营预算会计报表	财政专户管理资金会计报表	农业综合开发财政专户会计报表	国债转贷财政专户会计报表	国际金融组织贷款转贷会计报表	其他财政专户会计报表	行政单位	事业单位	企业化管理事业单位	民间非营利组织	固定资产投资决算报表
一、资产类											
货币资金	国库存款	财政专户存款	现金	其他财政存款	银行存款		现金	现金	货币资金	货币资金	现金
	其他财政存款		银行存款				银行存款	银行存款			银行存款
	在途款										
借出款项	暂付款中属于有计息要求的款项	应收款中属于有计息要求的款项	有偿资金放款	暂付款	应收统借自还款						
	财政周转金放款		委托贷款	与下级往来	国家统借统还款						
	借出财政周转金		借出有偿资金		应收本金						
					应收联合融资款						
借出款项					应收垫付款（垫付本金部分）						

续表

政府财务报表项目	原报表对应项目										
	财政层面会计报表						部门决算报表				固定资产投资决算报表
	一般预算会计报表、基金预算会计报表、国有资本经营预算会计报表	财政专户管理资金会计报表	农业综合开发财政专户会计报表	国债转贷财政专户会计报表	国际金融组织贷款转贷会计报表	其他财政专户会计报表	行政单位	事业单位	企业化管理事业单位	民间非营利组织	
应收利息	暂付款中垫付的地方债务利息			应收款	应收利息						
					应收垫付款（利息）						
					应收汇兑风险损益						
					应收承诺费						
应收股利											
应收款项	暂付款中属于无计息要求的款项（扣除垫付地方债务利息）	应收款中属于无计息要求的款项	应收款项		借出周转款		暂付款	应收票据	应收票据	应收款项	预付及应收款合计
	与下级往来				应收串换款			应收账款	应收账款	预付账款	
	预拨经费				其他应收款			预付账款			
					已生效未提取贷款			其他应收款			

续表

政府财务报表项目	原报表对应项目：财政层面会计报表：一般预算会计报表、基金预算会计报表、国有资本经营预算会计报表	财政专户管理资金会计报表	农业综合开发财政专户会计报表	国债转贷财政专户会计报表	国际金融组织贷款转贷会计报表	其他财政专户会计报表	部门决算报表：行政单位	事业单位	企业化管理事业单位	民间非营利组织	固定资产投资决算报表
应收税款											
应收非税款											
存货							库存材料	材料	存货	存货	器材（不包括待处理器材损失）
								产成品		受托代理资产	
其中：公共储备物资							库存材料中的公共储备物资	材料中的公共储备物资	存货中的公共储备物资	存货中的公共储备物资	
对外投资	有价证券	有价证券			有价证券		有价证券	对外投资	短期投资	短期投资	有价证券
					缴付国际金融组织股本				长期投资	长期投资	
其中：政府主权投资					缴付国际金融组织股本						

续表

政府财务报表项目	原报表对应项目										
	财政层面会计报表						部门决算报表				固定资产投资决算报表
	一般预算会计报表、基金预算会计报表、国有资本经营预算会计报表	财政专户管理资金会计报表	农业综合开发财政专户会计报表	国债转贷财政专户会计报表	国际金融组织贷款转贷会计报表	其他财政专户会计报表	行政单位	事业单位	企业化管理事业单位	民间非营利组织	
固定资产							固定资产	固定资产净值	固定资产净值	固定资产净值	固定资产净值
其中：公共基础设施资产							固定资产中的公共基础设施	固定资产净值中的公共基础设施	固定资产净值中的公共基础设施	固定资产净值中的公共基础设施	
在建工程									在建工程、工程物资	在建工程	在建工程
无形资产								无形资产	无形资产	无形资产	
其他资产（包括待处理资产损益、其他等）	待处理财政周转金		待处理有偿资金					其他	其他流动资产	文物文化资产	待处理器材损失
									固定资产减值准备	固定资产清理	
									固定资产清理	其他	待核销基建支出

续表

政府财务报表项目	原报表对应项目										
	财政层面会计报表						部门决算报表				
	一般预算会计报表、基金预算会计报表、国有资本经营预算会计报表	财政专户管理资金会计报表	农业综合开发财政专户会计报表	国债转贷财政专户会计报表	国际金融组织贷款转贷会计报表	其他财政专户会计报表	行政单位	事业单位	企业化管理事业单位	民间非营利组织	固定资产投资决算报表
其他资产（包括待处理资产损益、其他等）									待处理固定资产净损失		转出投资
									递延税款借项		固定资产清理
									其他		待处理固定资产清理
二、负债类											
借入款项	暂存款中属于有计息要求的款项	暂存款中属于有计息要求的款项	借入有偿资金	与上级往来	应付本金			借入款项	短期借款	短期借款	基建借款
	借入财政周转金				贷款协定总额					长期借款	
应付利息					应付利息						应付利息统一在“基建借款”中反映，无法单独区分

续表

政府财务报表项目	原报表对应项目										
	财政层面会计报表						部门决算报表				固定资产投资决算报表
	一般预算会计报表、基金预算会计报表、国有资本经营预算会计报表	财政专户管理资金会计报表	农业综合开发财政专户会计报表	国债转贷财政专户会计报表	国际金融组织贷款转贷会计报表	其他财政专户会计报表	行政单位	事业单位	企业化管理事业单位	民间非营利组织	
应付利息					应付承诺费						
					应付汇兑风险损益						
应付款项	暂存款中属于无计息要求的款项（扣除应返还额度）	暂存款中属于无计息要求的款项	其他应付款	暂存款	提前回收贷款		暂存款	应付票据	应付票据	应付款项	预收下年度财政性资金拨款（扣除部门自筹）
应付款项	与上级往来	应缴代收上级财政专户款			借入周转款			应付账款	应付账款	长期应付款	应付器材款
					应付串换款			预收账款			应付工程款
					预算周转款			其他应付款			应付有偿调入器材及工程款
					应付人行款						应付票据
应付款项					其他应付款					其他应付款	
											未交款合计

续表

政府财务报表项目	原报表对应项目										
	财政层面会计报表						部门决算报表				固定资产投资决算报表
	一般预算会计报表、基金预算会计报表、国有资本经营预算会计报表	财政专户管理资金会计报表	农业综合开发财政专户会计报表	国债转贷财政专户会计报表	国际金融组织贷款转贷会计报表	其他财政专户会计报表	行政单位	事业单位	企业化管理事业单位	民间非营利组织	
应退税款											
应退非税款											
应付薪酬							应付工资（离退休费）	应付工资（离退休费）	应付工资	应付工资	应付工资及福利费
							应付地方（部门）津贴补贴	应付地方（部门）津贴补贴	应付福利费		
							应付其他个人收入	应付其他个人收入			
应付政府补助											
政府债券											
其中：1年内到期政府债券											

续表

政府财务报表项目	原报表对应项目										
	财政层面会计报表						部门决算报表				固定资产投资决算报表
	一般预算会计报表、基金预算会计报表、国有资本经营预算会计报表	财政专户管理资金会计报表	农业综合开发财政专户会计报表	国债转贷财政专户会计报表	国际金融组织贷款转贷会计报表	其他财政专户会计报表	行政单位	事业单位	企业化管理事业单位	民间非营利组织	
其他负债									其他流动负债	其他流动负债	
									长期负债	其他长期负债	
									其他	受托代理负债	
									递延税款贷项		
								应交税金	应交税金	应交税金	
三、净资产											
当期盈余											
以前年度累积净资产											
四、收入类											
税收收入	税收收入										

续表

政府财务报表项目	原报表对应项目										
	财政层面会计报表						部门决算报表				固定资产投资决算报表
	一般预算会计报表、基金预算会计报表、国有资本经营预算会计报表	财政专户管理资金会计报表	农业综合开发财政专户会计报表	国债转贷财政专户会计报表	国际金融组织贷款转贷会计报表	其他财政专户会计报表	行政单位	事业单位	企业化管理事业单位	民间非营利组织	
非税收入	一般预算收入中的非税收入（不包括有价证券利息收入、基本建设收入、国内其他政府的捐赠收入）	一般预算外收入（不包括国有资本经营收入、有价证券利息收入、基本建设收入、国内其他政府的捐赠收入）	资金占用费收入	其他收入中的利息收入	收入合计减去支出合计余额（如果收入大于支出）						
	基金预算收入	当年代收款									
事业收入								事业收入（减预算外资金收入）	事业收入（减预算外资金收入）	事业收入（减预算外资金收入）	
事业收入							一般预算外收入中的“未缴留用”收入—财决07－3表	一般预算外收入中的“未缴留用”收入—财决07－3表	一般预算外收入中的“未缴留用”收入—财决07－3表	一般预算外收入中的“未缴留用”收入—财决07－3表	

续表

政府财务报表项目	原报表对应项目										
	财政层面会计报表						部门决算报表				固定资产投资决算报表
	一般预算会计报表、基金预算会计报表、国有资本经营预算会计报表	财政专户管理资金会计报表	农业综合开发财政专户会计报表	国债转贷财政专户会计报表	国际金融组织贷款转贷会计报表	其他财政专户会计报表	行政单位	事业单位	企业化管理事业单位	民间非营利组织	
经营收入								经营收入	经营收入		
投资收益	非税收入中的有价证券利息收入	一般预算外收入中的有价证券利息收入									
其中：国有资本经营收益											
转移性收入	补助收入	上级补助收入	拨入上级财政资金					上级补助收入			本年拨款中非本级财政拨款
	上解收入		乡级财政缴入资金					附属单位缴款			交回结余资金（非本级财政，负数）
	非税收入中的国内其他政府捐赠收入	一般预算外收入中的国内其他政府捐赠收入					非本级财政拨款	非本级财政拨款	非本级财政拨款		

续表

政府财务报表项目	原报表对应项目										
	财政层面会计报表						部门决算报表				固定资产投资决算报表
	一般预算会计报表、基金预算会计报表、国有资本经营预算会计报表	财政专户管理资金会计报表	农业综合开发财政专户会计报表	国债转贷财政专户会计报表	国际金融组织贷款转贷会计报表	其他财政专户会计报表	行政单位	事业单位	企业化管理事业单位	民间非营利组织	
其他收入	财政周转金收入		其他收入	其他收入（不包括利息收入）			其他收入（不包括“非本级财政拨款”）	其他收入（不包括“非本级财政拨款”）	其他收入（不包括“非本级财政拨款”）		
五、费用类											
工资福利支出	财政部门代列相关支出	财政部门代列相关支出					工资福利支出	工资福利支出		工资福利支出	
商品和服务支出	财政部门代列相关支出	财政部门代列相关支出					商品和服务支出	商品和服务支出		商品和服务支出	
对个人和家庭补助	财政部门代列相关支出	财政部门代列相关支出					对个人和家庭的补助	对个人和家庭的补助		对个人和家庭的补助	
对企事业单位的补贴	财政部门代列相关支出	财政部门代列相关支出					对企事业单位的补贴	对企事业单位的补贴		对企事业单位的补贴	
捐赠支出	财政部门代列相关支出	财政部门代列相关支出					赠与	赠与		赠与	

续表

政府财务报表项目	原报表对应项目										
	财政层面会计报表						部门决算报表				固定资产投资决算报表
	一般预算会计报表、基金预算会计报表、国有资本经营预算会计报表	财政专户管理资金会计报表	农业综合开发财政专户会计报表	国债转贷财政专户会计报表	国际金融组织贷款转贷会计报表	其他财政专户会计报表	行政单位	事业单位	企业化管理事业单位	民间非营利组织	
转移性支出	补助支出	补助下级支出	拨出资金（拨付给下级财政的资金）				上缴上级支出	上缴上级支出		上缴上级支出	
	上解支出						对附属单位补助支出	对附属单位补助支出		对附属单位补助支出	
	财政部门代列相关支出	财政部门代列相关支出									
经营支出								经营支出	经营支出		
								所得税	所得税		
折旧费用											
财务费用	一般预算支出中的利息支出、国内外债务发行费支出等		占用费支出		支出合计减去收入合计余额（如果支出大于收入）		债务利息支出	债务利息支出		债务利息支出	
	财政周转金支出										
其他费用				其他支出			其他支出	其他支出		其他支出	

附表 7－3－2　　政府财务报表项目与原报表项目对照表　　单位：万元

政府财务报表项目	合计	原报表对应项目					调整分录		抵消分录	
		财政层面会计报表		部门决算报表		固定资产投资决算报表				
		一般预算会计报表、基金预算会计报表、国有资本经营预算会计报表	预算外资金财政专户会计报表	行政单位	事业单位		借项	贷项	借项	贷项
一、资产类										
货币资金	243562	89046（例1）	3445（例1）	73970（例1）	68109（例1）	8992（例1）				
借出款项	7867	7132（例2）	4235（例2）							3500（例27）
应收利息	1850						1250（例30） 600（例31）			
应收股利	143396						111123（例32） 32273（例33）			
应收款项	76575	49640（例3）	14587（例3）	2089（例3）	10032（例3）	3687（例3）				2510（例28） 950（例29）
应收税款	20000						20000（例34）			
应收非税款	6000						6000（例35）			
存货	1123904			204452（例4）	906663（例4）	8279（例4）	4510（例36）			
其中：公共储备物资										
对外投资	168792	1542（例5）	2567（例5）	5560（例5）	22457（例5）	3289（例5）	165650（例37）	32273（例33）		

续表

政府财务报表项目	合计	原报表对应项目					调整分录		抵消分录	
		财政层面会计报表		部门决算报表		固定资产投资决算报表				
		一般预算会计报表、基金预算会计报表、国有资本经营预算会计报表	预算外资金财政专户会计报表	行政单位	事业单位		借项	贷项	借项	贷项
其中：政府主权投资										
固定资产										
固定资产原值	1095154			353699（例6）	665560（例6）	45875（例6）	30020（例38）			
减：累积折旧	177887				144143（例6）	5642（例6）		28102（例39）		
其中：公共基础设施资产										
公共基础设施资产原值										
减：公共基础设施资产累积折旧										
在建工程	13568					13568（例7）				
无形资产	5795				5795（例8）					
其他资产（包括待处理资产损益、其他等）	46819				33541（例9）	13278（例9）				

续表

政府财务报表项目	合计	原报表对应项目					调整分录		抵消分录	
		财政层面会计报表		部门决算报表		固定资产投资决算报表				
		一般预算会计报表、基金预算会计报表、国有资本经营预算会计报表	预算外资金财政专户会计报表	行政单位	事业单位		借项	贷项	借项	贷项
资产总计	2775395									
二、负债类										
借入款项	391674	78442（例10）	56892（例10）		224551（例10）	35289（例10）			3500（例27）	
应付利息	1000							1000（例40）		
应付款项	452694	107476（例11）	58414（例11）	95423（例11）	134928（例11）	59913（例11）			2510（例28） 950（例29）	
应退税款	5000							5000（例41）		
应退非税款	1012							1012（例42）		
应付薪酬	90062			30597（例12）	33642（例12）	5823（例12）		20000（例43）		
应付政府补助	2300							2300（例44）		
政府债券	3300							3300（例45）		
其中：1年内到期政府债券	500							500（例45）		
其他负债										
负债总计	947042									

续表

政府财务报表项目	合计	原报表对应项目					调整分录		抵消分录	
		财政层面会计报表		部门决算报表		固定资产投资决算报表				
		一般预算会计报表、基金预算会计报表、国有资本经营预算会计报表	预算外资金财政专户会计报表	行政单位	事业单位		借项	贷项	借项	贷项
三、净资产										
当期盈余	1361361									
以前年度累积净资产	466992							111123（例32）		
								4510（例36）		
								115680（例37）		
								30020（例38）		
							24000（例39）			
							5000（例41）			
							3300（例45）			
四、收入类										
税收收入	105621	85621（例13）						20000（例34）		
非税收入	627025	354599（例14）	265588（例14）				1012（例42）	1250（例30）		
								600（例31）		
								6000（例35）		
事业收入	49974				49974（例15）					
经营收入	784456				784456（例16）					

续表

政府财务报表项目	合计	原报表对应项目					调整分录		抵消分录	
		财政层面会计报表		部门决算报表		固定资产投资决算报表				
		一般预算会计报表、基金预算会计报表、国有资本经营预算会计报表	预算外资金财政专户会计报表	行政单位	事业单位		借项	贷项	借项	贷项
投资收益	49970							49970（例37）		
其中：国有资本经营收益										
转移性收入	431455	152548（例17）	158235（例17）	40081（例17）	71341（例17）	9250（例17）				
其他收入	130165			49892（例18）	80273（例18）					
收入总计	2178666									
五、费用类										
工资福利支出	176979	2300（例19）		72146（例19）	82533（例19）		20000（例43）			
商品和服务支出	55442	1240（例20）		22455（例20）	31747（例20）					
对个人和家庭补助	19357	3240（例21）		9275（例21）	4542（例21）		2300（例44）			
对企事业单位的补贴	134173	4640（例22）		105411（例22）	24122（例22）					
捐赠支出	6700	1060（例23）		2253（例23）	3387（例23）					
转移性支出	314202	238450（例24）	30251（例24）	34154（例24）	11347（例24）					

续表

政府财务报表项目	合计	原报表对应项目					调整分录		抵消分录	
		财政层面会计报表		部门决算报表		固定资产投资决算报表				
		一般预算会计报表、基金预算会计报表、国有资本经营预算会计报表	预算外资金财政专户会计报表	行政单位	事业单位		借项	贷项	借项	贷项
经营支出	96301				96301（例25）					
折旧费用	4102						4102（例39）			
财务费用	10049	1542（例26）		2019（例26）	5488（例26）		1000（例40）			
其他费用										
费用总计	817305									

附表 7－4－1　　　　　　　　资产负债表

名称：　　　　　　　　　　　年　月　日　　　　　　　　　　　单位：万元

资产部类	附注索引号	年末数	负债部类	附注索引号	年末数
一、资产类			二、负债类		
货币资金			借入款项		
借出款项			应付利息		
应收利息			应付及预收款项		
应收股利			应退税款		
应收及预付款项			应退非税款		
应收税款			应付薪酬		
应收非税款			应付政府补助		
存货			政府债券		
其中：公共储备物资			其他负债		
对外投资			负债合计		
固定资产					
其中：公共基础设施			三、净资产类		
在建工程			当期盈余		
无形资产			以前年度累积净资产		
其他资产			净资产合计		
资产合计			负债净资产合计		

附表 7－4－2　　　　　　　　收入费用表

名称：　　　　　　　　　　　年　月　日　　　　　　　　　　　单位：万元

项目	附注索引号	本年累计数
一、收入类		
税收收入		
非税收入		
事业收入		
经营收入		
投资收益		
政府间转移性收入		
其他收入		
收入合计		
二、费用类		
工资福利支出		
商品和服务支出		
对个人和家庭的补助		
对企事业单位的补贴		
政府间转移性支出		
捐赠支出		
折旧费用		
财务费用		
经营支出		
其他费用		
费用合计		

附录A 原报表项目处理方法清单

一、一般预算会计报表、基金预算会计报表、国有资本经营预算会计报表项目处理方法清单

一般预算会计报表、基金预算会计报表、国有资本经营预算会计报表项目	政府财务报表对应项目	处理方法说明
资产类		
国库存款	货币资金	
其他财政存款		
有价证券	对外投资	
在途款	货币资金	
待发国债		无需填列
暂付款	借出款项、应收款项	暂付款中有计息要求的填列借出款项；无计息要求的填列应收款项
与下级往来	应收款项	
预拨经费		
财政周转金放款	借出款项	
借出财政周转金		
待处理财政周转金	其他资产	
负债类		
暂存款	借入款项、应付款项	暂存款中有计息要求的填列借入款项；无计息要求的，应扣除财政应返还额度后填列应付款项
与上级往来	应付款项	
借入款		无需填列。该项目通常无余额
借入财政周转金	借入款项	
净资产类		
预算结余	净资产——以前年度累积净资产	
基金预算结余		
国有资本经营预算结余		

续表

一般预算会计报表、基金预算会计报表、国有资本经营预算会计报表项目	政府财务报表对应项目	处理方法说明
专用基金结余	净资产——以前年度累积净资产	
预算稳定调节基金		
预算周转金		
财政周转基金		
收入类		
一般预算收入	税收收入、非税收入	
基金预算收入	非税收入	
国有资本经营预算收入	待抵消调整项目	借“国有资本经营预算收入”，贷“对外投资”
债务收入	待抵消调整项目	根据权责发生制原则，发行债券获得的资金不属于收入，而是负债增加
债务转贷收入		
补助收入	转移性收入	
上解收入		
调入资金	待抵消调整项目	该项目属于财政内部抵消事项，与相关报表的“调出资金”、“国有资本经营预算调出资金”等项目抵消，抵消后余额为零，因此予以抵消
调入预算稳定调节基金	待抵消调整项目	该项目属于财政内部调整事项，直接抵减相关金额，抵减后余额为零
财政周转金收入	其他收入	
支出类		
一般预算支出	工资福利支出、商品和服务支出、对个人和家庭补助、对企事业单位的补贴、捐赠支出、转移性支出、财务费用	一般预算支出中的利息支出、国内外债务发行费支出填入财务费用项目；财政部门代列各项支出分析填入工资福利支出、商品和服务支出、对个人和家庭补助、对企事业单位的补贴、捐赠支出、转移性支出等项目。 属于资本性支出的部分，填入待抵消调整项目。借“对外投资”，贷“国有资本经营预算支出资本性支出部分”
基金预算支出	工资福利支出、商品和服务支出、对个人和家庭补助、对企事业单位的补贴、捐赠支出、转移性支出 其中，属于费用性支出的部分填入“其他费用”	
专用基金支出		
国有资本经营预算支出		

续表

一般预算会计报表、基金预算会计报表、国有资本经营预算会计报表项目	政府财务报表对应项目	处理方法说明
拨出经费	待抵消调整项目	与部门决算报表中的“财政拨款”相对应的支出抵消
债务还本支出	待抵消调整项目	债务还本支出按照权责发生制不属于当期费用，应确认债务减少。
债务转贷支出	待抵消调整项目	债务转贷支出按照权责发生制不属于当期费用，应确认对下级债券增加
补助支出	转移性支出	
上解支出		
调出资金	待抵消调整项目	属财政内部抵消事项，与相关报表的“调入资金”项目抵消
安排预算稳定调节基金	待抵消调整项目	该项目属于财政内部调整事项，直接抵减相关金额，抵减后余额为零
国有资本经营预算调出资金	待抵消调整项目	属财政内部抵消事项，与相关报表的“调入资金”项目抵消
财政周转金支出	财务费用	

二、财政专户管理资金会计报表项目处理方法清单

财政专户管理资金会计报表项目	政府财务报表对应项目	处理方法说明
资产类		
财政专户存款	货币资金	
有价证券	对外投资	
暂付款	借出款项、应收款项	有计息要求的填列借出款项；无计息要求的填列应收款项
负债类		
暂存款	借入款项、应付款项	有计息要求的填列借入款项；无计息要求的填列应付款项
净资产类		
财政专户管理资金结余	以前年度累积净资产	

续表

财政专户管理资金会计报表项目	政府财务报表对应项目	处理方法说明
收入类		
财政专户管理资金收入	非税收入	
补助收入	政府间转移性收入	
支出类		
财政专户管理资金支出	待抵消调整项目	与部门决算报表中的“财政专户管理资金”相对应的支出相抵消
补助支出	政府间转移性支出	

三、农业综合开发财政专户会计报表项目处理方法清单

农业综合开发财政专户会计报表项目	政府财务报表对应项目	处理方法说明
资产类		
现金	货币资金	
银行存款		
应收款项	应收款项	
有偿资金放款	借出款项	
委托贷款		
借出有偿资金		
预付工程款		无需填列。农业综合开发机构专用项目
材料		
待处理有偿资金	其他资产	
在建工程		无需填列。农业综合开发机构专用项目
间接费用		
竣工工程		
负债类		
借入有偿资金	借入款项	
应付工程款		无需填列。农业综合开发机构专用项目
应付质量保证金		
其他应付款	应付款项	
净资产类		
本级有偿资金	填入以前年度累积净资产	
竣工工程基金		

续表

农业综合开发财政专户会计报表项目	政府财务报表对应项目	处理方法说明
完工项目结余	填入以前年度累积净资产	
未完项目结存		
收入类		
拨入资金		无需填列。农业综合开发机构专用项目
拨入上级财政资金	转移性收入	
拨入本级财政资金	待抵消调整科目	属内部抵消事项
乡级财政缴入资金	转移性收入	
交入自筹资金		无需填列。农业综合开发机构专用项目
交入有偿资金		
交入银行贷款		
占用费收入	其他收入	
其他收入		
支出类		
拨出资金	转移性支出	拨付给下级财政的资金
农发资金支出		无需填列。农业综合开发机构专用项目
占用费支出	财务费用	
其他支出	其他费用	

四、国际金融组织贷款转贷会计报表项目处理方法清单

国际金融组织贷款转贷会计报表项目	政府财务报表对应项目	处理方法说明
资产类		
应收统借自还款	借出款项	
国家统借统还款		
应收本金		
应收利息	应收利息	
应收承诺费		
应收汇兑风险损益		
应收联合融资款	借出款项	
借出周转款	应收款项	

续表

国际金融组织贷款转贷会计报表项目	政府财务报表对应项目	处理方法说明
应收垫付款	借出款项；应收利息	其中，垫付本金部分为借出款项；垫付利息部分为应收利息
应收串换款	应收款项	
其他应收款		
银行存款	货币资金	
有价证券	对外投资	
外币兑换		
已生效未提取贷款	应收款项	
缴付国际金融组织股本	对外投资	属于对外投资中的政府主权投资
负债类		
提前回收贷款	应付款项	
预算周转款		
应付本金	借入款项	
应付利息	应付利息	
应付承诺费		
应付汇兑风险损益		
借入周转款	应付款项	
应付串换款		
其他应付款	应付款项	
贷款协定总额	借入款项	
应付人行款	应付款项	
净资产类		
偿债基金	净资产——以前年度累积净资产	
国家拨入国际金融组织股本		
收支类		
贷款利息收入	非税收入或财务费用	如果收入大于支出，收入合计减去支出合计余额为其他收入；如果支出大于收入，支出合计减去收入合计余额为财务费用
周转款利息收入		
存款利息收入		
联合融资利息收入		
承诺费收入		
联合融资承诺费收入		
联合融资管理费收入		
占用费收入		

续表

国际金融组织贷款转贷会计报表项目	政府财务报表对应项目	处理方法说明
滞纳金收入	非税收入或财务费用	如果收入大于支出，收入合计减去支出合计余额为其他收入；如果支出大于收入，支出合计减去收入合计余额为财务费用
其他收入		
汇兑损益		
贷款利息支出		
周转款利息支出		
联合融资利息支出		
承诺费支出		
联合融资承诺费支出		
联合融资管理费支出		
手续费支出		
其他支出		

五、部门决算报表项目处理方法清单

（一）资产负债简表

行政单位资产负债简表

部门决算报表项目	政府财务报表对应项目	处理方法说明
资产类		
现金	货币资金	
银行存款		
其中：外币存款		
有价证券	对外投资	
其中：国债		
暂付款	应收款项	
库存材料	存货	
固定资产	固定资产	政府财务报表中的“固定资产”是指固定资产净值。因此，还应测算行政单位固定资产对应的累计折旧，并填列到政府财务报表中
财政应返还额度	待抵消调整项目	政府内部抵消事项。与一般预算会计报表中的“暂存款”相抵消，抵消额为该项目金额

续表

部门决算报表项目	政府财务报表对应项目	处理方法说明
基本建设资金占用合计		无需填列。相关事项从固定资产投资决算报表中取数
负债类		
应缴预算款	待抵消调整项目	财政相关报表通常未反映对这部分款项的债权，应予以调整。借“应缴预算款”、“应缴财政专户款”，贷相关收入项目或以前年度累积净资产
应缴财政专户款		
暂存款	应付款项	
应付工资（离退休费）	应付薪酬	
应付地方（部门）津贴补贴		
应付其他个人收入		
净资产类		
固定基金	净资产——以前年度累积净资产	
结余		
基本支出结余		
项目支出结余		
基本建设资金来源合计		无需填列。相关事项从固定资产投资决算报表中取数

事业单位资产负债简表

部门决算报表项目	政府财务报表对应项目	处理方法说明
资产类		
流动资产		
其中：现金	货币资金	
银行存款		
应收票据	应收款项	
应收账款		
预付账款		
其他应收款		
材料	存货	
产成品		
对外投资	对外投资	

续表

部门决算报表项目	政府财务报表对应项目	处理方法说明
固定资产原值		政府财务报告中的固定资产是指固定资产净值，因此等于固定资产原值减去累计折旧后的净额。由于部分事业单位未计提折旧，需测算固定资产对应的累计折旧，并填列到政府财务报表中
减：累计折旧	累计折旧	
固定资产净值	固定资产	
无形资产	无形资产	
财政应返还额度	待抵消调整项目	政府内部抵消事项。与一般预算会计报表中的“暂存款”相抵消，抵消额为该项目金额
其他	其他资产	
基本建设资金占用合计		无需填列。相关事项从固定资产投资决算报表中取数
负债类		
借入款项	借入款项	
其中：银行贷款		
应付票据	应付款项	
应付账款		
预收账款		
其他应付款		
应缴预算款	待抵消调整项目	与财政应收该类款项属内部抵消事项
应缴财政专户款		
应交税金	其他负债	该项目本应与本级财政应收税款抵消，但由于部门决算报表无明细信息，因此无法区分该项目与哪级财政进行抵消，所以暂要求统一计入其他负债
应付工资（离退休费）	应付薪酬	
应付地方（部门）津贴补贴		
应付其他个人收入		
净资产类		
事业基金	净资产——以前年度累积净资产	

续表

部门决算报表项目	政府财务报表对应项目	处理方法说明
其中：一般基金		
固定基金		
专用基金		
经营结余		
其他净资产		
基本建设资金来源合计		无需填列。相关事项从固定资产投资决算报表中取数
其中：基建借款		

企业化管理事业单位资产负债简表

部门决算报表项目	政府财务报表对应项目	处理方法说明
资产类		
流动资产		
货币资金	货币资金	
短期投资	对外投资	
应收票据	应收款项	
应收账款		
应收补贴款	待抵消调整项目	政府内部抵消事项。应与财政应付该类款项相抵消
存货	存货	
其他流动资产	其他资产	
长期投资	对外投资	
固定资产原值		政府财务报告中的固定资产是指固定资产净值，因此等于固定资产原值减去累计折旧后的净额
减：累计折旧	减：累计折旧	
固定资产净值	固定资产	
减：固定资产减值准备	其他资产	
固定资产净额	无需填列	
工程物资	在建工程	
在建工程		
固定资产清理	其他资产	
待处理固定资产净损失		
无形资产	无形资产	
递延税款借项	其他资产	
其他		

续表

部门决算报表项目	政府财务报表对应项目	处理方法说明
负债类		
流动负债		
短期借款	借入款项	
应付票据	应付款项	
应付账款		
应付工资	应付薪酬	
应付福利费		
应交税金	其他负债	该项目本应与本级财政应收税款抵消，但由于部门决算报表无明细信息，因此无法区分该项目与哪级财政进行抵消，所以暂要求统一计入其他负债
其他流动负债	其他负债	
长期负债		
递延税款贷项		
其他		
少数股东权益	净资产——以前年度累积净资产	
所有者权益合计		
实收资本（股本）		
其中：国家资本		
资本公积		
盈余公积		
未分配利润		

民间非盈利组织资产负债简表

部门决算报表项目	政府财务报表对应项目	处理方法说明
资产类		
流动资产		
货币资金	货币资金	
短期投资	对外投资	
应收款项	应收款项	
预付账款		
存货	存货	

续表

部门决算报表项目	政府财务报表对应项目	处理方法说明
其他流动资产		
长期投资	对外投资	
固定资产原值		政府财务报告中的固定资产是指固定资产净值，因此等于固定资产原值减去累计折旧后的净额
减：累计折旧	减：累计折旧	
固定资产净值	固定资产	
在建工程	在建工程	
文物文化资产	其他资产	
无形资产	无形资产	
固定资产清理	其他资产	
受托代理资产	存货	
其他	其他资产	
负债类		
流动负债		
短期借款	借入款项	
应付款项	应付款项	
应付工资	应付薪酬	
应交税金	其他负债	该项目本应与本级财政应收税款抵消，但由于部门决算报表无明细信息，因此无法区分该项目与哪级财政进行抵消，所以暂要求统一计入其他负债
其他流动负债	其他负债	
长期负债		
长期借款	借入款项	
长期应付款	应付款项	
其他长期负债	其他负债	
受托代理负债		
三、净资产合计		
非限定性净资产	净资产——以前年度累计净资产	
限定性净资产		

（二）收入支出决算总表

部门决算报表项目	政府财务报表对应项目	处理方法说明
收入类		
一、财政拨款	待抵消调整项目	与一般预算会计报表、基金预算会计报表、国有资本经营预算会计报表中的一般预算支出、基金预算支出、专用基金支出等项目属政府内部抵消事项
其中：政府性基金		
二、上级补助收入	转移性收入	
三、事业收入	事业收入	其中，财政专户管理资金属于政府内部抵消事项，应予以抵消
其中：财政专户管理资金		
四、经营收入	经营收入	
五、附属单位缴款	转移性收入	
其他收入	其他收入 转移性收入	“非本级财政拨款”填列转移性收入，“其他收入”与“非本级财政拨款”的差额填列其他收入
其中：本级横向财政拨款		
非本级财政拨款		
支出类		
一、基本支出和项目支出		
工资福利支出	工资福利支出	
商品和服务支出	商品和服务支出	
对个人和家庭的补助	对个人和家庭的补助	
对企事业单位的补贴	对企事业单位的补贴	
赠与	捐赠	
债务利息支出	财务费用	
基本建设支出	待抵消调整项目	基本建设支出、其他资本支出与基建会计的本年拨款中的部门自筹是部门或单位内部的资金往来，应抵消；如果基建支出大于本年拨款，说明使用了以前年度拨款，应进一步冲减净资产
其他资本性支出		
贷款转贷及产权参股		
其他支出	其他费用	
二、上缴上级支出	转移性支出	
三、经营支出	经营支出	
四、对附属单位补助支出	转移性支出	

续表

部门决算报表项目	政府财务报表对应项目	处理方法说明
结余分配		
交纳所得税	经营支出	
……	净资产——以前年度累积净资产	

六、固定资产投资决算报表项目处理方法清单

固定资产投资决算报表项目	政府财务报表对应项目	处理方法说明
资金占用		
一、基本建设支出合计		
（一）交付使用资产	待抵消调整项目	该资产已体现在部门决算中，故与“转出投资”，按顺序冲销“待冲基建支出”、“以前年度拨款”栏目数（其中，由于2011年统计口径发生变化，“固定资产”中应先扣减本年度购置形成的固定资产数）
1. 固定资产		
2. 流动资产		
3. 无形资产		
4. 递延资产		
（二）待核销基建支出	其他费用	
（三）转出投资	待抵消调整项目	该资产已体现在部门决算中，故与“交付使用资产”，冲消“待冲基建支出”、“以前年度拨款”栏目数
（四）在建工程	在建工程	
1. 建筑安装工程投资		
2. 设备投资		
3. 待摊投资		
4. 其他投资		
二、应收生产单位投资借款	待抵消调整项目	属于与行政事业单位内部抵消事项，但由于单位部门决算报表未反映该项目相应的债务，应编制调整分录：借：净资产——以前年度累积净资产，贷：应收生产单位投资借款

续表

固定资产投资决算报表项目	政府财务报表对应项目	处理方法说明
三、器材	存货	“待处理器材损失”填列其他资产，“器材”扣除“待处理器材损失”后的净额填列存货
其中：待处理器材损失	其他资产	
四、货币资金合计		
其中：银行存款	货币资金	
财政应返还额度	待抵消调整项目	与一般预算会计报表中的“暂存款”属政府内部抵消事项
其中：直接支付		
授权支付		
现金	货币资金	
有价证券	对外投资	
五、预付及应收款合计	应收款项	
1. 预付备料款		
2. 预付工程款		
3. 预付设备款		
4. 应收有偿调出器材及工程款		
5. 应收票据		
6. 其他应收款		
六、固定资产合计		
固定资产原值		政府财务报告中的固定资产是指固定资产净值，因此等于固定资产原值减去累计折旧后的净额
减：累计折旧	累计折旧	
固定资产净值	固定资产	
固定资产清理	其他资产	
待处理固定资产损失	其他资产	
资金来源		
一、基本建设拨款合计		
（一）以前年度拨款	净资产——以前年度累积净资产	
1. 中央财政性资金拨款		
2. 地方财政性资金拨款		
3. 其他拨款		
（二）本年拨款		

续表

固定资产投资决算报表项目	政府财务报表对应项目	处理方法说明
1. 中央财政性资金拨款	转移性收入/待抵消调整项目	对于各级项目，非本级财政资金拨款属于转移性收入；本级财政性资金拨款与财政支出属于内部抵消事项。按报表财政拨款数，借：本年拨款（固定资产投资决算报表）；贷：拨出经费（财政报表）
其中：中央基建拨款		
中央财政专项资金		
中央政府性基金		
国有资本经营预算		行政事业单位不填此项，故不用填列
其他	其他收入	其他收入
2. 地方财政性资金拨款	转移性收入/待抵消调整项目	对于各级项目，非本级财政资金拨款属于转移性收入；本级财政性资金拨款与财政支出属于内部抵消事项
其中：省级拨款		
地市级拨款		
县及县以下拨款		
3. 其他拨款	待抵消调整项目	将本年自筹基建拨款与部门报表中的基本建设支出抵消。按照报表中本年自筹基建拨款栏目数：借：本年自筹基建拨款（固定资产投资决算报表）贷：基本建设支出（部门报表）
（三）预收下年度财政性资金拨款		
其中：中央财政性资金	应付及预收款项	
地方财政性资金	待抵消调整项目	与应收款项相抵消
（四）本年交回结余资金（均以“-”号表示）		
1. 交中央财政	转移性收入/待抵消调整项目	交回非本级财政结余资金填入“转移性收入”；交回本级财政结余资金、交回主管部门及其他，填入“待抵消调整项目”
2. 交地方财政		
3. 交主管部门及其他		
二、项目资本	净资产——以前年度累积净资产	需要在报表附注中披露，净资产中有一部分是“法人股份”和“个人股份”，因为这里有“法人资本金”、“个人资本金”、“外商资本金”
三、项目资本公积		

续表

<table>
<tr><th>固定资产投资决算报表项目</th><th>政府财务报表对应项目</th><th>处理方法说明</th></tr>
<tr><td>四、基建借款</td><td rowspan="2">借入款项</td><td></td></tr>
<tr><td>其中：企业债券资金</td><td></td></tr>
<tr><td>五、待冲基建支出</td><td>待抵消调整项目</td><td>与“交付使用资产”和“转出投资”抵消</td></tr>
<tr><td>六、应付款合计</td><td rowspan="5">应付款项</td><td></td></tr>
<tr><td>（一）应付器材款</td><td></td></tr>
<tr><td>（二）应付工程款</td><td></td></tr>
<tr><td>（三）应付有偿调入器材及工程款</td><td></td></tr>
<tr><td>（四）应付票据</td><td></td></tr>
<tr><td>（五）应付工资及福利费</td><td>应付薪酬</td><td></td></tr>
<tr><td>（六）其他应付款</td><td rowspan="5">应付款项</td><td></td></tr>
<tr><td>七、未交款合计</td><td rowspan="4">其中有的属于应交本级财政或主管部门的款项（有的属于应交上级财政等的款项），本应进行抵消，但由于固定资产投资决算报表中没有更明细的信息反映此类款项，暂不要求对此进行抵消处理</td></tr>
<tr><td>（一）未交税金</td></tr>
<tr><td>（二）未交基建收入</td></tr>
<tr><td>（三）其他未交款</td></tr>
<tr><td>八、留成收入</td><td>净资产——以前年度累积净资产</td><td></td></tr>
</table>

七、公益性国有企业财务报表项目处理方法清单

<table>
<tr><th>公益性国有企业财务报表项目</th><th>政府综合财务报表对应项目</th><th>处理办法说明</th></tr>
<tr><td>资产类</td><td></td><td></td></tr>
<tr><td>货币资金</td><td>货币资金</td><td></td></tr>
<tr><td>应收利息</td><td>应收利息</td><td></td></tr>
<tr><td>应收股利</td><td>应收股利</td><td></td></tr>
<tr><td>应收票据</td><td rowspan="5">应收款项</td><td></td></tr>
<tr><td>应收账款</td><td></td></tr>
<tr><td>长期应收款</td><td></td></tr>
<tr><td>其他应收款</td><td></td></tr>
<tr><td>预付账款</td><td></td></tr>
</table>

续表

公益性国有企业财务报表项目	政府综合财务报表对应项目	处理办法说明
存货	存货	属于公共储备物资填入公共储备物资
交易性金融资产	对外投资	
可供出售金融资产		
持有至到期投资		
长期股权投资		
固定资产原值——累积折旧	固定资产	固定资产净值中公共基础设施资产净值填入公共基础设施净值
在建工程	在建工程	
工程物资		
无形资产	无形资产	
投资性房地产	其他资产（包括待处理资产损益、其他等）	
其他流动资产		
1 年内到期非流动资产		
固定资产减值准备		
固定资产清理		
长期待摊费用		
生产性生物资产		
油气资产		
商誉		
开发支出		
其他非流动资产		
递延所得税资产		
负债类		
短期借款	借入款项	
长期借款		
应付利息	应付利息	
应付票据	应付款项	
应付账款		
预收账款		
其他应付款		
长期应付款		
专项应付款		
应付债券		

续表

公益性国有企业财务报表项目	政府综合财务报表对应项目	处理办法说明
应付工资	应付薪酬	
应付福利费		
交易性金融负债	其他负债	应交税费、所得税支出等项目属于政府内部抵消事项，但由于国有企业财务报表未反映属哪级政府的应收款或收入，因此暂不抵消
应交税费		
应付股利		
预计负债		
1 年内到期的非流动负债		
其他流动负债		
其他非流动负债		
递延所得税负债		
净资产类		
所有净资产类项目	以前年度累计净资产	
收入类		
营业总收入	经营收入	
公允价值变动损益		
汇兑损益		
营业外收入		
投资收益	投资收益	
费用类		
营业总成本	经营支出	
营业外成本		

八、土地储备资金财务报表项目处理方法清单

土地储备资金财务报表项目	政府综合财务报表对应项目	处理方法说明
资产类		
库存现金	货币资金	
银行存款		
零余额账户用款额度		不用填列，此项目期末余额为零
财政应返还额度	待抵消调整项目	政府内部抵消事项。与一般预算会计报表中的“暂存款”相抵消，抵消额为该项目金额

续表

土地储备资金财务报表项目	政府综合财务报表对应项目	处理方法说明
应收利息	应收利息	
预付工程款	应收及预付款项	
其他应收款		
收储项目	在建工程	
待摊支出	其他资产	
负债类		
短期借款	借入款项	
长期借款		
应付利息	应付利息	
应付工程款	应付款项	
其他应付款		
应交税费	其他负债	应交税费属于政府内部抵消事项，但由于土地储备资金财务报表未反映属哪级政府的应收款或收入，因此暂不抵消
净资产类		
土地储备资金	以前年度累计净资产	
收入类		
财政拨款收入	待抵消调整项目	与拨出经费抵消
其他收入	其他收入	
费用类		
交付项目支出	待抵消调整项目	不属于费用，抵减净资产

九、国有资本变动情况表项目处理方法清单（表1）

表1　　　　**国有资产变动情况表**

项　目	行次	金额	项　目	行次	金额
一、年初国有资本及权益总额	1		三、本年国有资本及权益减少	17	
二、本年国有资本及权益增加	2		（一）经国家专项批准核销	18	
（一）国家、国有单位直接或追加投资	3		（二）无偿划出	19	
（二）无偿划入	4		（三）资产评估减少	20	
（三）资产评估增加	5		（四）清产核资减少	21	
（四）清产核资增加	6		（五）产权界定减少	22	

续表

项　目	行次	金额	项　目	行次	金额
（五）产权界定增加	7		（六）消化以前年度潜亏和挂账而减少	23	
（六）资本（股票）溢价	8		（七）因自然灾害等不可抗拒因素减少	24	
（七）接受捐赠	9		（八）因主辅分离减少	25	
（八）债权转股权	10		（九）企业按规定上缴利润	26	
（九）税收返还	11		（十）资本（股票）折价	27	
（十）补充流动资本	12		（十一）中央和地方政府确定的其他因素	28	
（十一）减值准备转回	13		（十二）经营减值	29	
（十二）会计调整	14		四、年末国有资本及权益总额	30	
（十三）中央和地方政府确定的其他因素	15		五、年末其他国有资金	31	
（十四）经营积累	16		六、年末合计国有资产总量	32	

为便于将其综合结果纳入政府综合财务报告，可以在现有《国有资产变动情况表》基础上重新整理，编制《国有产权变动分析项目表》，为调整编列长期股权投资和投资收益提供直接依据。《国有产权变动分析项目表》与《国有资产变动情况表》的项目对照及相关会计处理详见表2。

表2　《国有产权变动分析表》项目与《国有资产变动情况表》项目调整对照

《国有产权变动分析表》项目	行次	对应的《国有资产变动情况表》数据行	会计处理
一、以前年度的国有产权价值	1	1	借：对外投资 贷：净资产——以前年度累积净资产
二、因本年新增投资增加的产权价值		3+4+10+12	
其中：财政拨款投资	2	3+12	借：对外投资 贷：国有资本经营预算支出资本性支出部分
其他原因		4+10	借：对外投资 贷：净资产——以前年度累积净资产
三、因处置产权减少的产权价值	3	18+19	借：国有资本经营预算收入 贷：净资产——以前年度累积净资产
四、因本年盈利或亏损增加或减少的产权价值	4	16+13+14+9-29-24	借：对外投资 贷：投资收益
五、因上缴利润减少的产权价值	5	26	借：国有资本经营预算收入 贷：对外投资

续表

《国有产权变动分析表》项目	行次	对应的《国有资产变动情况表》数据行	会计处理
六、因其他原因增加或减少的产权价值	6	5+6+7+8+11+15-20-21-22-23-25-27-28	借：对外投资 贷：净资产——以前年度累积净资产
七、年末国有产权价值	7	30	

附录B　抵消事项清单

收支事项			
支出事项		收入事项	
报表	项目	报表	项目
一般预算会计报表、基金预算会计报表、国有资本经营预算会计报表	一般预算支出、基金预算支出、专用基金支出（不包括代列支出）	部门决算报表、固定资产投资决算报表	财政拨款、财政专户管理资金收入、当年本级财政的基建拨款
财政专户管理资金会计报表	财政专户管理资金支出（不包括代列支出）		
一般预算会计报表、基金预算会计报表、国有资本经营预算会计报表	调出资金、安排预算稳定调节基金（与预算稳定调节基金相抵消）、国有资本经营预算调出资金	一般预算会计报表、基金预算会计报表、国有资本经营预算会计报表	调入资金、调入预算稳定调节基金（与预算稳定调节基金相抵消）
固定资产投资决算报表	交回结余资金中属于本级财政的款项	一般预算会计报表、基金预算会计报表	非税收入中的的基本建设收入
财政层面内部、财政层面与单位层面之间需抵消的其他相关支出		财政层面内部、财政层面与单位层面之间需抵消的其他相关收入	

借入借出事项			
借出事项		借入事项	
报表	项目	报表	项目
一般预算会计报表、基金预算会计报表、国有资本经营预算会计报表和相关财政专户会计报表	“暂付款”、“应收款”等项目中有计息要求的款项	部门决算报表、固定资产投资决算报表	“暂存款”、“应付款”、“应付账款”等项目中有计息要求的款项

续表

应收应付事项			
应收事项		应付事项	
报表	项目	报表	项目
一般预算会计报表、基金预算会计报表、国有资本经营预算会计报表和相关财政专户会计报表	"暂付款"、"应收款"等项目中无计息要求的款项	一般预算会计报表、基金预算会计报表、国有资本经营预算会计报表和相关财政专户会计报表	"暂存款"、"其他应付款"等项目中无计息要求的款项
一般预算会计报表、基金预算会计报表、国有资本经营预算会计报表和相关财政专户会计报表	"暂付款"、"应收款"、"预拨经费"等项目中无计息要求的款项	部门决算报表、固定资产投资决算报表	"暂存款"、"应付款"、"预收下年财政性资金拨款"、"应付账款"等项目中无计息要求的款项
部门决算报表、固定资产投资决算报表	"财政应返还额度"	一般预算会计报表、基金预算会计报表、国有资本经营预算会计报表	"暂存款"

附录C 调整事项清单

政府财务报表新增事项		
项目	内容	处理说明
应收利息	反映由有价证券、借出款项（抵消后）及银行存款等计提的当期应收利息	对于银行存款计提的当年应收利息，由于部门决算报表不能反映单位银行存款的存款期限，无法计提当年应收利息，因此该项目只计提财政专户存款的应收利息
应收股利	反映国有企业应上交的利润、股利和股息	如果编制政府综合财务报告时，2011年国有资本经营预算已经编制完成，即国有企业2010年实现的利润中应上缴财政的部分已经确定，应收股利等于预算数；如果国有资本经营预算尚未确定，根据2010年国有企业利润数及上缴比例测算应收股利

续表

政府财务报表新增事项		
项目	内容	处理说明
应收款项	反映未在原报表中体现的应收款项	
应收税款	反映纳税人已申报但未缴纳税款的款项	根据纳税人申报情况，即纳税人已经申报纳税但尚未缴纳税款金额确认该项目
应收非税款	反映已发生非税征缴事项但尚未缴纳的款项	对于部分服务性收费项目，单位开具缴款书后，缴款人可以不接受相关服务且不缴纳相关费用，此类非税收入项目不应确认为应收非税款
存货	反映由政府单位管理但未在原报表中体现的存货	公共储备物资是政府财务报表存货中新增的明细项目，在最后形成政府财务报表时直接填入
对外投资	反映国有企业国有股权益和政府主权投资	中央政府持有中投公司的权益列示在“对外投资”的明细项目“政府主权投资”中
固定资产	反映由政府单位拥有或控制但未在原报表中体现的固定资产	公共基础设施是政府财务报表存货中新增的明细项目，在最后形成政府财务报表时直接填入
累计折旧	反映固定资产的折旧情况	采用平均年限法计量出截至报告期末的累计折旧金额
应付利息	反映由政府债券和借入款项等计提的应付未付利息	
应退税款	反映有关税收征缴部门应退还的税收款项	根据税务、海关、财政监察专员办等提供的政策规定或纳税人已申报且经审核应退但尚未退付的税款年末余额填列
应退非税款	反映有关非税征缴部门应退还的非税款项	根据非税收入执收单位提供的政策规定或缴款人已申请且经审核应退但尚未退付的非税款编制调整分录填列
应付薪酬	反映政府已出台薪酬调整政策但尚未支付的款项	
应付政府补助	反映政府已出台补助政策但尚未支付的款项	
政府债券	反映财政尚未兑付的债券余额	1年内到期政府债券是该项目的明细项，反映将于1年内（含1年）到期的政府债券年末余额；市县政府综合财务报告暂不反映该项目

续表

政府财务报表新增事项		
项目	内容	处理说明
其他负债	反映中央财政应付未付的共管基金	
投资收益	反映国有企业国有权益的当年收益、有价证券应收未收的当年利息收入	

附录D 固定资产折旧年限表

资产类别		年限范围（年）	参考文件
一、非公共基础设施			
房屋及构筑物		≥20	《国家税务总局关于印发〈事业单位、社会团体、民办非企业单位企业所得税征收管理办法〉的通知》（国税发［1999］65号）
专用设备、交通工具、陈列品		≥10	
一般设备、图书和其他固定资产		≥5	
二、公共基础设施			
公路	路基、桥梁、隧道	20～30	《高速公路公司财务管理办法》（财工字［1997］59号）
	水泥混凝土路面	15～30	
	沥青混凝土路面	8～20	
铁路	路基	95～100	《铁路运输企业会计核算办法》（财会［2004］4号）、《国家铁路及其控股的铁路运输企业执行〈企业会计制度〉实施办法》（铁财［2005］102号）
	道口	40～45	
	桥梁	60～65	
	其他桥涵建筑物	40～45	
	隧道	75～80	
	涵渠	50～55	
水利	钢筋混凝土闸、坝	45～55	《水利工程管理单位财务制度（暂行）》（94）财农字第397号
	土坝	30～45	
	干渠、支渠	15～25	
	隧道、涵洞	35～45	
	机井	10～20	
	港口码头	25～30	
机场	跑道及停机坪	25～30	《运输企业财务制度》（92）财工577号

附录E 固定资产投资决算报表的处理方法

一、固定资产投资决算报表中仅所有行政事业单位和公益性国有企业的报表分项合并进入本级政府综合资产负债表。

二、部门决算中原“基建决算报表”已于2011年调整为“固定资产投资决算报表”，其中“交付使用资产——固定资产”填报口径新增了购置形成的固定资产部分。因此，规定先将“交付使用资产——固定资产”年末数减去本年度购置取得的固定资产年末数，再进行相应抵消调整。其中，本年度购置取得固定资产数可从投资项目表中得到

三、将行政事业单位的固定资产投资决算报表与新的权责发生制报表对照排列（见附表E-1）

四、将行政事业单位的固定资产投资决算报表进行报表内部冲销。

冲销“交付使用资产”、“转出投资”和“待冲基建支出”。冲销做法为：

按照“交付使用资产”栏目（不分具体资产项的合计数）和“转出投资”栏目的合计数，分别冲销“待冲基建支出”、“以前年度拨款”、“企业债券资金”栏目数。冲销的分项数确定为：先全额冲销“待冲基建支出”数，剩下的余额按照“以前年度拨款”数和“企业债券资金”数各自占两者合计数的比例确定各自的冲销额。会计分录为：

借：待冲基建支出

　　以前年度拨款

　　企业债券资金

　　贷：交付使用资产

　　　　转出投资

五、将固定资产投资决算报表与其他报表重复计算项目进行抵消

1. 与财政报表的抵消。将本年各项财政拨款（不含预收下年财政拨款）与财政报表中的拨出经费抵消。按照报表中本年各项财政拨款（不含预收下年财政拨款）栏目数：

借：本年基建拨款（固定资产投资决算报表）

　　贷：拨出经费（财政报表）

2. 与部门报表的抵消。将本年自筹基建拨款与部门报表中的基本建设支出抵消。按照报表中本年自筹基建拨款栏目数：

借：本年自筹基建拨款（固定资产投资决算报表）

贷：基本建设支出（部门报表）

六、对包含基建收支的部门收支决算表进行调整

1. 对包含了基建收支的部门决算收支表的收入中的基建拨款收入进行扣除。按照各项基建拨款数（即固定资产投资决算报表中与财政报表抵消的各项财政拨款数）：

借：财政拨款（部门报表）

贷：以前年度累积净资产（部门报表）

2. 对包含了基建收支的部门决算收支表的支出中的基本建设支出进行扣除。按照与固定资产投资决算报表抵消后的基本建设支出数：

借：以前年度累积净资产（部门报表）

贷：基本建设支出（部门报表）

附表 E-1 行政事业单位固定资产投资决算报表与新权责发生制报表对照

权责发生制报表	基建决算报表（表内冲销后）	基建决算报表（表内冲销前）	备注
	资产		
货币资金	货币资金合计	货币资金合计	
借出款项			
应收利息			
应收股利			
应收款项	预付及应收款合计	预付及应收款合计	
	应收生产单位投资借款	应收生产单位投资借款	
应收税款			
应收非税款			
存货	器材（不包括待处理器材损失）	器材（不包括待处理器材损失）	
其中：公共储备物资			

续表

权责发生制报表	基建决算报表（表内冲销后）	基建决算报表（表内冲销前）	备注
资产			
对外投资	有价证券	有价证券	
其中：政府主权投资			
固定资产	固定资产净值	固定资产净值	
其中：公共基础设施资产			
在建工程	在建工程	在建工程	
无形资产			
其他资产（包括待处理资产损益、其他等）	待处理器材损失	待处理器材损失	
	固定资产清理	固定资产清理	
	待处理固定资产清理	待处理固定资产清理	
		交付使用资产*	
		转出投资*	
负债			
借入款项	基建借款	基建借款	
应付利息			应付利息统一在“基建借款”中反映，无法单独区分

续表

权责发生制报表	基建决算报表（表内冲销后）	基建决算报表（表内冲销前）	备注
负债			
应付款项	预收下年度财政性资金拨款（非本级财政拨款）***	预收下年度财政性资金拨款（非本级财政拨款）***	
	应付器材款	应付器材款	
	应付工程款	应付工程款	
	应付有偿调入器材及工程款	应付有偿调入器材及工程款	
	应付票据	应付票据	
	其他应付款	其他应付款	
	未缴款合计 ***	未缴款合计 ***	
应退税款			
应退非税款			
应付薪酬	应付工资	应付工资	
	应付福利费	应付福利费	
应付政府补助			
政府债券			
其中：1 年内到期政府债券			
其他负债	企业债券资金	企业债券资金 *	
净资产			
	以前年度拨款	以前年度拨款 *	
	项目资本	项目资本	
	项目资本公积	项目资本公积	
当期盈余		待冲基建支出 *	
以前年度累积净资产	上级拨入资金	上级拨入资金	
	留成收入	留成收入	
收入			
税收收入			

续表

权责发生制报表	基建决算报表（表内冲销后）	基建决算报表（表内冲销前）	备注
收入			
非税收入			
事业收入			
经营收入			
投资收益			
其中：国有资本经营收益			
转移性收入			
其他收入	本年拨款	本年拨款	
	其中：本年各项财政拨款（不含预收下年财政拨款）** 本年自筹基建拨款**	其中：本年各项财政拨款（不含预收下年财政拨款）** 本年自筹基建拨款**	
费用			
工资福利支出			
商品和服务支出			
对个人和家庭补助			
对企事业单位的补贴			
转移性支出			
捐赠			
折旧费用			

续表

权责发生制报表	基建决算报表 （表内冲销后）	基建决算报表 （表内冲销前）	备注
费用			
财务费用			
经营支出			
其他费用	待核销基建支出	待核销基建支出	

注：项目后标注 * 的为需要在固定资产投资决算报表内冲销的项目；项目后标注 ** 的为需要在固定资产投资决算报表与财政报表和部门预算报表冲销的项目；项目后标注 *** 的为需要在固定资产投资决算报表与财政报表和部门预算报表之间冲销、但因财政报表和部门预算报表中没有明细数据，所以暂不进行抵消的项目。

附件 2.

2011 年度权责发生制政府综合财务报告试编办法

2011 年度权责发生制政府综合财务报告试编办法

第一章　总　则

第一条　为更加全面、完整地反映政府财务状况和运营情况，规范权责发生制政府综合财务报告的编制，制定本办法。

第二条　政府综合财务报告目标是向报告使用者提供与本级政府整体财务状况和运营情况等有关的信息，反映政府受托责任履行情况。

第三条　政府综合财务报告主要包括：

（一）政府财务报表；

（二）政府财务报表附注；

（三）政府财政经济状况；

（四）政府财政财务管理情况。

政府财务报表包括资产负债表（附录A）和收入费用表（附录B）。

政府财务报表附注主要说明政府财务报表包含的主体范围，表内项目的列报方法和明细内容，未在政府财务报表中列报但对政府财务状况有重大影响的事项，以及其他需要说明的事项。

政府财政经济状况主要以政府财务报表为依据，结合国民经济形势，分析政府财务状况、运营情况，以及财政中长期可持续性等。

政府财政财务管理情况主要反映政府财政财务管理的政策要求、主要措施和取得的成效等。

第四条 政府综合财务报告以权责发生制为基础编制。

第五条 政府财务报表项目的计量，原则上采用历史成本，在无法取得历史成本的情况下，可采用重置成本、可变现净值等进行计量。

第六条 政府综合财务报告的合并范围包括本级政府财政，行政单位、事业单位、社会团体，主要从事公益性项目融资、建设或运营任务的国有或国有控股企业（以下简称“公益性国有企业”）、土地储备资金。除公益性国有企业外，其他国有或国有控股企业（以下简称“非公益性国有企业”）、物资储备资金等，只将其国有权益或净资产的有关项目列入政府综合财务报告。

第七条 编制政府财务报表，应以一般预算会计报表、基金预算会计报表、国有资本经营预算会计报表、财政专户会计报表（包括农业综合开发财政专户会计报表、国际金融组织贷款转贷会计报表、外国政府贷款转贷会计报表、财政专户管理资金会计报表等），部门决算报表，固定资产投资决算报表，公益性国有企业财务会计决算报表，土地储备资金财务报表，非公益性国有企业财务会计决算报表，物资储备资金财务报表等为基础，结合相关财务资料，根据经济事项实质进行抵消、调整、合并。

（一）一般预算会计报表、基金预算会计报表、国有资本经营预算会计报表、财政专户会计报表、部门决算报表、固定资产投资决算报表、公益性国有企业财务会计决算报表、土地储备资金财务报表，应进行分项合并：

1. 对于不涉及内部交易的原报表项目，将项目金额直接加总后列入政府财务报表相应项目；

2. 对于涉及内部交易的原报表项目，在对相关项目进行抵消处理后，将项目金额加总列入政府财务报表相应项目；

3. 对于按权责发生制应确认但未在原报表中反映的项目，以及已在原报表中反映但应按本办法要求予以调整的项目，在进行调整处理后，列入政府财务报表相应项目。

（二）非公益性国有企业财务会计决算报表、物资储备资金财务报表，按权益法将国有权益或净资产列入政府财务报表相应项目。

（三）对于抵消事项、调整事项，应编制抵消分录、调整分录。

（四）政府财务报表列报币种为人民币，相关报表中的外币应按照年末汇率折算为人民币。

（五）政府财务报表中各项目的列报方法应在相关会计期间保持一致，不得随意变更。

第八条 编制政府综合财务报告工作由各级财政部门组织实施。各部门、各单位按财政部门要求做好相关工作。

（一）财政部门负责：（1）编制一般预算会计报表、基金预算会计报表、国有资本经营预算会计报表和财政专户会计报表等。（2）将上述报表与部门决算报表、固定资产投资决算报表、公益性国有企业财务会计决算报表、土地储备资金财务报表等进行抵消、调整、合并。（3）撰写政府财务报表附注、政府财政经济状况、政府财政财务管理情况，形成政府综合财务报告。

（二）行政单位、事业单位、社会团体负责：（1）编报本部门（单位）的部门决算报表、固定资产投资决算报表。（2）编报本部门（单位）存货明细报表（附件3）、固定资产明细报表（附件4）等。（3）国家物资储备局和地方土地储备中心还应分别编报物资储备资金财务报表和土地储备资金财务报表。

（三）公益性和非公益性国有企业负责编报本企业财务会计决算报表等。

（四）试编阶段，除另有规定外，行政单位、事业单位、社会团体暂不报送权责发生制单位财务报告。

第九条 试编地区应以本级政府财政部门正式文件上报政府综合财务报告。

第二章　资产负债表

第十条 资产负债表反映政府年末财务状况，按照资产、负债和净资产分类分项列示。

第一节　资　　产

第十一条 资产是政府过去交易或事项形成并由其拥有或控制的资源，该资源预期会导致政府服务潜能增加或经济利益流入。

第十二条 符合本办法第十一条规定的资产定义的资源，在同时满足以下条件时，确认为资产：

（一）与该资源有关的服务潜能很可能增加、经济利益很可能流入；

（二）该资源的成本或价值能够可靠计量。

第十三条 资产包括货币资金、借出款项、应收利息、应收股利、应收及预付款项、应收税款、应收非税款、存货、对外投资、固定资产、在建工程、无形资产、其他资产等项目。

第十四条 货币资金，反映政府拥有的现金、银行存款及其他货币资金的年末金额。根据一般预算会计报表、基金预算会计报表、国有资本经营预算会计报表、财政专户会计报表、部门决算报表、固定资产投资决算报表、公益性国有企业财务会计决算报表、土地储备资金财务报表中的国库存款、其他财政存款、在途款、库存现金、银行存款、货币资金等项目的年末余额直接加总填列。

第十五条 借出款项，反映政府尚未收回的各类借出款项的年末余额。根据一般预算会计报表、基金预算会计报表、国有资本经营预算会计报表、财政专户会计报表中的有偿资金放款、委托贷款、借出有偿资金、应收统借自还款、国家统借统还款、应收本金、应收联合融资款等项目，应收垫付款项目中的应收本金，暂付款、应收款等项目中有计息要求的款项，以及未在上述报表中反映的借出款项的年末余额分析加总填列。

对于未在上述报表中反映的借出款项，应编制调整分录，借记“借出款项”，贷记“净资产——以前年度累积净资产”。

第十六条 应收利息，反映政府借出款项、债券投资、银行存款等产生的应收未收利息年末余额。根据财政专户会计报表、公益性国有企业财务会计决算报表、土地储备资金财务报表中的应收款、应收利息、应收汇兑风险损益、应收承诺费等项目，应收垫付款项目中的应收利息和承诺费，以及根据财政持有的有价证券，进行抵消后的借出款项等所计提的应收利息年末余额分析加总填列。

对于根据借出款项和债券等计提的应收未收利息，按照以下方法编制调整分录：

（一）以前年度累计应收未收利息，借记“应收利息”，贷记“净资产——以前年度累积净资产”；

（二）当年应收未收利息中，根据相关借出款项、银行存款等计提的，借记“应收利息”，贷记“其他收入”；根据债券计提的，借记“应收利息”，贷记

"投资收益"。

第十七条 应收股利，反映政府股权投资产生的应收未收利润、现金股利和股息年末余额。根据公益性国有企业财务会计决算报表中的应收股利，以及非公益性国有企业应上缴利润、股利和股息等年末余额分析加总填列。按照报告期末累计应收未收股利，借记"应收股利"，贷记"净资产——以前年度累积净资产"。

第十八条 应收及预付款项，反映政府各种应收及预付款项的年末余额。根据一般预算会计报表、基金预算会计报表、国有资本经营预算会计报表、财政专户会计报表、部门决算报表、固定资产投资决算报表、公益性国有企业财务会计决算报表、土地储备资金财务报表中的与下级往来、借出周转款、应收串换款、已生效未提取贷款、应收票据、应收账款、长期应收款、其他应收款、预付账款等项目，暂付款、应收款等项目中无计息要求的款项，以及未在上述报表中反映的应收款项的年末余额分析加总填列。

对于未在上述报表中反映的应收及预付款项，按照以下方法编制调整分录：

（一）不属于当年收入的，借记"应收及预付款项"，贷记"净资产——以前年度累积净资产"；

（二）属于当年收入的，借记"应收及预付款项"，贷记"其他收入"。

第十九条 应收税款，反映政府应收未收的各种税收收入的年末余额。根据税务、海关等部门提供的应收未收税收收入年末余额分析加总填列。

对于应收未收税收收入，按照以下方法编制调整分录：

（一）应收未收以前年度税收收入，借记"应收税款"，贷记"净资产——以前年度累积净资产"；

（二）应收未收当年税收收入，借记"应收税款"，贷记"税收收入"。

第二十条 应收非税款，反映政府应收未收的各种非税收入的年末余额。根据非税收入执收单位提供的应收未收非税收入年末余额分析加总填列。

对于应收未收非税收入，按照以下方法编制调整分录：

（一）应收未收以前年度非税收入，借记"应收非税款"，贷记"净资产——以前年度累积净资产"；

（二）应收未收当年非税收入，借记"应收非税款"，贷记"非税收入"。

第二十一条 存货，反映政府存货价值年末余额，包括各类库存物资和在途物资等。根据部门决算报表、固定资产投资决算报表、公益性国有企业财务会计决算报表，土地储备资金财务报表中的库存材料、材料、产成品、存货、受托代理资产、器材等项目，物资储备资金财务报表中的净资产，以及政府单位拥有或控制但未在上述报表中反映的相关存货价值等年末余额分析加总填列。

其中，公共储备物资，反映政府存货中用于维护国家战略安全、经济安全和应对突发事件等有特定用途物资价值的年末余额，如石油、稀有金属、粮食、棉花、药品等，不包括政府仅给予财政补贴而不拥有或控制的物资。根据已在部门决算报表中反映和政府单位拥有或控制但未在部门决算报表中反映的公共储备物资价值，以及物资储备资金财务报表中净资产的年末余额分析加总填列。

对于政府单位拥有或控制但未在上述报表中反映的相关存货以及物资储备资金财务报表中净资产，编制调整分录，借记“存货”（属于公共储备物资的，应借记“存货——公共储备物资”），贷记“净资产——以前年度累积净资产”。

第二十二条 对外投资，反映政府以有价证券和其他形式进行投资的年末余额，包括各种股权投资、债券投资等。根据一般预算会计报表、基金预算会计报表、国有资本经营预算会计报表、财政专户会计报表、部门决算报表、固定资产投资决算报表、公益性国有企业财务会计决算报表中的有价证券、缴付国际金融组织股本、对外投资、短期投资、长期投资、交易性金融资产、可供出售金融资产、持有至到期投资、长期股权投资等项目等年末余额，以及非公益性国有企业财务会计决算报表中的国有资本及权益项目分析填列。

其中，政府主权投资，反映中央政府持有相关国际金融组织股权和主权投资公司股权等的价值。根据国际金融组织贷款转贷会计报表中的缴付国际金融组织股本、主权投资公司财务报告中的所有者权益年末余额加总填列。

对于非公益性国有企业的国有股权，应编制调整分录，借记“对外投资”（属于政府主权投资的，借记“对外投资——政府主权投资”），贷记“净资产——以前年度累积净资产”和“投资收益”。

第二十三条 固定资产，反映政府的房屋、建筑物、设备等固定资产的净值，根据固定资产原值与累计折旧差额填列。

其中，公共基础设施，反映政府用于直接向社会提供相关公共服务的固定资产价值，包括公路、水利、市政设施等。根据公共基础设施原值与公共基础设施累计折旧差额填列。

（一）固定资产原值，反映固定资产原始账面价值，根据部门决算报表、固定资产投资决算报表、公益性国有企业财务会计决算报表中的固定资产、固定资产原值，以及相关政府单位提供的，其拥有或控制但未在上述报表反映的固定资产的原值等分析加总计算得到。固定资产原值计量，原则上应采用历史成本；相关资料不齐全的，也可采用重置成本。

其中，公共基础设施原值，根据已在部门决算报表、固定资产投资决算报表、公益性国有企业财务会计决算报表中反映以及单位拥有或控制但未在上述报表中反映的公共基础设施的原值等，分析加总计算得到。

对于政府单位拥有或控制但未在上述报表反映的固定资产（公共基础设施）原值，应编制调整分录：借记“固定资产原值”（属于公共基础设施的，应借记“固定资产原值——公共基础设施资产原值”），贷记“净资产——以前年度累积净资产”。

（二）固定资产累计折旧，反映固定资产在使用过程中累计消耗的价值，根据部门决算报表、固定资产投资决算报表、公益性国有企业财务会计决算报表中的累计折旧，以及相关政府单位提供的未在上述报表反映的固定资产累计折旧等，分析加总计算得到。

其中，公共基础设施累计折旧，根据已在部门决算报表、固定资产投资决算报表、公益性国有企业财务会计决算报表中反映和未在上述报表反映的公共基础设施累计折旧等，分析加总计算得到。固定资产累计折旧的计量，采用平均年限法。

对于未在上述报表反映的固定资产累计折旧，按照以下方法编制调整分录：

1. 以前年度累计折旧，借记“净资产——以前年度累积净资产”，贷记“固定资产累计折旧”（属于公共基础设施的，应贷记“固定资产累计折旧——公共基础设施累计折旧”）；

2. 当年折旧，借记“折旧费用”，贷记“固定资产累计折旧”（属于公共基础设施的，应贷记“固定资产累计折旧——公共基础设施累计折旧”）。

第二十四条 在建工程，反映政府尚未完工的固定资产建造、基建工程、安装工程等的价值。根据部门决算报表、固定资产投资决算报表、公益性国有企业财务会计决算报表中的在建工程、工程物资等相关项目年末余额加总填列。

第二十五条 无形资产，反映政府拥有的不具有实物形态的非货币性长期资产的价值，包括专利权、非专利技术、商标权、著作权、商誉等。根据部门决算报表、公益性国有企业财务会计决算报表中的无形资产年末余额加总填列。

第二十六条 其他资产，反映政府除上述资产以外其他方面的资产。根据一般预算会计报表、基金预算会计报表、国有资本经营预算会计报表、财政专户会计报表、部门决算报表、固定资产投资决算报表、公益性国有企业财务会计决算报表、土地储备资金财务报表中的待处理有偿资金、固定资产减值准备、固定资产清理、待处理固定资产净损失、递延税款借项、文物文化资产、待处理器材损失、待核销基建支出、转出投资、待处理固定资产清理、投资性房地产、其他流动资产、一年内到期非流动资产、长期待摊费用、生产性生物资产、油气资产、开发支出、其他非流动资产、递延所得税资产、收储项目、待摊支出、其他等相关项目的年末余额加总填列。

第二节 负　　债

第二十七条　负债是政府因过去交易或事项形成的现时义务，履行该义务预期会导致政府服务潜能减少或经济利益流出。

第二十八条　符合本办法第二十七条规定的义务，在同时满足以下条件时，确认为负债：

（一）与该义务有关的服务潜能很可能减少、经济利益很可能流出；

（二）未来减少的服务潜能或流出的经济利益能够可靠计量。

第二十九条　负债包括借入款项、应付利息、应付及预收款项、应退税款、应退非税款、应付薪酬、应付政府补助、政府债券、其他负债等。

第三十条　借入款项，反映政府向银行和相关机构等借入且尚未偿付的各种借款本金。根据一般预算会计报表、基金预算会计报表、国有资本经营预算会计报表、财政专户会计报表、部门决算报表、固定资产投资决算报表、公益性国有企业财务会计决算报表、土地储备资金财务报表中的借入有偿资金、应付本金、贷款协定总额、借入款项、短期借款、长期借款、基建借款等项目，以及暂存款项目中有计息要求款项和单位提供的长期负债中有计息要求款项的年末余额分析加总填列。

对于未在上述报表中反映的借入款项，应编制调整分录，借记“净资产——以前年度累积净资产”，贷记“借入款项”。

第三十一条　应付利息，反映政府借入款项和发行债券产生且尚未偿付的利息。根据财政专户会计报表、公益性国有企业财务会计决算报表、土地储备资金财务报表中的应付利息、应付承诺费、应付汇兑风险损益等项目，以及根据政府债券和进行抵消处理后的借入款项等计提的应付利息年末余额分析加总填列。

对于根据政府债券和借入款项等计提的应付未付利息，按照以下方法编制调整分录：

（一）以前年度累计应付未付利息，借记“净资产——以前年度累积净资产”，贷记“应付利息”；

（二）当年应付未付利息，借记“财务费用”，贷记“应付利息”。

第三十二条 应付及预收款项，反映政府承担的各种应付及预收性质款项的年末余额。根据一般预算会计报表、基金预算会计报表、国有资本经营预算会计报表、财政专户会计报表、部门决算报表、固定资产投资决算报表、公益性国有企业财务会计决算报表、土地储备资金财务报表中的与上级往来、其他应付款、提前回收贷款、借入周转款、应付串换款、预算周转款、应付人行款、应付票据、应付账款、预收账款、预收下年度财政性资金拨款、应付器材款、应付工程款、应付有偿调入器材及工程款、未交款合计、其他应付款、长期应付款、专项应付款、应付债券等项目，以及暂存款中无计息要求款项的年末余额分析加总填列。

对于未在上述报表中反映的应付及预收款项，按照以下方法编制调整分录：

（一）不属于当年费用的，借记“净资产——以前年度累积净资产”，贷记“应付及预收款项”；

（二）属于当年费用的，借记“其他费用”，贷记“应付及预收款项”。

第三十三条 应退税款，反映政府应退未退税收资金的年末余额。根据税务、海关等部门提供的应退未退税收资金年末余额填列。

对于应退未退税收资金，按照以下方法编制调整分录：

（一）应退未退以前年度税收资金，借记“净资产——以前年度累积净资产”，贷记“应退税款”；

（二）应退未退当年税收资金，借记“税收收入”，贷记“应退税款”。

第三十四条 应退非税款，反映政府年末应退未退的各种非税收入。根据非税收入执收单位提供的应退未退非税资金年末余额填列。

对于应退未退非税资金，按照以下方法编制调整分录：

（一）应退未退以前年度非税资金，借记“净资产——以前年度累积净资产”，贷记“应退非税款”；

（二）应退未退当年非税资金，借记“非税收入”，贷记“应退非税款”。

第三十五条 应付薪酬，反映按政策规定，政府应付未付在职人员各类薪酬和离退休人员离退休费等的年末余额。根据部门决算报表、固定资产投资决算报表、公益性国有企业财务会计决算报表中的应付工资（离退休费）、应付地方（部门）津贴补贴、应付其他个人收入、应付福利费等项目，以及政府已出台薪酬调整政策但尚未支付款项的年末余额分析加总填列。

对于政府已出台薪酬调整政策但尚未支付的款项，按照以下方法编制调整

分录:

(一)应付以前年度薪酬,借记“净资产——以前年度累积净资产”,贷记“应付薪酬”;

(二)应付当年薪酬,借记“工资福利支出”或“对个人和家庭的补助”,贷记“应付薪酬”。

第三十六条 应付政府补助,反映政府相关政策规定应支付给企业(不包括公益性国有企业)、个人或家庭,但年末尚未支付的补助款项。根据相关政府部门提供的应付未付政府补助款年末余额加总填列。按照以下方法编制调整分录:

(一)应付以前年度政府补助款,借记“净资产——以前年度累积净资产”,贷记“应付政府补助”;

(二)应付当年政府补助款,借记“对企事业单位的补贴”、“对个人和家庭的补助”等,贷记“应付政府补助”。

第三十七条 政府债券,反映政府发行且尚未兑付的各种债券年末余额。根据财政部门记录的以本级政府名义发行且尚未兑付债券余额填列。

其中,1年内到期政府债券,反映将于1年内(含1年)到期的政府债券年末余额。根据财政部门记录的将于1年内到期且尚未兑付的政府债券余额填列。

对于尚未兑付的政府债券,应编制调整分录,借记“净资产——以前年度累积净资产”,贷记“政府债券”(属于1年内到期政府债券,贷记“政府债券——1年内到期政府债券”)。

第三十八条 其他负债,反映政府除上述负债以外其他方面的负债。根据部门决算报表、公益性国有企业财务会计决算报表中的其他流动负债、递延税款贷项、其他长期负债、受托代理负债、交易性金融负债、应交税费、应付股利、预计负债、1年内到期的非流动负债、其他流动负债、其他非流动负债、递延所得税负债等项目的年末余额直接加总填列。

第三节 净 资 产

第三十九条 净资产是政府资产扣除负债后的差额。

第四十条 净资产包括当期盈余和以前年度累积净资产。

第四十一条 当期盈余,反映政府当年收入减去费用后的净额。根据政府财务报表年末收入与费用的差额填列。

第四十二条 以前年度累积净资产,反映政府在报告年度之前的历年滚存结余。根据政府财务报表资产负债差额减去当期盈余后的净额填列。

第三章 收入费用表

第四十三条 收入费用表反映政府当年运营情况，按照收入和费用分类分项列示。

第一节 收 入

第四十四条 收入是政府在日常活动中形成的、会导致净资产增加的服务潜能总增加或经济利益总流入。

第四十五条 符合本办法第四十四条规定的服务潜能增加或经济利益流入，在同时满足以下条件时，确认为收入：

（一）服务潜能很可能增加或经济利益很可能流入；

（二）服务潜能的增加额或经济利益的流入额能够可靠计量。

第四十六条 收入应当按照活动性质分项列示，包括税收收入、非税收入、事业收入、经营收入、投资收益、政府间转移性收入和其他收入。

第四十七条 税收收入，反映政府税收收入当年发生净额。根据一般预算会计报表中的税收收入和税务、海关等部门提供的应收未收当年税收收入，与应退未退当年税收资金、收到属期非本年度的税收资金之间的差额分析填列。

第四十八条 非税收入，反映政府非税收入当年发生净额。根据一般预算会计报表一般预算收入中相关非税收入（不含有价证券利息收入），基金预算会计报表、财政专户会计报表中的基金预算收入，非税收入执收单位提供的应收未收当年非税收入，与应退未退当年非税资金和收到属期非本年度非税资金之间的差额分析填列。

第四十九条 事业收入，反映政府开展专业业务活动向服务对象收取的款项。根据财政专户会计报表中的财政专户管理资金收入、部门决算报表中的事业收入分析加总填列。

第五十条 经营收入，反映政府开展经营业务活动所取得的收入，包括销售商品收入、提供服务收入等。根据部门决算报表、公益性国有企业财务会计决算报表中的经营收入、营业总收入、营业外收入本年发生净额加总填列。

第五十一条 投资收益，反映政府相关投资取得的收益或发生的损失。根据公益性国有企业财务会计决算报表中的投资收益，非公益性国有企业财务会计决算报表中因国有资本经营损益导致国有资本及权益当年变动部分，一般预算会计报表的非税收入中有价证券利息收入以及根据有价证券计提的应收未收当年利息收入本年发生净额分析填列。

第五十二条 政府间转移性收入，反映本级政府取得其他级次政府提供的各类款项，包括上级补助收入、下级上解收入等。根据一般预算会计报表、基金预算会计报表、国有资本经营预算会计报表、财政专户会计报表、部门决算报表中的补助收入、上解收入、拨入上级财政资金、乡级财政缴入资金、上级补助收入、附属单位缴款、非本级财政拨款等项目本年发生净额分析加总填列。

第五十三条 其他收入，反映政府除税收收入、非税收入、事业收入、经营收入、政府间转移性收入之外取得其他方面的收入。根据一般预算会计报表、基金预算会计报表、国有资本经营预算会计报表、财政专户会计报表、部门决算报表、土地储备资金财务报表中的其他收入、资金占用费收入、补贴收入、利息收入等相关项目，以及根据借出款项计提的当年应收未收利息收入等本年发生净额分析加总填列。

第五十四条 一般预算会计报表中的调入资金、调入预算稳定调节基金，部门决算报表中的财政拨款、事业单位财政专户管理资金，土地储备资金财务报表中的财政拨款收入等，是政府内部交易事项，应进行抵消处理，不在政府财务报表的收入中反映。

一般预算会计报表中的债务收入、债务转贷收入等，按照权责发生制原则不属于收入，不在政府财务报表的收入中反映。

国有资本经营预算会计报表中的国有资本经营预算收入，其利润收入、股利和股息收入是报告年度之前年份应收国有资本经营收益所对应的现金流入，产权转让收入、清算收入等属于资产交易，按照权责发生制原则都不属于收入，不在政府财务报表的收入中反映。

第二节 费　　用

第五十五条 费用是政府为提供公共产品和公共服务所发生的、会导致净资产减少的服务潜能总减少或经济利益总流出。

第五十六条 符合本办法第五十五条规定的服务潜能减少或经济利益流出，在同时满足以下条件时，确认为费用：

（一）服务潜能很可能减少或经济利益很可能流出；

（二）服务潜能的减少额或经济利益的流出额能够可靠计量。

第五十七条 费用应按政府活动经济性质分为工资福利支出、商品和服务支出、对个人和家庭补助支出、对企事业单位补贴、政府间转移性支出、捐赠支出、折旧费用、财务费用、经营性支出和其他支出。

第五十八条 工资福利支出，反映政府当年应支付给在职职工和编制外长期聘用人员的各类劳动报酬和福利，包括基本工资、津贴补贴、社会保障缴费等。根据部门决算报表中的工资福利支出，财政部门代列的工资福利支出，以及政府已出台工资福利调整政策但尚未支付的工资福利等本年发生净额分析加总填列。

第五十九条 商品和服务支出，反映政府购买商品和服务发生的各类支出，包括办公费、差旅费、招待费等。根据部门决算报表中的商品和服务支出，财政部门代列的商品和服务支出等本年发生净额分析加总填列。

第六十条 对个人和家庭的补助，反映政府用于对个人和家庭的补助支出，包括离休费、退休费、医疗费、住房公积金等。根据部门决算报表中对个人和家庭的补助支出，财政部门代列的对个人和家庭的补助支出，以及政府已出台对个人和家庭补助调整政策但尚未支付的补助款项等本年发生净额分析加总填列。

第六十一条 对企事业单位的补贴，反映政府对未进入部门决算编报范围的企业和事业单位的各类补贴。根据部门决算报表中的对企事业单位的补贴支出，财政部门代列的对企事业单位补贴支出，以及政府已出台对企事业单位的补贴调整政策但尚未支付的补贴款项等本年发生净额分析加总填列。

第六十二条 政府间转移性支出，反映本级政府支付给上下级政府或其他政府的款项。根据一般预算会计报表、基金预算会计报表、国有资本经营预算会计报表、财政专户会计报表、部门决算报表中的补助支出、上解支出、补助下级支出、上缴上级支出、对附属单位补助支出等本年发生净额分析加总填列。

第六十三条 捐赠支出，反映政府援助非政府社会组织、交纳国际组织会费等方面的支出。根据财政代列支出中的捐赠支出，以及部门决算报表中的赠与等本年发生净额分析加总填列。

第六十四条 折旧费用，反映政府固定资产、公共基础设施资产当年的折旧费用。根据政府财务报表累计折旧项目年初数与年末数的差额分析填列。

第六十五条 财务费用，反映政府有偿使用相关资金而支付的费用。根据一般预算会计报表、基金预算会计报表、国有资本经营预算会计报表、财政专户会计报表、部门决算报表中的发行费支出、资金占用费支出，一般预算支出中相关债务利息支出、国内外债务发行费支出等，以及计提的当年应付未付利息支出等相关项目分析加总填列。

第六十六条 经营支出，反映政府相关经营活动发生的支出。根据部门决算报表、公益性国有企业财务会计决算报表中的经营支出、营业总成本、营业外成本、交纳所得税等项目分析加总填列。

第六十七条 其他费用，反映未在以上项目中列示的其他支出事项。根据财政专户会计报表、部门决算报表中的其他支出等相关项目分析加总填列。

第六十八条 一般预算会计报表、基金预算会计报表、国有资本经营预算会计报表、财政专户会计报表中的一般预算支出、基金预算支出、专用基金支出等项目中支付给政府单位的款项，以及调出资金、国有资本经营预算调出资金等项目，属于政府内部交易事项，应予以抵消，不反映在政府财务报表费用项目中。

一般预算会计报表、基金预算会计报表、国有资本经营预算会计报表、部门决算报表中的债务还本支出、债务转贷支出、贷款转贷支出、产权参股支出、其他贷款转贷及产权参股支出、基本建设支出、其他资本性支出等，按照权责发生制不属于费用，不反映在政府财务报表费用项目中。

第四章 政府财务报表附注

第六十九条 政府财务报表附注主要包括：（1）报表包含的主体范围；（2）报表项目依据的会计政策和使用的具体会计方法；（3）未在报表中列示但对政府财务状况有重大影响的项目；（4）相关报表项目的明细信息等；（5）其他需要说明的事项。

第七十条 国际货币性资产，反映国家持有并可以随时兑换成外国货币的资产，包括外汇、货币黄金、存放在国际货币基金组织等国际金融组织的储备头寸和特别提款权等。根据人民银行资产负债表中国外资产项目年末余额列示，同时注明该资产对应的人民币负债。

第七十一条 公共自然资源，反映政府拥有的公共自然资源（包括矿产、土地、森林、草原等）的实物数量。根据相关公共自然资源管理单位提供的公共自然资源实物数量予以反映。

第七十二条 政府职工养老金负债，反映政府需在未来一定时期内支付政府职工养老金的现值。根据相关方面提供的测算数据列示。

第七十三条 社会保险基金，反映社会保险基金收入支出以及社会保险负债精算等相关情况，根据社会保险基金决算及相关方面提供的测算数据列示。

第七十四条 或有负债，反映政府未决诉讼或仲裁、为其他单位提供债务担保等事项预计对政府财务状况产生的影响。根据相关方面提供的情况分析列示。

第七十五条 货币资金项目的明细信息按货币资金的具体构成分别列示。具体列示格式见《货币资金明细表》(附录E)。

第七十六条 借出款项项目的明细信息按借出款项的期限分别列示，具体列示格式见《借出款项明细表》(附录F)。

第七十七条 应收利息项目的明细信息按产生利息的来源分别列示，具体列示格式见《应收利息明细表》(附录G)。

第七十八条 应收股利项目的明细信息按来源分别列示，具体列示格式见《应收股利明细表》(附录H)。

第七十九条 应收及预付款项项目的明细信息按主体分别列示，具体列示格式见《应收及预付款项明细表》(附录I)。

第八十条 对外投资项目的明细信息按投资类型分别列示，具体列示格式见《对外投资明细表》(附录J)。

第八十一条 借入款项目明细信息按借款期限分别列示，具体列示格式见《借入借款明细表》(附录K)。

第八十二条 公益性国有企业负债的明细信息按项目分别列示。具体列示格式见《公益性国有企业负债明细表》(附录L)。

第八十三条 应付利息项目的明细信息应按来源分别列示。具体列示格式见《应付利息明细表》(附录M)。

第八十四条 应付及预收款项项目的明细信息按主体分别列示，具体列示格式见《应付及预收款项明细表》(附录N)。

第八十五条 政府债券项目明细信息按偿还期限分别列示，具体列示格式见《政府债券明细表》(附录O)。

第八十六条 应付政府补助项目的明细信息按补贴对象分别列示，具体列示格式见《应付政府补助明细表》(附录P)。

第八十七条 应收应退（非）税款项目的明细信息按类型分别列示，具体列示格式见《应收应退（非）税款明细表》(附录Q)。

第八十八条 投资收益项目的明细信息按主体分别列示，具体列示格式见《投资收益明细表》(附录R)。

第五章 政府财政经济状况

第八十九条 政府财政经济状况的内容主要包括：

（一）分析政府财务状况和运营情况；

（二）比较收付实现制下预算收入支出与权责发生制下政府收入费用的差异；

（三）分析财政中长期可持续性；

（四）分析其他有关方面的内容。

第九十条 分析政府资产和债务相关情况。

（一）结合政府公共投资、储备物资调控政策、国有企业改革与发展情况等，分析政府资产的特点。

（二）结合国债政策、政府融资平台、公务人员离退休政策、社会保障政策等，分析政府债务的特点。

第九十一条 分析政府收入和费用相关情况，比较收付实现制下预算收支与权责发生制下政府收入费用的差异。

（一）结合本地区经济运行、相关行业发展、税收政策、收费政策等，分析政府收入的特点，并比较收付实现制下预算收入与权责发生制下政府收入的差异。

（二）结合社会事业政策、政府行政运行、政府融资情况等，分析政府费用的特点，比较收付实现制下预算支出与权责发生制下政府费用的差异。

第九十二条 基于当前政府财政财务状况和运营情况的分析，结合本地区经济形势、经济社会发展规划、财政体制、财税政策、人口结构、公务员离退休政策、社会保障政策等，分析政府财政财务运行走势，预测财政中长期可持续性。

第六章 政府财政财务管理情况

第九十三条 政府财政财务管理情况，主要反映政府财政财务管理政策要求、主要措施和取得成效等有关情况。

（一）反映政府预算编制管理、预算执行管理、财政监督管理、决算管理等方面的政策要求、主要措施和取得的成效；

（二）反映政府资产管理、债务管理等方面的政策要求、主要措施和取得的成效；

（三）反映政府收入管理、支出管理等方面的政策要求、主要措施和取得的成效；

（四）反映政府财务制度建设完善情况，以及政府单位执行相关财务制度的情况。

第七章　附　　则

第九十四条　本办法由财政部负责解释。

第九十五条　本办法自发布之日起实施。

第九十六条　政府综合财务报告仅供财政部门内部参考使用，不作为审计依据，也不对外披露。

附录：A. 资产负债表

B. 收入费用表

C. 存货明细表

D. 固定资产明细表

E. 货币资金明细表

F. 借出款项明细表

G. 应收利息明细表

H. 应收股利明细表

I. 应收及预付款项明细表

J. 对外投资明细表

K. 借入款项明细表

L. 公益性国有企业负债明细表

M. 应付利息明细表

N. 应付及预收款项明细表

O. 政府债券明细表

P. 应付政府补助明细表

Q. 应收应退（非）税款明细表

R. 投资收益明细表

附录 A.

资 产 负 债 表

名称：　　　　　　　　　　年　　月　　日　　　　　　　　　　单位：万元

资产部类	附注索引号	年末数	负债部类	附注索引号	年末数
一、资产类			二、负债类		
货币资金			借入款项		
借出款项			应付利息		
应收利息			应付及预收款项		
应收股利			应退税款		
应收及预付款项			应退非税款		
应收税款			应付薪酬		
应收非税款			应付政府补助		
存货			政府债券		
其中：公共储备物资			其他负债		
对外投资			负债合计		
固定资产					
其中：公共基础设施			三、净资产类		
在建工程			当期盈余		
无形资产			以前年度累积净资产		
其他资产			净资产合计		
资产合计			负债净资产合计		

附录 B.

收入费用表

名称：　　　　　　　　　　　　　年　　月　　日　　　　　　　　　　　　单位：万元

项目	附注索引号	本年累计数
一、收入类		
税收收入		
非税收入		
事业收入		
经营收入		
投资收益		
政府间转移性收入		
其他收入		
收入合计		
二、费用类		
工资福利支出		
商品和服务支出		
对个人和家庭的补助		
对企事业单位的补贴		
政府间转移性支出		
捐赠支出		
折旧费用		
财务费用		
经营支出		
其他费用		
费用合计		

附录 C.

存货明细表

单位：万元

种类	数量及单位	价值
公共储备物资		
粮食		
食用油		
棉花		
糖		
肉		
救灾		
其中：防汛抗旱物资		
……		
其他		

附录 D.

固定资产明细表

单位：万元

资产类别		年初数			年末数		
		资产原值	累计折旧	资产净值	资产原值	累计折旧	资产净值
一、非公共基础设施							
房屋及构筑物							
通用设备							
专用设备							
交通运输设备							
电气设备							
电子产品及通信设备							
仪器仪表及其他							
文艺体育设备							
图书文物及陈列品							
家具用具及其他							
二、公共基础设施							
公路	高速公路						
	一级						
	二级						
	二级以下						
铁路							
水利							
港口码头泊位数							
机场数							
电力							
市政公共基础设施工程	道路						
	桥梁						
	隧道						
	广场						
	公交						
	排水						
	供水						
	供气						
	供热						
	污水处理						
	垃圾处理						
	其他						
其他公共基础设施							

注：该表由政府综合财务报告合并范围的政府单位（行政单位、事业单位、社会团体）填报，包括其拥有或控制的所有固定资产。

附录 E.

货币资金明细表

单位：万元

构成 主体	现金	国库存款	银行存款	其他货币资金	合计
财政					
政府单位		—			
合计					

附录 F.

借出款项明细表

单位：万元

到期时限 主体	1 年内（含 1 年）	1 年以上	合计
财政			
政府单位			
合计			

附录 G.

应收利息明细表

单位：万元

来源 主体	借出款项	债券投资	银行存款	合计
财政				
政府单位				
合计				

附录H.

应收股利明细表

单位：万元

对象	金额
政府直接管理的非公益性国有企业	
政府单位管理的非公益性国有企业	
合计	

附录I：

应收及预付款项明细表

单位：万元

主体	金额
财政	
政府单位	
合计	

附录J.

对外投资明细表

单位：万元

种类 主体	股权投资			债券投资		合计
	总额	非公益性国有企业国有权益	其他股权投资	总额	其中：1年内到期（含1年）	
财政或（政府直接投资）						
政府单位						
合计						

附录 K.

借入款项明细表

单位：万元

到期时限 主体	1 年内（含 1 年）	1 年以上	合计
财政			
政府单位			
合计			

附录 L.

公益性国有企业负债明细表

单位：万元

项目		公益性项目负债	非公益性项目负债	合计
企业名称	企业类型	—	—	—
合　计				

附注："企业类型" 需要填写 "一类融资平台公司"、"二类融资平台公司"、"三类融资平台公司"、"四类融资平台公司"、"五类融资平台公司"、"非融资平台公司"。

附录 M.

应付利息明细表

单位：万元

来源 主体	借入款项产生	政府债券产生	合计
财政			
政府单位			
合计			

附录 N.

应付及预收款项明细表

单位：万元

主体	金额
财政	
政府单位	
合计	

附录 O.

政府债券明细表

单位：万元

债券到期时限	1 年内（含 1 年）	1～3 年（含 3 年）	3～10 年（含 10 年）	10 年以上	总计
金额					

附录 P.

应付政府补助明细表

单位：万元

类别	应付以前年度补助	应付当年补助
企业		
个人或家庭		
合计		

注：企业不包括公益性国有企业。

附录 Q.

应收应退（非）税款明细表

单位：万元

时期 类别	以前年度	当年	合计
应收税款			
应收非税款			
应退税款			
应退非税款			

附录 R.

投资收益明细表

单位：万元

类别 主体	股权投资收益	债券投资收益	合计
财政			
政府单位			
合计			

附录8：海南省权责发生制改革会计核算办法

海南权责发生制改革会计核算办法

根据社会主义市场经济体制下公共财政发展的要求，进一步完善行政事业单位会计管理，科学、系统地反映行政事业单位的资金运行和财务状况信息，推动我国政府会计改革，应对现行的行政事业单位会计制度进行改革。为此，制定本核算办法，指导海南省改革试点的实践活动。

一、指导思想

以科学发展观为统领，按照政府会计的内在规律，借鉴国外政府会计改革的成功经验，结合我国行政体制和财政体制的现实，考虑我国会计人员的职业习惯，本着积极稳妥、先易后难、分步推进、首试必成的原则，建立以权责发生制为基础的核算和报告制度，有利于全面构建政府财政管理经济信息系统，推动行政事业单位会计事业科学发展和国际趋同。

二、主要目标

行政事业单位会计制度改革的主要目标是为政府及其部门（单位）的预算管理服务，包括三个方面的具体目标。首先是全面、准确反映行政事业单位的财务状况，解决目前资产、债务不实问题，以便科学安排资产购置预算、资产运行预算和债务预算，以及客观评价行政事业单位的偿债能力和防范财务风险；第二是准确反映行政事业单位的一般行政成本、项目运行成本及效益，为预算绩效评价提供准确的会计信息；第三是提供可理解的、有用的预算执行信息，便于人大、审计机关、检察机关等部门实施监督，从而提升财政财务管理效能。

三、改革内容

行政事业单位会计制度改革是一项异常复杂的系统工程，涉及行政事业单位财务会计的方方面面，改革的主要内容包括：

（一）建立预算会计与财务会计“二位一体”的政府会计体系

按总分类账的模式，设置预算收入、预算支出和预算结余三个总账科目，按预算功能科目、资金分类、资金来源和经济科目设置分类账，建立预算会计体系，反映主体预算执行的状况，以满足预算管理的需要。按资产、负债、净资产和收入、费用五大部类设置财务会计的要素，并按预算管理的需要设置辅助账，以反映主体的财务状况和成本、绩效状况，满足财务管理和绩效评价的需要。

（二）整合现行的行政单位会计制度、事业单位会计制度和国有建设单位会计制度

按照权责发生制的核算基础统一设置会计科目体系和会计报表体系。关键是在整合现行行政事业单位会计制度的同时，将国有建设单位会计制度纳入制度重构之中。比如改变目前普通项目、专款收支和基本建设项目分类管理的模式，将基本建设收支、专款收支并入项目收支，按现行项目预算管理模式统一核算。将基本建设支出和产品的生产加工过程统一起来，准确归集产品成本，并集中反映到各类会计报表当中，基本建设不再单独列表报告。对基本建设投资，分别反映和报告自身投资和转出投资，准确反映基建工程的历史成本。

（三）分步推进权责发生制

根据海南省财政管理体制和行政事业单位的现状，选择修正的权责发生制作为行政事业单位的核算和报告基础。具体到各个会计要素，修正的内容各有不同：

1. 资产部类。试点阶段先按权责发生制确认金融资产，待试点成功后再扩及非金融资产。资产根据改革进程的需要，暂时只确认、记录和报告金融性资产及非金融资产。文物文化资产目前无法计量，仅对其数量进行表外披露。与此同时，资产还要灵活确认其折旧、摊销和坏账损失。对非金融资产的折旧及处置采取过渡办法处理。考虑到固定资产因其多样性难以确定折旧期限，况且折旧处理

与预算编制的衔接难度较大，故折旧的确认暂不引入完全的权责发生制。对原有固定资产的折旧实行虚折旧，即不确认费用，仅参照相关方法计算折旧金额，相应冲减固定基金，以反映其账面净值；新增固定资产折旧则确认为费用。固定资产处置的账务处理也相应采取两种办法：对原有固定资产的处置，冲销固定资产的原值；对新增固定资产的处置，按固定资产的净值直接列支，并冲减原值和折旧。

2. 负债部类。试点阶段先按权责发生制确认直接负债，同时表外披露预计负债。待试点成功后，再确认预计负债。

3. 收入部类。试点阶段，严格按经济业务事项的权责关系和收入实现原则确认收入，并根据不同类型的收入分别确定收入的确认时点，如财政经费拨款收入、财政专户返还收入，以用款计划的下达作为行政事业单位的收入确认时点；经营收入、投资收益和其他收入根据收入实现原则作为确认依据。

4. 费用部类。试点阶段，费用严格按权责发生制进行确认，而不论现金或银行存款是否真正流出。实行支出费用化，区分资本性支出和费用化支出。

（四）改革财务报告制度，拨出资金债务化

改变现行财务报表纵横交错的做法，将会计报告分为预算报告和财务报告。其中：预算报告由预算会计账套提供，编制预算执行收支报表，用于反映预算收支的执行情况和结余状况，并为决算报告提供数据。财务报告由财务会计账套提供，主要由三张主表和一张附表组成。其中主表包括资产负债表、经营业绩表和现金流量表。为了保证预算执行情况表与经营业绩表有关数据的一致，还需要编制经营业绩表与预算执行情况表的调节表。资产负债表的结构也要进行调整，将收入与支出的内容从现有报表中删除，将拨出经费从现行报表中的支出类项目调整为负债类项目。

四、会计原则

（一）可靠性

真实可靠性是指会计信息应能忠实地反映其所要表达的现象或状况的质量。

（二）相关性

相关性是指会计所提供的信息应当与会计信息使用者进行的决策有关，对使

用者有用。

（三）可理解性

可理解性是指会计提供的信息，对于具有一定经济管理活动知识而又愿意用心研究会计信息的人士，应当是可以理解的。

（四）可比性

可比性是指能使会计信息使用者从两组或两组以上经济情况中区分其异同的质量特征。

（五）实质重于形式

实质重于形式是指应当按照交易或事项的经济实质，而不应仅以交易或者事项的法律形式进行会计处理。

（六）重要性

重要性是指会计信息对决策的影响程度的质量特征。重要性要求政府会计主体提供的会计信息应当反映与其财务状况、经营成果和现金流量等有关的所有重要交易或者事项。

（七）及时性

及时性是指会计信息在失去影响决策能力之前就应予以提供给信息使用者的质量特征。

五、会计要素的确认与计量

改革后的行政事业单位分设财务会计和预算会计两个系统，其中：财务会计系统设置五类会计要素：资产、负债、净资产、收入和费用；预算会计系统设置三类会计要素：预算收入、预算支出、预算结余。

在对会计要素进行计量时，可选用的计量属性主要包括：历史成本、重置成本、可变现净值、现值、公允价值等。在历史成本计量下，资产按照购置时支付的现金或者现金等价物的金额，或者按照购置资产时所付出的对价的公允价值计量。负债按照因承担现时义务而实际收到的款项或者资产的金额，或者承担现时义务的合同金额，或者按照日常活动中为偿还负债预期需要支付的现金或者现金等价物的金额计量。在重置成本计量下，资产按照现在购买相同或者相似资产所需支付的现金或者现金等价物的金额计量。负债按照现在偿付该项债务所需支付的现金或者现金等价物的金额计量。在可变现净值计量下，资产按照其正常对外销售所能收到现金或者现金等价物的金额扣减该资产至完工时估计将要发生的成本、估计的销售费用以及相关税费后的金额计量。在现值计量下，资产按照预计从其持续使用和最终处置中所产生的未来净现金流入量的折现金额计量。负债按照预计期限内需要偿还的未来净现金流出量的折现金额计量。在公允价值计量下，资产和负债按照在公平交易中，熟悉情况的交易双方自愿进行资产交换或者债务清偿的金额计量。

（一）财务会计系统要素的确认与计量

1. 资产

（1）定义及分类。资产是指由于过去的交易或事项而由政府会计主体控制的、预计将导致未来经济利益或服务潜能流入主体的资源。

资产按照是否可以在有组织的金融市场上进行交易划分为金融资产和非金融资产。

（2）要素的确认。资产的确认必须满足三个条件：一是符合资产定义；二是资产的成本或价值能可靠计量；三是能够获得可靠证据表明其能够提高公共服务能力或带来经济利益。

根据这三个确认条件，金融资产主要确认现金、银行存款、财政用款额度、其他货币资金、对外投资、应收票据、应收账款、预付账款、其他应收款、坏账准备。非金融资产不仅要确认固定资产、无形资产、库存商品、待处理财产损溢、受托代管资产，同时还要确认在建工程、转出投资等与基础设施建设有关的资产。为准确反映资产真实价值，还应确认资产的折旧、摊销和减值。

（3）要素的计量。资产的计量属性以历史成本为主，在特定情况下，如对非金融资产可使用重置成本或可变现净值。

2. 负债

（1）定义及分类。负债是指政府会计主体由于过去的交易或事项形成的现时义务，履行该义务预期会导致会计主体服务能力降低或者未来经济利益的流出。

负债根据偿还期限和性质，可分为短期负债、长期负债和预计负债。对预计负债，目前只需表外披露，不作为会计要素进行核算。或有负债暂不考虑披露。

（2）要素的确认。负债的确认应满足以下三个条件：一是符合负债定义；二是能够可靠计量；三是能够获得可靠证据表明其能够降低公共服务能力或减少经济利益。根据确认条件，短期负债主要确认短期借款、应缴财政款、应拨下级财政资金、应付职工薪酬、应付票据、应付账款、预收账款、应交税费、应付利息、其他应付款、受托代管负债；长期负债主要确认长期借款、长期应付款；预计负债的主要披露未决诉讼或未决仲裁等事项。

（3）要素的计量。负债以历史成本计量。

3. 净资产

（1）定义及内容。净资产是政府会计主体的资产扣除负债后的差额。净资产是会计主体拥有的资源净额，代表了政府可持续提供公共服务的能力。主要包括普通基金、固定基金、专用基金和结余。

（2）要素的确认与计量。净资产是资产减去负债后的余额，是可以用来提供公共服务的可用资源净值，是政府接受公众委托可使用且能够计量的资源净值。它是对资产、负债确认和计量结果的一个综合反映。

4. 收入

（1）定义及内容。收入是指政府会计主体在开展业务及其他活动依法取得的资源流入。其内容包括：财政经费拨款、财政专户返还收入、核准留用收入、其他补助收入、经营收入、投资收益、其他收入等。

（2）要素的确认。收入的确认条件主要包括以下三点：一是收入的确认要满足可定义性、可计量性、相关性和可靠性四个基本要求；二是实现原则，即当经济利益已实现或很有可能实现；三是会导致资产的增加或负债的减少。

根据不同类型的收入分别界定收入确认的时点。财政经费拨款的收入、财政专户返还收入按下达用款计划通知书作为收入的确认时点，经营收入、事业收入、投资收益和其他收入按经济利益的实现原则进行确认。

（3）要素的计量。按实际发生额进行计量，对于劳务收入则按完成合同法或完工百分比法计量。

5. 费用

（1）定义及内容。费用是指政府会计主体在开展业务及其他活动所发生的资源流出。费用主要包括行政事业活动费用、经营活动费用、财务费用、所得税费用等，另外还包括盘亏、捐赠支出、投资损失等其他费用。

（2）要素的确认。费用的确认条件主要包括以下三点：一是满足费用的定义；二是资源流出金额能够可靠计量；三是与费用相关的经济利益应该很有可能流出部门，经济利益流出会导致部门资产的减少或负债的增加。凡是当期已经发生或应当负担的费用，不论款项是否收付，都应作为当期费用；凡是不属于当期的费用，即使款项已在当期支付，也不应当作为当期费用。

（3）要素的计量。费用是通过所使用或所耗用的商品或劳务的价值来计量的，通常的费用计量标准是实际成本。

（二）预算会计系统要素的确认与计量

1. 预算收入

（1）定义。预算收入是指政府会计主体在过去的政府活动中形成的，纳入政府预算管理、符合政府收入预算分项内容的资源流入。

（2）要素的确认。预算收入的确认条件主要包括以下三点：一是满足预算收入的定义，二是资源的流入金额能够可靠计量，三是预算资源很定能流入。

（3）要素的计量。预算收入按实际发生额进行计量。

2. 预算支出

（1）定义。预算支出是指政府会计主体在过去的政府活动中发生的，纳入政府预算管理、符合支出预算分项内容和额度的资源流出。

（2）要素的确认。预算支出的确认条件主要包括以下三点：一是满足预算支出的定义；二是资源的流出金额能够可靠计量；三是预算支出在流出政府会计主体时才给与确认。

（3）要素的计量。预算支出按实际的发生额进行计量。

3. 预算结余

（1）定义。预算结余是指预算收入减去预算支出后的余额。

（2）要素的确认与计量。预算结余是指预算收入减去预算支出后的余额，是当年预算资源执行的净值。它是对预算收入、预算支出确认和计量结果的一个最终反映。

附件：1. 会计科目表

2. 会计科目使用说明

3. 资产负债表、运营业绩表、现金流量表、预算执行收支表

附件 1. 会计科目表

会计科目表

一、财务会计科目

序　号	编　号	名　称
资产类		
1	1001	现　金
2	1002	银行存款
3	1003	财政用款额度
4	1004	其他货币资金
5	1131	应收票据
6	1132	应收账款
7	1133	预付账款
8	1151	其他应收款
9	1161	坏账准备
10	1201	材　料
11	1203	产成品
12	1204	存货跌价准备
13	1205	受托代管资产
14	1301	对外投资
15	1401	固定资产
16	1402	累计折旧
17	1412	在建工程
18	1413	待核销基建支出
19	1414	转出投资
20	1501	无形资产
21	1502	累计摊销
22	1601	待处理财产损溢
负债类		
23	2101	短期借款
24	2201	应缴财政款
25	2205	应拨下级财政资金
26	2301	应付职工薪酬

续表

序　号	编　号	名　称
27	2302	应付票据
28	2304	应付账款
29	2311	预收账款
30	2312	应交税费
31	2313	应付利息
32	2321	其他应付款
33	2322	受托代管负债
34	2341	长期借款
35	2401	长期应付款
净资产类		
36	3101	普通基金
37	3102	固定基金
38	3103	专用基金
39	3202	结余
收入类		
40	5101	行政事业活动收入
41	5301	经营收入
42	5401	投资收益
43	5501	其他收入
成本类		
44	4101	生产成本
45	4102	劳务成本
46	4103	研发支出
47	4104	项目成本
费用类		
48	6101	行政事业活动费用
49	6201	经营活动费用
50	6301	财务费用
51	6401	所得税费用
52	6501	资产减值损失
53	6601	其他费用
二、预算会计科目		
1	7101	预算经费
2	7201	预算收入
3	7301	预算支出
4	7401	预算结余

附件 2.

会计科目使用说明

第一部分　财务会计科目说明

一、资产类

（一）现金

1. 本科目核算政府会计主体的库存现金。

2. 政府会计主体增加库存现金，借记本科目，贷记相关科目；减少库存现金做相反的会计分录。本科目借方余额反映库存现金数额。

3. 政府会计主体应设置“现金日记账”，出纳人员根据原始凭证逐笔顺序登记。每日业务终了，应计算当日现金收入合计数、现金支出合计数和结余数，并将结余数与实际库存数核对，做到账款相符，并编制“库存现金日报表”。

（二）银行存款

1. 本科目核算政府会计主体存入银行或其他金融机构的各种款项。外埠存款、银行本票存款、银行汇票存款、信用卡存款、信用证保证金、存出投资款等在“其他货币资金”科目核算。

2. 政府会计主体增加银行存款，借记本科目，贷记相关科目；减少银行存款做相反的会计分录。本科目借方余额，反映政府会计主体存在银行或其他金融机构的各种款项。

3. 政府会计主体可按开户银行和其他金融机构的名称以及存款种类等，分别设置“银行存款日记账”，由出纳人员根据收付款凭证逐笔顺序登记，每日终了应结出余额。银行存款日记账应定期与银行对账，至少每月核对一次。月终时，单位账面余额与银行对账单余额之间如有差额，应逐笔查明原因进行处理，未达账项应编制“银行存款余额调节表”调节相符。

（三）财政用款额度

1. 本科目核算实行国库集中支付的政府会计主体根据财政部门批复的用款计划确认的用款额度。

2. 政府会计主体收到财政部门批复的用款计划额度通知书时，借记本科目，贷记相关收入科目、其他应付款科目（预拨款）。政府会计主体使用用款额度时，借记相关费用科目，贷记本科目。年度终了，若有被财政部门收回平衡预算的已批复的用款计划，做冲销分录，即借记相关收入科目，贷记本科目。

（四）其他货币资金

1. 本科目核算政府会计主体的外埠存款、银行汇票存款、银行本票存款、信用卡存款、信用证保证金存款、存出投资款等各种其他货币资金。

2. 政府会计主体增加其他货币资金，借记本科目，贷记“银行存款”科目；减少其他货币资金，借记有关科目，贷记本科目。

3. 本科目应设置“外埠存款”、“银行汇票”、“银行本票”、“信用卡存款”、“信用证保证金存款”、“存出投资款”等明细科目，并按外埠存款的开户银行、银行汇票或本票的收款单位等设置明细账。

4. 本科目期末借方余额，反映政府会计主体实际持有的其他货币资金。

（五）应收票据

1. 本科目核算政府会计主体因提供劳务、开展有偿服务及销售商品等业务而收到的商业汇票，包括银行承兑汇票和商业承兑汇票。

2. 本科目可按开出、承兑商业汇票的单位进行明细核算。

3. 应收票据的主要账务处理：（1）政府会计主体因销售商品、提供劳务等而收到开出、承兑的商业汇票，按商业汇票的票面金额，借记本科目，按确认的收入，贷记相关收入科目。涉及增值税销项税额的，还应进行相应的处理。（2）持未到期的商业汇票向银行贴现，应按实际收到的金额（即减去贴现息后的净额），借记“银行存款”科目，按贴现息部分，借记“财务费用”科目，按商业汇票的票面金额，贷记本科目。（3）将持有的商业汇票背书转让以取得所需物资，按应计入取得物资成本的金额，借记相关科目，按商业汇票的票面金额，贷记本科目，如有差额，借记或贷记“银行存款”等相关科目。涉及增值税进项税额的，还应进行相应的处理。（4）商业汇票到期，应按实际收到的金额，借记“银行存款”科目，按商业汇票的票面金额，贷记本科目。

4. 政府会计主体应当设置“应收票据备查簿”，逐笔登记商业汇票的种类、号数和出票日、票面金额、交易合同号和付款人、承兑人、背书人的姓名或单位名称、到期日、背书转让日、贴现日、贴现率和贴现净额以及收款日和收回金额、退票情况等资料。商业汇票到期结清票款或退票后，在备查簿中应予注销。

5. 本科目期末借方余额，反映政府会计主体持有的商业汇票的票面金额。

（六）应收账款

1. 本科目核算政府会计主体因提供劳务、开展有偿服务及销售商品等业务应收取的款项。

2. 本科目可按债务人进行明细核算。

3. 发生应收账款时，借记本科目，贷记相关收入科目；收到款项时，借记“银行存款”科目，贷记本科目。涉及增值税销项税额的，还应进行相应的处理。

（七）预付账款

1. 本科目核算政府会计主体预付给商品供应单位或者服务提供单位的款项。政府会计主体进行在建工程预付的工程价款、备料款、工程设备款，也通过本科目核算。

2. 本科目分设“一般预付款”、“工程预付款”两个二级明细科目，并按供应单位进行明细核算。

3. 主要账务处理：（1）政府会计主体因购货而预付的款项，借记本科目，贷记“银行存款”等相关科目。收到所购物资，按应计入购入物资成本的金额，借记“材料”等相关科目，按应支付的金额，贷记本科目。补付的款项，借记本科目，贷记“银行存款”等科目；退回多付的款项做相反的会计分录。涉及增值税进项税额的，还应进行相应的处理。（2）政府会计主体预付工程价款，借记本科目，贷记“银行存款”等科目。按工程进度结算工程价款，借记“在建工程”科目，贷记本科目、“银行存款”等科目。

4. 本科目期末借方余额，反映政府会计主体预付的款项；期末如为贷方余额，反映政府会计主体尚未补付的款项。

（八）其他应收款

1. 本科目核算政府会计主体除应收票据、应收账款、预付账款等以外的其他各项应收、暂付款项，包括应收利息、应收股利、应向职工收取的各种垫付款项、应收赔款和罚款等。

2. 发生其他各种应收款项时，借记本科目，贷记有关科目；收回各种款项时，借记有关科目，贷记本科目。本科目借方余额为尚未收回的应收款项。

3. 本科目应按其他应收款的项目和债务人进行明细核算。

（九）坏账准备

1. 本科目核算政府会计主体提取的坏账准备。政府会计主体应当于资产负债表日，对应收款项进行全面检查，分析其可收回性，对预计可能产生的坏账损失计提坏账准备，确认坏账损失并计入当期费用。

2. 当期应补提或冲减的坏账准备按照以下公式计算：

当期应计提的坏账准备 = 当期按应收款项计算计提坏账准备金额 - 期末计提前“坏账准备”科目的贷方余额（或 + “坏账准备”科目的借方余额）

3. 本科目可按应收款项的类别进行明细核算。

4. 坏账准备的主要账务处理：（1）资产负债表日，应收款项发生减值的，按应减记的金额，借记“资产减值损失”科目，贷记本科目。本期应计提的坏账准备大于其账面余额的，应按其差额计提；应计提的坏账准备小于其账面余额的差额做相反的会计分录。（2）对于确实无法收回的应收款项，按管理权限报经批准后作为坏账，转销应收款项，借记本科目，贷记“应收账款”等相关科目。（3）已确认并转销的应收款项以后又收回的，应按实际收回的金额，借记“应收账款”等相关科目，贷记本科目；同时，借记“银行存款”科目，贷记“应收账款”等相关科目。

5. 本科目期末贷方余额，反映企业已计提但尚未转销的坏账准备。

（十）材料

1. 本科目核算政府会计主体库存的各种材料的实际成本。

2. 本科目应当按照材料的保管地点、材料的种类和规格品种和规格等进行明细核算。

3. 政府会计主体购入的材料，应当以其采购成本入账。材料的采购成本，包括购买价款、相关税费、运输费、装卸费、保险费以及其他可归属于材料采购成本的费用。

政府会计主体按《中华人民共和国增值税暂行条例》规定属于增值税小规模纳税人的（以下简称小规模纳税人），或者购入材料不能取得增值税专用发票的，其购入材料支付的不可抵扣的增值税额，计入所购材料的成本。

政府会计主体按《中华人民共和国增值税暂行条例》规定属于增值税一般

纳税人的（以下简称一般纳税人），其购入材料支付的增值税额，单独予以核算，不计入所购材料的成本。

4. 属于小规模纳税人的政府会计主体以及购入材料不能取得增值税专用发票的政府会计主体购入材料并验收入库按材料的采购成本（含税），借记本科目，贷记“银行存款”等相关科目。

5. 属于增值税一般纳税人的政府会计主体购入材料并验收入库，以货币资金购入的材料，按材料的采购成本（不含税），借记本科目，按增值税专用发票上注明的增值税额，借记“应交税金——应交增值税（进项税额）”科目，按实际支付的金额，贷记“银行存款”等相关科目。

6. 政府会计主体发出材料，可以根据实际情况选择个别计价法、先进先出法或加权平均法确定其实际成本。属于小规模纳税人的政府会计主体以及购入材料不能取得增值税专用发票的政府会计主体发出材料时，生产商品或提供服务等领用材料，按材料的实际成本（含税），借记“生产成本”等相关科目，贷记本科目。基建工程领用材料，按材料的实际成本（含税），借记“在建工程”等相关科目，贷记本科目。属于一般纳税人的政府会计主体发出材料，生产商品或提供服务等领用材料，按材料的实际成本（不含税），借记“生产成本”等相关科目，贷记本科目。发出自用及基建工程领用材料时，按材料的实际成本（不含税）加上不予抵扣的增值税额，借记“在建工程”等科目，按不予抵扣的增值税额，贷记“应交税费——应交增值税（进项税额转出）”科目，按材料的实际成本（不含税），贷记本科目。

7. 各种材料应当定期进行清查盘点，每年至少盘点一次。发现材料盘盈的，按照同类或类似资产的市场价值暂估入账，借记本科目，贷记“待处理财产损溢——待处理非流动资产损溢”科目。报经批准处理后，如批准入账价值与暂估入账价值一致时，借记“待处理财产损溢——待处理非流动资产损溢”科目，贷记“其他收入”科目。如批准入账价值大于暂估入账价值，则根据两者的差额，借记“待处理财产损溢——待处理非流动资产损溢”科目，贷记“其他收入”科目；如批准入账价值小于暂估入账价值，则根据批准的入账价值借记“待处理财产损溢——待处理非流动资产损溢”科目，贷记“其他收入”科目，同时根据差额借记：“待处理财产损溢——待处理非流动资产损溢”，贷记本科目。

发现材料盘亏、报废或毁损的，按照存货账面价值，借记“待处理财产损溢——待处理流动资产损溢”科目，贷记本科目。报经批准处理时，按照存货账面价值扣除可以收回的保险赔偿和过失人的赔偿等后的金额，借记“其他费用”科目，按照可以收回的保险赔偿和过失人赔偿等，借记“现金”、“银行存款”、“其他应收款”等科目，按照存货的账面价值，贷记“待处理财产损溢——待处理流动资产损溢”科目。

8. 本科目借方余额为政府会计主体库存材料的实际成本。

（十一）产成品

1. 本科目核算政府会计主体各种产成品的实际成本。

2. 本科目应按产成品的种类、品种和规格进行明细核算。

3. 主要的账务处理：

产成品是指已经完成全部制造过程并已经验收入库，符合标准规格和技术条件、可对外提供的产品。政府会计主体的产成品一般应按实际成本进行核算。产成品的完工入库，应登记数量和金额。对发出的产成品，可以采用个别计价法、先进先出法和加权平均法等方法确定其实际成本。核算方法一经确定，不得随意变更；如需变更，应当在财务会计报告附注中予以说明。

政府会计主体生产完工并验收入库的产成品，按照实际成本，借记“产成品”科目，贷记“生产成本”科目。

政府会计主体对外提供产品并结转成本时，借记“经营活动费用”等科目，贷记“产成品”科目。

4. 各种产成品应当定期进行清查盘点，每年至少盘点一次。发现产成盘盈的，按照同类或类似资产的市场价值暂估入账，借记本科目，贷记“待处理财产损溢——待处理非流动资产损溢”科目。报经批准处理后，如批准入账价值与暂估入账价值一致时，借记“待处理财产损溢——待处理非流动资产损溢”科目，贷记“其他收入”科目。如批准入账价值大于暂估入账价值，则根据差额，借记“待处理财产损溢——待处理非流动资产损溢”科目，贷记“其他收入”科目；如批准入账价值小于暂估入账价值，则根据批准的入账价值借记“待处理财产损溢——待处理非流动资产损溢”科目，贷记“其他收入”科目，同时根据差额借记：“待处理财产损溢——待处理非流动资产损溢”，贷记本科目。

发现产成品盘亏、报废或毁损的，按照存货账面价值，借记“待处理财产损溢——待处理流动资产损溢”科目，贷记本科目。报经批准处理时，按照存货账面价值扣除可以收回的保险赔偿和过失人的赔偿等后的金额，借记“其他费用”科目，按照可以收回的保险赔偿和过失人赔偿等，借记“现金”、

"银行存款"、"其他应收款"等科目，按照存货的账面价值，贷记"待处理财产损溢——待处理流动资产损溢"科目。

5. 本科目期末借方余额，反映政府会计主体各种产成品的实际成本。

（十二）存货跌价准备

1. 本科目核算政府会计主体对存货计提的减值准备。

2. 资产负债表日，存货发生减值的，按存货可变现净值低于成本的差额，借记"资产减值损失"科目，贷记本科目。已计提跌价准备的存货价值以后又得以恢复，应在原已计提的存货跌价准备金额内，按恢复增加的金额，借记本科目，贷记"资产减值损失"科目。发出存货结转存货跌价准备的，借记本科目，贷记"产成品"等相关科目。

3. 本科目期末贷方余额，反映政府会计主体已计提但尚未转销的存货跌价准备。

（十三）受托代管资产

1. 本科目核算产权不属于本单位的代管资产。

2. 本科目应按代管资产的种类、品种和规格进行明细核算。

3. 收到受托代管资产，借记"受托代管资产"，贷记"受托代管负债"。发出或移交受托代管资产时，借记"受托代管负债"，贷记"受托代管资产"。

4. 本科目期末贷方余额，反映政府会计主体代管的资产金额。

（十四）对外投资

1. 本科目核算政府会计主体各种形式的对外投资，包括有价证券投资和其他投资。

2. 本科目可按对外投资的类别和品种进行明细核算。

3. 主要账务处理如下：购入有价证券投资时，按实际支付的价款，借记本科目，贷记"银行存款"等科目。如果实际支付的价款中包含已到付息期但尚未领取的利息，按实际支付的价款扣除已到付息期但尚未领取的利息后的金额，借记本科目，按已到付息期但尚未领取的利息，借记"其他应收款"科目，按实际支付的全部款项，贷记"银行存款"等科目。年度终了，应当按照有价证券投资的票面价值与票面利率按期计算确认利息收入，借记"其他应收款"科目，贷记"投资收益"科目。实际收到利息时，借记"银行存款"等科目，贷记“其他应收款”科目。处置有价证券投资时，按照实际取得的价款，借记“银行存款”等科目，按照所处置有价证券投资的账面余额，贷记本科目，按照未领取的债券利息，贷记“其他应收款”科目，按照其差额，借记或贷记“投资收益”科目。

4. 本科目期末借方余额，反映政府会计主体持有的对外投资的价值。

（十五）固定资产

1. 本科目核算政府会计主体固定资产的原价。政府会计主体应当根据固定资产定义，结合本单位的具体情况，制定适合于本单位的固定资产目录，说明每类或每项固定资产的折旧年限、折旧方法，作为固定资产核算的依据。政府会计主体应当设置“固定资产登记簿”和“固定资产卡片”，按固定资产类别设置明细账，进行明细核算。出租、出借或作为担保的固定资产，应设置辅助簿进行登记。

2. 固定资产在取得时，应当按照取得时的实际成本入账。购入不需安装的固定资产借记本科目，贷记“银行存款”等相关科目。购入需要安装的固定资产借记“在建工程”科目，贷记“银行存款”等相关科目。发生安装费用，借记“在建工程”科目，贷记“银行存款”等科目。安装完毕达到预定可使用状态时，借记本科目，贷记“在建工程”科目。

无偿取得（如政府调入）的固定资产，按照固定资产的原账面价值和发生的相关费用作为成本，借记本科目或“在建工程”科目，贷记“其他收入”等科目。无法取得有关凭据的，按照同类或类似资产的市场价格及发生的相关费用作为成本。

3. 固定资产的处置，区分原有固定资产和新增固定资产进行账务处理。

出售原有固定资产时，借记“固定基金”、“累计折旧”科目，按原值贷记“固定资产”科目，同时按出售收到的价款（已扣除相关税费），借记“银行存款”等科目，贷记“应缴财政款”等科目；出售新增固定资产时，则借记“累计折旧”，同时按固定资产原值与已提“累计折旧”的差额（即净值）借记“其他费用”，按原值贷记“固定资产”，同时按出售收到的价款（已扣除相关税费），借记“银行存款”等科目，贷记“应缴财政款”等科目。

无偿调拨原有固定资产时，借记“固定基金”、“累计折旧”科目，按原值贷记“固定资产”科目；无偿调拨新增固定资产时，则借记“累计折旧”，同时按固定资产原值与已提“累计折旧”的差额（即净值）借记“其他费用”，按原值贷记“固定资产”。

4. 政府会计主体使用固定资产取得的收益，若核准留用的，借记“银行存款”，贷记“其他收入”，需上缴财政的，借记“银行存款”，贷记“应缴财政款”。

5. 政府会计主体对固定资产应当定期或者至少每年实地盘点一次。

发现固定资产盘盈的，按照同类或类似资产的市场价值暂估入账，借记本科目，贷记“待处理财产损溢——待处理非流动资产损溢”科目。报经批准处理后，如批准入账价值与暂估入账价值一致时，借记“待处理财产损溢——待处理非流动资产损溢”科目，贷记“其他收入”科目。如批准入账价值大于暂估入账价值，则根据差额，借记“待处理财产损溢——待处理非流动资产损溢”科目，贷记“其他收入”科目；如批准入账价值小于暂估入账价值，则根据批准的入账价值借记“待处理财产损溢——待处理非流动资产损溢”科目，贷记“其他收入”科目，同时根据差额借记：“待处理财产损溢——待处理非流动资产损溢”，贷记本科目。

发现固定资产盘亏、报废或毁损的，按照固定资产账面价值，借记“待处理财产损溢——待处理非流动资产损溢”，按已计提的折旧，借记“累计折旧”科目，按固定资产原价，贷记本科目。报经批准处理时，按照固定资产账面价值扣除可以收回的保险赔偿和过失人的赔偿等后的金额，借记“其他费用”科目，按照可以收回的保险赔偿和过失人赔偿等，借记“银行存款”等相关科目，贷记“待处理财产损溢——待处理非流动资产损溢”科目。

6. 本科目期末借方余额，反映政府会计主体期末固定资产的账面原价。

（十六）累计折旧

1. 本科目核算政府会计主体固定资产的累计折旧。

2. 固定资产应该按照直线法折旧、对固定资产进行分类，按各自分类的使用年限按月进行折旧，对改革前持有的固定资产计提折旧时，借记“固定基金”，贷记本科目；对改革后新增的固定资产计提折旧时，对生产产品用的固定资产，按应计提的折旧，借记“生产成本”等科目，贷记本科目。提供服务用固定资产，按应计提的折旧，借记“劳务成本”等科目，贷记本科目。行政管理用固定资产，按应计提的折旧，借记“行政事业活动费用”等科目，贷记本科目。经营租出的固定资产，按应计提的折旧，借记“经营活动费用”等科目，贷记本科目。归集到项目成本的固定资产折旧，借记“项目成本”科目，贷记本科目。

3. 本科目期末贷方余额，反映政府会计主体固定资产的累计折旧额。

（十七）在建工程

1. 本科目核算政府会计主体进行基建工程、安装工程等发生的实际支出。政府会计主体购入不需要安装的设备等固定资产、购入的无形资产，不在本科目核算。

本科目下设“建筑安装工程投资”、“设备投资”、“待摊投资”、“其他投资”等二级科目，同时在“建筑安装工程投资”二级科目下分设“建筑工程投资”和“安装工程投资”三级科目。这些二级科目的核算内容与《国有建设单位会计制度》中规定的相应科目的核算内容相同。其中：“待摊投资”明细科目核算政府会计主体在基本建设期间发生的按照规定应分摊计入有关工程项目成本的各项间接费用支出，具体包括以下内容：工程管理费，包括基本建设工作人员工资、办公费、差旅费、基建用固定资产折旧费、工器具使用费、印花税及与工程有关的其他管理性质的支出。征地费，指通过划拨方式取得土地而支付的地上附着物和青苗补偿费、安置补偿费以及发生的土地复垦费等。不包括支付的土地使用权出让金。可行性研究费，包括勘察设计费、研究试验费、可行性研究费等。临时设施费，包括按照规定拨付给施工企业的临时设施包干费，以及政府会计主体自行施工发生的临时设施实际支出。筹资费，包括应由基建项目负担的借款利息。合同公证费及工程监理费，指支付的合同公证费及工程监理费。其他，指除上述以外的其他应计入工程成本的费用支出，如相关税费、供电贴费、商业网点费等。

政府会计主体发生上述工程支出时，根据可确认的计价依据借记本科目，贷记“行政事业活动收入”、“银行存款”、“应付账款”等科目；工程竣工决算并经审计后，按照审计确认的金额，借记“固定资产”科目，贷记本科目。

2. 主要账务处理如下：

政府会计主体发包的基建工程，按合同规定向承包企业预付工程款、备料款时，借记“预付账款”科目，贷记“银行存款”等科目。按工程进度结算工程价款，借记本科目（建筑工程——××工程），贷记“预付账款”、“银行存款”等科目。以拨付给承包企业的材料抵作预付备料款的，借记本科目（建筑工程——××工程），贷记“材料”科目。将需要安装设备交付承包企业进行安装时，借记本科目（安装工程——××工程），贷记“材料”科目。与承包企业办理工程价款结算时，补付的工程款，借记本科目（建筑工程、安装工程——××工程），贷记“银行存款”、“应付账款”等科目。

政府会计主体在建工程发生的有关间接费用，先在待摊投资中予以归集；会计期末，按照规定的分配方法和比例，摊入相关工程项目成本。

基建工程发生的工程管理费、征地费、可行性研究费、临时设施费、公证费、监理费、相关税费等间接费用，借记本科目（待摊投资），贷记“银行存款”、“应交税金”等科目。

由于自然灾害等原因造成的单项工程或单位工程报废或毁损，扣除残料价值和过失人或保险公司等赔款后的净损失，报经批准后计入继续施工的工程成本，借记本科目（待摊投资），贷记本科目（建筑工程、安装工程——××工程）。

发生的基建工程借款利息，应根据应计利息，分别情况处理：属于固定资产尚未交付使用之前发生的，计入在建固定资产的成本，借记本科目（待摊投资），贷记“长期借款”科目；属于固定资产交付使用后发生的，计入财务费用，借记“财务费用”科目，贷记“应付利息”等科目。

会计期末，按一定的分配方法和比例分配待摊投资时，借记本科目（建筑工程、安装工程——××工程），贷记本科目（待摊投资）。

待摊投资的分配方法，可按下列公式计算：

按实际分配率分配。适用于建设工期较短、整个项目的所有单项工程一次竣工的建设项目。

实际分配率＝待摊投资明细科目余额÷（建筑工程明细科目余额＋安装工程明细科目余额＋在安装设备明细科目余额）×100%

按概算分配率分配。适用于建设工期长、单项工程分期分批建成投产的建设项目。

概算分配率＝（概算中各待摊投资项目的合计数－其中可直接分配部分）÷（概算中建筑工程、安装工程和需要安装设备投资合计）×100%

某项固定资产应分配的待摊投资＝该项固定资产的建筑工程成本、安装工程成本和需要安装设备的成本合计×分配率

基建工程完成、达到预定可使用状态时，应将其实际成本转为固定资产，借记“固定资产”科目，贷记本科目。

基建工程完工后应进行清理，已领出的剩余材料应办理退库手续，借记“材料”等科目，贷记本科目。

3. 政府会计主体应当设置“基建工程其他支出备查簿”，专门登记基本建设项目发生的构成建设项目概算内容但不通过“在建工程”科目核算的其他支出，包括按照建设项目概算内容购置的不需要安装设备、现成房屋、无形资产等。政府会计主体在发生上述支出时，应当通过“固定资产”、“无形资产”科目核算，但同时应在“基建工程其他支出备查簿”中进行登记，以便全貌反映建设项目

概算和基建投资计划执行情况。

4. 本科目的期末余额，反映政府会计主体尚未完工的基建工程等发生的各项实际支出。

（十八）待核销基建支出

1. 本科目核算非经营性项目发生的江河清障、航道清淤、飞播造林、补助群众造林、退耕还林（草）、封山（沙）育林（草）、水土保持、城市绿化、取消项目的可行性研究费以及项目报废等不能形成资产部分的投资支出。本科目应按照待核销基建支出的类别设置明细账进行明细核算。

2. 主要账务处理如下：

非经营性基建项目发生的城市绿化、水土保持等支出，借记本科目，贷记“银行存款”、“行政事业活动收入”等科目。

取消的项目发生的可行性研究费，借记本科目，贷记“在建工程——待摊投资”科目。

由于自然灾害等原因发生的项目整体报废所形成的净损失，报经批准后，借记本科目，贷记“在建工程”科目。

发生的待核销基建支出，经批准核销后，借记“相关费用”科目，贷记本科目。

3. 本科目期末借方余额，反映政府会计主体尚未核销的基建支出。

（十九）转出投资

1. 本科目核算非经营性项目即为项目配套而建成的、产权不归属本单位的专用设施的实际成本。在完工时，借记“转出投资”科目，贷记“在建工程”科目。经批准核销时，借记相关费用科目，贷记“转出投资”科目。

2. 本科目期末借方余额，反映政府会计主体尚未核销的基建支出。

（二十）无形资产

1. 本科目核算政府会计主体为开展业务活动、出租给他人或为管理目的而持有的没有实物形态的非货币性长期资产，包括专利权、非专利技术、商标权、著作权、土地使用权等。本科目应当按照无形资产类别设置明细账，进行明细核算。

2. 主要账务处理如下：

无形资产在取得时，应当按照取得时的实际成本入账。具体如下：

购入的无形资产，按照实际支付的购买价款、相关税费以及可归属于该项资产达到预定用途所发生的其他支出作为实际成本，借记本科目，贷记“行政事业活动收入”、“银行存款”等科目。

自行开发并按法律程序申请取得的无形资产，按依法取得时发生的注册费、聘请律师费等费用作为，借记本科目，贷记“银行存款”等科目。

经批准出售无形资产，按收到的价款（扣除相关税费）额，借记“银行存款”科目，贷记“应缴财政款”科目，若银行代收代缴的不做账务处理；同时，按无形资产的账面价值，借记“其他费用”等科目，按已计提摊销，借记“累计摊销”科目，按无形资产原价，贷记本科目。

3. 本科目期末借方余额，反映政府会计主体已入账但尚未摊销的无形资产的摊余价值。

（二十一）累计摊销

1. 本科目核算无形资产的累计摊销。政府会计主体应当在无形资产的预计使用寿命内，采用直线法对无形资产计提摊销。

自取得当月起，按照应提取的摊销金额，借记“行政事业活动费用”、“经营活动费用”等科目，贷记本科目。

2. 本科目期末余额，反映无形资产的累计摊销额。

（二十二）待处理财产损溢

1. 本科目核算政府会计主体在清理财产过程中查明的各种财产盘盈、盘亏或报废、毁损的价值。

2. 本科目应当设置“待处理流动资产损溢”、“待处理非流动资产损溢”明细科目。

3. 盘盈的各种材料、固定资产等，借记“材料”、“固定资产”等科目，贷记本科目。盘亏或报废、毁损的各种材料、固定资产等，借记本科目、“累计折旧”等科目，贷记“材料”、“固定资产”、“应交税金——应交增值税（进项税额转出）”等科目。盘盈的财产，报经批准后处理时，借记本科目，贷记“其他收入”科目；流动资产盘亏或报废、毁损，应当先减去残料价值、可以收回的保险赔偿和过失人的赔偿，借记“材料”、“其他应收款”等科目，贷记本科目，剩余净损失，借记“其他费用”科目，贷记本科目；固定资产的盘亏，借记“其他费用”科目，贷记本科目。

4. 本科目期末借方余额，反映尚未处理的各种财产的净损失；期末如为贷方余额，反映尚未处理的各种财产物资的净溢余。年度终了，本科目一般应无余额。

二、负债类

（一）短期借款

1. 本科目核算政府会计主体向银行或其他金融机构等借入的期限在1年以下（含1年）的各种借款。应当按照债权人设置明细账，并按照借款种类及期限等进行明细核算。因基建项目借入的短期借款，应在备查簿登记。

2. 主要账务处理：借入各种短期借款时，按照实际借得的金额，借记“银行存款”科目，贷记本科目。发生短期借款利息时，借记“财务费用”等科目，贷记“应付利息”、“银行存款”等科目。归还借款时，借记本科目，贷记“银行存款”科目。

3. 本科目期末贷方余额，反映政府会计主体尚未偿还的短期借款本金。

（二）应缴财政款

应缴财政款下分设应缴国库款和应缴财政专户款两个二级明细科目。

1. 应缴国库款。本科目核算政府会计主体按规定应缴入国家预算的款项。应缴预算收入主要包括：政府会计主体代收的纳入预算管理的基金、行政事业性收入、罚没收入、无主财物变价收入和其他按预算管理规定应上缴预算的款项。取得应缴国库的款项时，银行代收代缴的不做账务处理，集中汇缴的借记“银行存款”等科目，贷记本科目。集中汇缴方式下上缴时，借记本科目，贷记“银行存款”等科目。本科目贷方余额，反映应缴未缴款。年终本科目应无余额。

2. 应缴财政专户款。本科目核算政府会计主体按规定代收的应上缴财政专户的预算外资金。应上缴财政专户的预算外资金范围按财政部规定办理。收到应缴财政专户的款项时，银行代收代缴的不做账务处理，集中汇缴的借记“银行存款”等科目，贷记本科目。集中汇缴方式下，上缴财政专户时，借记本科目，贷记“银行存款”等科目。本科目贷方余额，反映应缴未缴款。年终本科目应无余额。

（三）应拨下级财政资金

1. 本科目核算政府会计主体收到的应拨付但尚未拨付给下级单位的财政经费。

2. 主要账务处理如下：收到财政拨付的下级单位财政经费，借记“银行存款”等科目，贷记本科目。实际拨付给下级单位时，借记本科目，贷记“银行存款”等科目。

3. 本科目贷方余额，反映应拨未拨下级单位的财政经费余额。

（四）应付职工薪酬

1. 本科目核算政府会计主体应付未付的按国家统一规定发放给在职人员的岗位工资、薪级工资、绩效工资、津贴补贴以及发给个人除工资（离退休费）、津贴补贴以外的其他收入。

2. 本科目应设置“应付工资”、“应付津补贴”、“应付其他个人收入”等二级明细科目，同时对每一个二级科目分设“在职人员”、“离休人员”和“退休人员”等三级明细科目进行核算。

3. 主要账务处理如下：

行政管理人员的工资、津补贴，借记“行政事业活动费用”科目，贷记本科目。

从事服务和生产活动的人员工资、津补贴，借记“劳务成本”、“生产成本”等科目，贷记本科目。

由在建工程负担的人员工资、津补贴，借记“在建工程”等科目，贷记本科目。

采用国库直接支付的政府会计主体根据财政国库支付执行机构委托代理银行转来的《财政直接支付入账通知书》和代发工资银行盖章发放的工资明细表，借记本科目，贷记“行政事业活动收入”等科目。

4. 本科目期末贷方余额，反映政府会计主体应付未付的职工工资、津补贴及个人收入。

（五）应付票据

1. 本科目核算政府会计主体购买材料、商品和接受服务供应等而开出、承兑的商业汇票，包括银行承兑汇票和商业承兑汇票。

2. 主要账务处理如下：

因购买材料、商品和接受服务等开出、承兑商业汇票时，借记“材料”等有关科目，贷记本科目。

支付银行承兑汇票的手续费时，借记“财务费用”科目，贷记“银行存款”科目。

应付票据到期时，应当分别情况处理：收到银行支付到期票据的付款通知时，借记本科目，贷记“银行存款”科目。如无力支付票款，按照应付票据的账面余额，借记本科目，贷记“应付账款”科目。

3. 政府会计主体应当设置“应付票据备查簿”，详细登记每一应付票据的种类、号数、签发日期、到期日、票面金额、票面利率、合同交易号、收款人姓名或单位名称，以及付款日期和金额等资料。应付票据到期结清时，应当在备查簿内逐笔注销。

4. 本科目期末贷方余额，反映政府会计主体持有的尚未到期的应付票据本息。

（六）应付账款

1. 本科目核算政府会计主体因购买材料、商品和接受服务供应等而应付给供应单位的款项。本科目应当按照债权人设置明细账，进行明细核算。

2. 主要账务处理如下：

发生应付账款时，按照应付未付金额，借记“材料”、“经营活动费用”等科目，贷记本科目。

偿付应付账款时，借记本科目，贷记“银行存款”等科目。开出、承兑商业汇票抵付应付账款时，借记本科目，贷记“应付票据”科目。确实无法支付或由其他单位承担的应付账款，借记本科目，贷记“其他收入”科目。

3. 本科目期末贷方余额，反映政府会计主体尚未支付的应付账款。

（七）预收账款

1. 本科目核算政府会计主体向服务和商品购买单位预收的各种款项。本科目应当按照购货单位设置明细账，进行明细核算。

2. 主要账务处理如下：

向购货单位预收款项时，按照实际预收的金额，借记“银行存款”等科目，贷记本科目。

确认收入时，按照本科目账面余额，借记本科目，按照应确认的收入金额，贷记“经营收入”等有关科目，按照补付或退回的款项，借记或贷记“银行存款”等科目。

3. 本科目期末贷方余额，反映政府会计主体向购货单位预收的款项。

（八）应交税费

1. 本科目核算政府会计主体按照有关国家税法规定应当交纳的各种税费，包括营业税、增值税、所得税、城市维护建设税、教育费附加、个人所得税等。政府会计主体应缴纳的印花税不需要预提应缴税费，不在本科目核算。

2. 主要账务处理如下：

发生营业税、城市维护建设税、教育费附加纳税义务的，按照应缴纳的营业税、城市维护建设税、教育费附加，借记“经营活动费用”等科目，贷记本科目。实际缴纳时，借记本科目，贷记“银行存款”等科目。

发生增值税纳税义务的，应当按税收有关规定计算应缴纳的增值税，并通过本科目核算。其中属于一般纳税人的政府会计主体，其应缴增值税明细账中应设置“进项税额”、“已交税金”、“销项税额”等专栏。

发生所得税纳税义务的，按照应交纳的所得税，借记“所得税费用”科目，贷记本科目。缴纳所得税时，借记本科目，贷记“银行存款”科目。

发生个人所得税纳税义务的，按照规定计算应代扣代缴的个人所得税，借记有关科目，贷记本科目。缴纳个人所得税时，借记本科目，贷记“银行存款”科目。

3. 本科目期末贷方余额，反映政府会计主体尚未缴纳的税费；期末借方余额，反映政府会计主体多缴的税费。

（九）应付利息

1. 本科目核算政府会计主体按照合同约定应支付的利息。本科目可按存款人或债权人进行明细核算。

2. 主要账务处理如下：

会计期末，政府会计主体应按借入款项的金额和合同约定的利率确定利息费用，借记“财务费用”科目，贷记本科目。

为购建固定资产而发生的借款费用，在竣工结算前，按照专门借款的借款费用的实际发生额，借记“在建工程”科目，贷记本科目。

实际支付利息时，借记本科目，贷记“银行存款”等科目。

3. 本科目期末贷方余额，反映政府会计主体应付未付的利息。

（十）其他应付款

1. 本科目核算政府会计主体应付、暂收其他单位或个人的款项以及财政预拨的用款计划，如应付经营租入固定资产的租金、存入保证金以及应付给社保机构的职工社会保障等。

本科目应当按照应付和暂收款项的类别和单位或个人设置明细账，进行明细核算。

2. 主要账务处理如下：

发生的各项应付、暂收款项，借记“银行存款”、“行政事业活动费用”、“经营活动费用”等科目，贷记本科目。

支付款项时，借记本科目，贷记“银行存款”等科目。预拨款转为收入时，借记本科目，贷记“行政事业活动收入”科目。

3. 本科目期末贷方余额，反映尚未支付、暂收的其他应付款项。

（十一）受托代管负债

本科目是与受托代管资产对应的科目，主要核算政府会计主体接受委托代为管理的各类款项，包括受托代为管理的社会慈善资金及学校的学生会会费等。

（十二）长期借款

1. 本科目核算政府会计主体向银行或其他金融机构借入的偿还期限在1年以上（不含1年）的各项借款。

本科目应当设置“基建借款”、“其他借款”两个二级科目，并按照贷款单位和贷款种类进行明细核算。

2. 主要账务处理如下：

借入长期借款时，按照实际借入额，借记“银行存款”等科目，贷记本科目。

归还长期借款时，借记本科目，贷记“银行存款”科目。

3. 本科目期末贷方余额，反映政府会计主体尚未偿还的长期借款本息。

（十三）长期应付款

1. 本科目核算政府会计主体的各项长期应付款项，如融资租入固定资产的租赁费等。本科目应当按照长期应付款的种类设置明细账，进行明细核算。

2. 主要账务处理如下：

发生长期应付款时，借记相关科目，贷记本科目。

支付长期应付款时，借记本科目，贷记“银行存款”科目。

3. 本科目期末贷方余额，反映尚未支付的各种长期应付款。

三、净资产类

（一）普通基金

1. 本科目核算政府会计主体拥有的非限定用途的净资产，主要包括历年滚存的结余资金和当年分配结转的结余资金。

年度终了，政府会计主体应将结余转入本科目，借记“结余”科目，贷记本科目。若结余为负结余，则做相反分录。

2. 本科目期末贷方余额，反映政府会计主体滚存的结余资金总额。

（二）固定基金

本科目核算政府会计主体占有的或使用的各项固定资产所占用的基金。固定基金作为改革之前的购置固定资产对应科目，因此该科目不存在增加，只有减少的业务。改革之前购置的固定资产计提折旧，借记“固定基金”，贷记“累计折旧”。无偿调拨改革之前购置的固定资产，借“固定基金”、“累计折旧”，贷记“固定资产”。

（三）专用基金

1. 本科目核算政府会计主体按规定提取的住房基金、医疗基金、职工福利基金、留本基金等专用基金。

2. 主要账务处理：

提取医疗基金时，借记“行政事业活动费”、“经营活动费用”等科目，贷记本科目（医疗基金）。

收到各项住房基金时，借记“银行存款”等科目，贷记本科目（住房基金）。

使用专用基金时，借记本科目，贷记“银行存款”等科目。

3. 本科目期末贷方余额，反映政府会计主体有专门用途资金的金额。

（四）结余

1. 本科目核算政府会计主体当期收入减去费用后的结余。

会计期末，按照各类收入类科目的当期发生净额，借记“行政事业活动收入”、“经营收入”、“投资收益”、“其他收入”科目，贷记本科目；同时，按照各类费用类科目的当期发生净额，借记本科目，贷记“行政事业活动费”、“经营活动费用”、“财务费用”、“资产减值损失”“其他费用”、“所得税费用”科目。

年度终了，政府会计主体应将结余转入普通基金。

2. 本科目期末结转后应无余额。

四、收入类

（一）行政事业活动收入

1. 本科目核算政府会计主体收到的由财政部门或上级单位拨入的各类行政事业经费，主要包括：预算安排的经费、核准留用收入、上级补助收入等。本科目应设置“一般经费拨款”、“基建拨款”两个二级科目进行核算。

（1）一般经费拨款。本科目用于核算政府会计主体收到的由财政部门或上级单位拨入的各类非基建性质的行政事业经费。本科目可按财政经费拨款、专户返还收入（可按照收费项目设置明细进行核算）、核准留用收入、上级补助收入设置明细账，进行明细核算。

（2）基建拨款。本科目核算政府会计主体收到财政拨付的基本建设拨款。本科目应根据基建项目设置明细账，进行明细核算。

2. 主要账务处理如下：

实行国库集中支付的资金，在收到财政部门批复的用款计划额度通知书时，借记“财政用款额度”，贷记本科目，非国库集中支付的资金，在实际收到资金时，借记“银行存款”，贷记本科目。期末，将本科目的贷方余额转入结余，借记本科目，贷记“结余”科目。

3. 期末结账后，本科目应无余额。

（二）经营收入

1. 本科目核算政府会计主体开展经营业务活动取得的收入，包括销售商品收入、提供服务收入等。本科目可设置“提供服务收入”、“销售商品收入”等明细科目，进行明细核算。

2. 提供服务收入的主要账务处理如下：

提供服务取得收入时，按照实际收到或应当收取的价款，借记“现金”、“银行存款”、“应收账款”等科目，按照应当确认的提供服务收入金额，贷记本科目，按照预收的价款，贷记“预收账款”科目，在以后期间确认提供服务收入时，借记“预收账款”科目，贷记本科目。

3. 销售商品收入的主要账务处理如下：

销售商品取得收入时，按照实际收到或应当收取的价款，借记“现金”、“银行存款"、"应收票据"、"应收账款"等科目，按照应当确认的商品销售收入金额，贷记本科目，按照预收的价款，贷记"预收账款"科目，在以后期间确认商品销售收入时，借记"预收账款"科目，贷记本科目。被认定为小规模纳税人的政府会计主体，在销售增值税应税商品并确认销售收入时，应当将含税价款换算成不含税收入，按照应缴纳的增值税，贷记"应交税金——应交增值税"科目。被认定为一般纳税人的政府会计主体，在销售增值税应税商品并确认销售收入时，按照应缴纳的增值税，贷记"应交税金——应交增值税（销项税额）"科目。

现金折扣在实际发生时直接计入当期财务费用：按照实际收到的金额，借记"银行存款"等科目，按照应给予的现金折扣，借记"财务费用"科目，按照应收的账款，贷记"应收账款"、"应收票据"等科目。

发生销售折让时，应当在实际发生时直接从当期实现的销售收入中抵减。

发生销售退回，应当分别情况处理：

未确认收入的已发出商品的退回，不需要进行会计处理。

已确认收入的销售商品退回，一般情况下直接冲减退回当月的商品销售收入、商品销售成本等，按照应当冲减的商品销售收入，借记本科目，按允许扣减当期销项税额的增值税额，借记"应交税金——应交增值税（销项税额）"科目，按照已收或应收的金额，贷记"银行存款"、"应收账款"、"应收票据"等科目，按照退回商品的成本，借记"产成品"科目，贷记"经营活动费用"科目。

如果该项销售发生现金折扣，应当在退回当月一并处理。

现金折扣在实际发生时直接计入当期财务费用：按照实际收到的金额，借记"银行存款"等科目，按照应给予的现金折扣，借记"财务费用"科目，按照应收的账款，贷记"应收账款"、"应收票据"等科目。

发生销售折让时，应当在实际发生时直接从当期实现的销售收入中抵减。

期末，将本科目余额结转，借记本科目，贷记"结余"科目。

4. 期末结账后，本科目应无余额。

（三）投资收益

1. 本科目核算政府会计主体因对外投资取得的投资净损益。

2. 主要账务处理如下：

对外投资过程中，被投资单位宣告发放现金股利或分派利润、按照宣告发放的现金股利或利润中属于政府会计主体应享有的部分，确认当期投资收益，借记"其他应收款"科目，贷记本科目。若是债券投资，按其票面价值与票面利率分期计算确认利息收入，确认当期投资收益，借记“其他应收款”科目，贷记本科目。

处置对外投资时，按照实际取得的价款，借记“银行存款”等科目，按照所处置对外投资的账面余额，贷记“对外投资”科目，按照未领取的现金股利，贷记“其他应收款”科目，按照其差额，借记或贷记本科目。

期末，将本科目余额转入结余科目，借记本科目，贷记“结余”科目。

3. 期末结账后，本科目应无余额。

（四）其他收入

1. 本科目核算政府会计主体除行政事业活动收入、经营收入、投资收益等收入以外的其他收入，如利息收入、后勤收入、科研业务收入、让渡无形资产使用权收入、捐赠收入、存货盘盈、固定资产盘盈、附属单位缴款、确实无法支付的应付款项等。本科目可根据政府会计主体财务管理需要下设二级明细科目进行核算。

2. 主要账务处理如下：

固定资产出租收入，属于核准留用的，在租赁期内各个期间按直线法确认收入，借记“银行存款”、“预收账款”科目，贷记本科目。直接上缴非税的，不做账务处理。

取得的利息收入，分别不同情况进行处理：

属于自有资金的存款利息，借记“银行存款”科目，贷记本科目；

属于借入款项的存款利息，借记“银行存款”科目，贷记“财务费用”科目；

属于与应予资本化的借款费用有关的存款利息，借记“银行存款”科目，贷记“在建工程”科目。

捐赠收入，收到捐赠资金、物质时，借记相关科目，贷记本科目。

让渡无形资产使用权收入，属于核准留用的，按照有关合同或协议约定的收费时间和方法确认收入，借记“银行存款”、“预收账款”等科目，贷记本科目。直接上缴非税的，不做账务处理。

现金、材料、库存商品、固定资产等盘盈的，报经批准处理后，借记“待处理财产损溢”科目，贷记本科目。

确认无法支付的应付款项，借记“应付账款”等科目，贷记本科目。

期末，将本科目余额转入结余，借记本科目，贷记“结余”等科目。

3. 期末结账后，本科目应无余额。

五、成本类

（一）生产成本

1. 本科目核算政府会计主体生产产品发生的各项成本费用。

本科目按产品的品种或类别设置明细科目，归集产品生产发生的直接材料、直接人工等直接费用。生产多种产品发生的间接费用，单独设置明细科目先予以归集，会计期末，再按一定的分配标准和方法，分配计入有关产品成本。

2. 主要账务处理如下：

发生各项直接生产成本，借记本科目（××产品），贷记“材料”、“银行存款”、“应付职工薪酬”等科目。

发生间接费用时，借记本科目（间接费用），贷记“银行存款”、“累计折旧”、“应付职工薪酬”等科目。

期末按照受益对象和规定的标准和方法进行分配时，借记本科目（××产品），贷记本科目（间接费用）。

间接费用一般可以按生产工人工资、生产工人工时、机器工时、耗用材料的数量或成本、直接费用（直接材料和直接人工）或产品产量等进行分配。政府会计主体可根据自己的具体情况自行选择分配方法。分配方法一经确定，不得随意变更。

已经生产完成并验收入库的产成品以及入库的自制半成品，应于会计期末，按实际成本，借记“产成品”等科目，贷记本科目。

3. 本科目期末借方余额，反映政府会计主体尚未加工完成的各项在产品的成本。

（二）劳务成本

1. 本科目核算政府会计主体对外提供服务发生的成本费用。

本科目按提供服务的类别或服务对象设置明细科目，归集提供服务发生的直接材料、直接人工等直接费用。提供多种服务发生的间接费用，单独设置明细科目先予以归集，会计期末，再按一定的分配标准和方法，分配计入有关服务成本。

2. 主要账务处理如下：

发生各项直接劳务成本时，借记本科目（××项目），贷记“银行存款”、“应付职工薪酬”、“材料”等科目。

发生间接费用时，借记本科目（间接费用），贷记“银行存款”、“累计折旧”、“应付职工薪酬”等科目。

期末按照受益对象和规定的标准和方法进行分配时，借记本科目（××项目），贷记本科目（间接费用）科目。

服务活动完成，结转劳务成本时，按实际成本，借记“经营活动费用——提供服务成本”等科目，贷记本科目。

3. 本科目期末借方余额，反映政府会计主体尚未完成或尚未结转的劳务成本。

（三）研发支出

本科目核算政府会计主体进行研究与开发无形资产过程中发生的各项支出。对无形资产进行研究与开发过程中，发生的各项研发开支借记本科目，贷记“银行存款”等科目，研究与开发成功的开支转到无形资产科目，借记“无形资产”，贷记本科目；研究与开发不成功的开支转到经营活动费用科目，借记“经营活动费用”，贷记本科目。

（四）项目成本

本科目核算政府会计主体对一些重点项目进行项目成本归集所发生的开支。本科目按项目名称设置明细核算。发生项目开支时，借记本科目，贷记相关科目，项目完工后将各项开支分别转入行政事业活动费用、其他费用科目。若项目跨年度才完工的，则在年终时按完工百分比法结转项目成本。

六、费用类

（一）行政事业活动费用

1. 本科目核算政府会计主体为组织和管理其业务活动（经营业务活动除外）所发生的各项费用，包括政府会计主体日常公用经费和行政管理人员的工资福利费用以及退休人员经费支出等。本科目可按行政事业活动费用的支出经济科目设置明细账，同时根据政府会计主体的财务管理需要设置辅助账进行明细核算。如：高校设置教学费用、科研费用、后勤费用、行政费用等辅助账。医院可设置医疗费用、科研费用等辅助账。

2. 主要账务处理：

政府会计主体发生的行政事业活动费用，应当在发生时按其发生额计入当期费用。

提取行政管理用固定资产折旧，借记本科目，贷记“累计折旧”科目。计提累计摊销时，借记本科目，贷记“累计摊销”科目。

发生的应归属于行政事业活动的工资、应交税金等，借记本科目，贷记“行政事业活动收入”、“应付工资”、“应交税金”等科目。

发生的其他行政事业活动费用，借记本科目，贷记“现金”、“银行存款”、“材料”等科目。

期末，将本科目的余额转入结余，借记“结余”科目，贷记本科目。

3. 期末结账后，本科目应无余额。

（二）经营活动费用

1. 本科目核算政府会计主体开展经营业务活动所发生的实际成本以及应负担的营业税、城市维护建设税、教育费附加等相关税费。本科目可设置“提供服务成本”、“销售商品成本”、“经营活动税金及附加”、“工资福利费用”、“日常办公费”“个人和家庭补助”、“折旧费”、“其他费用”等明细科目，并分别所提供服务的类型设置明细账。

2. 主要账务处理如下：

期末，根据本期销售各项商品、提供各种服务等实际成本，计算应结转的主营业务成本，借记本科目（销售商品成本、提供服务成本），贷记“库存商品”、“劳务成本”等科目。

按照规定计算应由业务活动负担的税金及附加，借记本科目（经营活动税金及附加），贷记“应交税费——应交营业税”、“应交税费——应交城市维护建设税”等科目。

收到先征后返的营业税等原计入本科目的各种税金，应于收到当期冲减本期的业务活动税金及附加，按实际收到的金额，借记“银行存款”等科目，贷记“其他收入”科目。

期末，将本科目的余额转入结余，借记“结余”科目，贷记本科目。

3. 期末结账后，本科目应无余额。

（三）财务费用

1. 本科目核算政府会计主体为筹集业务活动所需资金而发生的费用，包括应计入当期费用的借款费用、汇兑损益等。本科目应当按照财务费用的具体项目、种类设置明细账，进行明细核算。

2. 主要账务处理：

政府会计主体发生的财务费用，应当在发生时按其发生额计入当期费用。

发生的财务费用，借记本科目，贷记“银行存款”、“长期借款”等科目。应冲减财务费用的利息收入（发生筹资业务活动再转入银行存款产生的利息）、汇兑收益，借记“银行存款”、“长期借款”等科目，贷记本科目。

期末，将本科目的余额转入结余，借记“结余”科目，贷记本科目。

3. 期末结账后，本科目应无余额。

（四）所得税费用

1. 本科目核算政府会计主体本期发生的所得税费用。

2. 主要账务处理如下：

发生所得税纳税义务时，按照应缴纳的所得税，借记本科目，贷记“应交税金——应交所得税”科目。

实际交纳所得税时，借记“应交税金——应交所得税”科目，贷记“银行存款”科目。

按照规定实行所得税先征后返的，应当在实际收到当期，冲减当期的所得税费用。收到返还的所得税，借记“银行存款”等科目，贷记“其他收入”科目。

期末，将本科目的余额转入结余，借记“结余”科目，贷记本科目。

3. 期末结账后，本科目应无余额。

（五）资产减值损失

1. 本科目核算政府会计主体计提各项资产减值准备所形成的损失。本科目可按资产减值损失的项目进行明细核算。

2. 主要账务处理：计提资产减值时，借记本科目，贷记“坏账准备”、“存货跌价准备”等科目，计提的减值准备，在相关资产价值又得以恢复的，应在原已计提的减值准备金额内，按恢复增加的金额，借记“坏账准备”、“存货跌价准备”等科目，贷记本科目。期末，将本科目的余额转入结余，借记“结余”科目，贷记本科目。

3. 期末结账后，本科目应无余额。

（六）其他费用

1. 本科目核算政府会计主体本期发生的，无法归属到上述行政事业活动费用、经营活动费用或者财务费用中的费用，包括存货盘亏、固定资产盘亏、捐赠支出、上缴上级支出、其他补助支出、对附属单位补助等。本科目应当按照其他费用种类设置明细账，进行明细核算。

2. 主要的账务处理：

发生的其他费用，应当在发生时按其发生额计入当期费用。

现金、材料、库存商品、固定资产盘亏或报废、毁损的，报经批准处理时，按照资产的账面价值扣除可以收回的保险赔偿和过失人的赔偿等后的金额，借记本科目，按照可以收回的保险赔偿和过失人赔偿等，借记“现金”、“银行存款”、“其他应收款”等科目，贷记“待处理财产损溢”科目。

上缴上级、补助附属单位或捐赠支出时，按实际支出的金额，借记本科目，贷记“银行存款”等科目。

期末，将本科目的余额转入结余，借记“结余”科目，贷记本科目。

3. 期末结账后，本科目应无余额。

第二部分　预算会计科目使用说明①

一、预算经费

1. 本科目核算收到政府会计主体在预算年度内可以安排业务活动的政府拨款或者补助款项。

2. 本科目下设置“实拨资金”和“用款额度”等二级明细科目核算，其中：“实拨资金”核算政府会计主体收到实际拨付单位基本户的预算资金；“用款额度”核算政府会计主体收到财政部门批复的用款计划额度。

3. 政府会计主体收到财政部门批复的用款计划额度通知书或实拨资金时，借记本科目，贷记“预算收入”；实际支用预算款时，借记“预算支出”，贷记本科目。

4. 本科目借方余额为预算收入超出预算支出的额度，即未支用的预算数；贷方余额为预算支出超出预算收入的额度，即超预算的支出数。

二、预算收入

1. 本科目核算政府会计主体按照核定的预算和经费领拨关系收到的由财政部门或上级单位拨入的本级各类预算经费。包括基建拨款。

2. 本科目下设置“基本支出经费”和“项目支出经费”二级明细科目，并在二级明细科目下挂接“支出功能分类”、“资金分类”、“资金来源”“预算年度”、

---

① 政府会计主体的预算收支是指综合预算收支。

“支付类型”等辅助要素进行明细核算。对项目支出还要挂接“预算项目”要素。

3. 政府会计主体收到财政部门批复的预算用款额度或实拨预算资金时，借记“预算经费”科目，贷记本科目。平时本科目贷方余额反映财政或者上级单位拨入预算经费的累计数。

4. 期末结转后，本科目应无余额。

三、预算支出

1. 本科目核算由本级财政预算安排的实际支出数。包括基建支出。

2. 本科目下设置“基本支出”和“项目支出”二级明细科目，并在二级明细科目下挂接“支出功能分类”、“资金分类”、“资金来源”、“预算年度”、“支付类型”、“支出经济”等辅助要素进行明细核算。对项目支出还要挂接“预算项目”要素。

3. 政府会计主体开展业务活动，使用预算经费时，按照实际支出的数额，借记本科目，贷记“预算经费”科目。

4. 期末结转后，本科目应无余额。

四、预算结余

1. 本科目核算预算收入减去预算支出后的余额。

2. 本科目下设置“基本支出结余”、“项目支出结余”和“未限定用途结余”二级明细科目进行核算。对“基本支出结余”、“项目支出结余”、“未限定用途结余”科目还要挂接“支出功能分类”、“资金分类”、“资金来源”“预算年度”等辅助要素进行明细核算。对项目支出结余还要挂接“预算项目”要素。

3. 年度终了，将预算安排的基本收支分别转入预算结余——基本支出结余中。其中：基本支出，借记：预算结余——基本支出结余，贷记：预算支出——基本支出；基本收入，借记：预算收入——基本支出经费，贷记：预算结余——基本支出结余。将预算安排的项目收支分别转入预算结余—项目支出结余。其中：项目支出，借记：预算结余——项目支出结余，贷记：预算支出——项目支出；项目收入，借记：预算收入——项目支出经费，贷记：预算结余——项目支出结余。同时对未限定用途的基本支出结余或经批准可自由支配的项目支出结余转入预算结余——未限定用途结余。分录为：借记：预算结余——项目支出结余、预算结余——基本支出结余，贷记：预算结余——未限定用途结余。

附件3. 资产负债表、运营业绩表、现金流量表、预算执行收支表

资产负债表

单位名称： 年 月 日 金额单位：元

科目编码	资产部类	年初数	期末数	科目编码	负债部类	年初数	期末数
	一、资产类				二、负债类		
	金融资产：				短期负债：		
1001	现　金			2101	短期借款		
1002	银行存款			2201	应缴财政款		
1003	财政用款额度			2205	应拨下级财政资金		
1004	其他货币资金			2301	应付职工薪酬		
	应收款项				应付款项		
				2322	应交税费		
1301	对外投资				受托代管负债		
	金融资产合计：				短期负债合计：		
	非金融资产：				长期负债：		
	存货			2341	长期借款		
1205	受托代管资产			2401	长期应付款		
1401	固定资产						
1402	累计折旧						
1412	在建工程				长期负债合计：		
1413	待核销基建支出						
1414	转出投资				负债类合计：		
1501	无形资产						
1601	待处理财产损溢				三、净资产类		
4101	生产成本			3101	普通基金		
4102	劳务成本			3102	固定基金		
4103	研发支出			3103	专用基金		
4104	项目成本			3202	结余		
	非金融资产合计：				净资产合计：		
	金融资产：				负债净资产合计：		

运营业绩表

单位名称：　　　　　　　　　　年　　月　　　　　　　　　　金额单位：元

科　目	本月数	本年累计数
行政事业活动收入		
其中：一般经费拨款		
其中：财政经费拨款		
财政专户返还收入		
核准留用收入		
上级补助收入		
基建拨款		
经营收入		
其中：提供服务收入		
销售商品收入		
投资收益		
其他收入		
收入合计		
行政事业活动费用		
经营活动费用		
财务费用		
所得税费用		
资产减值损失		
其他费用		
费用合计		
结余		

现金流量表

单位名称：　　　　　　　　　　年　　月　　　　　　　　　　金额单位：元

项　　目	本期金额	上期金额
一、营运活动产生的现金流量		
现金流入：		
销售商品和提供服务收到的现金		
来源于政府的拨款		
处置固定资产收回的资金		
处置无形资产收回的资金		
收到其他与经营活动有关的现金		
现金流入小计：		
现金流出：		
支付职工的薪酬		
购买商品、接受劳务支付的现金		
购建固定资产支付的现金		
购买无形资产支付的现金		
支付其他与营运活动有关的现金		
现金流出小计：		
营运活动产生的现金流量净额：		
二、投资活动产生的现金流量		
现金流入：		
销售有价证券收回的现金		
收到其他与投资活动有关的现金		
现金流入小计：		
现金流出：		
购买有价证券支付的现金		
购买与其他投资活动有关支付的现金		
现金流出小计：		
投资活动产生的现金流量净额：		
三、借款活动产生的现金流量		
现金流入：		
取得借款收到的现金		
收到其他与借款活动有关的现金		

续表

项　　目	本期金额	上期金额
现金流入小计：		
现金流出：		
偿还债务支付的现金		
支付其他与借款活动有关的现金		
现金流出小计：		
借款活动产生的现金流量净额		
四、汇率变动引起的净现金流量		
五、货币资金净增加额（含用款额度）		
加：期初货币资金余额		
六、期末货币资金余额		

预算执行收支表

编制单位：　　　　　　　　　　　　　　　　金额单位：元

项　　目	年　初 预算数	预　算 调整数	预算指 标总数	本　月 执行数	本年累计 执行数	本年累计数占 预算数（%）
一、上年结转	\	\		\	\	\
（一）基本支出结余	\	\		\	\	\
（二）项目支出结余	\	\		\	\	\
二、本年预算收入						
（一）基本收入						
（二）项目收入						
三、本年预算支出						
（一）基本支出						
（二）项目支出						
四、上年结余安排的支出	\	\	\			
（一）基本支出	\	\	\			
（二）项目支出	\	\	\			
五、结余	\	\	\	\	\	
（一）基本支出结余	\	\	\	\		
（二）项目支出结余	\	\	\	\		

参考文献

［1］ Chan, James L. Government Accounting Seminar. Tsinghua University, 2001.

［2］ Chan, James L. Government Accounting: An Assessment of Theory, Purposes and Standards ［J］. Public Money & Management, January 2003: PP13 – 19.

［3］ Steward, JD. The Role of Information in Public Accounting ［C］. In Issues in Public Sector Accounting (Anthony Hopwood and Cyril R. Tomkins ed.), Oxford Philip Publishers, Ltd. 1984: PP13 – 34.

［4］ Martin T. Lally, G. Stevenson Smith. Capital charging and asset revaluations: New choices in governmental financial reporting ［J］. The International Journal of Accounting, 1997: Volume 32, Issue 1, PP45 – 62.

［5］ Governmental Accounting Standards Board (USA). Statement No. 14 — Financial Reporting Entity.

［6］ IFAC (PSC Study 8). The Government Financial Reporting Entity, 1998.

［7］ IFAC (PSC Study 11): The Government Financial Reporting – Accounting Issues and Practices. May 2000.

［8］ IFAC. International Public Sector Accounting Standards 1 – Presentation of financial Statements. 2000.

［9］ M. C. Jensen and W. H. Meckling, "Theory of the Firm: Managerial Behavior, Agency Costs and Ownership Structure," Journal of Financial Economics, Vol. 3, No. 4, Oct 1976.

[10] GASB: Concepts Statement No. 1, "Objective of Financial Reporting".

[11] Salvatore Schiavo – Campo and Daniel Tommasi. Managing Government Expenditure Published by the Asian Development Bank. 1999: pp. 502 – 503.

[12] International Federation of Accountants Public Sector Committee, Financial Reporting by National Governments, Study 1. 1991.

[13] [美] 厄尔·R. 威尔逊、里昂·E. 海:《政府及非盈利组织会计》,中国人民大学出版社2004年版。

[14] Susana Margarida Jorge:《葡萄牙的政府会计改革:Lüder政府会计变革因果分析模型的应用》,//财政部国库司:《政府会计的国际趋势与经验》,中国财政经济出版社2009年版。

[15] 毕记满、杨成文:"隐性债务下的政府会计改革探析",《审计与经济研究》2007年第10期。

[16] 陈璐璐:"英国政府会计管理与改革情况及对我国的启示",《会计研究》2007年第10期。

[17] 陈志斌:"政府会计概念框架结构研究",《会计研究》2011年第1期。

[18] 崔惠玉:"政府会计改革与财政支出绩效评价",《财务与会计》2009年第23期。

[19] 胡志勇:"政府会计目标的中西比较",《生产力研究》2009年第13期。

[20] 李晓慧:"基于多元化目标的政府会计管理范围研究",《中央财经大学学报》2010年第10期。

[21] 李媛、郜恺、周瑀:"政府会计体系构建探讨",《财会通讯》2010年第4期。

[22] 李建发、路军伟:"政府及非营利组织会计:研究现状及未来发展",《中国会计学会2005年学术年会论文集(下)》。

[23] 刘光忠:"关于推进我国政府会计改革的若干建议",《会计研究》2010年第2期。

[24] 卢凤娟:"现阶段我国政府会计改革应解决的重要问题",《商

业会计》2011 年第 9 期。

［25］ 石依禾："中美政府与非营利组织会计比较及我国预算会计改革启示"，《经济研究参考》2010 年第 23 期。

［26］ 石英华："我国政府会计改革取向研究——比较分析的视角"，《中央财经大学学报》2007 年第 2 期。

［27］ 王华："我国政府会计改革历程与展望"，《财政监督》2011 年第 5 期。

［28］ 王丽洁、张玉周："中国政府财务会计体系建设及其与预算会计的协调"，《北京大学学报（哲学社会科学版）》2007 年第 5 期。

［29］ 邢俊英："论政府会计在政府负债风险控制中的重要作用"，《中央财经大学学报》2007 年第 2 期。

［30］ 肖鹏："基于防范财政风险视角的中国政府会计改革探讨"，《会计研究》2010 年第 6 期。

［31］ 徐镇绥："试论政府会计改革中会计基础选择问题"，《会计研究》2006 年第 12 期。

［32］ 张琦、张娟："政府会计改革：问题、对策与建议"，《会计研究》2009 年第 10 期。

［33］ 张洁："论我国政府会计体系的缺陷及改进"，《事业财会》2007 年第 4 期。

［34］ 张娟："政府会计与企业会计：概念框架差异与启示——基于 IPSASB 与 IASB 最新研究成果的分析"，《会计研究》2010 年第 3 期。

［35］ 张琦、王森林、李琳娜："我国政府会计改革重大理论问题研究"，《会计研究》2010 年第 8 期。

［36］ 张娟："英国政府会计改革的回顾及启示"，《中南财经政法大学学报》2010 年第 2 期。

［37］ 王雍君：《政府预算会计问题研究》，经济科学出版社 2004 年版。

［38］ 郭彤："受托责任、政府会计目标与政府财务报告"，中国人民大学博士论文 2003 年。

［39］ 张为国：《会计目的与会计改革》，中国财政经济出版社 1991 年版。

[40] 上海财经大学公共政策研究中心：《2003 中国财政发展报告——重建中国公共预算体系研究》，上海财经大学出版社 2003 年版。

[41] 陈小悦、陈璇："政府会计目标与政府行为评价的理论探析"，《会计研究》2005 年第 10 期。

[42] 梁爽："会计目标与会计环境逻辑关系剖析"，《会计研究》2005 年第 11 期。

[43] 陈小悦、陈立齐："政府预算与会计改革——中国与西方国家模式》，中信出版社 2002 年版。

[44] 陈立齐：《美国政府会计准则研究——对中国政府会计改革的启示》，中国财政经济出版社 2009 年版。

[45] 罗辉："改善和提高公共部门绩效的会计使命——关于建立公共部门管理会计的基本思考"，《会计研究》2006 年第 3 期。

[46] 王光远：《受托管理责任与管理审计》，中国时代经济出版社 2004 年版。

[47] 程晓佳："财政透明度与政府会计改革"，《会计研究》2004 年第 9 期。

[48] 路军伟："我国政府会计目标定位研究"，《石家庄经济学院学报》2006 年第 6 期。

[49] 路军伟、李建发："政府会计改革的公共受托责任视角解析"，《会计研究》2006 年第 12 期。

[50] 张琦："公共受托责任、政府会计边界与政府财务报告的理论定位"，《会计研究》2007 年第 12 期。

[51] 张琦、程晓佳："政府财务会计与预算会计的湿度分离与协调：一种适合我国的改革路径"，《会计研究》2008 年第 11 期。

[52] 张曾莲："基于政府财务会计和政府管理会计的政府会计体系的重构"，《中国管理信息化》2011 年第 3 期。

[53] 刘玉廷："我国政府会计改革的若干问题"，《会计研究》2004 年第 9 期。

[54] 常丽："政府财务报告改革导向及其实现机制探索"，《会计研究》2007 年第 3 期。

[55] 常丽："新公共治理、政府绩效评价与我国政府财务报告的改

进”，《会计研究》2008 年第 4 期。

［56］ 张琦：“我国政府预算会计系统的构建研究”，《会计研究》2011 年第 1 期。

［57］ 阳讯、陈靓：“政府绩效评价制度建设与政府会计改革的关系”，《企业家天地》2008 年第 12 期。

［58］ 财政部会计准则委员会：《绩效评价与政府会计》，东北财经大学出版社 2005 年版。

［59］ 财政部会计司：《我国预算会计制度现状及存在问题分析——政府会计研究报告》，东北财经大学出版社 2005 年版。

［60］ 张馨：《财政公共化改革：理论创新、制度变革、理念更新》，中国财政经济出版社 2004 年版。

［61］ 张雪芬：“预算会计改革思考”，《会计研究》2001 年第 4 期。

［62］ 杨发勇、瞿曲：“试论公共财政与政府会计的关系”，《武汉大学学报》2005 年第 1 期。

［63］ 路军伟：“公共财政视角下政府会计的目标与改革”，《当代经济管理》2010 年第 1 期。

［64］ 赵建勇：《政府财务报告问题研究》，上海财经大学出版社 2002 年版。

［65］ 陈立齐、李建发：“国际政府会计准则及其发展评述”，《会计研究》2003 年第 9 期。

［66］ 王庆东、常丽：“新公共管理与政府财务信息披露思考”，《会计研究》2004 第 4 期。

［67］ 张国生：“改革预算会计和构建政府会计体系的思考”，《中南财经政法大学学报》2005 年第 6 期。

［68］ 张连江、喻景中：“论政府会计的会计记账主体和报告主体”，《财务与会计》2003 年第 10 期。

［69］ 李祥峰：“关于我国政府财务报告主体定位问题的研究”，《长春大学学报》2006 年第 3 期。

［70］ 赵合云、陈纪瑜：“公共财务受托责任、绩效评价与政府财务报告改革”，《财经理论与实践》2008 年第 9 期。

［71］ 陈胜群、陈工孟：“政府会计基础比较研究——传统的收付实

现制与崛起的权责发生制孰优孰劣”，《会计研究》2002 年第 5 期。

［72］ 求知：“政府财务报告问题研究”，《预算管理与会计》2006 年第 5 期。

［73］ 李蕾、曹雨露：“美国政府财务报告模式的沿革及启示”，《财务与会计》2004 年第 1 期。

［74］ 王庆东、常丽：“政府财务报告导向及其实现机制探索”，《会计研究》2007 年第 3 期。

［75］ 李定清：“我国政府财务报告模式的构建”，《会计之友》2008 年第 8 期。

［76］ 李建发：“论改进我国政府会计与财务报告”，《会计研究》2001 年第 6 期。

［77］ 李建发：《政府财务报告研究》，厦门大学出版社 2006 年版。

［78］ 李思思：“现代市场经济体制下公共财政特征”，《孝感学院学报》2006 年第 3 期。

［79］ 张馨：《公共财政论纲》，经济科学出版社 2004 年版。

［80］ 贾康、李全:”财政理论发展识踪——结合‘公共财政’点评”，《财政研究》2005 年第 8 期。

［81］ 王军、欧阳宗书：“公共财政学术研究观点综述”，《中国财政》2000 年第 12 期。

［82］ 郑建新、柯永果：“公共财政再分析”，《财政研究》2002 年第 6 期。

［83］ 保罗·萨缪尔森：威廉·诺德豪斯，《经济学》，华夏出版社 1999 年版。

［84］ 常丽：《论我国政府财务报告的改进》，东北财经大学出版社 2007 年版。

［85］ 陈国辉：《会计理论研究》，东北财经大学出版社 2007 年版。

［86］ 葛家澍、林志军：《现代西方会计理论》，厦门大学出版社 2006 年版。

［87］ 葛家澍、杜兴强：《会计理论》，复旦大学出版社 2005 年版。

［88］ 裴姝姝：《论我国政府会计报告的改革》，东南大学硕士学位论文 2005 年。

[89] 胡志勇:《论中国政府会计改革》经济科学出版社 2010 年版。

[90] 周红:“法国公共会计体制评介”,《会计研究》2001 年第 3 期。

[91] B. J. 理德、约翰·W. 斯韦恩:《公共财政管理》,中国财政经济出版社 2002 年版。

[92] 谢旭人:《中国财政改革三十年》,中国财政经济出版社 2008 年版。

[93] 全国预算与会计研究会:“政府财务报告体系建设问题的研究”,《预算管理与会计》2009 年第 5 期。

[94] 陆建桥:“关于加强我国政府会计理论研究的几个问题”,《会计研究》2004 年第 7 期。

[95] 李祥锋:“关于我国政府财务报告主体定位问题的研究”,《长春大学学报》2006 年第 3 期。

[96] 李元、杨薇钮:“应计导向政府会计概念框架的制度有效性分析”,《当代财经》2005 年第 6 期。

[97] 李建发、肖华:“公共财务管理与政府财务报告改革”,《会计研究》2004 年第 9 期。

[98] 叶龙、冯兆大:“我国政府会计模式构建过程中主体界定问题初探”,《会计研究》2006 年第 3 期。

[99] 陈纪瑜、张宇蕊:“关于建立公共绩效管理框架下的政府财务报告制”,《当代财经》2006 年第 3 期。

[100] 赵爱玲、张婧玲:“构建适应我国公共财政的政府财务报告体系研究”,《甘肃社会科学》2011 年第 2 期。

后　　记

自2000年开始，中国的政府会计改革已开始酝酿，2006年，更被列入国家发展战略。近两年来，一些地方（部门）也开展了改革试点。2009年6月，海南在全国率先启动了政府会计改革试点工作；2010年底，财政部会同卫生部推出新《医院会计制度》，标志着我国公共部门会计改革拉开了帷幕；2011年又有部分省市进行试编政府综合财务报告试点。然而终因国情复杂，历时十载，仍未能全面推进，改革的总体走势依然不明朗，如何成功推行这项改革尚存在较大争议。目前学术界研究的侧重点是探讨权责发生制核算基础的应用，对构成政府会计概念框架的核心问题缺乏系统的研究，基于改革试点经验基础上的实证分析更为鲜见。政府会计改革亟须从理论上总结改革试点经验，形成政府会计基本理论框架，为进一步深化政府会计改革提供理论指导和借鉴。

对此，财政部高度重视，将“政府会计相关问题研究”确定为2011年度会计重点研究课题，组织地方和中央相关部门联合研究。根据财政部办公厅《关于开展2011年会计重点课题研究的通知》（财办会［2011］4号）的要求，成立了由海南省财政厅总会计师王惠平牵头，中央直属机关事务管理局、北京市财政局、福建省财政厅、甘肃省财政厅、深圳市财政委员会、新疆建设兵团财务局等部门参加的课题组。为保证课题研究工作的顺利实施，课题组先后召开研讨会、协调会、统稿会和结题会，最终完成了《我国政府会计相关问题研究报告》，顺利通过财政部鉴定，得到财政部肯定。本书是在课题研究成果的基础上扩展而成的。

本书编写得到了财政部会计司的高度重视和大力支持，杨敏司长、刘光忠副司长、张象至处长、张娟调研员给予了悉心指导，并对本书提出了重要的修改意见，保证了本书的质量。海南省财政厅厅长刘平治、原厅长徐唐先、原副厅长麦正华、副厅长方光荣也提出了许多宝贵意见，中国财政经济出版社为本书的出版发行做了大量工作，在此，表示衷心的感谢。

参加本书起草和编写的人员：王惠平、王业保、邓天林、方周文、卢宾、冯慧、李晨光、刘微芳、刘豫、刘屏萍、邱全平、吴和平、陈丽珍、吴进伟、张韵英、杨元贵、张凯文、杨成新、杨晓林、赵爱玲、姚志伟、郝明、郝建国、茹璧婷、黄新琼、程新、程燕芸、熊楚熊、魏卉等。王惠平、方周文、刘微芳、姚志伟等负责本书的统稿及总纂工作。

本书编写体现了地方财政部门和学术界富有成效的合作，是集理论和实践为一体的学术成果，是各有关单位和个人共同心血的结晶。在此，谨向为本书的撰写、编辑付出辛勤劳动的单位和个人表示感谢！

由于政府会计改革在我国研究和实践的时间不长，国内各专家学者对此也有不同的见解，本书很多观点难免有所疏漏，诸多方面的研究还需要进一步完善，期待能够抛砖引玉，与各界同仁交流和探讨，以共同推进政府会计改革工作。

本书编写组

2012 年 7 月